高等学校教育学专业教材

辽宁师范大学规划教材建设项目成果

U1011309

教育研究方法

马治国　编著

中国轻工业出版社

图书在版编目（CIP）数据

教育研究方法 / 马治国编著. — 北京：中国轻工业出版社，2025.2

高等学校教育学专业教材

ISBN 978-7-5184-4030-6

Ⅰ. ①教… Ⅱ. ①马… Ⅲ. ①教育研究—研究方法—高等学校—教材 Ⅳ. ①G40-034

中国版本图书馆CIP数据核字（2022）第098213号

责任编辑：方 晓 吴曼曼

策划编辑：史祖福 方 晓　责任终审：劳国强　封面设计：锋尚设计

版式设计：砚祥志远　责任校对：晋 洁　责任监印：张 可

出版发行：中国轻工业出版社（北京鲁谷东街5号，邮编：100040）

印　　刷：三河市万龙印装有限公司

经　　销：各地新华书店

版　　次：2025年2月第1版第1次印刷

开　　本：787×1092 1/16 印张：23

字　　数：530千字

书　　号：ISBN 978-7-5184-4030-6 定价：56.00元

邮购电话：010-85119873

发行电话：010-85119832 010-85119912

网　　址：http://www.chlip.com.cn

Email：club@chlip.com.cn

版权所有 侵权必究

如发现图书残缺请与我社邮购联系调换

211146J1X101ZBW

前　言

本书以习近平新时代中国特色社会主义思想为根本指导，运用马克思主义哲学原理，致力于中国特色基于案例的教育研究方法的话语体系、学术体系、学科体系建设的创新性探索。

读者对象

《教育研究方法》是为迎合新时代高校学生、教师以及教育研究发展的需求而生，可以作为“教育研究方法”课程适用的教材，也可以作为学习、研究教育研究方法的基础文献。

设计理念

一、坚定马克思主义立场，坚持马克思主义观点和方法，致力于实现伟大的教育强国梦。本书以全面树立“四个意识”为出发点，坚定道路自信，培养中国特色社会主义教育的研究人才和教师，壮大中国特色社会主义事业；坚定文化自信，扎根中国大地，充分利用多元文化的互鉴，为繁荣哲学社会科学培养创新人才；坚持理论自信，积极探索建设发展中国特色教育研究方法案例教学与研究的知识体系，积极开展建设中国特色话语体系、学术体系、学科体系的有益实践。

二、以《教师教育课程标准》为准则，贯彻落实“育人为本”“实践取向”和“终身教育”的理念。本书紧紧围绕学校发展这一中心，力求呈现一个完备的、以促进学生发展为核心的学校教育研究技术资源库，使读者更容易研究学校教育问题。

三、借鉴建构主义理论。建构主义指出，意义需要协商和互鉴，意义在于建构。语言是最精妙的思维，思维有赖于思想——不同语言艺术的撞击。本书呈现的“百家”“思想资源”必然引领读者主观世界“百花齐放、百家争鸣”——意义建构的关键一环，推进原创。“真理不可言说，不可直接传达。在以暗示与象征的体验方式的间接传达中，真理则变成可感知的，它作为历史性中例外的主观性在客观性的媒介中显示自身。”（雅斯贝尔斯，1977。）

四、以案例教学理论为理论基础。傅维利先生（2006）认为，“教育学是一门实践性很强的学科。这一学科特征决定了要想比较深入地掌握这一学科的概念、结构、原理和方法，不能仅仅依赖理论学习方式，还要依托多种实践方式的参与。”

“在教育学科中案例教学的强大生命力，主要来自三种基本因素：其一，案例教学符合人实践能力成长的客观规律。根据我们的研究，人的实践能力一般包括四种基本构成要素，它们分别是实践动机要素、一般实践能力要素、专项实践能力要素和情境实践能力要素。在这四种实践能力构成要素中，情境实践能力要素是一种高级构成要素，它是在真实问题情境中，实践主体迅速判断主客体匹配关系，周边资源支持状态，迅速作出决策并付诸行动的过程。就我国高等教育中的主流教学方式而言，普遍缺失的恰恰是对学生情境实践能力要素的系统培养。这是造成我国高校毕业生实践能力普遍不高的重要原因。由于案例教学强调展示真实问题和具体情境，强调学生做出分析和讨论并提出解决问题的具体对策，因此它是一种十分贴近真实问题，有利于培养学生情境实践能力要素的教学方式。这种教学方式如果能在教育学科中得到大面积推广，无疑十分有利于学生解决真实教育问题能力的大幅度提高。其二，案例教学更容易让学生把握理论的精髓。案例教学通常不是用冗长的、历史的或逻辑方式展开理论，而是用简洁、清晰的语言直接陈述基本概念、原理和方法，并用案例解剖和要求学生提出尝试性解决方案的方式帮助学生理解理论和应用理论。实践证明，这种教学方式更容易让学生把握成熟理论的精华。其三，案例教学更容易体现学科的时代性特征，从而引发学生思考和解决问题的兴趣。理论通常是比较稳定的，但问题是常新的。案例教学要求所选择的案例问题，不仅具备分析和思考的内在价值，而且是学生容易感知到的富有时代气息的真实问题。教学实践也证明，这样的案例问题十分有利于调动学生思考和解决问题积极性，从而为全面提升学生指向问题解决的思考力提供了基本前提。”（傅维利，2006。）

事实上，“今天，在结构良好的案例中所呈现的知识享有越来越高的地位，而且案例可能是描绘并传递教学知识最富有前景的一种方式。”（格雷·塞克斯，2007。）我国的顾明远先生、叶澜先生也积极倡导和推动案例教学在教育学科的应用推广，傅维利先生主持编写的《教育问题案例研究》《师德读本》《教育管理问题案例研究》等多部研究生和本科生用案例型教材在使用中得到了许多同学和老师的欢迎。

五、借鉴“知识演进逻辑说”。（韩震，2021。）新时代是中国创造人类文明新形态的时代，是超越了经验性知识、原理性知识的时代，所以，本书立足于新时代知识形态，以丰富的多元化案例“交叠”原理性知识，以“原则”“过程”“技巧”“评估”交叠“观点与原理”，实现知识进化的优化，为教育学创新人才培养提供独特的资源和方式，助力我国教育科学基础学科实现新飞跃。

内容结构

以“部分”和“维度”的视角，本书采用了以确定“学习结果”为前提，注重问题意识的全过程参与，呈现“观点与原理”为重点，展示教育事实为基础，挖掘“思想资源”为支架，以“思考题”和“自我反思”为检验的逻辑体系，强调实践与理论的反复循环增益，将理论与实践、原理与思想、理解与运用、过程与结果、设计与操作有机地整合为一体。

本书的教育研究方法知识体系由教育研究及其方法概述、教育研究基础技术、具体的教育研究方法和教育研究成果表述的理论四个部分构成，分为十六章、三十六节。其中基础技术包括选题的技术、选择教育研究变量的技术、陈述教育研究假设的技术、作文献综述的技术、抽样的技术和撰写教育研究计划的技术。综合古今中外的教育研究（方法）来看，除了思辨研究方法之外，常用的具体教育研究方法有教育观察法、教育调查法、教育实验法、教育个案研究法、教育内容分析法、教育行动研究法等。第四部分介绍了资料分析和教育研究成果表述。本书也特别阐述了学位论文及其开题报告的撰写与答辩。这四个部分涵盖了研究方法的原理、技术、工具、程序和资料等领域。

本书确立了五个维度。①理论与实践相结合的维度。本书通过大量的案例展示教育研究方法问题，为学生提供理论认识的实践摹本；通过实践问题的理论解释，促进学生认识、理解、掌握教育研究方法理论，并通过教育研究方法理论的运用实现教育研究方法理论的内化与活化。②动态与静态相结合的维度。运动是绝对的，对教育研究（方法）的认识要建立在历史与现实的连续体系中。概念的呈现是静态的表现，命题的展示是动态的表现；基础性技术理论具有静态的特征，各种教育研究方法的使用呈现出鲜明的动态特征。③概念与命题相结合的维度。理论的构成要素是概念与命题。概念呈现出事物的本质或属性，为学生辨认、认识事物奠定基础；命题展示出事物或其要素间关系，为学生认识、理解教育研究方法并解释教育研究（方法）问题提供必要条件。整合概念与命题，易于学生内化并活化教育研究方法理论体系，有助于学生后续专业课程学习过程中的知识建构以及教育问题的理解和解决。④原理与思想相结合的维度。原理的形成是通过学者们的思想来呈现，对原理的理解是在百家争鸣的过程之中，对原理的掌握是在学生自主建构的基础之上。有机地整合原理与思想有助于学生深入理解教育研究方法理论，形成改造教育的技术手段与思想基础。⑤设计与操作相结合的维度。方法离不开设计，更取决于操作。从教育研究起点到教育研究终点的结构安排着眼于设计，从选题技术到教育研究成果表述着手于操作；教育研究计划着眼于设计，教育观察法、教育调查法、教育实验法、教育个案研究法、教育内容分析法、教育行动研究法着手于操作。有机整合设计与操作，将抽象的知识与实用的技巧结合起来，有助于读者快速提升教育研究的综合实力。

特色

比较国内外教育研究方法著作，本书具有四大鲜明特色。

一、案例教学与研究的特色。由抽象的科学向实用技术的转化并非自然而然，案例搭建了一道“虹桥”。①以案例展示教育研究的工具、技术、程序为切入点，整合“观点与原理”与“思想资源”，旨在知识的融会贯通，打造“百家”思想沟通的绿色通道。②“思想资源”中诸理论是针对相应技术方法的一种解释，也可以视为一个案例，读者可以运用“头脑风暴”、多教育个案研究等方法，在研究中认知教育并转化为教育研究的意义、教育研究方法的意义。③“能力训练”中的范例提供了一种技术路线或技术方案或技术手段，与“案例”交相辉映，增强读者在互鉴中学习和研究相对直接的教育体验。

二、问题引导的特色。①本书设计了“学习导航”“思考题”和“自我反思建议”，循着问题的逐层回答、逐个回答，指引读者积极投入元认知活动，建构教育研究方法的知识体系。②案例中呈现了基础教育常见问题的教育研究方法，比如，学生问题、教学问题、学校问题；比如，学生的学习问题、学生品德问题、教师的专业成长与专业发展问题、义务教育均衡化问题和学校科研管理问题等，引导读者思考学校发展，掌握学校教育基本问题的教育研究之术。③致力于解决教师教研能力的问题。有研究表明，中小学教师的教研能力在整体和子能力（明确问题能力、收集资料能力、方案设计能力、组织实施能力、分析资料能力、撰写结论能力）上均存在不同程度的欠缺。本书阐述了教育研究的基础性技术和各种具体教育研究方法，完整展现了从教育研究的起点一直到教育研究的终点各个环节的每一种工具、技术和方法，加强对（准）教师的教研能力提升。

三、技术取向的特色。①本书独具一格地呈现了具有普适性的教育研究基础性技术，分别进行了全面、系统的阐释。②按照基础性技术、具体研究方法到研究成果表述的顺序，完整地展现了教育研究的全过程，帮助读者“孕育”出各种工具及其使用方法。

四、“关键词”的特色。在每一部分都使用了“关键词”，更加清晰地绘出教育研究方法知识图谱与关键节点，划定了学术边界，促进读者捋脉寻术，建构中国特色教育研究方法话语体系、学术体系和学科体系。

使用指南

一、读者使用指南。一般使用本书的基本策略是采用非线性思维的方式，细读谨思“观点与原理”，了解理论构成，运用“思想资源”，解读“案例分析”，辅助于“能力训练”和“思考题”；或者，由案例及其分析切入，整合“观点与原理”“思想资源”。无论采取哪种路径，旨在自觉独立地建构知识。

二、教师使用指南。教育学课程案例教学一般有三种策略。

第一，准备策略：课堂教学前，师生要共同准备。

1. 教师的准备。教师对案例的准备直接关系到课堂讨论的节奏及成效，因此，教师的准备需要关注：①明确的、具体的教学目标；②复杂的案例背景；③案例所包含的全部信息；④案例的关键性细节；⑤课堂教学过程中，学生可能提出的问题；⑥学生在自学过程中可能会忽略或遇到的问题；⑦案例分析所需要的相关理论的引入方式；⑧用严密的逻辑构建案例与理论之间的有机联系。

2. 学生的准备。学生提前准备可以有效地节约课堂教学时间，提高学习效率，并使课堂教学更加高效。学生准备主要包括：①学生观的转变：被动者→主动者，旁观者→参与者，权利的争取者→权利的拥有者；②熟读案例；③查阅相关文献，认知相关理论；④小组讨论案例；⑤作出案例的初步分析；⑥拟定讨论草稿；⑦明确疑问并清晰阐明。总之，学生既要做好分享成果的准备，也要做好为别人提供可以分享的成果的准备。而且，还应为进一步学习做好准备。

第二，课堂教学策略，包括理论呈现策略、教师角色扮演策略、教学评价策略。

1. 理论呈现策略，是指教师在课堂教学过程中，以案例与理论的关系为基础，合理地呈现教育研究方法理论，以期实现理论与实践的有机结合，并促进学生对理论的科学、有效掌握。一般地，理论呈现可以采取三种方式：在展示案例之前呈现，也可以安排在展示案例之后呈现，或在展示案例并进行案例讨论的过程之中呈现。当然，案例呈现可以采用文本、音频、视频以及多媒体等形式；也可以教师叙述的方式、几个学生讲述的方式，角色扮演的形式等来呈现。

2. 教师角色扮演策略，是指教师在课堂教学过程中，应恰当扮演案例讨论参与者的角色：设计者、导引者、推进者、激励者、调节者、鼓吹者、挑战者、总结者的角色。教师的角色可能时而是引向正确的结论，可能时而推动学生误入歧途；教师可能时而洗耳恭听，可能时而与学生严词对峙。不过教师必须注重创设讨论的情境，调节讨论的节奏与气氛，维持课堂情境的和谐。在教师的角色中，教师的总结者角色是其重要角色之一。教师对课堂讨论的总结往往能够起到“画龙点睛”之奇效。

3. 教学评价策略，是指用科学的评价标准，采用多元主体参与，准确评价课堂教学。为了准确获得评价信息，首先需要制定科学的评价标准。制定评价标准，首先应考虑时间的把握，即教学的效率；其次，应考虑理论与实践的关联度；再次，应考虑学生的参与度；第四，应考虑教师问题处理，矛盾化解的能力与水平；第五，应考虑学生的学习效果。此外，运用科学的评价标准进行评价，应由多元主体完成。多元主体至少要由学生主体、教师主体、学校领导主体三个方面的主体构成。就学生主体和教师主体而言，既要进行他评，也要进行自评。

第三，课后反思策略，是指每次课堂教学结束后，教师要及时进行教学总结，反思整体课堂教学及其各个部分，全面发现问题，分析并确定补救、改善的方法，以便完善教学，提高教学质量、效益的策略。它可以分为整体反思策略、部分反思策略。

1. 整体反思策略，是指从全局的角度，系统地对教学进行反思的策略。首先，反思要把握全局，既从目标、过程与结果的角度，也从工具、技术、程序和方法的角度，还从案例与其呈现、讨论及理论的提取的角度，对教学进行整体性反思。其次，反思要系统进行，对课堂教学的各个要素，分层次、循逻辑，考察系统的活化状态。

2. 部分反思策略，是指对课堂教学的每个环节、元素进行细致、深入的反思的策略。教学的成功离不开对每个环节的恰当处理，也离不开对每个元素的合理、有效运用。反思环节和元素，将要素从系统中分解，就其各自特性进行分析，进行同类比较、评价，以便完善各个要素本身，并强化要素间的系统性。

使用目的

读者在“揭秘”教育研究方法的过程中，保持“心花怒放”，建构成中国特色基于案例的教育研究方法话语体系、学术体系和学科体系的雏形，发展出有自主意识的教育研究方法意义结构。

关键词

习近平新时代中国特色社会主义思想；马克思主义哲学；教育研究方法；读者；设计；结构；特色；指南；目的；案例；工具；技术；教育研究范式

致谢

本书的出版得到很多人的支持和帮助。首先我要感谢傅维利先生、杜岩岩教授、刘民先生、王华丽女士和田凤梅女士，他（她）们对本书的选题、体系的搭建和观点的完善、材料的应用等都给予了鼎力相助，使我始终能有条不紊地推进研究与撰写。其次我要感谢岳建军、王芳、郎朋、周常稳、王浩宇、洪洁茹、夏紫薇、张朋、艾仁红等同学们，他（她）们做了大量的资料收集、书稿修改等工作。其中，郎朋博士撰写了第十章、第十一章、第十二章。本书由辽宁师范大学规划教材建设项目专项经费资助出版。

我还要特别感谢中国轻工业出版社负责本书出版的编辑，他们一直密切地关注本书，从体系结构、栏目名称的使用到字、词和句子的“完美搭档”等方方面面都提出了特别宝贵的建议，总是在第一时间回复我提出的各种要求并给出最有价值的帮助，不断鼓励支持我完善书稿。

本书引用了大量前辈专家学者的理论观点和案例，作为读者的思想资源和认知支点，也使本书的意义更加生动并拥有了“巨人的肩膀”和“显微镜”。在此，对所有引用文献的作者表示深深的感谢！谢谢您！在引用文献时进行了适当的删减和整合，但未改动原意，还望各位前辈学者海涵！

由于作者学力有限，恐有不周之处，敬请谅解，并恳请各位读者提出宝贵意见和建议！

马治国

2024 年 9 月

目录

第一部分　如何开展教育研究：教育研究及其方法概述

第三部分 如何运用教育研究方法：具体的教育研究方法

第四部分　如何撰写教育研究成果表述：教育研究成果表述的理论

第一部分

如何开展教育研究：教育研究及其方法概述

内容提要

在教育研究方法的一般理论中，最基本的概念是教育研究、教育研究方法，以及教育研究的本质、主体与客体、性质、准则和方法体系结构、应用程序等基础理论。它们帮助你形成教育研究方法的概括性认识。在此之前要对科学和科学研究有所了解，因为本书所用的教育研究和教育研究方法是教育科学研究、教育科学研究方法的简称。

关键词

科学；科学研究；教育研究；教育研究方法；规范；体系；程序

第一章　教育研究是什么：教育研究概述

学习导航

“实践是检验真理的唯一标准”，指引我们到实践中去获得真理性和实用性的教育规律、教育原则、教育方法、教育措施。这就要首先回答：做什么？怎么做？规范有哪些？这些问题引导我们去认识：教育研究是什么？认识教育研究，熟练运用教育研究工具、方法，需要掌握哪些基本术语、基础知识？请你带着这些问题开启“探秘教育研究之旅”。

本章将帮助你认识：教育研究的概念、特征，教育研究基本准则，还有如何区分科学、科学研究、教育研究以及各种教育研究。这将是本章学习过程中需要牢牢把握的核心。

学习目标

1. 了解教育研究的价值。
2. 理解教育研究的特点和分类。
3. 掌握教育研究、教育问题等概念的内涵。
4. 理解教育研究的主体与客体。
5. 熟读案例分析和思想资源，建构教育研究基础知识。
6. 独立完成案例和范例的分析。

第一节　科学与科学研究

观点与原理

1. 人获得知识通常有四种方法：经验法、权威法、思辨法和科学方法。相较而言，科学方法有其自身的逻辑与范式——发生于真实的问题，致力于解释或者解决问题，依托科学理论，运用科学工具和技术，遵循特有规范，得出正确答案。

2. 科学是知识体系及其生产和再生产过程的统一体，是知识建构的主体与其客体相互作用的产物。

3. 科学有客观性、实践性、理论性、逻辑系统性、真理性和发展性等特点。

4. 研究是对某种现象或问题进行调查、审查、讨论及思考，然后分析和综合以得出结论或结果的一种活动。

5. 科学研究是指用正确反映客观世界本质和规律的系统知识去寻求问题解决方法的一种活动。它的主要特征是自由地思考和开放的程序。

6. 科学研究有其独特的范式，自然科学有，人文社会科学也有。就一般的科学研究范式而言，一种范式是且仅是一个科学共同体成员所共有的东西。反过来说，也正由于他们掌握了共有的范式，才组成了这个科学共同体，尽管这些成员在其他地方并无任何共同之处。直观地看，科学共同体是由一些学有专长的实际工作者所组成。范式一般有三个成分：符号概括、模型和范例。关于范式至少有 20 多种不同的用法，从“一种具体科学成就”到“一组特定的信念和预想”。范式的用法还可以分成两个集合，一种是综合的，包括一个科学集体所共有的全部规定；另一种则是把其中特别重要的规定抽出来，成为前者的一个子集。

7. 科学研究依赖于科学的思维方式，即理论思维方式和逻辑思维方式，逻辑思维方式有形式逻辑思维方式（基于逻辑学）和辩证逻辑思维方式（基于唯物辩证法）。

典型案例解读

案例 1.1：

孰是孰非？

1. 虱子“打败”拿破仑大军？

对于 1812 年拿破仑大军在俄国惨败，历史书的说法是：1812 年拿破仑大军抵达莫斯科后，在征战途中遭遇俄罗斯的严寒天气，军队最终在饥饿、伤病以及士气低落的困扰下退回法国。然而据法国国家科学研究中心的科学家说，事实的真相非常戏剧化：导致拿破仑大军溃败的元凶是虱子。由法国国家科学研究中心的科学家迪迪埃·拉乌尔率领的研究小组对当年进攻俄罗斯的拿破仑士兵的遗骸进行了研究。这些士兵被埋葬在莫斯科以西 800 公里，立陶宛首都维尔纽斯的一处集体坟墓中。

科学家们对坟墓土壤、士兵衣物和牙齿样本进行分析得出结论，当时军队中有超过 30% 的士兵死于虱子传染细菌而产生的高烧。细菌给军队带来了“回归热”（一种由虱子传播的由包柔氏螺旋体引起的疾病）、“战壕热”（一种急性传染病，在第一次世界大战的西线上也曾流行过）以及斑疹伤寒（由立克次体造成的传染病，表现为剧烈头痛、长时间高烧以及皮肤上红斑暴发）等致命疾病。科学家们还在从坟墓中提取的土壤和士兵制服样本上发现了虱子，对虱子残骸进行分析后发现了一些疾病的病原体。此外，研究人员对 35 颗士兵牙齿进行化学分析后发现，其中 7 颗牙齿的牙髓中含有“战壕热”致病菌，他们还在另外 3 颗牙齿中发现导致斑疹伤寒的病原体。

2. 石兽在哪里？

从前，沧州城南有一座临河寺庙，庙前有两尊面对流水石兽。有一年暴雨成灾，两尊石兽被冲入河中。在 10 年后，庙僧募金重修山门，于是派人下河寻找石兽。按照一般的想法，河水东流，石兽理应顺流东下，谁知一直向下游找了十里地，也不见其踪影。这时，一位在庙中讲学的先生提出其见解：石兽不是木头做的，而是由大石头制成，它们不会被流水冲走，石重沙轻，石兽必然于掉落之处朝下沉。旁人听来，此言有理。不料，一位守河堤的老兵插话：我看不见得，凡石落入河中，水急石重而河床沙松者应求之于上游。众人一下子全愣住了：这可能吗？老兵解释道：“那石兽很重，而河沙又松，西来的河水冲不动石兽，反而把石兽下面的沙子冲走了，还冲成一个坑，时间一久，石兽势必向西倒去，掉进坑中。如此年复一年地倒，就好像石兽往河水上游翻跟斗一样。”依照他的指点，果真在河的上游发现并挖出那两头石兽。

【①王平.虱子“打败”拿破仑大军？[N].山西科技报，2006-01-14. ②高低.石兽在哪里[N].大连广播电视报，2005-01-13.】

案例分析

结合我们的个人经历，从案例中，我们能够认识到，知识的来源一般有两种：间接经验和直接经验，获得知识有四种方法：经验法、权威法、思辨法和科学方法。中小学生获得知识的来源主要是权威——教科书和教师，也有部分来自直接经验（这也是现代学校教育越来越鼓励、支持的）。但是，就人类而言，知识的主要来源是研究。从早期的思辨研究到近现代的实证研究都是科学研究，所不同的是研究范式的差异：思辨研究基于个体智慧构建的大前提，开展逻辑论证；实证研究基于科学理论和客观事实，开展逻辑综合理论的论证。无论是实证精神的还是哲学分析精神的，科学研究要以事实为根本，以科学理论为依据。教育科学研究也不例外。科学方法不同于经验/常识，也不同于听从权威解答，它有其自身的逻辑与范式——发生于真实的问题，致力于解释或者解决问题，依托于科学理论，运用科学工具和技术，遵循特有规范，得出正确答案。因此，科学是知识体系及其生产和再生产过程的统一体，是知识建构的主体与其客体相互作用的产物。

美国学者巴比认为，二手知识有两个主要来源：传统和权威。一手知识则来自研究。①我们每个人都继承了某种文化，而文化有一部分是由根深蒂固的知识所构成的。尽管我们可以亲身去检验这些“真实”，但我们还是直接接受了其中的大部分。知识是累积的，继承已有的信息和知识体系，正是发展更多知识的起点。我们常说，“站在巨人的肩膀上”，就是指知识的传承。不过，传统也可能阻碍人类的研究。如果想在人们已知的事物上寻求新的观点和不同的知识，你们很可能会被贴上“傻子”的标签。更有甚者，你们可能根本不想对已知的事物去寻求不同的认识。②即使传统的力量很大，新知识还是每天涌现。我们终生都是他人新发现和新知识的受惠者。通常对这些新知识的接受程度和发现者的地位有关。就像传统一样，权威既可能帮助也可能阻碍研究。我们会信任接受过特殊训练的人、专家或信誉很好的人，在有争议的问题上更是如此。与此同时，权威在自己专长的领域犯错时，也会严重地阻碍我们的研究。如果专家们超出自己专长的领域发表意见，也会妨碍我们的研究。因此，在人类研究这个世界时，传统和权威都是双刃剑：一方面可以当作我们进一步研究的起点；同时也可能误导我们，让我们误入歧途。因为传统和权威的先天局限，所以，就需要科学研究。在自行研究时，人们也常常会被绊倒。然而，科学一直试图避免一般的日常研究的普遍缺陷。致力于回答什么是“真正”的真实。巴比认为，“科学的两大支柱就是逻辑和观察。科学对世界的理解必须言之成理，并符合我们的观察。这两者对科学都不可或缺，而且和科学研究的三大层面密切相关：理论（theory）、资料收集（data collection）和资料分析（data analysis）。概括地说，科学理论处理的是科学的逻辑层面；资料收集处理的是观察的层面；而资料分析则是比较逻辑预期和实际观察，寻找可能的模式；社会科学理论处理的是是什么（what is），而不是应该（should be）如何。这意味着科学理论（甚至整个科学本身）不能建立在价值判断上。”所以说，知识的来源从来都不是唯一的，无论是孔子时代、苏格拉底时代，还是牛顿时代、黑格尔时代，乃至当代，正如案例所阐释的，我们从教科书中获得的、僧人所指出的、老兵所代表的、教书先生的、科学家的，分别代表了不同的知识来源。但是，科学天生就是对传统和权威的怀疑和批判，对一切反常的理论建构。“科学家和他的同行们发现了反常，首先总是致力于目前核物理学家正在从事的工作。就是说，他们力求概括反常现象，找出同一效应的其他更重要的表现，检查反常现象与他们仍以为已理解的现象之间的复杂关系，以给出它们的结构。但反常很少会受这些做法的影响。若有影响就一定会与现行科学信念某些结构上的根本原则发生明白无误的冲突。因此，识别和估价反常，又一次以是否坚决依附于当代科学传统为转移。”进而，科学必然具有客观性、实践性、理论性、逻辑系统性、真理性和发展性等特点。把握这些特征，是形成科学范式的基本条件。

案例也揭示出科学研究是基于客观事实、运用科学的思维方式和方法，提供的知识更可靠，而且，相对而言这种知识也更容易被理解、认同和接受，更容易被同化为个体的知识。因为科学研究获得知识的思路、方法更加明显，逻辑路径和结论可以借助验证而更易于理解。

第二个个案的原文还有这样一段评价：石兽逆流而上，实乃一个沉甸甸的忠告，别过于信赖常识常理，它们断非适用于任何场合。想有不为俗见所左右的独立意识，必须别具慧眼。有时，逆流而上的思路，或许正是步入殿堂的必由之路。

第二节　教育研究概述

观点与原理

1. 教育研究是教育科学研究的简称，是指人们运用科学的研究方法，遵循一定的研究程序，有目的、有组织、有计划、有系统地研究教育问题（教育学问题），认识教育现象（教育学现象），建构教育理论（元教育理论），改善教育（教育学）实践，揭示教育规律和阐述教育原则与教育方法的创造性认识活动。

2. 教育研究的主体是专职教育研究人员或教师的群体或个体，即“人们”。教育研究的客体即教育研究对象，教育研究的对象有广义与狭义之分。广义的教育研究的对象是教育问题与教育学问题，狭义的教育研究对象是教育问题——本书所讨论的。

3. 教育问题是指以促进学生、教师和学校发展为信念，致力于认识、优化和发展教育的理论或实践问题。

4. 教育研究的外延丰富多样。根据研究对象，可分为教育观念研究、教育活动研究和元教育研究；根据研究目的，可分为解释型、完善型和创新型研究，或者描述型、关联型和干预型研究；根据研究内容，可分为基础理论和应用研究；根据主体资料的性质，可分为定性和定量研究；根据研究对象存在的时间关系，可分为横向研究和纵向研究；根据使用的主要研究方法，可分为观察研究、调查研究、实验研究、相关研究、因果比较研究、评估研究、个案研究、内容分析研究、行动研究、历史研究、比较研究，等等。

5. 基础研究，也被称为基础理论研究，是以探索教育理论为主要目的的研究，不考虑实际应用；应用研究是以追求解决或改进实际问题为主要目的的研究。定量研究是建立在数据化资料基础之上的，定性研究则以非数据化资料为基础。横向研究的研究对象是共时性存在形态，纵向研究的对象是历时性存在形态。

6. 教育研究不同于自然科学研究，也不同于社会科学研究。具体而言，教育研究具有以下五种特征：①研究主体的复合性；②研究方法的多元性；③研究资源的丰富性；④研究方式的人文性；⑤研究论证的复杂性。

7. 教育研究的准则主要有伦理准则、理论准则和程序准则。伦理准则要求教育研究遵守人伦规范，理论准则要求教育研究遵循科学理论探究的规范，程序准则要求教育研究遵循科学研究程序的规范。特别地，教育研究立足于学生的发展，必须严格遵循道德规范。

8. 教育研究的价值体现在三个方面。①改善教育实践：经验性实践已经完全不适合教育发展和学生培养的需要——需要教育研究。②推进理论建设：教育理论必须建立在对实践的调查、观察和总结的基础之上。③提高教师素质：教师的素质不仅仅指其专业素质，还包括教育研究素质。

典型案例解读

案例 1.2：

已有教育研究的定义

自从教育研究出现，学者们就一直在探究教育研究的含义，以期获得对教育研究的根本认识，确定教育研究的边界。当代学者也在不断地进行着尝试。

裴娣娜（1995）认为，教育研究是以发现或发展科学知识体系为导向，通过对教育现象的解释、预测和控制，以促进一般化原理、原则的发展。教育研究作为科学研究的一种形式，它的突出特点是富有创造性。作为一种人类认识活动，它具有很强的目的性和计划性，其宗旨是为了解决一定的教育科学问题。

王坦等（1998）认为，所谓教育科学研究是指人们自觉地采用科学的方法对教育问题进行观测、分析和了解，从而发现教育现象之间本质联系与规律的认识过程。

周家骥（1999）认为，教育科学研究是科学研究的形式之一，是以教育现象为研究对象，以科学的态度，运用科学的方法，有目的、有计划地探索教育现象及规律，阐述、控制、预测教育现象直到发现教育规律并指导教育的创造性认识活动。

孟庆茂（2001）认为，教育研究是寻求教育诸问题的解释与解决的过程。

马云鹏（2001）认为，教育科学研究是按照某种途径，有组织、有计划、有系统地认识教育现象和建构教育理论的过程，是以教育问题为对象，运用科学的方法，遵循一定的研究程序，搜集、整理和分析有关资料，以获得教育规律为目标的过程。

钟海青（2002）认为，教育科学研究是一种有目的、有计划地采用科学的方法，对教育现象和教育实践进行系统探索的一种实践活动。

郑金洲（2003）认为，教育研究是采用系统的方法来研究教育问题的活动，通过一系列规划好的活动步骤的实施及方法、技术的运用，来认识教育现象，为教育领域提供有价值的、可信赖的知识；它有助于解决教育的实际问题，完善教育活动的制度。

杨小微等（2010）认为，教育研究是关于事理的研究，即探究人们所做事情的行事依据和有效性、合理性的研究。

庞国彬等（2013）认为，教育科学研究，简称教育科研、教育研究。一般认为，教育科研即运用科学、合理的研究方法和研究手段，以教育领域中存在的教育现象和发生的教育问题为研究对象，从事有目的、有计划、有系统地认识、探索和解决这些教育现象和教育问题的活动过程。

华国栋（2013）认为，教育科研是教育科学研究的简称，它是以拓展教育知识和解决教育中的问题为中心，以教育理论作指导，采用科学的方法和手段，按照一定的系统和步骤进行的一种活动或认识过程。

陈向明等（2013）认为，教育研究是人们探索教育现象与事实、认识自身的一种社会实践活动。

杨丽珠等（2018）认为，教育科学研究是一种认识过程，是人们有目的、有计划、有系统地采用严格而科学的方法，研究教育科学的知识体系，认识教育现象，探索与发现教育与人的全面发展、教育与社会进步的客观规律，深化教育改革，提高教育质量的创造性活动。

彼得斯和怀德（1969）认为，教育研究是为了解答某种特定的问题，由非常精通某种思维方式的人所进行的系统而持续的探究。

索利斯（1969）认为，应当把教育研究理解为包括教育中经验的和实验的研究，而不是历史的和比较的研究。

尼斯比特和恩特威斯尔（1970）认为，教育研究应局限在“采用定量或科学调查方法的范围”之内，并且“在教育中还有其他一些重要的研究形式。”

特拉弗斯（1978）认为，教育研究旨在对教育工作者所关心的事情形成一种有机的科学知识体系的活动。

查尔斯（2003）认为，教育科学研究就是将科学研究运用到教育中来。

高尔（2007）认为，教育研究可以定义为对数据的系统收集和分析，其目的是对教育的方方面面进行有效的、概括性的描述、预测、干预和说明。其中，数据是指教育研究中研究者所采集到并用于分析和研究的各种数字、文字、图像或其他形式的资源。

案例分析

之所以要给教育下定义，是因为概念是反映事物本质属性的思维形式，下定义是明确概念内涵的逻辑方法。有概念才有思维，才有生命，才有世界。掌握概念才可以思考，才可以沟通，才可以认识和理解世界。为什么学生作文《记一场足球比赛》中只有一句话：“今天下雨停赛”？为什么学生数学题会答“三角形面积等于 $21m^2$”？为什么有人说“1GB就是一个英国”？为什么有人说“躺平”和“平躺”是一个意思？为什么有人说“生态就是生活状态/生命的状态”？皆因概念不清或者概念错位所致。故，非有定义不可。而且在教育研究中常常需要操作定义。（详见第四章）

人们给教育研究下的定义是在对特定的教育研究认识的基础之上完成的，表现为每个定义都蕴含着定义者的认识视角。本案例中定义的认识视角大致可分为：在归属上，有过程观、活动观（又分为实践活动观、认识活动观）、认识或活动观；在对象上，有教育问题观、教育现象观、教育问题和教育实践观、教育科学知识体系观、教育事情观；在目的上，有事理观、解释和解决教育问题观、教育知识观、教育规律观、教育自身观、一般化的原理和原则观、教育描述和预测观。这些区别也反映出教育研究的复杂性。求同存异，能够发现教育研究的内涵构成因子：教育研究定义的内容构成通常包括研究对象、研究目的、研究方式等几方面。这与现实的教育研究实践构成是一致的。

界定概念的内涵往往要先选择适当的形式，学术界定常用形式是：被定义项（如教育研究）=种差（如教育研究与物理研究、语言研究等的差异）+属（即教育研究的属概念）。上述分析中，教育研究的归属存在分歧，但是都认同一点：教育研究是科学研究的有机组成。所以，我们从教育和科学研究这两个教育研究的上位概念入手分析，我们认为，教育研究是一种创造性认识活动，不是实践活动，实践活动是教育研究的一种"载体"。马克思主义认识论指出，认识是对象性活动，由感性认识—理性认识—新感性认识—新理性认识……和实践—认识—再实践—再认识……通常可以借助于技术设备。各种科学研究，比如物理研究、数学研究、语言研究、历史研究，都是认识活动，因此，一般相互区别于研究对象、研究目的、研究方法和工具等方面。结合案例分析，我们从教育研究对象、教育研究目的、教育研究要求等方面分析教育研究的种差：教育研究对象是教育问题、教育学问题，目的是教育理论的构建，兼顾科学研究的要求和教育实践的要求。

定义一个事物必须对这个事物进行元素分析、要素（即基本构成元素，必不可少的元素，缺少了要素就不是要定义的事物）分析，因为事物之间的区别往往都在于构成要素不同，导致内部矛盾不同，或者显露的现象不同。从头脑中既有的教育研究场景中，我们能够提取出教育研究的构成要素有人要素和物要素，人要素有研究者和/或被研究者，物要素有研究对象、研究工具、研究设备和/或研究场所等。

综合上述分析，我们认为，广义的教育研究是人们运用科学的研究方法，遵循一定的研究程序，有目的、有组织、有计划、有系统地研究教育问题、教育学问题，认识教育现象、教育学现象，建构教育理论体系，改善教育实践，揭示教育规律和阐述教育原则与方法的创造性认识活动。本书使用狭义的教育研究，不研究教育学问题和教育学现象。

在下定义的过程中，我们也加深了对教育研究的认识。①教育研究有多种类型。比如，常见的按研究目的、功能、作用的划分，包括基础研究、应用研究、发展研究、评价研究、预测研究。②教育研究不同于自然科学研究，也不同于社会科学研究。教育研究的性质表现为研究主体的复合性、研究方法的多元性、研究资源的丰富性、研究方式的人文性、研究论证的复杂性。其中根本属性是特定的人文性——学生的发展性。③特征显示出独特性。因此，教育研究要严格遵循伦理规范，比如，保护被试免受伤害的原则、确保研究数据的保密性的原则、尽可能对被试诚实的原则。此外还要遵守客观性原则、创新性原则、理论联系实际原则等教育研究的基本原则，即研究者在从事教育研究时应该遵循的基本要求。

思想资源

一、国家教育研究规范：学术伦理（节选）

2.1　求真务实

求真务实是基本的科学精神。科学精神源于人类的求知、求真精神和理性、实证的传统。科学精神的本质是不懈地追求真理和捍卫真理。科学精神体现为严谨缜密的方法。每一个论断都必须经过严密的逻辑论证和客观验证才能被学术共同体最终承认。任何人的研究工作都应无一例外地接受检验。只有经过公开实践的证实，以及经过各种不同观点论证考验的成果，才能在学术上被承认和具有效力。

2.2 诚实守信

诚实守信是保障学术成果可靠性的前提，从事学术研究的人不应有任何不诚实的行为。人文社会科学工作者必须在学术活动的各个环节中坚持实事求是，一旦发现研究成果中的错误和失误，应及时以适当的方式予以公开和承认；在自我评价和评议评价他人时，态度严谨、客观公正、真实准确，避免主观臆断，不可掺杂非学术因素。

2.3 继承创新

人文社会科学是积累性极强的科学，认识人类自身和认识社会发展不是几个人和几代人所能完成的，必须吸取前人的智慧和经验才能在新的起点上总结规律、提炼理论，使研究逐步接近真理。必须对前人所作的经过历史检验的研究成果给予信任、加以继承，在前人的终点上寻找自己的起点。继承和质疑并不矛盾。质疑原则要求研究者始终保持对科研中可能出现错误的警惕，并相信对人类世界与社会的认识是要与时俱进的。科学尊重首创和优先权，鼓励发现和创造新的知识，鼓励知识的创造性应用。研究需要创新，没有创新，就不能推进社会的进步。基础研究是应用研究和技术开发的先导和源泉，是核心竞争力和学术制高点，更需要原创性的成果。但是，创新不是凭一时的灵感能够做到的，它需要长期积累、深入思考、反复实验，然后厚积薄发，最终爆发出潜力。

2.4 恪守职责

人文社会科学工作者必须具有强烈的历史使命感，要承担学术引领社会进步和发展的责任，决心为建设创新型国家、构建社会主义和谐社会做出无愧于历史的贡献，不能片面追求个人名利、违背学术责任。同时要珍惜自己的职业荣誉，正当行使学术权力，避免对科学知识的不恰当运用以及对学术资源的浪费和滥用。在学术活动中，研究者应当热爱学术，敬畏真理。不能把学术当成牟取不当利益的工具，而应当把研究作为探索真理、追求真理的志向和事业，正确对待研究成果的学术荣誉，勇于承担学术责任与学术义务，贡献出博大精深、嘉惠今人、传之久远的学术力作。创新需要学术自由，需要宽容失败，需要坚持在真理面前，人人平等，需要有创新的勇气和自信心。

2.5 以人为本

人文社会科学也应将体现人性、尊重人格、保障人权作为最基本的价值取向，将增进全社会和每个社会成员的进步和幸福作为终极目标。人文社会科学研究既要考虑全社会的整体利益，又要尊重人的个性发展。学术共同体成员要相互尊重。尊重他人的著作权，通过引证承认和尊重他人的研究成果和优先权；尊重他人对自己科研假说的证实和辩驳，对他人的质疑采取开诚布公和不偏不倚的态度；尊重合作者的能力、贡献和价值取向。

2.6 自律与他律

人文社会科学工作者应该从维护学术声誉和自身尊严的高度，修身正己，自我约束，讲究诚信，把遵守学术规范贯穿在教学与科研工作的每一个环节中，以取信于民，使自己的研究成果在建设祖国、改造社会中发挥应有的作用。

人文社会科学工作者在自己从事教学与研究的学科领域里，既对本门学科的学术发展负有责任；也应爱护和促进新学科的丰富完善，顾全科学发展的全局，随时调整本门学科在学术整体中的地位；但不能为了个人名利随意跨越到自己不熟悉的领域里轻率表态，干扰其他专业学术的正常发展。

人文社会科学工作者要通过履行学术规范，逐步确立学术创新的高标准，养成主动遵守学术规范的习惯，把规范变成自觉的行为，达到自由的境地。

遵守学术规范、接受社会监督是学者的责任，他律是学者自律的保障，自律和他律是相互促进的，必须有机地结合在一起。他律的主要形式包括规约的制定、舆论的监督、学术批评、对学术不端行为的惩戒等。

【教育部社会科学委员会学风建设委员会.高校人文社会科学学术规范指南［M］.北京：高等教育出版社，2009：7-11.】

二、美国教育研究的基本指导原则

科学事业依赖于一个健康的研究群体，并需要一套基本的指导原则，这些原则也适用于教育研究。

科学原则1：提出重要的、可进行实证研究的问题。

在科学研究中，关键的一步就是把一个想法概念化并进一步形成一个有研究价值的问题。提出问题的目的是填补现有知识的空白或发现新的知识，找出一些现象的原因，或是规范地验证一个假设。最终判断一个科学假设和猜想是否成立，要看它是否有足够的实证依据。科学家和哲学家们普遍认为，科学研究区别于其他形式的探索的一个重要特征就在于科学假设和结论具有可验证性（testability）和可证伪性（falsifiability）。研究问题和解答问题的研究设计必须体现研究者对现存的有关理论、研究方法和实证性工作的充分理解。

科学原则2：建立研究和有关理论的联系。

对大多数科学而言，其长远的目标是发展出能稳定地解释事物普遍现象的理论。任何科学探索都会隐约或明确地与某种指导整个研究过程的更具普遍性的理论或概念框架（conceptual framework）相联系。科学知识的积累是通过增加、改善，甚至取代现存的理论而完成的。

科学原则3：使用能够直接研究问题的研究方法。

研究方法的好坏只能看其是否恰当有效地解答特定的问题。不仅如此，科学结论如果经得起多种研究方法的检验，就会变得更加可靠有力。针对各种特定的研究选择合适的方法是重要的，但这种方法学的考虑有着更广泛的意义。特定的研究设计和方法只适用于特定的研究问题，但很少能解答该研究领域的所有问题。所以，对一系列研究中的不同部分，我们通常必须使用十分不同的研究方法。

科学原则4：提供一条严密、明确的推理链。

科学的核心是进行推理，即根据已知与观察到的现象做出解释、结论和预测。科学推理并不仅仅通过正确地套用一个现成的计算公式来完成，科学研究需要建立一条从证据到理论、再从理论到证据的推理链。这条推理链应该是严密的、能为大家分享并能说服持怀疑态度的读者。要增加推理过程的有效性，我们应该找出局限和偏见，估计不确定性和错误，而且十分关键的是能合理、有力、系统地排除合理的反面解释（counter explanations）。详尽描述研究过程和分析过程是至关重要的，因为这样可以让其他人批评、分析并重复验证你的研究。

科学原则5：实施重复验证（replicate）和研究推广（generalize）。

科学探索强调检验和证实个别研究的发现和结果。由于任何研究都建立在有限的观察之上，如何将这样的研究结果推广运用于更大的范围成了科学研究的一个关键问题。当各种研究发现能在不同的空间和时间得到重复验证，各种研究结果得到结合和综合时，科学知识便可最终得以发展。

科学原则6：公开研究结果以鼓励专业人士的检查和批评。

科学研究必须得到广泛传播并经受学术同行的专业检查，才能对科学知识体系有所贡献。这种不断的、合作的、公开的学术批评是健康的科学事业的标志。科学的客观性来自专业领域的科学家们所广泛接受的标准，而不是来自任何个人的个性特点或任何研究的设计特点。

【沙沃森，等.教育的科学研究［M］.曹晓南等，译.北京：教育科学出版社，2006：3–4.】

三、教育研究者的伦理道德

1. 研究者个人品德与修养方面

（1）研究动机纯正，不受利益团体请托，不为贪图研究经费而进行研究。

（2）研究题材与内容不可违背教育的意义。

（3）使用他人的研究工具之前，应取得对方的同意。

（4）自行编制的研究工具，应切实检验其信度、效度，不可作假。

（5）当研究发现与研究假设不符合时，必须据实呈现不可任意更改。

（6）不可抄袭或剽窃他人作品。

（7）不可篡改文献资料。

2. 研究者与受试者关系方面

（1）研究过程中应确保受试者身心安全。

（2）让受试者了解研究目的与程序，并征得其同意后方可进行研究。

（3）研究者与受试者应明确双方的义务与责任，并确实遵守彼此的承诺。

（4）尊重受试者的个人意愿，允许其随时退出研究。

（5）研究者如果为了取得真实研究资料，必须采取隐瞒或伪装时，在研究结束后，应尽快向受试者说明采取这些措施的原因。

（6）研究过程中所搜集受试者的个人资料，应切实保密并妥善保管。

（7）在未获得受试者同意之前，研究者不得将其个人资料公开或提供他人使用。

（8）受试者如果是儿童，必须先征得家长、监护人或教师的同意，方可进行研究。

（9）研究过程不可侵犯受试者个人的隐私权。

（10）在研究结束之后，应告知受试者有关研究内容，以消除误解。

3. 研究者与其他研究人员的关系方面

（1）研究设计适当，文献探讨深入，研究过程严谨，资料处理与分析正确、客观，可以作为其他研究者的典范。

（2）研究者与他人共同进行合作的研究计划，应如期完成。

（3）当其他研究者要借阅时，研究者应尽量将研究著作借其参阅。

（4）当其他研究者要使用研究者的研究工具时，应乐于提供。

（5）撰写研究著作时，宜向其他研究者提供后续研究的建议。

（6）当他人从事研究过程中有任何疑难问题时，研究者应就自己能力范围乐于提供协助。

【叶重新.教育研究法［M］.台北：心理出版社，2001：20–22.】

四、科学研究目标

默顿（Merton，1973）认为，科学研究有四个目标：普遍性，即探求普遍规律；组织性，即将一系列相关的事实或观察结果归类并形成概念；怀疑性，即提出疑问并寻求各种不同的解释；群体性，即建立一个共享一套准则或规范的群体。与此形成鲜明对照的是，一些早期的现代派哲学家（又称逻辑实证主义家）试图通过将所有的学科都归纳为自然科学而找到科学的共性，这种方法遇到了不可逾越的技术困难。

【沙沃森，等.教育的科学研究［M］.曹晓南等，译.北京：教育科学出版社，2006：47.】

五、科学知识产生和积累的共同特点

首先，知识积累是通过时起时伏而实现的，也就是说，它不是直接就从无知飞跃到顿悟的。相反，科学知识发展的路途是崎岖蜿蜒的，受到研究的发现、研究方法的进步、新观点或理论以及政治制度与意识形态等方面的影响。当科学家们寻求新的研究途径时，陷入死路并不是罕见的。

知识积累的第二个特点是它的竞争性。科学家们是经过训练，并受聘成为一个持怀疑态度的观察者，他们善于提出挑剔的问题，与同行通过建设性的对话挑战知识理论。

科学知识产生和积累所具有的第三个特点，那就是实证研究、方法学的进步和理论发展之间的相互依存和循环促进的本质。理论和方法互相依靠，他们既有助于实证观察和知识的确立，又得益于实证观察和由此而来的知识。

第四个也是最后一个特点是相对的：研究人类是一件很复杂的工作。人是复杂的生物，研究人的行为、信仰、动作、个性特征、在文化中的定位和意志本身是很复杂的，这是研究社会科学的一大挑战。这并不是说科学与研究人类世界是不相容的，也并不意味着在这些领域的科学研究是完全不一样的（科学研究的基本原则适合于所有的研究领域）。不同的是，涉及人的科学研究比自然科学研究在本质上更复杂，因而科学知识的获得通常需要包括众多的领域、学派、方法所得结果的进一步综合。

【沙沃森，等.教育的科学研究［M］.曹晓南等，译.北京：教育科学出版社，2006：43-46.】

六、理性思维和直觉思维

理性思维和直觉思维是人类认知世界的思维方法的两种主要形式，是科技创新活动过程中的车之双轮、鸟之两翼，二者不可偏废。

爱因斯坦曾指出，物理学家的使命在于获得关于外部世界的普遍规律，而我们要通向这些普遍规律往往必须依靠以知识和经验为基础的直觉，并不能完全依赖于逻辑的、理性的通道。他认为在科学发现的道路上，直觉思维和理性思维同时发挥着重要作用。休谟也认为理性只是人类达到目的的一种手段，但人类行动的真正驱动力总是情感化的，如直觉。怀特海亦指出，影响人类的最强大的普遍性力量有两种，即宗教性的直觉和基于精确观察与逻辑推理的理性。直觉思维是人类理解和认知世界的渠道之一，它与理性思维辩证协同工作，能使科学家在理性知识的基础上对疑难问题作出判断并得到解决问题的方案。

【张今杰，张峰.理性思维与直觉思维［N］.光明日报，2021-11-22（15）.】

七、定量研究与定性研究

（一）定量研究和定性研究的区别（表1-1）

表1-1 定量研究与定性研究的区别

定量研究	定性研究
假定一个客观的社会现实	假定社会现实是由参与其中的人建构的
假定社会现实在不同的时间和情境中是相对不变的	假定社会现实在局部的情境中被持续建构
从机械论的角度看待社会现象中的因果关系	在解释社会现象中的因果关系时人的目的被赋予主要的作用
对研究参与者和他们的情境采取客观的、分离的姿态	研究者本人与研究参与者直接相关，实现共享观点和互相关心
研究总体或代表总体的样本	研究个案
研究行为和其他可观察的现象	研究个体创造的内在含义和其他内部现象
研究自然情境中或人为情境中人类的行为	研究自然情境中的人类活动
将社会现实分解为变量	对社会活动发生的整个场景作整体的考察
用预想的概念和理论去确定将要收集的数据	数据收集后再找出概念和理论
用数字数据来代表社会环境	用文字和图像数据来代表社会环境
用统计方法分析数据	用分析归纳的方式分析数据
用统计推断程序来概括源自某个确定总体的样本的结果	通过寻找其他相似的个案来概括个案结果
撰写非个人化的、客观的研究报告	撰写解释性的报告，报告反映出研究者对数据的建构，读者也将从报告的内容中形成自己的解释

【高尔，等.教育研究方法：实用指南［M］.屈书杰等，译.5版.北京：北京大学出版社，2007：14.】

（二）定性研究与定量研究相结合

争取使已作了定性分析的教育规律性具有量的规定性，这不是赶时髦，而是生活的迫切需要。因为国民教育体系非常需要对自己的状况定期地作出确切评价，而进行这种评价就要有某些概括性指标，这些指标能够说明教育内部进行的教学教育过程的特点。根据至今尚未系统化而只有定性描述的规律性作出的决定，其可靠性是不高的。根据定性的表述不可能作出任何可靠的科学预测，因为没有可以有目的地用变量加以变化的模型。所以，在这样的条件下预测只可能是十分近似的，并要作出大量的精神上的和物质上的消耗。在评价学校体系的状况和作出决定时，必须拥有可以按时间周期、按地域、按领导方式、按占统治地位的教育观点、按年龄组和类型进行比较而作出的鉴定。但是，不能认为定量与定性是对立的。相反，当定性与定量统一时，每次定性都具有更细微的意义色彩。具有一定形式的规律能让人更深刻地理解现实。规律表现的多样性正是通过定性的描述，但是，只有用客观手段能够反映出在允许范围内保持质的多样性的基本趋势时，这种描述才是完全可靠的。

【瞿葆奎.教育学文集·教育研究方法［M］.北京：人民教育出版社，1988：354.】

八、教育研究的特征

对科学探究的后现代批评已经引起社会科学研究者（包括教育研究者）重新思考他

们自己在追求知识过程中所宣称的权威性。他们明确了研究所具有的几个特征，这些特征确立了研究的权威性，并将其与其他的探究形式区分开。我们在下面对这些特征予以介绍。

（一）创造可共享的、精确的、可公开获得的概念和程序

社会科学研究者们已经形成了专门性的概念（如测验的信度）和程序（如目的性抽样），这些概念和程序可以帮助他们从事高质量的研究。他们负责制定公开的、明确的术语和程序，每个人都可以自由地学习和使用这些术语和程序。大多数发表研究报告的期刊实际上采用的是“匿名”的审阅程序，这就意味着审阅人得不到作者的名字或其他能够识别这些作者的信息。

当然，在资助和发布这些研究成果的竞技场上存在着权力的角逐，但长时间压制某些重要理论或成果是极不可能的，这是因为研究者通常都认可进步话语，即任何人在任何时候都可以对某一项研究或研究方法论提出批评，如果这种批评显示出其价值，就会被考虑和接纳。

如果将教育研究与实践探索作比较，我们会发现许多教育实践者工作非常出色，而且从个人的研究中获得了许多真知灼见。这些见解有助于提高实践效率，但是，他们往往缺少让公众理解这些见解的概念和程序，以致他们的实践成果不能被广泛地交流讨论，在他们退休后，这些知识通常也就随之消失了。与此形成鲜明对比的是，新的研究者可以向有经验的研究者学习，并且把研究成果发表在研究期刊上以便所有的人都能阅读和进一步研究。

（二）研究结果具有可重复性

研究人员如果想发表研究成果，他们必须将获得这些成果所用的研究程序公之于众。由于这些研究程序是公开的，因此其他的研究者也可以进行类似的研究来确认是否可以得到相同的结果，这称之为重复。有些研究人员自己也进行重复研究，且只有当自己最初的研究结果能够重复出现时，他们才发表自己的研究成果。

不按科学方法进行探究的人也可能获得重要的结果和认识。然而他们的研究价值是有限的，因为他们的研究程序不十分明确，其他人无法对它们进行重复再现。因此，我们没有办法知晓某个人宣称的结果和认识只是其独有的，还是可以启迪其他人的工作。

（三）知识主张的可反驳性

卡尔·波普尔提出的检验知识主张的标准在社会科学界获得了广泛的认可。波普尔指出，科学通过反驳的过程而进步，在这个过程中知识主张（理论、预测、预感）要经受实际经验的检验，这一检验可能使它们受到反驳，即被挑战和证伪。如果所得数据与该知识主张不一致，我们可以说这一主张是可驳倒的。那么这一知识主张就必须被抛弃或修正以适应否定性的发现。如果所得数据与该知识主张是相符的，我们就可以得出这样的结论，即这种主张是有证据支撑的，但不一定就是正确的。我们只能够说这种知识主张还没有受到迄今任何一种检验的反驳。

相对于我们对知识主张的普通检验方式，对知识主张的反驳式检验更为严格。遵循波普尔的理论，研究者会先提出一个知识主张，然后再通过观察来检验它。这些检验非常谨慎，因为相反数据能够证伪知识主张，但证实性数据却不能证实知识主张。如果这些数据是起证实作用的，我们只能断定迄今为止这一知识主张成功地抵制住了反驳它的各种

努力。

（四）控制研究者的错误及偏见

研究者承认这种可能，即他们自身的错误和偏见会影响所收集的材料。因此，他们对研究工作精心筹划，以最大限度地减少这些因素的影响。此外，他们会使用统计程序来评估观察者的一致程度。尽管不同观察者所进行的观察极少完全一致，但一个令人满意的一致水平就可以作为观察精度的一个指标了。

在定性研究中，经常用来验证个案研究结果的另一种方法是对数据来源进行三角验证。三角验证（triangulation）是指研究者运用其他的数据收集方法（如个人访谈或文献考察）来确证用某种数据收集法（如对个人的观察）获得的数据。

研究者要特别注意避免在其研究成果所能支持的范围之外归纳知识主张的错误。这些程序很多涉及抽样的逻辑性。例如，有些研究者对研究教师积极性影响学生出勤率的情况感兴趣，他们可能先确定一个总体（如城市学校系统的五年级教师），然后再研究代表这一总体的样本。其研究结果只能是针对最初选定的五年级教师所作的归纳，在尚未得到可推广到更大研究范围的证据之前，其他所有的判断都只能是推测而已。

一些研究程序的目的也是要将研究者在数据收集和分析方面的错误和偏见减到最小。我们建议你将这些程序的严密性与日常的程序作一个对比，在生活或工作场所中，我们是运用那些日常的程序来形成并证明有关的知识主张的正确性的。

【高尔，等.教育研究方法：实用指南［M］.屈书杰等，译.5 版.北京：北京大学出版社，2007：10–12.】

能力训练

范例 1.1：

科学思维方式之一：唯物辩证法

1. 从整体上认识世界，世界观和方法论的统一。

整个物质世界以及每一个事物、现象都有自身的结构，包含不同要素、方面、关系、层次，组成一个个复杂系统，是共性与个性、多样性与统一性的对立统一。因此要力求全面，把握研究事物的一切方面、联系和中介。同时，要在相互作用着的多种社会要素中找出最主要、最根本的具有决定性作用的要素。

2. 世界上一切现象都处于普遍联系和运动之中，事物普遍联系的最本质的形式和运动发展的最深刻原因是矛盾着的对立面的统一。因此要从事物发展、运动、变化中观察事物，而不能孤立地、静止地、形而上地看问题。其中矛盾分析法是最重要的认识方法。

3. 实践是主客观对立统一的基础。实践的实质在于改造、变革。科学地认识社会，立足点必须是人类的实际社会生产和社会生活活动关注人所从事的活动、过程、条件及其发展。只有这样，才有可能“不是从观念出发来解释实践，而是从物质实践出发来解释观念的东西”。

4. 世界上每个事物、现象都有自身产生、发展、灭亡的历史规律，要把握社会历史过程的规律性，做到历史和逻辑的统一，注意真理的具体性。

【裴娣娜.教育研究方法导论［M］.合肥：安徽教育出版社，1995.】

范例 1.2：

科学思维方式之二：四个形式逻辑基本规律

1. 同一律被作为思维的规律加以表述……更具体地说：①在同一思维过程中，必须保持概念自身的同一，否则就会犯“混淆概念”或“偷换概念”的错误；②在同一思维过程中，必须保持论题自身的同一，否则就会犯“转移论题”或“偷换论题”的错误。也就是说，同一律要求在同一思维过程（同一思考、同一表述、同一交谈、同一论辩）中，在什么意义上使用某个概念，就自始至终在这个唯一确定的意义上使用这个概念；讨论什么论题，就讨论什么论题，不能偏题、离题、跑题。同一律的作用在于保证思维的确定性。

2. 矛盾律应该叫做禁止矛盾律，或不矛盾律。其内容是指两个互相矛盾或互相反对的命题不能同真，必有一假。其逻辑要求是：在两个互相矛盾或互相反对的命题中，必须否定其中一个，不能两个都肯定。（两个命题互相矛盾，是指它们不能同真，也不能同假；两个命题互相反对，是指它们不能同真，但可以同假。）否则，就会犯“自相矛盾”的逻辑错误。

3. 排中律的内容是：两个互相矛盾的命题不能同假，必有一真。其逻辑要求是：对两个互相矛盾的命题不能都否定，必须肯定其中一个，否则会犯“两不可”的错误（不过，这里要注意，对两个互相反对的命题，虽然不能同时都肯定，却可以同时都否定）。排中律也可以这样来表述：任一命题必定或者为真或者为假，非真即假，非假即真。这就是所谓的“二值原则”……一般使用的逻辑都是建立在真假二值原则之上的，因此叫作“二值逻辑”。排中律的作用在于保证思维的明确性。

4. 充足理由律的内容是：在同一思维和论证过程中，一个思想被确定为真，要有充足的理由。具体要求有以下三点：①对所要论证的观点必须给出理由；②给出的理由必须真实；③从给出的理由必须能够推出所要论证的论点。否则，就会犯“没有理由”“理由虚假”和“推不出来”的错误。充足理由律的作用在于确保思维的论证性。“没有理由”并不是完全不给出任何理由，而是好像在给出理由。但这些所谓的“理由”其实不是理由，它们与所要论证的观点之间不相干，或很少相干。

【陈波.逻辑学是什么［M］.北京：北京大学出版社，2002：22-31.】

范例 1.3：

研究道德问题

一、研究 1

研究者计划（隐蔽地）观察 40 个不同班级的学生——8 个观察者访问每个班 40 分钟。这些观察的目的是，寻找学生行为与特定的教师行为模式之间的关系。

研究 1 的分析：

对被试产生伤害的可能性（possible harm to the participants）。这个研究不属于那些可能会对被试造成伤害的研究类型。无论是教师还是学生都不存在任何潜在的危险，并且对课堂的观察本身也被认为是学校活动的一个部分。

研究数据的保密性（confidentiality of the research data）。在这一点上可能产生的唯一的问题是，可能会但未必一定能观察到教师的非法或不道德行为（例如，在身体上或语言上虐待学生）。对于前一种情况，要求研究者合法地报告这一事情，但在后一种情况下，研究者可能会陷入伦理道德的两难境地，到底是遵守保密性的承诺不报告这件事情，还是违反承诺而报告这件事情？

欺骗（deception）。尽管并不涉及明显的欺骗问题，但研究者将不得不给教师们一个观察他们的合理的理由。如果给出的是要被观察的（例如，需要控制的）教师特征，那么研究中的行为就可能受到影响。为了避免发生这种事情，研究者可能解释这一研究的目的是调查不同的教学风格——却不泄露具体的细节。对我们来说，这看起来并没有什么不道德。另一种方法是，告诉教师，为防止他们改变自己的行为，在收集到数据之后，再告诉他们那些不能泄露的具体细节。如果采用后一种替代性的方法，有些教师就可能拒绝参加研究。

二、研究2

研究者希望研究专题讨论会对预防高中学生自杀方面的价值，讨论会由三个长达2小时的会议组成，在这些会议中，将讨论有关危险信号、自杀原因以及提供咨询的公共资源等方面的问题。研究将以学生志愿者做被试，将其中一半人分配到不参加专题讨论会的比较组，结果将通过比较参加与未参加讨论会的两组被试所学到的信息和态度来评价。

研究2的分析：

对被试产生伤害的可能性（possibility of harm to the participants）。这一研究是否符合不会对被试造成任何伤害的研究类型，取决于它在所研究的学校中的非典型程度。我们认为，在大多数学校中，这种研究将被认为是非典型的，此外，可以想象到，所呈现的材料可能通过激起学生的情绪反应而使他们处于危险之中，所以无论如何，研究者都应该告知家长们此研究的性质及其可能涉及的危险，并获得家长许可以让他们的孩子参加研究。

研究数据的保密性（confidentiality of the research data）。尽管在讨论会上将发生的事情并不能当然地得到保密性的保证，但在这一点上，预计不会出现什么问题。

欺骗（deception）。没有预见到任何问题。

三、研究3

研究者希望通过在一系列6个10分钟的教学时段中，教高中三年级学生学习一种运动技巧，来研究“失败”与“成功”的效果。在每一个训练时段后，将每个学生的成绩与其他学生进行比较，并把结果反馈给学生本人。为了控制无关变量（如配位）的影响，研究者计划把学生随机分配到两组之中——告知其中一半的学生他们的表现“相对较差”，而告知另一半学生他们“做得很好”。但这样做时并不考虑他们的实际表现。

研究3的分析：

对被试产生伤害的可能性（possibility of harm to the participants）。这一研究存在几个问题。“失败”组的一些被试可能遭受相当的情绪困扰，尽管在大多数学校里，学生们常常被给予基于其成绩的类似反馈，但这一研究中的反馈（是任意的）可能会与他们以前的经验严重冲突，研究者不能适当地事先告知学生或其家长，此为这一研究的欺骗特征，因为如果事先告知将破坏这个研究。

研究数据的保密性（confidentiality of the research data）。保密性在这个研究中看来不是一个问题。

欺骗（deception）。对被试的欺骗是一个明显的问题。另一种可替代的方法是，基于学生实际的表现来做出反馈。但这样做的困难在于，每个学生的广泛的先前历史将既影响其个人表现，也影响其对反馈的解释，因此，这就会混淆结果。当然，有些（但不是所有的）无关变量是能够被控制的（可以通过检查学生过去的历史档案或通过对学生进行前测等）。另一种替代性的方法是，通过尽量减少引起情绪困扰的可能性来削弱实验处理的效果（例如，通过对失败组被试说："你没有尽自己的最大努力做好"），并且把训练限制在一个时间段里。然而，这两种替代性的方法都将减少变量之间出现某种关系的机会。

【弗林克尔·瓦伦.教育研究的设计与评估［M］.蔡永红等，译.北京：华夏出版社，2004：46–49.】

思考题

一、分析教育研究的内涵和外延。

二、分析教育研究的对象。

三、如何理解教育研究的基本特征？

四、教育研究有哪些类型？

五、谁是教育研究的主体？

六、教育研究需要遵守哪些规则？为什么？

七、辨析下列研究中存在哪些违反道德的问题？

1. 对一个班级的学生进行了智力测验后，研究者将智力测验的结果公布给了学生、教师以及家长。

2. 在德育研究中，将一个小学班级的学生分为三组。对第一组进行的实验是有意识地让学生说谎；对第二组进行的实验是给学生看极端暴力的读物和影视作品；对第三组进行的实验是告诉学生说谎和看暴力作品的极端危害。

3. 在高级中学物理教学方法改革的研究中，研究者将自己发明的教学方法悄悄地、持续地运用于学生三年的物理学习之中。

4.一名研究者在自己的研究报告中引用了大量他人的研究成果，却没有标注和致谢。

拓展阅读

［1］托马斯·S.库恩.必要的张力：科学的传统和变革论文选［M］.纪树立等，译.福州：福建人民出版社，1981.

［2］查尔斯.教育研究导论［M］.张莉莉等，译.北京：中国轻工业出版社，2003.

［3］弗林克尔·瓦伦.教育研究的设计与评估［M］.蔡永红等，译.北京：华夏出版社，2004.

［4］沙沃森，等.教育的科学研究［M］.曹晓南等，译.北京：教育科学出版社，2006.

［5］高尔，等.教育研究方法：实用指南［M］.屈书杰等，译.5 版.北京：北京大学出版社，2007.

［6］约翰·W.克雷斯威尔.研究设计与写作指导：定性、定量与混合研究的路径［M］.崔延强，译．重庆：重庆大学出版社，2007.

［7］艾尔·巴比.社会研究方法［M］.邱泽奇，译.11版.北京：华夏出版社，2009.

［8］叶重新.教育研究法［M］.台北：心理出版社，2001.

［9］瞿葆奎.教育学文集·教育研究方法［M］.北京：人民教育出版社，1988.

［10］裴娣娜.教育研究方法导论［M］.合肥：安徽教育出版社，1995.
［11］王坦，等.现代教育科研：原理・方法・案例［M］.青岛：青岛海洋大学出版社，1998.
［12］袁振国.教育研究方法［M］.北京：高等教育出版社，2000.
［13］孟庆茂.教育科学研究方法［M］.北京：国家开放大学出版社，2001.
［14］喻立森.教育科学研究通论［M］.福州：福建教育出版社，2001.
［15］蓟运河.教育科研技能训练指导［M］.北京：中国林业出版社，2001.
［16］钟海青.教育科学研究方法［M］.桂林：广西师范大学出版社，2002.
［17］郑金洲，等.学校教育研究方法［M］.北京：教育科学出版社，2003.
［18］杨小微.教育研究的原理与方法［M］.上海：华东师范大学出版社，2010.
［19］陈向明.教育研究方法［M］.北京：教育科学出版社，2013.
［20］华国栋.教育研究方法［M］.2版.南京：南京大学出版社，2013.
［21］庞国彬.实用教育科研方法［M］.北京：北京师范大学出版社，2013.
［22］杨丽珠，等.心理与教育科学研究方法［M］.北京：中国人民大学出版社，2018.
［23］石中英.教育学研究中的概念分析［J］.北京师范大学学报（社会科学版），2009（3）：29–38.
［24］张今杰，张峰.理性思维与直觉思维［N］.光明日报，2021-11-22（15）.

自我反思建议

学思结合，精益求精，温故而知新，是求知、成长的常用方法，也是基本方法。为什么要研究教育？教育研究是什么？教育研究与研究教育有什么关系？如何开展教育研究？你建构了教育研究基本认识的理论体系吗？什么样子？请比照并整合“观点与原理”“案例”“思想资源”，认真自我检视三遍。

第二章　教育研究方法是什么：教育研究方法概述

学习导航

循着教育研究方法是什么的思路思考，就要搞清楚教育研究方法的内涵和外延，搞清楚教育研究方法的体系结构，掌握教育研究的基本程序。这其中包括教育研究的方法论、教育研究的基本态度等。

学习目标

1. 熟记教育研究方法的含义。
2. 理解教育研究程序。
3. 熟悉教育研究方法体系结构。
4. 理解教育研究的基本态度。
5. 熟读案例分析和思想资源，建构教育研究方法最基本知识。
6. 独立完成案例和范例的分析。

第一节　教育研究方法概述

观点与原理

1. 教育研究方法是教育科学研究方法的简称，是在教育科学研究过程中，保持科学的态度，采用科学的思维方式，运用严密而规范的标准化程序（选题、作文献综述、分析变量、必要的研究假设、抽样、制订研究计划、设计研究工具、严格实施研究计划、全面收集与分析资料、得出结论、建立理论）进行研究的具体方法的总称。

2. 教育研究方法的外延：按照资料类型分类，有定性研究方法与定量研究方法；按照理论性质分类，有理论研究方法和应用研究方法；按照收集资料的方式分类，具体的有教育观察法、教育调查法、教育实验法、教育个案法、教育内容分析法、教育行动研究法、教育历史研究法、比较教育研究法等。

3. 一般地，教育研究的方法论主要有两个：哲学方法论、学科方法论。

4. 教育研究要保持基本态度端正，也就是保持自觉、探索、客观、严谨、反思、道德的态度。

5. 具体地，教育研究方法的体系由研究方式、基本工具等构成（图2-1）。

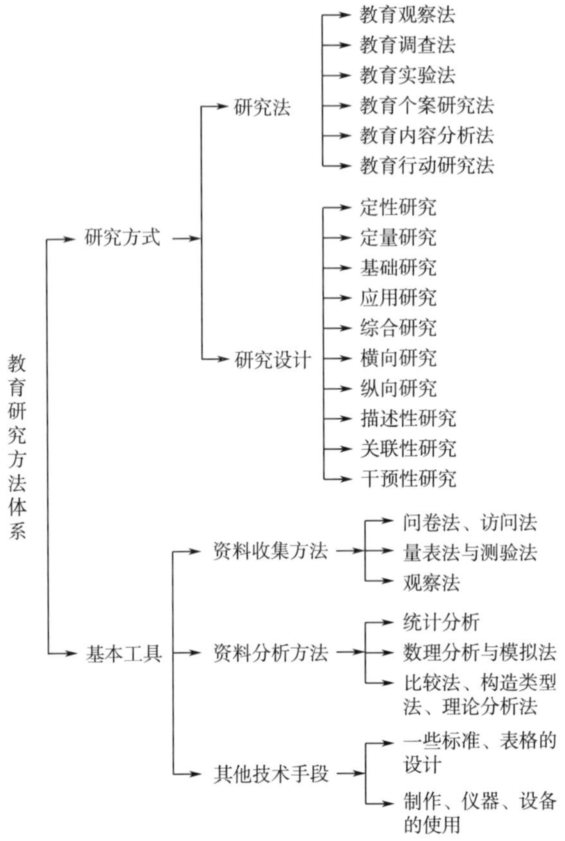

图 2-1　教育研究方法体系基本结构

典型案例解读

案例 2.1：

教育研究方法的界定

概念是理论的核心成分，定义是理解知识的前提。以下是部分教育研究方法的定义。

裴娣娜（1995）认为，教育研究方法正是按照某种途径，有目的、有计划地、系统地进行教育研究和构建教育理论的方式，是以教育现象为对象、以科学方法为手段，遵循一定的研究程序，以获得教育科学规律性知识为目标的一整套系统研究过程。

周家骥（1999）认为，教育科学研究方法是有目的、有计划、有组织、有系统地采用一定的途径、手段、工具、方式等，并遵循一定的研究程序和步骤，对教育现象进行研究，以获得科学的结果的系统研究过程。

孟庆茂（2001）认为，科学方法是使科学研究正确进行的理论、原则、方法和手段。最本质的特征就是要保证科学研究的正确进行，也就是使所获得的研究结果可靠、准确，能说明是要探讨的问题。

喻立森（2001）认为，教育科学研究方法是指研究主体用来探讨研究客体、分析研究问题的各种诀窍、技巧与工具的总和。

钟海青（2002）认为，教育科学研究方法是按照某种途径，有组织、有计划、系统地进行教育科学研究和构建教育理论的方式，是以教育现象为对象，以科学方法为手段，遵循一定的研究程序，以获得教育科学规律性知识为目标的一个研究系统。

李方（2004）认为，教育科学研究方法以教育研究的基本理论和各种教育研究方法为研究对象，它的任务主要是阐明教育研究方法的历史发展、教育研究的方法论、教育研究的基本概念、教育研究过程（包括选题、假设、设计、抽样、运用各种方法搜集资料、对资料的整理和分析、研究报告的撰写等环节），着重论述教育科学研究过程的基本原理，以及教育科学研究方法上的基本知识、基本操作技术，揭示教育科学研究活动的基本规律。

陈向明等（2013）认为，当我们考虑教学方法A和教学方法B哪种方法更适合中学生时，经过有目的、有计划的尝试，最终获得关于两种方法哪个更合适的结论。从某种层面说，这一思考与实践的过程就是研究的过程，而研究方法就是完成这一过程所采用的各种方式的总称。同理，教育研究是人们探索教育现象与事实、认识自身的一种社会实践活动，教育研究方法就是人们在探索与认识过程中按照某种途径，有组织、有计划、系统地解决问题的各种方式。

庞国彬等（2013）认为，一般认为，教育科研方法就是开展教育科研活动所运用的基于一定教育理念的基本手段和基本工具。实际上，教育科研方法是一个综合的范畴，是一个方法论的体系。

姚计海（2017）认为，宏观而言，研究方法指的是研究方法的体系，包括方法论、研究范式和具体的研究方法等。微观而言，研究方法指具体的研究方法，是研究者为了揭示事物的特点或规律，而采用的系统的、规范的、可重复的研究程序。

查尔斯（2003）认为，教育研究是一种周密的、有系统性的科学研究活动，需要耐心的调查，通过使用科学方法创造了新的知识。这里的科学方法包括厘清问题，形成问题或假设，获取相关信息，分析数据，描述结果，针对提出的问题或假设得出结论。在科学研究中要非常严格地遵守操作程序，以保护参与者的利益，取得可靠信息，准确并细致地分析与报告数据，并得出很有说服力的结果与结论。

案例分析

参照案例 1.2 的分析，我们首先去寻找定义之间的不同，再进行归类。这些定义在归属上的不同有：研究过程观，方式观，方式总和观，诀窍、技巧、工具的总和观，理论、原则、方法、手段总和观，研究程序观，研究系统观，活动观。在内容上的不同有：本质特征的描述，过程描述，要求描述，任务描述等。这些定义的共同点是，都指出了教育研究需要通过一定的程序，以解释或解决问题为己任。

诸多的分歧要求我们深入思考定义的方法。首先就是厘清方法和科学研究方法的含义。一般意义上，方法是解决问题的门路、程序等，科学研究方法是研究工具和手段的总和。结合教育研究的含义，把握共识所在，运用定义的逻辑，站在已有定义的基石上，从教育研究实践出发，我们提出以下观点：教育研究方法是教育科学研究方法的简称，是在教育科学研究过程中，保持科学的态度，采用科学的思维方式，运用严密而规范的标准化的程序（选题、作文献综述、分析变量、必要的研究假设、抽样、制订研究计划、设计研究工具、严格实施研究计划、全面收集与分析资料、得出结论、建立理论）进行研究的具体方法的总称。

其中，科学的态度是指：①科学研究以自觉为先，自觉才能发现反常。②反常需要新的解释，需要探索新的理论或者方法。③科学伴有理性之光，讲究实事求是。④科学从来都是以严谨著称，而区别于传统、权威和思辨。⑤科学研究面对新的问题、新的现象——超出了既有的知识。反思是人类进步的阶梯。只有反思才能使人突破理性认识的束缚，提升理性认识能力和水平。⑥上一章我们介绍了科学研究伦理规范，是世界科学共同体的共识、范式的一部分。作为特殊的科学研究，教育研究更要求坚守道德的态度。

理论联系实际，我们可以进一步分析教育研究方法的外延。按照资料类型分类，有定性研究方法与定量研究方法；按照理论性质分类，有理论研究方法和应用研究方法；按照收集资料的方式分类，具体的有教育观察法、教育调查法、教育实验法、教育个案法、教育内容分析法、教育行动研究法、教育历史研究法、比较教育研究法等。

第二节　教育研究的基本程序

观点与原理

1. 教育研究的起点是问题的选择。

2. 教育研究一般经过问题、课题、定义、文献、假设、抽样、研究实施和结论等步骤完成。其中，重点是收集、分析资料，关键是研究设计（抽样、方法、实施计划等）。此外，教育观察法、教育访谈法和教育个案研究法等一般不用研究假设。

3. 教育研究的基本程序是一个非线性的过程，也就是说，教育研究可以循着一般程序按部就班开展，也可以自由组合、排列各个步骤。

4. 教育研究的终点是教育研究成果的表述。

典型案例解读

案例 2.2：

教育研究过程的见解

一位小学数学教师在教学过程中一直有一个困惑的问题：“学生练习的时间是不是越多越好？”于是，他找了一些相关的教育学、心理学、教学法以及小学数学教学论方面的资料，发现有一些与他的问题相关的研究，如小学数学练习设计方面的研究，关于学生练习与学习成绩关系的研究，关于计算设计与要求的研究。他将这些研究进行了分析和整理，最后确定一个研究的问题：“小学一年级数学 20 以内加法单元练习时间和学习成绩关系的研究”。他参考有关教育实验研究的设计、教育心理学关于学生记忆规律方面的研究以及数学课程标准关于学生计算方面的要求等方面的资料，设计了一项教学实验。

研究将学生随机分成三组，三个组在学习 20 以内加法的时候，按不同的时间进行练习，第一组每天练习 15 分钟，第二组每天练习 30 分钟，第三组每天练习 45 分钟。一个星期后对三组学生进行相同的有关 20 以内加法的测验。对测验结果进行统计分析发现，第一、二组的成绩有显著差异，第二、三组的成绩没有显著差异。将这个研究过程与结果写成研究报告，对小学数学教师有一定的启示。

关于教育研究程序还有如图 2-2 和图 2-3 所示的两种观点。

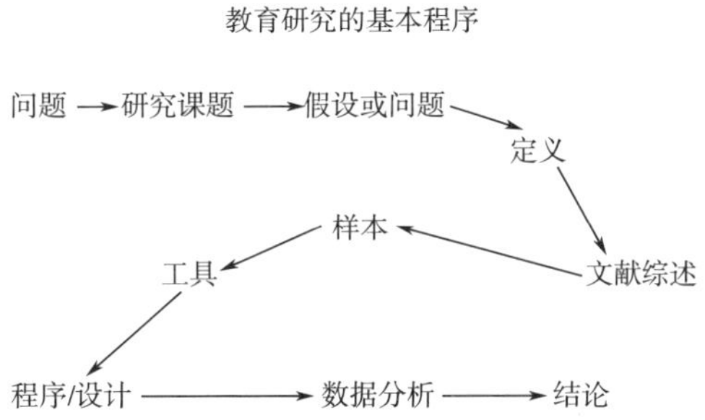

图 2-2　教育研究程序（一）

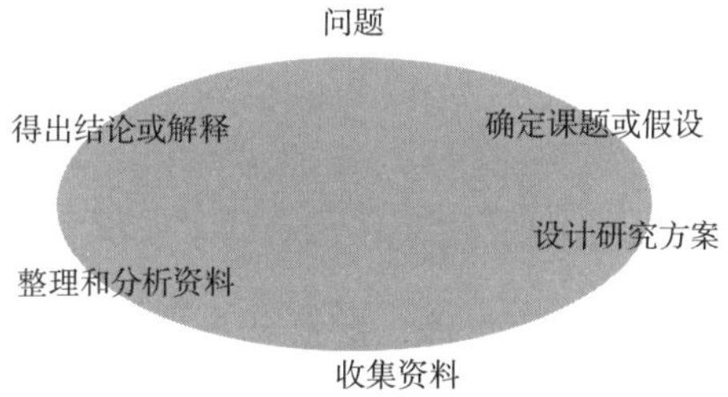

图 2-3　教育研究程序（二）

【①陈向明.教育研究方法［M］.北京：教育科学出版社，2013：26-27.②弗林克尔・瓦伦.教育研究的设计与评估［M］.蔡永红，等，译.北京：华夏出版社，2004：22.】

案例分析

教育研究是科学研究，当然要遵循一定的程序，按一定的步骤，有条理、有顺序地开展。

从案例中，我们可以发现，这三个教育研究的基本程序，有这样的几个相同点。首先是起点相同：都是源于问题。因此说，教育研究者具有问题意识是极为重要的。第二个共同点是终点相同：任何一项教育研究都要形成研究结论。也就是说，研究要产出成果，研究成果要尽可能公开，体现教育研究的真正意义：以理论上的探讨推动文化进步，以应用上的指导优化或改善教育实践，进而推动人类的进步。第三个共同点就是都指出了教育研究中必须做的事情，有研究设计、做研究假设、收集资料、整理和分析资料。

从案例中，还可以发现这三个基本程序的不同之处。第一个折线图隐喻着教育研究可以是一个非线性的过程。也就是说，可以在提出问题之后就去作文献综述，再下定义；或者由简易的文献综述开始，完成定义，进而明确问题和研究课题，再确定样本；也可以由样本提出问题，进行定义和做文献综述，等等。第二个闭环图的研究程序隐喻的是研究需要循序渐进，按照问题、资料和结论的路线进行。并且其呈现出独特的意义：课题的完成是由一个一个小问题不断解决并形成小结论，由小问题的解决，而推进较大问题的解决并形成较大的问题的结论，最后的结论是由一个个小结论构成的大结论再论证得出的。值得一提的是，闭环不是“循环播放”，而是螺旋式上升。

第一段文字描述了一个实际的教育研究过程，似乎是将两个图表示的程序融合的结果。这说明什么？第一个流程图表示了一个相对开放的教育研究程序，会因研究目的不同或研究内容不同而表现出各自研究环节组合的特殊性。这就说明，教育研究需要遵循一定的程序原则。“研究过程一般包括以下活动：确定课题所在；弄清楚研究所要解决的核心问题；针对核心问题，形成待答问题或/和假设；进行数据收集、总结和分析；汇报通过数据分析获得的结果；得出与初始研究问题或假设相关联的结论。但是我们要切记，在实际操作过程中，各个阶段并非总是这么有序而简洁，并且不一定要按上述顺序依次进行。”

思想资源

一、社会科学的基础

· 社会理论试图讨论和解释“是什么”，而不是“应该是什么”。理论不应该和哲学或信仰相混淆。

· 社会科学在社会生活中寻求规律性。

· 社会科学家钟情于解释作为总体的人类，而不是作为个体的人。

· 理论是以变量语言书写的。

· 变量由一套有逻辑关系的属性所组成。属性就是一种特性，例如：性别变量，是由男性和女性两种属性所组成。

· 在因果解释中，假定的原因就是自变量，而受影响的变量就是因变量。

【艾尔·巴比.社会研究方法［M］.邱泽奇，译.11版.北京：华夏出版社，2009：29.】

二、社会研究中的一些辩证关系

· 个案式解释企图针对特定的个案进行全面的了解；通则式解释是对许多事例进行概括性的也是表面的了解。

· 归纳理论从个别的观察中寻求一般的模式，演绎理论则根据一般理论预测个别事件。

· 定量资料是数字形式的，定性资料则不是。在不同的研究目的中，两种类型的资料都是有用的。

· 纯粹研究（即中国学者的基础理论研究）和应用研究都是社会科学事业中有效的、重要的组成部分。

【艾尔·巴比.社会研究方法［M］.邱泽奇，译.11版.北京：华夏出版社，2009：29.】

三、教育研究范式辨

（一）多元论的主张

“范式”是从希腊动词“并排展现”派生而来的。在词典中，范式被理解为“范例”或“词形变化表”。尽管库恩本人用范式这个概念时相当含糊，但也已表明这个概念有助于激发对“常规科学”的批判思考，基础科学的思维方式已发生了变化。范式决定了准则，人们借以选择和明确探究的问题。

1. 两个主要范式

研究教育问题时使用的两个主要范式之间的冲突，在21世纪初已显现出来了。一是模仿自然科学，强调适合用数学工具来分析的经验的、可定量化的观察。研究的任务在于确定因果关系，并作出解释。另一范式是从人文学科推衍而来的，注重的是整体和定性的信息，以及说明的方法。

教育研究的另一个主要范式至少有三个来源。第一个来源是19世纪初的欧洲大陆的唯心主义。第二个来源是以德国的胡塞尔提出的现象哲学为代表。人本主义范式的第三个来源是批判哲学，在很大程度上是法兰克福学派（阿多诺，霍克海默和哈贝马斯）的批判哲学，而法兰克福学派在某种程度上又是以“新马克思主义”的面貌出现的。

人本主义的范式决定了如何提出问题，以及用什么方法来解决问题。按照传统的实证主义思想，应当主要根据每个行为者来研究问题（比如同课堂行为有关的问题），不管行为者是有神经质的学生，还是准备工作做得很差的教师。另一种思想是根据较大的背景——学校，甚至整个社会——来考虑问题。况且，人们并不是一开始就试图通过诸如测验、观察等途径来发现学生或教师为什么偏离“常规”或既定规则的。相反，人们试图把特定的个体作为具有特定的和独特的动机的、有一定目的的人来研究的。

直到20世纪40年代，社会学家伦德伯格才提出“科学（尤其是社会科学）能‘拯救’人类”这一信念。伦德伯格提出了一种一贯的实证主义研究方法。归根到底，对人的研究，在于规划社会现实，并为大大改进研究人——教室里的学生或工厂里的工人——的方法提供知识的基础。到20世纪60年代，类似的期望仍然在指导着北美一些大学中拥有大量资源的研究和开发中心的建立。经验和开明的移情作用给我们的启迪，不知什么缘故被认为不及由系统的观察和测量所提供的知识。

2. 研究方法多元论的需要

20世纪60年代末70年代初，出现了批判的、辩证的、释义学的和“新马克思主义”的范式，作为备择范式，甚或取代当时流行的定量、检验假设和概括的新实证主义的范式。行为科学给教育研究者提供了一个研究工具仓库，如观察法和测验，帮助他们使观察系统化。而这些工具在作非正式观察或个人交谈这类比较整体性的和直觉的尝试中是不会被考虑到的。

研究者已日益意识到（主要通过批判哲学），教育不可能存在于社会真空中。教育研究者也开始认识到，教育实际不可能独立于它们所处的文化背景和社会环境之外，它们对教育政策也不是中性的。因此，固执地信奉被奉为“科学的”而又经受不起批判的特定哲学和思想方式，是不利于探究精神的。这两种主要的范式不是互相排斥的，而是互为补充的。

【瞿葆奎.教育学文集·教育研究方法［M］.北京：人民教育出版社，1988：177-188.】

（二）系统范式的主张

张羽、刘惠琴和石中英通过比较当下常见的教育研究范式，主张教育研究采用系统范式（表2-1）。

表2-1 系统范式与当前主流教育研究范式的对比

	实证主义范式	解释主义范式	批判理论范式	系统范式
本体论	主客二分、原子论、还原论	教育现象的存在是整体的、本质的、直观的，依情境而变化各异，反对原子论和还原论	教育是意识形态过程	教育实践是人类存在的基本方式，具体特点包括：统一性、开放性、自主性和复杂动态性等
认识论	主客二分、公理化的一元知识体系	主体间性、多元知识体系	知识通过批判产生，在师生的反思性实践中产生	具身性、情境性、整体性
研究目的	理解事实、预测和控制	情境解释与理解	解放和变革	教育实践改进
方法路径	观察、归纳、对照实验、定量研究方法	民族志、视域融合	冲突分析、价值批判、行动研究	驻校教育研究模式、学术—实践共同体，综合研究方法、系统的研究资料

【张羽，刘惠琴，石中英.指向教育实践改进的系统范式——主流教育研究范式的危机与重构［J］.清华大学教育研究，2021（4）：78-90.】

四、教育研究的哲学准则

教育研究的哲学准则包括重要性（价值）、可推广性（研究结果可以应用到其他地方）、可重复性（可被他人重复进行）、可能性（认识到研究结果只在一定概率下出现，而非必然发生）原则。

1. 重要性。除非出于纯粹的私人兴趣，任何研究题目都要经过重要性原则这一筛选，即它的研究发现是否能推动人类的知识发展或在其他方面有实际意义。开展严肃的研究时，应该说明要花费的时间、劳力和开销，毕业论文阶段的研究就涉及这一点。如果毕业论文的题目过小或过浅，或潜在的发现可能得不到，这个题目就不能被接受。研究者的一个责任就在于说明研究的合理性，这通常表现在：指出题目的教育价值，确定需要的信息，并表明研究者有能力获取这些信息。

2. 可推广性。可推广性原则指研究结果应能够应用或推广到其他个体和情境中。但是如何预测在多大程度上，研究结果能被推广呢？分析研究的地点、参与者、时间、处理和使用的测量工具就可以预测出其潜在的推广度，但是更为有效的预测因子却是样本中被研究的个体（如，70个埃尔伍德的7年级学生）占样本所属的更大的总体（如，全美20000个7年级学生）的比率。

3. 可重复性。研究的可重复性是至关重要的，因为这是建立可信性的主要方法。准确记录研究中每一阶段的具体步骤及为什么这么做，才能使研究具有可重复性。如果另一个研究者采用了同样的配方，他／她就应该得出同样的结果。否则，最初的研究就会受到强烈质疑。教育研究并非经常被重复，但是对重复的预期估计却提醒人们在程序和报告中一定要谨慎从事。

4. 可能性。无论是那些刚入门的研究者，还是那些想使用已发表的研究结果的人，都应该认识到教育研究很少会对其探索的问题得出无可置疑的结论。目前只要记住，研究结论不是建立在绝对的必然性上，而是建立在概率之上。如果是非常严谨的研究结果，就应该说假如有无数次的重复研究，则结果大致相同的概率会相当大。

【查尔斯.教育研究导论［M］.张莉莉等，译.北京：中国轻工业出版社，2003：13-15.】

五、教育研究方法体系结构

作者分析近二十年社会科学引文索引（SSCI）收录的期刊文献中的教育研究方法，发现了常用教育研究方法及其应用频率，见表2-2和表2-3。

表2-2　教育研究方法分类

研究分类	逻辑导向	具体方法
定量研究	实证主义范式主导的演绎逻辑	实验法、问卷（量表）、统计分析、元数据分析、文献计量分析、社会网络分析等
定性研究	建构主义、批判主义、解释主义等范式主导的归纳逻辑	访谈法、焦点小组、观察法、德尔菲法、文献分析、话语分析、扎根研究、民族志、叙事研究、比较研究、历史研究、案例研究、行动研究等
混合研究	实用主义范式主导的演绎逻辑与归纳逻辑的混合	追踪研究、内容分析、混合方法等

表2-3　国外教育研究方法应用的描述性统计

方法分类	具体方法	频数	百分比
定量研究	深度统计分析	5572	22.63
	问卷（量表）	3490	14.18
	实验法	2110	8.57
	描述性统计分析	1374	5.58
	社会网络分析	703	2.86
	元数据分析	91	0.37
定性研究	文献计量分析	43	0.17
	案例研究	3098	12.58
	访谈法	2570	10.44
	观察法	1104	4.48
	叙事研究	587	2.38
	文献分析	445	1.81
	焦点小组	349	1.42
	民族志	335	1.36
	话语分析	299	1.22
	德尔菲法	259	1.05
	比较研究	211	0.86
	历史研究	112	0.45
	行动研究	101	0.41
	扎根研究	101	0.41
混合研究	追踪研究	924	3.75
	混合方法	497	2.02
	内容分析	245	1.00
总计	—	24,620	100

【韩双森，谢静.国外教育研究方法的应用特征——基于2000—2019年34本教育学SSCI收录期刊的文献计量分析［J］.高等教育研究，2021（1）：68-76.】

能力训练

范例：

科尔曼的《青少年社会》

研究的起点：有心的观察。科尔曼首先注意到美国高中的学校社会气氛（也可以称之为“学校文化”）存在一些特殊之处——教师和家长所强调的“价值观”与学生自己认同的“价值观”完全不同。教师和家长强调“学习成绩”，而男生看重“体育能力”，女生则看重“引人注意”。他想进一步了解中学的社会气氛何以形成？对学生又是如何产生影响的？

第一阶段：对研究的问题进行陈述并提出假设。他在拟定正式的调查计划之前，查阅了以前的研究，以了解他的调查将怎样扩充已有的知识，这为他的研究提供了一个出发点。接着提出假设，包括精确的定义所要研究的概念，并对研究变量之间的可能关系进行陈述。对概念的操作定义——例如“学生价值观”，他分解为两个可以操作和测量的变量，即“声望”（哪类学生的声望最高）和“学生态度”（一个学生怎样才会最容易地被同学记住）；对变量关系的假设——例如，社区中某些社会特征将会体现在社区中学的价值观中；学生具有反对学习成绩的倾向，可能是因为成绩好的学生资质平庸，而那些智力最好的学生在非学习方面的活动中表现突出，这为学生所喜爱，但不为老师所重视。

第二阶段：进行研究。即对资料的收集、分析、评价的计划，可以采用多种具体的方法，如调查法、实验法、观察法等。这可以使我们证实或证伪最初的假设。他使用了调查研究，在伊利诺伊州北部邻近的十所中学（大城市、郊区、农村）进行问卷调查。

第三阶段：收集资料。他的研究小组把调查表发给十所中学总计8900名学生，要求他们回答有关自己和学校生活方面的一些问题，同时还与新生和高年级学生进行了非正式访谈，这为问卷调查提供了一些生动的例子。问卷也发给了小样本的教师和家长。

第四阶段：分析资料。研究者根据所要检验的假设来整理、分类和组织资料。在小样本的研究中，研究者可以手工处理资料。但是在大规模的研究中，必须使用计算机处理。他在这一研究阶段，发现他必须拒绝关于“社区特征与学校气氛”的假设：学校中对成功的定义在不同社区之间并无明显差异。学习成绩并没有被学生视为最成功的标志。事实上，他发现，在所有学校都存在一种与学习成绩相反的学校风气，学生的价值观与老师的价值观针锋相对，并且学生的价值观占了上风。

第五阶段：解释调查结果并得出结论。研究者需要从调查结果中进行归纳，从零散的事实资料中找出一般性结论。他得出的一般性结论是：“在我们的社会中有许多青少年群体，他们以自己的兴趣和态度对待事物，而与成人的责任感相去甚远……我们今天的青少年与成人社会的隔阂，很可能比从前任何时候都要深。”

最后是发表成果。发表成果不仅仅出于个人的原因，更在于它可以成为未来研究的基础、有助于其他学者进行检测和评估，推动知识的进步。

【陆有铨，马和民.走向研究型教师之路——教育研究方法与应用［M］.杭州：浙江电子音像出版社，2002：26–27.】

思考题

一、如何理解教育研究的体系结构？

二、教育研究方法的运用与其他学科方法的应用有什么区别和联系？

三、教育研究方法对于一线教师有什么作用和价值？

四、谈谈你对教育研究方法论的认识。

五、谈谈你对教育研究一般程序的认识。

六、论述教育研究的基本规范。

七、分析教育研究的基本态度。

拓展阅读

［1］高尔，等.教育研究方法：实用指南（第5版）［M］.屈书杰等，译.北京：北京大学出版社，2007.

［2］弗林克尔·瓦伦.教育研究的设计与评估［M］.蔡永红等，译.北京：华夏出版社，2004.

［3］查尔斯.教育研究导论［M］.张莉莉等，译.北京：中国轻工业出版社，2003.

［4］约翰·W.克雷斯威尔.研究设计与写作指导：定性、定量与混合研究的路径［M］.崔延强，译. 重庆：重庆大学出版社，2007.

［5］瞿葆奎.教育学文集·教育研究方法［M］.北京：人民教育出版社，1988.

［6］裴娣娜.教育研究方法导论［M］.合肥：安徽教育出版社，1995.

［7］叶澜.教育研究方法论初探［M］. 上海：上海教育出版社，1999.

［8］周家骥.教育科研方法［M］.上海：上海教育出版社，1999.

［9］袁振国.教育研究方法［M］.北京：高等教育出版社，2000.

［10］孟庆茂.教育科学研究方法［M］.北京：国家开放大学出版社，2001.

［11］喻立森.教育科学研究通论［M］.福州：福建教育出版社，2001.

［12］钟海青.教育科学研究方法［M］.桂林：广西师范大学出版社，2002.

［13］李方.现代教育研究方法［M］.广州：广东高等教育出版社，2004.

［14］杨小微.教育研究的原理与方法［M］.上海：华东师范大学出版社，2010.

［15］陈向明.教育研究方法［M］.北京：教育科学出版社，2013.

［16］傅维利.教育研究需围绕教育现实［N］.光明日报，2020–09–01（13）.

［17］姚计海.“文献法”是研究方法吗？——兼谈研究整合法［J］.国家教育行政学院学报，2017（7）：89–94.

［18］彭虹斌.科学哲学视野下的教育规律：内涵、困境及替代性策略［J］.教育科学研究：2021（6）：9–11.

自我反思建议

思考：你头脑中是否有一个教育研究方法的树状结构图？若有，再对照相关内容，“凝视”枝叶的茂密度、完备性。若无，请重新从“学习导航”开始，细读谨思全部内容，比如，教育研究方法概念的内涵和外延、教育研究方法的结构、教育研究的态度和科学思维方式、教育研究的基本程序、教育研究基本规范等。务必建立起教育研究方法的最基本知识体系。

第二部分

教育研究的基础性技术有哪些：教育研究基础技术

内容提要

所有教育研究都有共性，都有相同的基础性技术，无论是什么研究目的、什么研究内容、什么研究类型、什么研究方法，甚至无论是谁来研究，即研究程序具有普适性。教育研究的基础性技术，包括选题的技术、选择教育研究变量的技术、陈述教育研究假设的技术、作文献综述的技术、抽样的技术和撰写教育研究计划的技术。这些基础性技术的应用是环环相扣的。

关键词

教育研究课题；教育研究变量；教育研究假设；文献综述；抽样；教育研究计划；技术；原理

第三章　如何选择教育研究课题：选题的技术

学习导航

教育研究是研究教育问题、认识教育现象的创造性活动，问题当仁不让地居于教育研究的首位。此“问题”当然不尽然是“你怎么这么多问题？”中的“问题”，是教育问题——以促进学生、教师和学校教育发展为信念，致力于认识、优化和发展教育的理论与实践问题。那么，教育问题由何而来？教育问题有什么特征？如何选择到恰到好处的问题？有教育问题就可以开始教育研究了吗？是否还需要有所准备？这将是本章要帮助你学习的主要内容。

学习目标

1. 理解并熟记好的教育问题的特征。
2. 理解提出教育问题的策略。
3. 熟悉选题的思路和原则。
4. 完成至少一个教育研究课题的选定。
5. 熟读案例分析和思想资源，建构选题理论。
6. 独立完成案例和范例的分析。

第一节　提出教育问题

观点与原理

1. 一些问题之所以不可以研究，其原因在于我们无法收集到回答该问题的信息。

2. 好的教育问题的特点：

（1）问题是切实可行的，即有现存的、可以利用的、充足的资源，包括如设备、资金、时间、资料和前期研究基础等客观资源和如知识、能力、经验等主观资源以及时机。

（2）问题是清楚的，即大多数人都会同意关键词语特别是术语的意思，能够明确究竟研究的是什么或什么关系。

（3）问题是有意义的。意义至少是其中一种：研究对教育知识和/或教育实践有作用，研究对人类文化和/或人类实践能够发挥积极作用。

（4）问题是具有关联性的，即它往往提出或内隐着某种要研究的关系。

（5）问题是符合道德的，即研究不会伤害到学生的发展。

（6）问题具有科学的现实性，即符合现有科学理论和科学发展的规律。

3. 从教育研究的分类来看，教育问题的类型主要有描述性教育问题、解释性教育问题、探索性教育问题；或者观念类教育问题、活动类教育问题、元教育问题；或者关于人的问题、关于物的问题、关于事情的问题。其中，关于人的问题可分为学生类教育问题、教师类教育问题、其他人员类教育问题；关于物的问题有教室方面的、楼房方面的、设施设备方面的、绿化方面的等；关于事情的问题可分为教学类教育问题、管理类教育问题、其他类教育问题；或者教育系统内部的教育问题、教育与外部因素间关系的教育问题。

4. 提出问题的前提是研究者要对自己从事的领域有一定的了解并保持注意，研究者具有好思索且不安于现状的性格。

5. 教育问题的来源主要有四个：研究者的兴趣、与他人讨论的启发、社会变迁过程中的现实、对原有理论的质疑。

6. 提出问题的策略包括自我反思的策略和与人讨论的策略，具体的有怀疑的策略、变换角度的策略、类比与移植的策略、探究与体察的策略、利用文献的策略和与人讨论的策略。应用上，通常综合运用两类策略中的若干种组合策略。

典型案例解读

案例 3.1：

教育问题的选择

研究的问题有可以研究和不可以研究之分，也有好、坏之分。

请分辨如下问题，并思考可以研究的问题与不可以研究的问题的划分标准，以及好与坏问题区别的标准。

1. 我应该把孩子放在幼儿园吗？
2. 上幼儿园的孩子是否比不上幼儿园的孩子在社会技能上发展得更好？
3. 高中课程应该包括哲学课吗？
4. 学习阅读的最好方法是什么？
5. 在哪一个年龄教给儿童语音知识最好——5岁、6岁或7岁？
6. 生活的意义是什么？
7. 有些人出生就更差吗？
8. 谁犯罪更多——穷人还是富人？
9. 上帝好吗？
10. 当由同性别的教师教课时，孩子们是否更高兴？
11. 在平常的一周时间里，一所小学的教室里都发生了什么？
12. 教师对待不同性别的学生的方式是否不同？
13. 我们怎样预测哪些学生可能会在学习某些科目的课程上有困难？
14. 家长们对学校的家长会有什么感受？
15. 高中的学习成绩是否会影响大学生的学术成就？

16. 如果没有第二次世界大战，学校今天应该是什么样子？

17. 教育学院学生对“双分流”培养模式有什么感受？

18. 教师觉得为有学习障碍的儿童设特殊班级如何？

案例分析

首先我们从案例可以发现，并不是所有的问题都是可以研究的。那么哪些问题是可以研究的，哪些问题是不可以研究的？区分的标准是什么？我们认为区分的标准是：一些问题之所以不可以研究，其原因在于我们无法收集到回答该问题的信息，比如，“我应该把孩子放在幼儿园吗？”“高中课程应该包括哲学课吗？”“上帝好吗？”“如果没有第二次世界大战，学校今天应该是什么样子？”等都是不可以研究的。从语义分析来看，不可以研究的问题主要有三种类型：它们是形而上学问题，超越了人类的直接经验；它们是价值问题，有鲜明的主观性；它们是纯粹的历史性假设，意图回到过去，超出了人类科学的解释。正因如此，世界上存在多种宗教信仰，存在各种各样的神话故事，包括今天很流行的玄幻小说。人类社会也存在着各种空想、幻想，以及好高骛远、守株待兔等现象。这一切只能因人而异地存在于个人的主观世界。

在可以研究的问题里，我们进一步来区分哪些问题是好问题，哪些问题是坏问题。首先我们来思考好问题与坏问题区分的标准。我们认为，好的教育研究问题必须具备这些特点：①问题是切实可行的，即有现存的、可以利用的、充足的资源，包括如设备、资金、时间、资料和前期研究基础等客观资源和如知识、能力、经验等主观资源以及时机。②问题是清楚的，即大多数人都会同意关键词语特别是术语的意思，能够明确究竟研究的是什么或什么关系。③问题是有意义的。意义至少是其中一种：对教育知识和/或教育实践有作用，甚至对人类文化和/或人类实践能够发挥积极作用。④问题是具有关联性的，即它往往提出或内隐着某种要研究的关系。⑤问题是符合道德的，也就是不会伤害到学生的发展。⑥问题具有科学的现实性，即符合现有科学理论和科学发展的规律。比如，“在哪一个年龄教给儿童语音知识最好——5岁、6岁或7岁？”“教师对待不同性别的学生的方式是否不同？”“高中的学习成绩是否会影响大学生的学术成就？”等就是好的教育研究问题。而“有些人出身就更差吗？”几乎没有意义，出身的好坏可能是很长时期各种复杂因素积累的结果；“在平常的一周时间里，一所小学的教室里都发生了什么？”是个很模糊的问题；“家长们对学校的家长会有什么感受？”中的“感受”似乎只可意会；“学习阅读的最好方法是什么？”是现有科学无法回答的问题。

基于上述分析，引发深度思考：提出问题有什么技巧？首先，研究者要对自己从事的领域有一定的了解并保持注意，并且研究者要有好思索、好怀疑的思维习惯。其次，研究者可以练习提出问题的策略。①怀疑的策略，怀疑可见的“事实”，或者怀疑对“事实”有关研究的逻辑。比如，学生的灰色幽默“一路顺风，半路失踪”是正常现象吗？②变换角度的策略，基于已有问题，将其进行同层次或不同层次的变换。比如，将A区小学课后服务研究变换为研究者所在区域小学/中学课后服务研究。③类比与移植的策略，即通过相关类比，从其他学科中移植某种理论解决教育问题。比如，复杂科学的A理论在师生关系中的应用。④探究与体察的策略，就是直接进入学校或者接触相关学校因素，在切身感受中探究异常。比如，低年级小学生的书包这么重，怎么轻量化？⑤利用文献的策略，即从文献中探寻可能的研究空间或研究角度。还有就是在与人讨论中获得信息，得到启发。综合运用独立发现和与人讨论的策略，会为提问提速。

第二节　选择教育研究课题

观点与原理

1. 教育研究课题就是研究者想要研究的问题的一个陈述。它可以是人们发现不太满意的或未解决的任何事情、某种困难、某种需要改变的状态、任何运转不理想的事物等，即主题——课题陈述中的一个句子片段，也就是某种反常。研究中，通常是将主题转化为待答问题和子问题。详见案例分析。

2. 教育研究课题的类型包括：①根据研究内容划分的基础性课题、应用性课题、综合性课题；或者学生类课题、教师类课题、教育内容类课题、教育媒介类课题、其他类课题；或者教学类课题、教育管理类课题、其他类课题。②根据与既有课题的关系划分的承续性课题、再生性课题、开拓性课题。③根据课题管理划分的指令性课题、委托性课题、招标性课题、自选课题。④根据课题的受资助情况划分的受资助课题、自助课题。

3. 问题陈述为课题过程中会产生多个课题，选题就是进行教育研究课题的判断、选择和确定。

4. 选题过程中会出现适当与不当两种可能。为了选题适当就需要研究者遵循一些原则：需要性原则、科学性原则、创造性原则、可操作性原则和系列性原则。同时要避免出现，①范围过大，无从下手；②目标不清；③范围过窄，意义不大；④课题过难，资料缺乏；⑤谈经验感想，不属于研究课题等情况。详见案例分析。

5.选题的一般过程：问题→课题→待答问题→子问题，具体见图 3-1。其中，待答问题是主题中内在的基本问题，通常附带一些子问题，用于指导研究的进程。子问题是在研究要解决的主要问题之下，从属于待答问题的问题，起补充和累积作用。

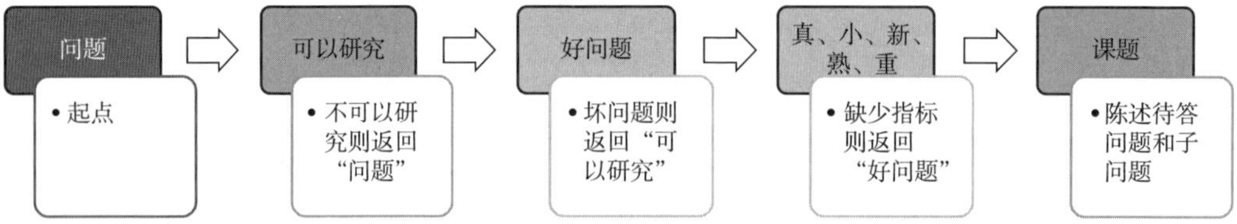

图 3-1　选题程序图

6. 一个教育研究课题价值的评价指标有两个方面：①主观指标：兴趣、新颖。②客观指标：社会价值（需要度、已行度、已行评价、可行度）、学术价值（前景性、创新性、科学性、时效性）、经济价值（内向价值、外向价值）、思想价值（平体价值、共振价值）。（详见案例分析）

典型案例解读

案例 3.2：

课题“简对于儿童入园年龄的研究”的提炼主题

简是一名幼儿园教师，她一直相信，5 岁时入园的儿童在他们以后的学校生活中会比 4 岁入园的儿童做得更好。因此，她认为让儿童 5 岁前入幼儿园是一个不明智的做法。这就是她的研究想要说明的问题。她所提出的主题就是“儿童过早入园的不良影响”。简的导师告诉她，以这种形式表述的主题是不能进行研究的。为了帮助简，她的导师敦促她将“不良影响”一词的含义做进一步的精确界定。简回答说，“不良影响”指的是儿童会在以后的学习中遇到困难。

是什么样的困难呢？导师接着问。

是情感问题，简回答。她说，过早入园的儿童在以后的学习生活中爱哭，容易焦躁不安，责任感不强，而且往往表现得像个婴儿。

导师问简，她是如何知道过早入园的学生会有上述表现的，简回答说，她们学校的教师都知道这一点，而且她也听说过很多教师对这些问题的评论。导师想知道，是否所有过早入园的学生都会表现出这样的特点（不是全部，简回答），而且，是否这些学生仅仅在最初的几年里表现出这样的特点。

不是的，在他们整个的学校生活中都是这样，简说，大多数的六年级问题学生都是 4 岁时入幼儿园的。

导师问简，她是否有能力随机选取三所学校，然后将这三所学校的六年级学生分成两组：4 岁入园组和 5 岁入园组。简说，她能做到这一点，她能得到这些学校的档案资料，而且她也有把握：每所学校的负责人对此都会感兴趣。

导师还想知道，简比较这两组学生的基准是什么？

简说，她的基准就是这两组学生在六年级时的表现如何。当导师要求她说得更具体一些的时候，简提到了学习、行为、人际关系和情感。

导师指出，简的主题太大，太难以处理，需要进一步提炼。导师问简，如果她只能选择两个变量来测量学生，她的问题的核心是什么？简明确地说，是阅读能力和整体的成熟度。

那么她将如何来评价学生的阅读能力呢？测验成绩，简决定。那她又如何评价学生的成熟度呢？经过周密的思考和讨论，简认为她可以准备一份分类评价量表，将诸如责任感、人际关系、情感和自信等等分类。她可以请教师们用这一量表来评价她所选出的学生。

导师要求简重新表述她的主题。又经过了两次讨论，简将她的主题表述为：“儿童入园年龄对儿童后继学习及情感成熟度的影响。”

导师同意了这一主题，但前提是简的研究要获得学区官员的许可，并且简能够得到相关学校的档案资料。

在获得相应的许可和拿到档案资料之前，导师让简再针对她的研究主题设定相应的研究问题和子问题。简提交的内容如下，并且已经获得导师同意。导师让她在此基础上再定义某些特定的术语。

待答问题

如何比较 4 岁入园的六年级学生和 5 岁入园的六年级学生在阅读能力和社会成熟度方面

的差异?

子问题(从属于研究要解决的主要问题)

1. 在阅读和成熟度方面如果存在组间差异,那么这种差异与学生智力和社会性发展水平有什么关系?

2. 已有哪些研究(如果有的话)倾向于承认或否认这种差异性的存在?

3. 5岁入园的学生的平均阅读水平怎样?

4. 4岁入园的学生的平均阅读水平怎样?

5. 根据5岁入园的学生现在所在班级的教师的判断,5岁入园组的平均成熟度如何?

6. 根据4岁入园的学生现在所在班级的教师的判断,4岁入园组的平均成熟度如何?

7. 5岁入园组学生“问题行为”的平均发生率是多少?

8. 4岁入园组学生“问题行为”的平均发生率是多少?

9. 性别会影响两组学生的成绩和行为表现吗?

【查尔斯.教育研究导论[M].张莉莉等,译.北京:中国轻工业出版社,2003:53-55.】

案例分析

关于案例中使用的几个术语,“主题”指的是要探究的问题或事情,经常被表述为一个句子片段;“待答问题”指的是研究主题中内在的基本问题,这些问题通常附带一些子问题,用于指导研究的进程;“子问题”是在研究要解决的主要问题之下,从属于待答问题的,它由待答问题分化而来,起补充和累积作用。一旦主要问题的所有子问题都得到了回答,那么研究的问题也就最终得到了回答。

整理案例中出现的各个主题,发现课题产生的思路:追问→反思→聚焦。从案例中出现的几个不同主题:“儿童过早入园的不良影响”“过早入园的儿童在以后的学习中遇到的困难”“过早入园儿童在以后的学习生活中的情感问题”“4岁入园组和5岁入园组学生在六年级时的学习、行为、人际关系和情感问题”“儿童入园年龄对儿童后继学习及情感成熟度的影响”。其中有“宽泛的主题”,没有特定的定义,但一般意味着一项主题的范围相对于时间和可利用的资源而言太大了。比如,“过早入园儿童在以后的学习生活中的困难”。也有,“未定型主题”,表述得如此模糊,以致不经过进一步的澄清,就不能被理解。比如,“儿童过早入园的不良影响”。可见,选题过程中,主题在不断地变动,或者变大,或者变小,或者改变措辞或表达方式使得主题的表述明白易懂。变动的过程反映出问题的可操作性、清晰度,表达着简对研究目的、研究主题的不断明确,总体上,选题是一个不断追问、不断聚焦的过程,是一个不断具体化、精确化、精细化的过程,是一个不断运用相关理论确定要素和核心要素的过程。特别要注意的是,把握关键问题:入园年龄与小学阶段发展的关系。对于人的发展而言,人的社会性和阅读能力(母语运用能力)是最关键的,所以简的主题最终抓住了关键:阅读能力和情感成熟度——不仅是对小学生,更是对所有学生乃至任何一个社会人的发展——都是起决定性作用的关键要素。在这个过程中,遵循合理选题的原则有助于快速达到目的。

合理、恰当选题还要遵循一定的原则。比如,需要性原则、科学性原则、创造性原则、可操作性原则和系列性原则。需要性原则是指课题的研究能够满足教育理论和/或教育实践的需要。比如,“她是如何知道过早入园的学生会有上述表现的。简回答说,她们学校的教师都知道这一点,而且她也听说过很多教师对这些问题的评论”。一般地,研究者还要对已有相关研究的现状（已行度）和学术界的关注程度（已行评价）进行判断，来分析需要性。比如，“每所学校的负责人都会对此感兴趣”“获得导师同意”。科学性原则是指教育研究课题要有科学依据，且符合教育理论，并有科学的现实性。比如，“准备一份分类评价量表”“随机选取三所学校，然后将这三所学校的六年级学生分成两组：4 岁入园组和 5 岁入园组”。创造性原则是指通过课题的研究能够带来新的认识、新的结论。比如，“她认为让儿童 5 岁前入幼儿园是一个不明智的做法。这就是她的研究想要说明的问题”。创造性可以通过平体价值——以投射和延伸的方式影响相关理论、思想或领域和共振价值——与相关理论、思想或领域产生的共振效果，进行评价。比如，“简是一名幼儿园教师”关注幼儿小学的“整个的学校生活”。可操作性原则是指课题在自身能力范围内能够有效解决，它总是相对于研究者而言的。毕竟，对于任何一个研究者而言，尽管有足够的技术支持你对某个主题进行研究——这其实是不可能的——如果要完成这些研究，所需的时间和资源也远远超出个人的能力所限。这是没有可行度，也没有前景的。比如，简“只能选择两个变量来测量学生”，并且能够“准备一份分类评价量表”。此前，“简提到了学习、行为、人际关系和情感。导师指出，简的主题太大，太难以处理”。同时，“导师同意了这一主题，但前提是简的研究要获得学区官员的许可，并且简能够得到相关学校的档案资料。”也就是说，选题过程中，研究者就必须考虑到研究方法、研究工具等问题。系列性原则是指研究者的选题要有形成或置于研究课题的系列，是一个较大的研究领域中的一个分支，从而有利于自身的学术发展。

案例中出现了一些不当选题，比如，①范围过大，无从下手，比如，“困难问题”。②范围过窄，意义不大，比如，“情感问题”。这时，有必要将问题放大，扩大研究问题的范围，比如，由情感问题扩展为学习、行为、人际关系和情感问题。这种放大是为了重新梳理研究内容，重新寻找研究重点、研究关键。③目标不清，比如，“过早入园”“不良影响”。④课题过难，资料缺乏，比如，“学习、行为、人际关系和情感”。此外，在选题方面还要避免谈经验感想，它不属于研究课题。

总之，选题需要把握问题与课题的辩证关系：①课题涉及研究的领域，可能是研究者想改善的条件、想克服的困难或者想回答的问题等；②问题确定了研究的切入点，而课题具有更加明确的目的指向；③课题是经过提炼的问题，是澄清了的、能够清楚表述研究的问题、相互关系以及研究的参与者，它通常是一个句子片段；④问题是线索，课题是网，是一个问题的体系，小线索可以牵出大网；⑤研究过程中，课题要转化为主题、待答问题、子问题，由一个个子问题的科学回答完成课题研究；⑥每个人都有问题，未必每个人都有课题。再者，课题中切忌使用“过早”“不良”“过度”“过于”“好”“差”等词汇。

思想资源

一、国家学术规范：选题与资料规范（节选）

……

3.1.1　充分酝酿

选题指的是确定研究范围、对象和主题的过程，有时，选题还包括拟定一个能够准确表达研究内容的标题。

3.1.2　注重学术价值和社会价值

选题要注重学术价值和社会价值。判定选题的学术价值，要看该选题是否针对前人研究没有解决的问题，是否可能在前人的基础上推进学科的发展；判定选题的社会价值，要看该选题是否能够解决人们在社会实践中面临的实际问题，或对社会发展做出前瞻性的预测，以满足社会需要。

人文社会科学研究的选题……更应注重发现对科学发展或社会进步起到一定促进作用的研究课题。

3.1.3　了解和尊重既有研究成果

要运用一切检索手段，尽可能全面地了解与研究课题有关的一切研究成果。

在充分了解既有的研究成果之后，不仅应据此为自己的研究定位，找到可靠的起点，而且更应尊重既有的研究成果。从选题阶段开始就要避免忽视、曲解或篡改既有的研究成果。

3.1.4　避免低水平重复

充分了解已有研究成果的目的之一也在于力图避免低水平重复前人的学术研究，以保障研究成果的创新性。这不仅是尊重已有研究成果的需要，也是尊重成果应用者和学术同行的必然要求。

为了避免低水平重复，确保选题的学术价值和社会价值，还应该通过各种数据库与信息的检索和查重来核实本课题是否已有研究，别人研究到了什么水平，进而确定本课题是否值得进一步去做以及朝什么方向努力。一些与社会现实问题密切相关的课题，还可以通过开展初步的社会调查，了解社会的实际需要，增强选题的针对性，对选题的社会价值进行核证。

3.1.5　注重立意与主题的择定

选题的内涵不只包括一个简单的范围和一般性的问题，还应包括立意与主题。立意是指在研究题目下提出自己论证的主要方向，主题指在研究题目下择定问题的焦点。

在确定立意和主题时，要注意在研究条件、研究规模和研究力量等方面的可行性。

【教育部社会科学委员会学风建设委员会.高校人文社会科学学术规范指南［M］.北京：高等教育出版社，2009：12-17.】

二、选题的过程

第一，确定研究问题的领域。

在教育方面，选题的领域是十分广泛的。研究者可以从广大的研究领域中，经反复衡量后，由博返约，确定一个研究领域。

第二，查阅有关资料。

阅读有关文献不仅是发现问题的方法，而且也是避免重复研究的方法。通过阅读文献，对问题领域内所涉及的理论、研究方法和研究趋向有透彻深入的了解，有助于弄清问题所涉及的各方面概念和修正、调整研究内容，形成自己的观点。

第三，界定研究问题的范围。

一般说来，研究问题的范围要清楚明确，宜小不宜大。研究者应善于从选定的研究领域中筛选问题，并缩小问题范围，最后将注意力集中于某一个独特的小问题之上。

第四，陈述研究问题。

研究问题若能清楚而明确地界定范围，研究问题的陈述就好办得多了。研究问题的叙述方式，可以采用疑问句形式，也可以采用陈述句形式。在很多实验研究和调查研究中，问题的陈述具有说明两个变量或两个以上变量之间的关系的特点。

【李方.现代教育研究方法［M］.广州：广东高等教育出版社，2004：65-66.】

三、选题方法

（一）选定研究题目的策略①

1. 从单一领域逐渐缩小范围

先将教育细分成几个领域，选定其中一个领域之后，再分成几个类别，由各类别再细分为几个次要类别，最后由这些次要类别中，选定一个自己所关心的问题成为题目。举例来说，将教育分成高等教育、中等教育、国民教育、学前教育、技职教育等领域，……将国民教育区分为……假如研究者特别关心学生学习这一个类别，于是再将学生学习细分为……最后从这些次要类别中，选定一个问题来作为研究的题目，例如：小学生学习态度的研究。

2. 由两个以上领域来构思

有些研究者关心两个或三个以上的次要类别，……这时，研究者由文献探讨中发现，教师教学方法与学生学习成就这两个变项值得研究，于是研究题目可以定为：国中教师教学方法对学生学习成就影响之研究。假如某研究者关心三个变项，题目可以定为：小学教师教学态度、学习环境与学生学习成就关系之研究。

根据以上的选题策略，虽然很容易产生研究题目，不过，研究者仍然要考虑是否容易找到相关的文献资料，以往学者在这个题目所涉及变项有无重要发现，以及这个题目是否有意义，是否具体可行，研究者有无足够的人力、物力和时间来进行研究。

3. 由他人研究题目来思考

直接从他人的题目来思考研究题目的方式，是比较省时省力的方法。研究者可以将别人研究过的题目稍作更改，不但容易形成新的题目，而且相关的文献资料也很多，这样可以一举两得，初学者不妨一试。在此举例如下。

例一

他人的研究题目：中学生次级文化之研究。

可以更新的题目：小学生次级文化之研究。

例二

他人的研究题目：台北市小学生人际关系之研究。

可以更新的题目：台南市小学生人际关系之研究。

例三

他人的研究题目：小学生行为困扰及其相关因素之研究。

可以更新的题目：中学生偏差行为及其相关因素之研究。

例四

他人的研究题目：师院生工作价值观与任教意愿之研究。

可以更新的题目：小学教师工作价值观与工作满意度之研究。

【叶重新.教育研究法［M］.台北：心理出版社，2001：32-34.】

（二）选题思维方法

我们在筛选研究课题时，还要善于运用求异思维和辐合思维。求异思维是一种发散式想象思维，选题时，预先并无明确的课题，而是根据一定的事实材料，让自己想象的思维打破传统束缚，海阔天空地自由驰骋，从而大胆提出大量新设想、新课题。辐合思维是一种集中想象

① 也有学者用问题的分解、转移、组合、延伸进行描述。详见孟庆茂.教育科学研究方法［M］.北京：国家开放大学出版社，2001：29-30. 施铁如.学校教育研究导引：方法、思路和策略［M］.广州：广东高等教育出版社，2004：36-38.

思维，选题时，事先有一个大致目标，让自己的思想围绕这个目标，把多种现象进行综合的创造性联想，就是把头脑中已有的东西重新进行排列组合，从而形成达到这个目标的研究课题。求异思维能广开思路，提出大量问题，展现许多问题线索，而辐合思维则通过定向思考，往往可遴选出有价值的研究课题。选题的思考过程，就是求异思维和辐合思维有机结合的过程。

【李方.现代教育研究方法［M］.广州：广东高等教育出版社，2004：65-66.】

（三）教育科学研究的选题方法

1. 筛选—定位法，即通过反复筛选的方法，把复杂的问题简单化，最后把所要研究的问题规定下来。

2. 联想—激问法，即通过联想的方式，激发产生所要研究的问题。

3. 同向—扬弃法，即在运用同向思维研究某些事物时，扬弃它的不合理成分，追寻更加完善的形式，进而引发研究问题的方式。

4. 逆向—求异法，即运用逆向思维的方式，专门“找碴子”“揪辫子”，寻找一种不同的甚至是对立的问题结论。

5. 读书—质疑法，即在读书过程中对诸种问题提出质疑的方法。这是研究者最常用、最基本的选题方法。

6. 搜索—寻问法，即通过快速搜索的方式寻找需要研究的问题。

7. 现象—追因法，即透过事物的现象，追寻其中原因的方法。

8. 聚焦—访谈法，即对焦点问题进行专访，从而引发深层思考和深入研究的方法。

9. 跟踪—查新法，即跟踪学科前沿，运用查新制度发现研究问题的方法。

10. 超前—预测法，即运用超前思维对可能出现的种种问题做出科学预测的选题方法。

【喻立森.教育科学研究通论［M］.福州：福建教育出版社，2001：153-159.】

（四）决定研究题目的要领

1. 研究题目应将各个变项标示出来

（1）大部分实验研究题目只包含自变项（independent variable）与依变项（dependent variable），但是有些比较复杂的实验研究，则包含：自变项、中介变项（intervening variable）与依变项，在研究题目中应将重要变项标示出来。

例如：

①启发教学（自变项）对资优班学童数学成绩（依变项）影响的研究。

②家庭社会经济地位（自变项）对儿童社会适应（依变项）影响的研究。

③小学生（自变项）学习态度（中介变项）对学业成就（依变项）影响的研究。

（2）非实验性的研究题目，应将变量（variates）与效标变项（criterion variables）标示出来，效标变项即为依变项。

例如：

①儿童出生序（变量）与其学业成就（效标变项）关系的研究。

②中学生学习态度（变量）与学业成绩（效标变项）关系的研究。

2. 研究题目可提出研究对象

研究对象就是研究结果所要应用的范围，通常研究对象写在研究题目的前端。

例如：

（1）中学教师工作压力的研究（中学教师即研究对象）。

（2）小学教师教学态度的研究（小学教师即研究对象）。

3. 研究范围区域可标示在题目最前端

一般来说，研究对象所属地区可以标示在研究题目的最前端。例如：

（1）台北市中学转学生学校生活适应的研究。

（2）台湾中部地区中学转学生行为困扰的研究。

如果不标示地区，容易使读者误以为研究范围是某一所中学，或全台湾的中学。因此，研究题目不标示地区时，研究者应在论文第一章绪论的研究范围部分，或在研究对象那一节，详加说明。

【叶重新.教育研究法［M］.台北：心理出版社，2001：35-36.】

四、选题的程序准则

研究的程序准则包括具有可研究性的科研课题的选择、节俭性（每一件事情都尽可能地简洁）、可信性（保证使人信服），以及承认研究结果会有多种各有千秋的解释。

1. 可研究性

大多数研究生都很难判断一个他们感兴趣的题目是否符合可研究性原则，即问题是否可以通过常用的研究程序来进行并得到最终的解答。下面的 4 个问题可用来初步判断某一个研究题目是否具有可研究性：①能否运用科学方法探讨你所思考的题目？②如果第一个问题的答案是否定的，那么能否给题目增加一些限制或者改变表述的方法，以使它具有可研究性？③如果题目能够，或者经调整后能够用科学方法进行研究，所需要的数据又怎样获得？④该题目能在有限的时间、设备、距离、资金和其他实际条件下进行研究吗？

2. 节俭性

科学领域的节俭性原则是指：如果能够清楚解释所涉及的现象，理论越是简洁越好。这种简单最好的原则也同样适用研究领域，就某一题目的核心问题和假设而言，最好的研究程序是那种最简单且最能有效地获得必要资料，并进行正确分析的程序。研究中“多”绝不代表好。节俭性原则提醒我们：研究要尽可能由那些简单而清楚的问题和假设来引导，只获取所需要的数据，过程讲究效率，数据分析恰如其分，分析数据得出的结果要报告得非常清楚，结论的陈述也要简洁。这并不意味着研究只是一种简单的劳动，或者三言两语就能够完成所有的陈述。尽管复杂的研究和解释随处可见，但是，在条件允许的情况下，研究应清楚、简练、有效，并且一语中的。

3. 可信性

如果研究缺少可信性，那么它就变成一种时间上的浪费，最后必将一无所获，前功尽弃。但是，倘若遵守了研究程序——它能保证研究的意义、可靠性和有效性——所有的研究都会具有可信性。

可信性原则如下：第一，选择的题目要有意义且具有可研究性；第二,一定要遵守本章所探讨的研究的操作规则；第三，获取的数据要可靠而有效（可靠指稳定，有效指瞄准目的）；第四，分析数据要采用恰当的方法；第五，研究发现要有数据支持；第六，与研究问题或假设相连的结论在逻辑上要有说服力，并且能清楚准确地报告。

4. 相容解释性

从某种角度上说，把一个研究报告写出来就如同对付了一次挑战。尽管研究者不会明说，但他／她会暗示：这就是我的发现和解释，你可以大胆地挑它的错或找到更好的解释。

依据相容解释性原则，研究者应该预料到其他人会仔细检查他／她所采用的方法，并做出与他／她自己完全不同的解释。他／她研究者应该对批评和其他的解释先发制人，为了做到这一点，应仔细遵循研究的基本程序，考虑想要排除的影响因素（也叫混淆变量）；进行恰当的分析；指出可能存在的偏见，预见并排除其他解释方法。如果其他解释行不通的话，讨论研究结果时要予以说明。最理想的情况是，研究能引起一定的关注，但其他解释和研究者自己的解释相比，并没有明显的优势。那样，就可以说研究者在处理、分析和汇报数据过程中，工作既细致又深入。

【查尔斯.教育研究导论［M］.张莉莉，等，译.北京：中国轻工业出版社，2003：15-17.】

能力训练

范例 3.1：

教育研究课题的名称

以下是摘录自国家级或省级课题申报指南中的一些课题名称。

习近平总书记关于教育的重要论述研究

中国共产党百年教育目的研究

中国教育研究方法基本概念、命题与理论体系研究

中国教育研究的国际影响力研究

教师核心素养和能力建设研究

大学教师学术权力失范与规制实证研究

课程思政教学能力评估及提升机制研究：教师决策的视角

乡村振兴战略背景中乡村教师专业成长及内生机制研究

良心对中学生欺凌参与角色的影响机制及干预对策研究

中小学生阅读素养训练体系的构建研究

动机、目标导向的大学生“慢就业”行为研究

基于品德测量的研究生学术道德品德教育模式研究

动态社会网络分析视角下的流动儿童社会融合研究

文化自信导向的中小学课程创新研究

新时代劳动教育：从“重技”走向“尚艺”

中小学综合素养培养的理论与实践研究——基于深圳的个案研究

美国中小学教师同行评价研究

儒家经典学习促进教师幸福感的干预模式构建与验证研究

类型视域下高等职业教育“成才”与“成人”双成路径研究

学前融合教育质量提升研究

“破五唯”：高校学术评价改革的实践与制度优化研究

“民法典时代”民办学校公益性保障及依法监管研究

【资料来源：全国哲学社会科学工作办公室网站；全国教育科学规划领导小组办公室网站；中国高校人文社会科学信息网.】

范例 3.2：

托尼对于中学生性骚扰的研究

像 20 世纪 90 年代的很多其他男子一样，托尼经历了性骚扰意识的高涨期，特别是在他所教的中学，学生间的性骚扰相当严重。他认为人们还并不清楚地了解当前校园性骚扰的性质、程度和波及范围。在他的硕士论文中，作为消除性骚扰计划的第一步，他想说明他所在学校性骚扰的性质和发生率。托尼将他的研究主题交给他的导师，主题为“埃尔伍德地区林肯中学的性骚扰问题。”

自我训练1：对应于下列五个方面，你认为托尼的导师会对托尼说什么？

1. 研究主题的重要性；

2. 合法性方面的考虑；

3. 主题的宽广度；

4. 实际研究内容的清晰度及研究参与者的明确性；

5. 能够进行研究并得出结论的可能性。

经过对导师意见的思考，以及与学校负责人谈过之后，托尼决定将他的研究主题改为“中学生对于性骚扰的看法。”经过进一步的讨论，托尼又将他的主题表述如下：

“埃尔伍德地区中学生对同伴性骚扰的看法。”

托尼打算使用调查表和个人访谈的方式获取数据，但是，他不向任何学生询问有关性骚扰的具体例子。而且，他将全部的焦点集中于学生对于性骚扰的一般意义上的理解和看法。

托尼认为，他能够设计很多学生容易回答的调查表。他将征求有关方面的同意，选取一部分学生和他们的家长参与他的研究。他要公开调查表的内容，并将他的研究意图及研究的价值全部告知学生、家长和行政人员。

自我训练2：如果你是托尼的导师，基于以下几点考虑，你会对托尼说什么？

1. 托尼修改后的研究主题的重要程度；

2. 他能够完成这项研究的可能性；

3. 有关参与者的回答是否真实——是否做到既不修饰，也不隐瞒；

4. 在他的研究定向方面，待答问题和假设相比，哪个更好一些；

5 .在做任何深入研究之前，对已有相关文献进行认真检索。

【查尔斯.教育研究导论［M］.张莉莉，等，译.中国轻工业出版社，2003：53-55.】

范例 3.3：

不恰当选题的转化

1. 原课题：小学生的创造能力研究

修改后的课题：发散性思维的得分与小学六年级学生的智能特点间的关系

研究问题陈述：六年级学生发散性思维的得分与一般智力测量的分数的关系是什么？与阅读成绩测量分数的关系是什么？与动作灵巧测量的关系是什么？

点评：

“发散性思维”比“创造能力”更具体，发散性思维的操作定义就是发散性思维测验中的得分。

对象：小学六年级学生

内容：发散性思维与学生的智能特点之间的关系

方法：教育调查法/因果比较研究

2. 原课题：学习成绩与教学技术研究

修改后的课题：关于三种教学技术对高中学生学科成绩影响的研究

研究问题陈述：三种不同教学技术是否会对高中学生学科成绩产生不同的影响。

点评：

“三种教学技术”比“教学技术”更具体。

对象：高中学生

内容：三种教学技术对高中学生学科成绩的影响

方法：教育实验法/教育调查法

3. 原课题：高中生的辍学研究

修改后的课题：对有正常学习能力的高中辍学生所处学习环境进行社会学研究，以确定潜在的辍学因素

研究问题陈述：学校环境中的什么因素会造成有正常学习能力的高中学生的辍学？

点评：

“学习环境”更具体，高中生的操作定义就是“有正常学习能力的高中生”。

对象：有正常学习能力的辍学的高中生

内容：学校环境中的什么因素会造成有正常学习能力的学生的辍学

方法：教育调查法/教育实验法/教育个案研究法/教育行动研究

思考题

一、分析教育研究问题提出的一般路径。

二、简述教育研究问题的一般分类。

三、确定教育研究问题时应该遵循的原则有哪些？

四、不当选题的现象有几种？

五、选题适当需要遵循的基本原则有哪些？

六、简述课题与问题的关系。

七、简述好问题的特点。

八、参考范例3.3，完成下面填空。

1. 原课题：重视课外阅读，提高中学生语文成绩

修改后的课题：中学生课外阅读现状与对策研究

研究问题陈述：（　　）

点评：（　　）

2. 原课题：初中班主任职业压力研究

修改后的课题：

初一与初三班主任的职业压力差异研究/初三班主任班级管理特征研究/基础教育毕业班班主任职业压力的比较研究

研究问题陈述：(　　) / (　　) / (　　)

点评：(　　) / (　　) / (　　)

拓展阅读

［1］教育部社会科学委员会学风建设委员会.高校人文社会科学学术规范指南［M］.北京：高等教育出版社，2009.

［2］查尔斯.教育研究导论［M］.张莉莉，等，译.北京：中国轻工业出版社，2003.

［3］叶重新.教育研究法［M］.台北：心理出版社，2001.

［4］孟庆茂.教育科学研究方法［M］.北京：国家开放大学出版社，2001.

［5］喻立森.教育科学研究通论［M］.福州：福建教育出版社，2001.

［6］郑金洲，等.学校教育研究方法［M］.北京：教育科学出版社，2003.

［7］李方.现代教育研究方法［M］.广州：广东高等教育出版社，2004.

［8］施铁如.学校教育研究导引：方法、思路和策略［M］.广州：广东高等教育出版社，2004.

［9］陈向明.教育研究方法［M］.北京：教育科学出版社，2013.

自我反思建议

如何准备研究呢？这个问题就表达了教育研究的首项技术：选题技术。回顾学习内容，首先，追问自己“我会提出教育问题吗？”其次，反思选题的思路、技术和技巧，你要独立完成一次教育研究课题的选定。以原理、案例、范例和思想资源，努力检视选题的知识树，践行“温故而知新”。

第四章　如何选择变量：选择教育研究变量的技术

学习导航

教育研究的本质是揭示关系，揭示谁/什么与谁/什么的关系？教育研究是探究教育研究变量之间的关系。量是什么？什么是变量？什么是教育研究变量？认识教育研究变量，就是搞清楚如何发现和使用变量、如何给每个教育研究变量一个操作定义。请你带着这些问题开启“探秘教育研究变量之旅”。

学习目标

1. 熟记教育研究变量、操作定义、操作变量、结果变量、数字变量、类别变量、自变量、因变量和无关变量等的含义。
2. 理解各种类型的教育研究变量。
3. 理解教育研究变量在教育研究中的地位和作用。
4. 熟悉下操作定义的基本方法。
5. 理解常见变量的操作或测量方法。
6. 熟读案例分析和思想资源，建构变量理论。
7. 独立完成案例和范例的分析。

第一节　教育研究变量概述

观点与原理

1. 关系的研究是根本的。关系研究的首要问题是发现变量。

2. 量是衡量事物的一种指标，分为常量和变量。变量是一类客体中变化的量，不变的为常量。在不同情境下，变量也称为因子、维度、分类标准。教育研究变量是指某一教育群体的组成因子在性质、数量上可以变化，通常是可以操作或测量的条件、现象或实物的特征。比如，6年级的你和7年级的你，一群学生、一套教科书、学校的教研组、教师一周的教学活动、全校教师的学生观。

3. 教育研究变量可以分为数字变量与类别变量、稳定的或静止的变量与可改变的变量、操作变量与结果变量、自变量和因变量与无关变量、连续变量与间断变量、有形变量与无形变量。就人而言，还可以分为社会学变量、心理学变量与生理学变量，或者随机变量与有机变量。分类中隐含着变量的选择方法与测量。

4. 数字变量表现为事物在程度上的变化，类别变量则表现为质的不同；根据所包含的过程，过程促使师生双方发生了变化的是可改变变量，比如，用在任务上的时间、认知输入、教学、形成性测验、家庭环境等能够使得校内或校外儿童与成人学习大不相同。可改变的变量很有助于解释学习过程，更有助于直接改进学校里教与学的过程。稳定的或静止的变量是在过程之前或过程中保持不变的变量，如可用的时间、智力测验和能力倾向测验、教师的特征、学生特征、总结性测验、家长特征、家长地位等；操作变量即可以操作的变量，结果变量只能是操作的结果；自变量是由实验者掌握，在性质和数量上可以变化，可以操纵或测量的条件、现象或特性，具体可以分为操作性自变量和非操作性自变量（*X*）。因变量是被观察和被测量以决定自变量效果的因素，是一个反应变量或输出（*Y*/*Q*）。无关变量就是那些没有得到控制的自变量；连续变量会呈现出渐进的变化，间断变量在本质上是有类别差异的。随机变量是指人的社会学变量和心理学变量，有机变量是人的生理学变量。有形变量如智能黑板的大小、现状，无形变量如学生的威望、诚信观、学习方法。

5. 在不同课题中，同一种变量可以处于不同的类别；变量之间的关系可以有多种组合：同类相对、异类相对，一对一、一对多、多对一、多对多。

6. 教育研究变量和选题关系密切，也对教育研究假设、研究方法等有广泛的影响。

典型案例解读

案例 4.1：

量的组成

通过思考以下量的特征，归纳量的种类构成。

地球的体积、一个水分子的质量与重量、一天的小时数、每年的季节数，圆周率、人的身高、一个人的性别、一个人的民族、一个人的母语、人的体重、生活的愿望、科学的才能、用在任务上的时间、认知输入、教学、形成性测验、家庭环境、年龄、学习兴趣、阅读成绩、数学成绩、课堂的人文氛围、智能黑板的大小、学生的学习动机、看电视的时间、性别、母语、民族、信仰、职业、管理风格、可用的时间、智力测验、能力倾向测验、教师的特征、学生特征、总结性测验、家长特征、家长地位、阅读教学的方法、学生的威望、学生的诚信观、教师的读书方法等。

案例分析

马克思主义指出，运动是绝对的，静止是相对的，事物都是发展变化的。那么，如何衡量事物的变化?用什么标准来评价事物的发展变化呢？对此，科学家们发明了量、变量、常量等术语，用来衡量和评价事物的发展变化。量是将事物抽象化的产物，比如将人抽象化为性别、思想、认知水平等，将教育抽象化为教育要素、教育功能、教育目的、师生关系、教育为中国特色社会主义服务等。在这些量中，从运动和静止的维度，可以区分为两大类基本量：变量、常量。变量是一类客体中变化的量，它与常量相对。具体的，研究变量是指某一群体，其组成成分间在性质、数量上可以变化，可以操作或测量的条件、现象或实物的特征。亦称维度、因子、分类标准。比如，阅读成绩、数学成绩、课堂的人文氛围、学生的学习动机、看电视的时间、性别、母语、民族等。常量是一类客体中不变的量，比如，地球的体积、一个水分子的质量与重量、一天的小时数、一年四季、一个人的性别、一个人的民族、一个人的母语。

从上述变量中能够发现，它们也是不完全相同的，如何区分呢？也就是变量的种类构成是什么？首先，从变量的含义中可以根据客体的组成成分在程度和性质上的变化构成基本种类：数字变量和类别变量。比如，阅读成绩、数学成绩、学生的学习动机、看电视的时间是数字变量；比如，性别、母语、民族、管理风格、阅读教学的方法是类别变量。变量还可以分为稳定的或静止的变量与可改变的变量、操作变量与结果变量、自变量和因变量与无关变量、连续变量与间断变量。比如，用在任务上的时间、认知输入、教学、形成性测验、家庭环境是可改变变量；可用的时间、智力测验和能力倾向测验、教师的特征、学生特征、总结性测验、家长特征、家长地位是稳定的变量；教学方法、看电视的时间是操作变量；学习兴趣、阅读成绩、数学成绩、课堂的人文氛围是结果变量；在认知输入对阅读成绩影响的研究中，认知输入是自变量，阅读成绩是因变量，教师特征、学生特征、教学时间安排、教室环境等是无关变量；一个人的体重、一个人的年龄是连续变量，母语、信仰、学生一天的上课时间是间断变量；学生的学习动机、民族、信仰是随机变量，性别、年龄是有机变量；智能黑板的大小、现状是有形变量，学生的威望和诚信观、教师的读书方法是无形变量。人变量是教育研究中最常用的变量，包括社会学变量（如职业、专业、学缘、民族等）、心理学变量（如性格、认知特征、记忆力、想象力等）和生理学变量（如血型、性别、年龄、健康状况等）。

基于变量的地位和作用，发现和使用变量在教育研究中是一种基本的技术。发现变量，可以基于相关理论，通过对事物进行结构分析来完成，比如教育从级别上可以分为学前教育、初等教育、中等教育、高等教育，类别上可以分为普通教育、职业教育；又比如学生可以分为男学生、女学生，还可以分为大学生、中学生、小学生。变量的分类中隐含着变量的选择方法与测量。使用变量，一方面有助于选题，一方面有助于发现、确定研究工具、研究方法，再有就是有助于厘清研究目的、研究内容。所以有人说，教育研究就是搞清楚变量的变化问题。

第二节　教育研究变量的选择

观点与原理

1. 教育问题是一种结果，所以，首先选择的是结果变量或因变量，进而分析相关的操作变量或自变量。操作变量和结果变量或自变量和因变量的选择可以从教育研究变量的类型中挑选，比如，先选择为数字变量，再选为人的数字变量，进一步选为学生的社会学变量，再进一步选为可改变的学生的社会学变量——这也是当下教育研究更赞成的。

2. 教育研究重点探查变量间因果关系，因此，通常要选择自变量和因变量。①选择自变量需要考虑的因素有操作的严密性、数目、水平数。水平数常用的是有/无、对/错、是/否。②选择因变量需要考虑的因素有指标、指标的有效性、指标的客观性、指标的数量化、指标的可靠性。详见案例分析。

3. 教育研究中必须确定变量可操作或可测量的内涵，即下操作定义。操作定义是在具体教育研究情境下对变量的科学特定——由变量的因子或变化的特殊指标所规定。这需要两个步骤：首先明确变量的抽象定义，然后从抽象定义的解析和研究目的确定中发现操作定义内涵中的指标。

4. 根据指标的性质，操作定义可以分为静态定义和动态定义，或者变化条件型、本体指标型和变化过程型定义；根据使用的指标数量，分为单指标定义、双指标定义和多指标定义。详见案例分析。

5. 教育研究变量可以通过操作定义进行操作或测量，对于其中的无关变量则是保持恒定的方式进行控制。

6. 教育研究全过程中，凡涉及变量、因子、维度或分类标准时，通常都要使用操作定义。

典型案例解读

案例 4.2：

构造操作定义

下面是若干操作定义，试着去发现它们的特征和构造方法。

1. “挫折”在操作上可以被解释为“当一个人渴望达到近在咫尺的目标而被阻断时所发生的状态”。让儿童站在一堆糖果前，却拿不到一块糖果，从而操作出“挫折”。

2. “内驱力”，在操作上可以被解释为“当一个人急需的物质或活动被剥夺时所发生的状态”。

3. “饥饿”在操作上可以被解释为“食物被剥夺24小时的结果”。用这个定义，观察者以一个人最后吃饭的时间即可决定这个人是否饥饿。

4. “食盐”在操作上可以被解释为“钠和氯的化合作用的成果”。

5. “恐惧”在操作上可以被解释为“使某人面临他所要躲避的不幸和灾难时所产生的状态”。

6. “冲突”在操作上可以被解释为“安置两个人或多人于同一处境之中，目标相同，但只允许一人能够达到目标所引起的状态”。

7. “聪明人”在操作上被解释为“能够获得高分数的人或显示有解答符号逻辑问题能力的人”。

8. “食盐水”在操作上可被解释为“导电的水”。

9. “饥饿的人”在操作上可被解释为“能够一分钟压低十次杠杆以得到食物的人”。

10. “一个起指导作用的教师”在操作上可被解释为“施行教导，体现批评或责备，并且与学生建立正常师生关系的人”。

11. “对于教材的爱好”在操作上可被解释为“已知教室中存有数目相等的各科教材，对于教材的爱好表现了从一门学科选择、检查并应用教材的次数，比从另一门学科选择并应用教材的次数更为频繁的特征”。

12. “运动”在操作上可被解释为“学生从所派定的地点移动”。

13. “动机”在操作上可被解释为“学生持续出勤上课的表现”。

14. “食盐”在操作上可被解释为“具有立方晶体的物质”。

15. “对课程的满意”在操作上可被解释为“喜爱这门课程，由于看出它是有趣味的学习内容和有效的学习方法”。

16. “教学效果”在操作上可被解释为“教学所产生的成果，如学生学习兴趣或学生的满意程度”。

17. “内倾性格”在操作上可被解释为“不爱参加集体活动而好单独活动的人的倾向或特征（自认‘孤独的人’）”。

18. “集体教学”在操作上可被解释为“两个或多个教师共同判定教学大纲并对固定的学生班组进行一科或多学科教材的教学研究活动”。

【蓟运河.教育科研技能训练指导［M］.北京：中国林业出版社，2001：105-106.】

案例分析

案例中呈现的这些定义，我们发现它们有一个共同的特征：它们不是抽象定义，比如前面我们学习的“教育研究”“教育研究方法”“教育研究变量”，而是通过对变量进行一种描述来下的定义，即操作定义。这些描述主要有三种，指标描述——描述一个或几个变量的因子；行为描述——描述变量的变化；条件描述——描述变量变化的条件。借此，我们发现，这些定义可以分为三种类型：变化条件型操作定义、变化过程型操作定义和本体指标型操作定义。其中，①变化条件型操作定义可以按必须完成所要引起的现象或状态的操作构造出来。比如，第1~6个定义。研究者在实验中经常通过某些研究方法使所研究的现象发生。它就是对形成变化条件型操作定义方法的描述（这个操作定义类型对现象或状态的解释，往往比对物体或事物的解释更为便利）。由于它指出用什么样的操作去引出特殊的状态，它有助于给自变量下定义，使实验者当作法规来完成。②变化过程型操作定义可以按所解释的客体或事物如何操作构造出来，换句话说，即“做什么”或“以什么构成它的动力和性质”。比如，第7~13个定义。虽然它可以用来解释其他变量的意义，但它对解释因变量的意义特别有用。因为它在操作上是对受试者的行为进行观察并予以描述的。③本体指标型操作定义可按所解释的客体或现象“看着像什么”构造出来，换句话说，什么构成它的静态的性质。比如，第14~18个定义。它是描述人物或事物的性质、品质或特征的。因此，它可以用来解释任何类型的变量，不管它是自变量、无关变量还是因变量。此外，这三种类型的定义也可以分为静态定义和动态定义，或者根据使用的指标数量，分为单指标定义、双指标定义和多指标定义。操作定义的科学性是使用教育研究变量的前提，是操作或者测量变量的依据。

操作定义不仅是为满足操作所必需的，而且也是确定如何测量变量所必需的。我们知道，学龄儿童也包括所有其他人的创造能力是一个变量，但除非有一个操作定义，否则创造能力无法测量。①案例中的定义，如“学生对课程的满意度”“聪明人”也指出，一个变量可能不只有一个操作定义，这取决于操作定义的另一种价值——操作定义能使研究者确认同样题目和问题研究间的相似点和差异。②一些变量用不同的方法测量，可能导致明显矛盾的研究结果，比如，不同道路上的超速。③操作定义可用于重复的研究，并且能提高研究结果的可解释性，比如，“挫折”“集体教学”。④操作定义可以通过确定概括的范围，来帮助建立研究结果的外在效度或缺陷。（笔者注：推广程度）。有时候，构造操作定义，可以先从概念到指标（index）再到变量。例如：富有，学术成就是两个概念。与它们相对应的指标有，

（富有）收入、固定资产，（学术成就）学位、业绩、职位等级、研究成果、学界地位等。与这些指标相对应的变量则是，（富有）年收入、房产、汽车、存款、投资、其他财产，（学术成就）学士／硕士／博士、所教课程、讲师／副教授／教授、发表文章数量／杂志影响因子／文献引用次数、学会／专业杂志中职务等。进而，可以将富有定义为年收入在X元且有Y元存款，将学术成就定义为获有博士学位，或者有学术成就的人是发表了X篇论文的教授。这段分析也指出了变量水平数或者指标的科学性问题的解决路径——先进行抽象定义，再进行结构分析。

总之，下操作定义不能离开其理论性的抽象定义。首先，要对抽象定义进行概念化处理，也就是对变量进行结构分析，确定变量和/或变化条件的构成因子。同时，进一步明确研究目的、研究的需求、研究背景，从而综合特定的条件，选择一个或多个因子来规定变量的操作或测量标准。

思想资源

一、自变量的种类

1. 课题方面的自变量

①这些自变量既可为量的连续变化，也有属于质的不连续变化。例如，研究不同照度下学生视力的变化，这里的自变量就是不同照度（刺激光亮强度的一种表示单位），是量的变化。而不同学习方法和教学方法的学习、教学效果（常用一定的指标，如成绩、记忆量、学习兴趣、学习动机、自信心等表示）等研究中，自变量就属于质的变化，因不同的教学方法和学习方法难于用一个连续的量加以表示。②这些自变量可为简单的刺激，也可为各种条件组合的刺激，例如，讲课教师的教学经验、师生关系、教师的教态、年龄、相貌等，就与教学方法的操作混合在一起。③有些不同的刺激可作用于同一感觉道，或作用于不同的感觉道，这时其作用不同，因而作为自变量的性质也不同。④这些变量可在强度上和作用时间上不同，便构成不同的自变量及其水平。上述各种可以操纵的量和质的变化的刺激，一般称为课题变量。

2. 环境变量

不同的环境因素也可以作为自变量。例如，不同学校、不同地区、不同班级等环境不同的被研究对象，有些教育现象之间也可能不同，都可作为研究内容。

3. 被试变量

即在外界条件一致的情况下，被试间不同程度的持续性特征，如年龄、性别、血型、不同文化背景、职业特点、健康状况、个体差异等都可作为自变量因素。但在大多数的研究中，这些被试变量常作为影响研究结果的无关因素（即控制变量）或称影响因素，加以控制。

4. 暂时的被试变量

即通过主试者或研究者的言语、态度以及用某些方法使被试的特性、机能状态等方面产生一时变化，这类自变量称为暂时的被试变量。它们只在很少的情况下作为自变量因素加以操纵变化而在更多的情况下作为无关变量因素（即控制变量）加以严格控制。被试不同的机能状态，构成对反应的准备状态不同，对研究结果的影响不同。这些因素几乎在所有教育研究中都会出现。它先于某种反应而变化并且影响所要研究的结果，因此，这类变量又称为先行变量，有时写作A变量。教育研究中，常将反应函数写作$R=f(O \times S)$或

$R=f(A \times S)$。这里的O，A即是被试变量，R为反应。可见暂时的被试变量，既可作为自变量，又是影响实验结果的一个很特殊的变量，这是其他学科的研究中没有的一种变量。这种变量的存在，导致教育研究的复杂性，常会造成研究中自变量的转移——或称实验污染。这类自变量还包括以下一些因素（赫尔的研究）：①习惯强度，指一定的反应和一定的刺激之间的联系强度，这种联系强度以从前的学习为基础，例如，同一个文字、词汇对不同的人联系程度是不同的；②内驱力，例如饥饿、本能要求等生理教育中所讨论的那些本体要求；③诱因，即预期可得到的奖励或惩罚，人类被试对实验结果的立时效应都属此类；④抑制，使反应的当时准备状态削弱的一种因素或因素组合。如疲劳、满足、干扰、恐惧、谨慎等。

【孟庆茂.教育科学研究方法［M］.北京：国家开放大学出版社，2001：192–193.】

二、因变量的种类

因变量的种类，对于教育实验研究来说，很多亦很复杂。一般来讲，作为反应变量的指标有：①准确性方面的指标，正确率或错误率。若相同条件下（除自变量之外），亦可用正确或错误的次数表示。②速度或敏捷度方面，一般来讲，内部的教育历程越短，速度越快。常有两种情况：工作量一定，完成工作所需要的时间；时间一定所完成的工作量。这两种指标都可作为速度或敏捷度指标。③刺激的强度水平不同，也可以作为反应的指标。例如，学习实验中，通过不同难度的智力测验题目。④概率或频率，某些反应出现的概率或频率，也常被用作反应变量的指标。⑤反应的强度或力量。⑥各种成就测验与心理测验的量表分数及评价者的评定分数，这虽然是人为的主观评价，但若依据的评价标准可靠，这些评价分数是可靠的。⑦高次反应变量，即用一个图或表表示反应的多种情况，例如学习曲线，既可表示学习的正确或错误率，又能表示整个的学习进程情况。

在一项研究中有时用一种反应变量的指标，有时用多种反应变量的指标，共同标明反应，还有时可用其再生指标——称为衍变量表示。究竟应该如何选用恰当的反应变量指标，这要根据研究的需要及有关的研究经验确定。

【孟庆茂.教育科学研究方法［M］.北京：国家开放大学出版社，2001：195–196.】

三、下操作定义的方法

（一）操作性定义

在所有研究中，所研究的变量和条件必须有可供操作的定义。教育者经常遇到一些难于表达清楚的变量。比如，如果学校的医生想了解一年级学生的体重，他就可以用一般的体重计来测量。相应地，我们如果想测出学生的学习能力或者阅读能力，并使之量化，就必须采用一些工具来实现这一目的。也许我们还要建立一系列为人们认可的有关学习能力方面的定义。为了成功地测量，我们的定义中还必须包括在研究现象或变量时将要用到的那些加工或操作过程，这样的定义称为操作性定义。本质上，变量的操作性定义是关于如何或用什么办法测量变量的描述。

不仅对研究中的变量要下操作性定义，研究的有关条件也是如此。例如，如果要调查高中学生，那么什么叫高中学生？有必要先对此有个界定。高中学生的操作性定义也许可以这样下：即现在普通高中注册的还未毕业的学生。这里的高中学生的操作性定义是从确定的可观察或证实到的特征来下的。

【袁振国.教育研究方法［M］.北京：高等教育出版社，2000：25–26.】

（二）操作化选择

（1）概念化是对抽象概念的界定和详述；操作化则是特定研究程序的发展，并指向经验观察。操作化是概念化的延伸，它明确了用以测量变量属性的程序。

（2）操作化包含了一系列相互关联的选择：根据研究目的适当地明确变异的范围；决定如何精确地测量变量；说明相关的变量维度；清楚地界定变量的属性及其相互关系；决定合适的测量层次。

（3）研究者必须从四个信息量依次增加的测量层次中进行选择：定性测量、定序测量、定距测量和定比测量。何种层次最适合，取决于测量的目的。

（4）一个变量有时候可以在不同的层次上进行测量。在不能确定的时候，研究者最好选择最高层次的测量，这样他们能够获得最多的信息。比如，在深度访谈中，受访者说自己37岁，那你就记下“37”，而不是“30多”。

（5）概念化和操作化可以被视为详细说明变量及其属性的过程。每个变量都应该包含两个要素。首先，变量的属性要有完备性。一个变量要对研究产生效用，组成该变量的属性就应该涵盖所有能观察到的情况。如果将“学生”变量概念化时只将其属性分为“优秀学生”和“差学生”，就会遇到很多麻烦。麻烦的缘由在于，在你们研究的学生中，有的是良好的，有的是合格的。无论怎么做，都必须将所有的观察结果纳入其中。其次，变量的各个属性应具有“互斥性”。要能将观察结果纳入某个唯一的属性。举例来说，你应为“在读”和“毕业”给出明确的定义，这样才不会出现有人被同时归类到两种类别中的情况。

（6）有些你想要测量的变量没有单一的测量指标。许多概念有不同的解释方式，每一种解释都有多种可用指标。在这种情况下，就要对变量做多重观察。然后，将得到的多份资料结合在一起，建立一个“混合”测量。假设要对“大学表现”这个概念进行分析。大家知道，在学校里，有的人表现好，有的人表现不好。在进行研究时，我们或许会问，与表现良好相关的特征和经验是什么，许多研究者也这样问。我们该如何测量整体表现呢？每门功课的成绩是衡量表现的潜在指标，但是，如果只使用单科成绩作为评判标准的话，那么就很可能无法衡量学生的总体表现。解决的方法很简单：使用“平均成绩”，即将各科成绩加起来，再除以课程总数就得到一个混合测量（如果各科分数不一，可依其差别加以调整）。

（7）操作化始于研究的设计阶段，并贯穿于包括数据分析在内的研究设计的所有阶段。

【艾尔·巴比.社会研究方法［M］.邱泽奇，译.11版.北京：华夏出版社，2009：134，149.】

（三）三种具体方法

1. 条件描述法

条件描述法通常是通过陈述测量操作程序来界定一个概念，是对所解释对象的特征或可能产生的现象进行描述，对要达到某一结果的特定条件作出规定，指出用什么样的操作去引出什么样的状态，即规定某种条件，观察产生的结果。例如，要给“饥饿”下一个操作性定义，饥饿是一种自身感受，那么怎样才算饥饿了呢？心理学家用条件描述法给饥饿下了一个操作性定义：“饥饿”，指连续24小时没进食物的状态。这样，每个人都能对饥饿进行实际操作了。

2. 指标描述法

指标描述法通常是通过陈述测量操作标准来界定一个概念，是对所解释对象的测量手段、测量指标、判断标准作出规定。例如，“青少年”可以界定为“年龄在7岁以上，18岁以下的人”。

3. 行为描述法

行为描述法通常是通过陈述测量结果来界定一个概念，是对所解释对象的动作特征进行描述，对可观测的行为结果进行描述。例如，心理学家为了用饥饿的小白鼠做实验，给“饥饿”下了一个行为描述的操作性定义：指一分钟内压低杠杆 10 次以上而获取食物的小白鼠。只有达到这样行为频率的小白鼠才属于饥饿状态。

下操作性定义的基本要求是要提供观察或测量的标准，规定变量的操作程序，使抽象的概念成为可观察、可测量、可检验的项目。通常判断一个操作性定义是否具有较好的操作性，可将这个定义向第三者描述，如果他表示理解这个变量的含义，并知道该如何去操纵、测量，那么这个定义往往是个比较好的操作性定义。给变量下操作性定义要注意以下几点：

第一，对研究课题中重要的变量要下操作性定义，如研究假设中涉及的变量，在整个研究中起关键作用的新概念、新名词等。

第二，应根据研究目的、内容以及变量的性质来下操作性定义。操作性定义要与变量的原义相符，要与抽象性定义的内涵和外延相符。

第三，操作性定义的设计要具体、明确。所提示的测量或操作必须具有可行性，要使别人能理解操作内容和过程并能重复验证，要使被解释的事物成为看得到、摸得着，可以测量的项目。操作性定义的指标成分应分解到能直接观测为止。

第四，操作性定义在使用过程中应该是独特的，它是研究者为了研究需要而规定的特殊解释，并非是对变量的全面的、唯一的解释。例如，智力量表上测得的分数并非某个学生智力的全部，但在这项研究中，研究者就把这测得的分数看作该生智力的指标，用来代表该生的智力，这就是操作性定义的独特性。

在给变量下定义的实际过程中，抽象性定义可以涵盖研究变量所属的基本特征，解释范围较大，具有普遍性，但往往失之笼统，无法据此测量和操纵研究变量。操作性定义对变量的界定清楚明确，便于操纵和测量，但往往只能涉及变量的少数特征，具有明显的排他性，难以表达完整意义。比较理想的方式是先用抽象性定义描述变量的基本特征，然后再用操作性定义规定操作程序和测量指标。

【郑金洲，等.学校教育研究方法［M］.北京：教育科学出版社，2003：63-65.】

（四）名词的操作性定义的基本方法

①作出该词的概念性定义；②分析变量的内涵，找出概念的主要特征；③将变量的主要特征具体化为若干可操纵的要点，或用可观察、可测量的词语加以表达。这些要点应覆盖和反映变量的基本内涵；④将各要点按一定的逻辑顺序和语法规则进行文字修整，从而形成操作性定义。

【李方.现代教育研究方法［M］.广州：广东高等教育出版社，2004：48.】

能力训练

范例 4.1：

一些结果变量

一个课堂的开放程度，学生在某次考试之前所表现出来的焦虑程度，一个职位的申请者在面试中所表现出来的不安程度，师生关系的融洽度，学生的诚信观，学生的劳动观念，教师的教学道德困境，教师教研能力，高中生的学业竞争，硕士研究生的学业成就，选题过程。

范例4.2：

无关变量的客观性

1.研究者要比较视觉方法（影片）和听觉方法（录音带）教一个单元的数学/语文的教育效果。其中，学生的学习风格、教学时间等是无关变量。

2.比较“教育研究方法”课程教学中学生喜欢程度，要验证假设：由男性教师所教的学生会比由女性教师所教的学生更加喜欢这门课。其中，班级大小、学生性别、教师年龄、每天上课的时间、上课的天数、教师的民族等是无关变量。

范例4.3：

操作化选择

在你们大学里，哪些教师最受欢迎：是社会科学、自然科学还是人文科学的教师？你可以作的操作化选择有：

a. 如果你们学校要学生对教师进行评估，就可以回顾最近的一些结果，并获得有关三组教师的评估结果。

b. 逐一探访每个学科的入门课程教学，计算学生的出席数，并根据选课名单计算平均缺席率。

c. 在岁末12月时，每类学科选择一组教师，请他们记录那段期间学生寄来的卡片和礼物数量，看谁的更多。

【艾尔·巴比.社会研究方法［M］.邱泽奇，译.11版.北京：华夏出版社，2009：142.】

范例4.4：

若干操作定义

1. 学校区域限速是交通规则牌标明的，汽车在学校区域驾驶，每小时不得超过15千米。

2. 学习能力：在斯坦福—比奈（Stanford-Binet）智力量表IM表格中的分数。

3. 科研能力：衣阿华（IOWA）基本技能测试科学测量的分数。

4. 发散思维：砖的用途（Brick Uses）测试的分数。

5. 概念理解能力：要求准确理解5个概念的时间。

6. 竞争关系：两个以上的同伴，所处环境相似，大家都有相同的目标，但只允许其中一人达到目标，这时同伴之间的关系为竞争关系。

7. 智力：用《韦克斯勒儿童智力量表》（WISC-CR）测量所得的分数。

8. 自信心：学生对即将来临的期终考试可能获得分数的估计值。发散思维——对同一物体多种用途的设想能力，具体指标为在60秒内回答砖的不同用途达10项以上。

9. 阅读能力：用阅读测验表上中等难度的文章进行测验，要求阅读速度达到200字/分以上；辨别达到90%以上；理解达到80%以上；记忆达到70%以上。

10. 差生：在标准化成就测验中的分数低于个人智力所预测的成就分数一个标准误差的学生。

11. 旁观：注视别人的活动达2~3分钟，自己未参与。

12. 合作：对别人的活动给予支持，并直接参与活动，成为其中一员。

……

幼儿社会参与性活动类型操作定义：

1. 无所事事：幼儿未参与任何游戏活动或社会交往，只是随意观望任何可能引起兴趣的情景。如没有可观望的，便玩弄自己的身体，走来走去，跟从老师，或站在一边四处张望。

2. 旁观：幼儿基本上是观看别的孩子游戏。可能与那些孩子说几句话、问个问题，或提供某种建议，但不参与其游戏。始终站在离那些孩子较近的地方，故可听见他们说话，了解他们玩的情况。与无所事事幼儿的区别是，旁观幼儿对某一组（或几组）同伴的活动有固定的兴趣，不像前者对所有的组均无特别兴趣，一直处于游离状态。

3. 单独游戏：幼儿独自游戏，近处有其他幼儿在用不同玩具游戏，但幼儿不作任何努力设法接受他人或与别人说话，只专注于自己的活动，不受别人的影响。

4. 平行游戏：尽管有别的幼儿在旁边用同样的玩具游戏，幼儿仍独自玩，不想影响别人，也不受别人影响。因而，他们只是在旁边各自玩而不是一起玩。

5. 联合游戏：幼儿与其他孩子一起，分享玩具与设备，相互追随，有控制别人的企图，但并不强烈。幼儿们从事相似的活动，但无组织与分工，每人做自己想做的事，而不把兴趣首先放在小组活动上。

6. 合作游戏：幼儿在为某种目的而组织起来的小组里游戏，如用某种材料编制东西、竞赛、玩正式的游戏等。具有“我们”的概念，知道谁属于哪个组。有1~2个领头者左右着小组活动的方向，故要求角色分工，并相互帮助，支持这种分工角色的执行。

【①威廉·维尔斯曼.教育研究方法导论［M］.袁振国，译.北京：教育科学出版社，1997：46-47. ②李方.现代教育研究方法［M］.广州：广东高等教育出版社，2004：215.】

思考题

一、简述操作定义的种类。

二、变量的种类有哪些？

三、自变量的种类有哪些？

四、因变量的种类有哪些？

五、举例说明下操作定义的方法。

六、依据前面选择的教育研究课题，确定其中存在的变量，并选择2个变量给出不同类型的操作定义。

拓展阅读

［1］查尔斯.教育研究导论［M］.张莉莉，等，译.北京：中国轻工业出版社，2003.

［2］高尔，等.教育研究方法：实用指南［M］.屈书杰，等，译.5版.北京：北京大学出版社，2007.

［3］威廉·维尔斯曼.教育研究方法导论［M］.袁振国，译.北京：教育科学出版社，1997.

［4］瞿葆奎.教育学文集·教育研究方法［M］.北京：人民教育出版社，1988.

［5］孟庆茂.教育科学研究方法［M］.北京：国家开放大学出版社，2001.

［6］蓟运河.教育科研技能训练指导［M］.北京：中国林业出版社，2001.

［7］郑金洲，等.学校教育研究方法［M］.北京：教育科学出版社，2003.

［8］李方.现代教育研究方法［M］.广州：广东高等教育出版社，2004.

［9］袁振国. 教育研究方法［M］. 北京：高等教育出版社，2000：25.

自我反思建议

当确定了研究课题，也就确定了要研究哪一类人或者事物的问题，那么如何运用教育研究变量理论去研究这一类人或事物？要去明确抽象定义，要做综合分析，要去下操作定义。这样才有了操作或测量的理论依据。接下来，继续根据前面所确定的选题，进行变量及其操作定义的试验，来检查对变量技术掌握的情况。反思让你快乐成长。

第五章　如何作假设：陈述教育研究假设的技术

学习导航

假设是生活中常见的一个名词，几乎无处不在。“我要是你的话，这次包准拿第一！”教育研究假设是特殊的假设，是关于研究问题的可能答案的一种理论和/或逻辑推测。“要是早知道教育研究的伦理规范，怎么会为了学生好反而让他们受到了伤害？”可见，教育研究假设有着非常不一般的作用。本章将帮助你认识：教育研究假设的概念、种类，还有如何制订教育研究假设，以及陈述教育研究假设的原则等方面的内容。

学习目标

1. 熟记教育研究假设、归纳假设、方向性假设、解释性假设的内涵。
2. 理解教育研究假设在教育研究中的地位和作用。
3. 熟悉教育研究假设的制订原则。
4. 独立陈述一个教育研究课题的所有假设。
5. 熟读案例分析和思想资源，建构教育研究假设理论。
6. 独立完成案例和范例的分析。

第一节　认识教育研究假设

观点与原理

1. 假设是生活中常见的一个名词，指对一件事情发展的可能结果的一种预测。教育研究假设是特殊的假设，是关于教育研究变量和变量之间关系可能答案的一种理论和/或逻辑推测。它可以分为归纳假设与演绎假设、方向性假设与非方向性假设、描述性假设和解释性假设及预测性假设。有时候，教育研究会用到零假设（一译“虚无假设”），是用如“不相关”“没有影响”“不存在差异”等作结论的一种陈述不存在现象的假设。

2. 归纳假设是用归纳逻辑制定的教育研究假设，演绎假设是用演绎逻辑制定的教育研究假设；在一定参照物下，方向性假设是有明确指向的教育研究假设，反之则是非方向性假设；描述性假设是对变量进行的描述，解释性假设是对变量间关系进行的解释，预测性假设是对变量的变化结果的预测。

3. 使用教育研究假设的意义在于：教育研究假设是对主题的具体化，可以完善主题；教育研究假设是建立在研究目的的基础上，并与其相一致的；教育研究假设是由变量构成的，直接或隐含陈述变量之间的关系。教育研究假设来源于问题、变量，也可以对二者反哺；教育研究假设是教育研究设计、教育研究方法使用的指南。

4.使用教育研究假设既有益处也有弊端。教育研究假设对研究的益处是：①教育研究假设迫使我们更加深刻和更加具体地思考可能出现的研究结果；②陈述教育研究假设能够使得人们基于先前的证据或理论观点来对某种现象做出具体的预测；③陈述教育研究假设有助于我们了解我们是否在研究一种关系。教育研究假设可能带来的不利影响是：①可能会使研究者产生偏向；②在某些研究中这样做有时是不必要，甚至是不合适的；③有可能妨碍研究者关注其他可能对研究非常重要的现象。

典型案例解读

案例 5.1：

一个教育问题的几个教育研究假设

图 5–1　教师们的教育研究假设

案例分析

从案例的图 5–1 中和生活中，我们都理解，假设存在的普遍性。一旦你开始细细了解，你会发现很多学术范畴内看上去有点莫名其妙的词汇或称谓其实离我们一点都不远。就拿“研究假设”这个东西来说——研究假设离我们远吗？我们普通人如果不做学术就从来不会用到吗？其实恰恰相反，我们普通人问问题和给答案的时候也总是给出“假设”，我们甚至在日常聊天的时候都一直在给出假设。比如，我说："为什么我总头疼？"，你会说："你是不是咖啡喝多了？" 她会说："如果你保证每天21时之前休息就会好。"这段叙述中"你"和"她"的回答就是假设。

当我们发现问题的时候，常常会思考为什么会出现这个问题？这个问题会造成什么后果？如何解决这个问题？针对这些思考，我们通常会做出一些猜测，包括关于原因的猜测，关于后果的猜测，关于解决策略的猜测，关于解决方法的猜测或关于解决办法的猜测等。有时候，我们也会猜测，用哪个（些）理论可能非常必要且有用。这也就是说，案例展示的现象是普遍存在的，但是这种猜测是必要的吗？有什么作用？学术界认为，这种猜测是必要的，是教育研究的基本技术之一。其实这世界上所有对答案的探索过程都一定要经过"假设"这个过程，当我们给出的某个答案还未经证实，那不就是一种"假设"吗？只不过有很多时候这个假设的过程是隐性的、短暂的、无须被单独列出的或者不被人意识到的。在教育研究中，这种猜测被称为假设，一种对于某个问题答案的未经证实的猜测。当然，我们平常可能会把这种回答叫做"猜测"而不叫"假设"。

假设是假的设定、假的设计，是假的猜测。比如，假如我活500年，假如我坚定党的理想信念，假如我上课认真听讲，假如教师公平对待每一个学生等。既然是假的，这种猜测又有何用途呢？真的假是没有任何意义的，比如，假如我活500年，假如没有第二次世界大战，假如我当年多做一些练习卷，假如……但是，教育研究中的假设不是真的假，但是是有可能成真的假，也就是说，是基于真而设计的未成真，且有科学可能成真的假。所以，教育研究假设是有意义的，其意义在于陈述教育研究假设有很多优点：①教育研究假设迫使我们更加深刻和更加具体地思考可能出现的研究结果；②陈述教育研究假设能够使人们基于先前的证据或理论观点来对某种现象做出具体的预测；③陈述教育研究假设有助于我们了解我们是否在研究一种关系。辩证唯物主义指出，要辩证地、实事求是地看问题，一分为二地看问题，因此陈述教育研究假设也要预防常犯的错误：①可能会使研究者产生偏向；②在某些研究中这样做有时是不必要，甚至是不合适的；③有可能妨碍研究者关注其他可能对研究非常重要的现象。

结合教师的职业属性，案例也揭示出，根据形成逻辑，教育研究假设可以分为归纳教育研究假设和演绎教育研究假设；根据教育研究假设的确定性，教育研究假设可分为方向性与非方向性教育研究假设；根据教育研究假设的内容，教育研究假设还可以分为描述性教育研究假设和解释性教育研究假设及预测性教育研究假设。陈述教育研究假设，需要清清楚楚地分清什么是事实，什么是观念，什么是假设，什么是经证实的发现。

从教育研究假设的含义和作用来看，提出假设性问题，也可以是选题的来源。而且，能够对教育研究变量作进一步的分析、澄清，并为教育研究设计和实施奠定基础。

第二节　陈述教育研究假设

观点与原理

1. 陈述教育研究假设的基本原则有假定原则、科学原则、明确原则、可检验原则、系统性原则、多样性原则和有意义原则。详见案例分析。

2. 制定教育研究假设的方法有：①分类法，是通过对资料进行分类并分析而提出教育研究假设；②归纳法或演绎法，是把特殊情况提升为一般认识或把一般情况运用于特殊情况/否定已有的一般认识而提出教育研究假设；③移植法，是借用其他学科的新成果（理论、方法）而提出教育研究假设；④想象或直觉法，是利用少量典型事实，特别是通过对某些基本原理的研究，凭借想象或直觉而提出教育研究假设。

3. 假设可以引导证实——假设为真，也可以引导证伪——假设的关系从不存在。

典型案例解读

案例5.2：

若干教育研究假设

问题	假设
1. 对某市高中学科的等级及等级关系的调查	1. 化学和物理学科的平均等级高于生物和地理学科的平均等级； 2. 历史和其他社会学科的平均等级高于生物和物理学科的平均等级； 3.（高一年级的代数及更高年级的）高等数学的平均等级高于初等代数和应用数学的平均等级； 4. 英语课的得分等级与其他外国语课的得分等级之间存在正相关； 5. 代数的得分等级与化学的得分等级之间有正相关； 6. 随着高中规模的扩大，学科等级之间的相关程度也相应提高
2. 学业成就和智力两者有什么关系	智力和学业成就具有正相关； 智力和测验成绩的相关性不明显
3. 家庭教育与学业成就和学习动机是否有关系	家庭教育和学业成就及学习动机的关系是正相关
4. 小学生学习学业成绩是否因教师期望高低而有所不同	教师期望高的小学生，其学业成绩优于教师期望低的学生
5. 启发式教学法是否对培养学生创造思维能力有帮助	接受启发式教学法教学班级的学生，其在创造思考能力测验上的成绩，高于未接受启发式教学班级的学生
6. 儿童的学习能力是否随年龄而增加	1. 儿童的学习能力随年龄而逐渐增加； 2. 儿童的学习能力不受年龄的影响
7. 高中历史课的讲授式教学方法与讨论式教学方法比较研究。这个问题可以有4种选择	1. 讲授式教学方法的效果等于讨论式教学方法的效果； 2. 讲授式教学方法的效果不等于讨论式教学方法的效果； 3. 讲授式教学方法的效果优于讨论式教学方法的效果； 4. 讲授式教学方法的效果差于讨论式教学方法的效果

【①袁振国.教育研究方法［M］.高等教育出版社，2000：31. ②李方.现代教育研究方法［M］.广州：广东高等教育出版社，2004：69.③郑金洲，等.学校教育研究方法［M］.北京：教育科学出版社，2003：68.】

案例分析

案例展示了大量教育研究假设，它们的共同点——都是陈述句，指出了教育研究假设使用中的关键技术：陈述教育研究假设。如何陈述教育研究假设？进一步分析，案例中的教育研究假设的共同点还表现在：①它们都不是事实，是目前不存在或不知道的，是猜测，也和我们已知的假设含义吻合，也就是说陈述教育研究假设首先要遵守假定原则。②这些假设都使用了教育学术语，是按照一定的教育理论陈述的，就是说陈述教育研究假设要遵循科学原则。③这些假设都很明确，方向鲜明，变量明确，没有模棱两可，指出了陈述教育研究假设要遵循明确原则。比如，“上课感觉良好的学生心理更健康”就不是科学的教育研究假设，因为感觉良好有明显的主观性。④这些假设都指出了某种关系，其中的变量都是有科学工具测量的，说明陈述教育研究假设是可检验的，是能够找到或创造方法、工具且收集到足够的资料来判断其真伪的，无论假设正确与否。比如，“童年时父母更顺从的孩子高中表现更优秀”就是无法检验的，不是科学的教育研究假设。⑤这些假设，尤其是第一个问题的 6 个假设，内部是一致的，也就是说一个课题的所有假设必须具有系统性，即陈述教育研究假设要遵循系统性原则——主要问题、待答问题、子课题的假设必须保持方向一致，不能互相矛盾。⑥从教育研究假设的多样性出发，我们认为，陈述教育研究假设还要遵循多样性原则，即一个研究中，可以有归纳假设，也可以有演绎假设，可以有非方向性假设，也可以有解释性假设。⑦案例中的假设都不是凭空想象，都为增进教育认识提供了指引。所以，陈述教育研究假设要遵循有意义原则，即在同一问题的多个假设中，必须选取最有利于研究的假设。比如，第7个问题的4个假设中，后两个比前两个更有利于比较出两种方法的优劣。⑧这些假设都指出了一对且只有一对变量的关系，也就是陈述教育研究假设要遵循单义性原则，即一个假设中有且只有一对变量关系的陈述，比如，“好同学有利于A组学生的发展”不是科学假设，因为A组学生本身就是多变量的复合。

陈述教育研究假设有多种策略，实践中，还有一些技术值得研究者发展。我们赞成用它作为一种表述研究问题的策略。如果研究者已经在脑海里形成一个假设，那么，他就应该尽可能清晰地、简洁地将它陈述出来。并追问自己这三个问题：①我是否已经问了我想要研究的具体问题？②我的脑海里是否已经形成了一个假设？如果是的话，我是否已经将它表达出来了？③我打算要研究某种关系吗？如果要研究某种关系的话，我是否已经指出了我认为可能存在关系的变量？

案例中，“智力和测验成绩的相关性不明显”和“2.儿童的学习能力不受年龄的影响”是特殊的，特殊在它们就是上节所说的零假设。

思想资源

一、假设的必要性

假设在拟订和选择方法、并把它们改造成具体的研究方法中占有重要地位。

研究的假设在组织整个研究过程中起着指导作用，还预先决定着科学工作者探索行为的性质和方向。那么应对它的内容和形式提出一些什么要求呢？首先应该说，假设就是未来理论的雏形。所以研究者在提出假设时应该注意到科学理论的基本职能。既然谈的是要提出作为理论结构的假设，虽然它还应该用实验，或者通过群众性的、有组织的、能控制的试验去证实其真理性，但它已作为一种理论雏形，所以就应该履行研究对象范围内理论的相应的职能：描述的、解释的、预测的职能。假设在满足这些要求的同时，还要描述研究对象中应予以改造的结构成分。假设要解释研究对象的各个部分相互作用的机制，把这种相互作用看作统一的整个质的表现，这样研究者就有了对选定的那一部分现实进行实验改造的手段和方法；假设还要预测改造的最终结果，并以此为表述本质联系，即为表述规律创造条件。

假设是认识论范畴，在自然科学中提出的假设是作为对因果联系的一种有条件的推测，它正是以这种形式进入教育学的。教育学范围的问题虽然并没有断绝同自然科学的联系，但却是同社会的社会政治结构联系在一起的，所以教育学范围的问题有着非常多种多样的特点……教育学中的假设并非都是有因果结构的。在方法论、教育史和国外教育学问题的研究中，根据这个观念来提出假设是错误的。正是这类分明要失败的尝试导致上述问题的研究者得出了错误的结论，以为在这些研究中不需要假设。假设显然是需要的，因为它是卓有成效地开展研究过程的必要条件。但是在研究理论方面的问题时应该按完全不同的方式提出假设。在理论研究中，包括外国教育学问题的研究中，假设是研究过程的轴线，能使研究过程集中到证明或驳斥某种观念、观点体系上，集中到研究教育理论的原则上，等等。没有假设，科研工作可能就成为一个把现有的、来源十分分散的信息进行整理、系统化和具体化的过程。既不可能产生新的认识，也不可能增加理论，只能得到一些从前没有的信息。

对于这类情况在理论上是并不排除的，人们自然会作出似乎是合情合理的解释：都是过去的事，事情已经过去了，什么也不能改变，不可能用实验来检验学校和教育科学的发展还会有另一种情况，所以研究者的任务就是在具体的社会和政治背景下客观地反映过去的教养—教育体系所起的作用。我们认为，那样做仅仅实现了科学的描述职能和世界观职能，而没有履行这样的职能，例如，对现在的解释职能和对将来的预测职能。在我们看来，在教育史和国外问题的研究中，假设也应该对下列原因机制事先作出理论上的表述，例如，说明国民教育体系所起作用和教育科学的发展，解释在历史过程中得到证实的教育科学发展阶段的原因机制。表述这种假设性的、解释的和预测的机制，是科学探索的前半部分，这就是从不可分解的具体的、大量经验的历史的材料上升到抽象（形成全部方法论资料），从而得出概括的观念、观点、应证实的信念。后面的整个研究过程实际上是证明这个解释的和预测的机制模式的正确性，其办法是用从形形色色的文件、书籍和实物证据中吸取的历史事件和事实去代替机制中的概括的、假设的成分。

这种代替是认识全程中的后半部分；所以它是实现从抽象上升到思维—具体的方法。先是把某个国家过去对教学教育过程的性质、对教育体系的任务起统治作用的社会政治观点体系用到假设的理论观点上；然后再用教学理论和教育理论；下一步是用学科教学方法、教科书，最后，在这个结构的顶部应为教学教育过程的直接证据——学生作业、日记、书信、检查材料等找到一席地位。每次都要检查每一步所用的材料是否与最初假设的观点有矛盾，是否相容。如果假设是正确的，那么后面的每一步，作为前一步的必然后果，应该在研究者亲手和在他眼前形成的教育史理论中找到自己的位置，这就构成了对假设的真理性的证明。当然，我们在这里只是概括地反映了向思维—具体上升的层次。在这条路上可能会有各种偏差。在这个上升过程中，研究者常常在理解每一层实际材料的作用下修正最初的观点——假设，把它与历史时代，与国家的经济、政治和社会结构作比较，使它不违背历史的真实。

【沃罗比约夫.教育学的研究方法问题［C］.诸惠芳，译.//瞿葆奎.教育学文集·教育研究方法［M］.北京：人民教育出版社，1988：355-357.】

二、教育研究假设的种类

（一）假设的种类和形式

克林格指出，从广义上讲，研究者使用的假设有两种：实质性假设和统计假设。实质性假设也叫作研究假设，比如“在小学随着严厉惩罚的方法的增加，学生的成绩将下降。”在科学教育研究中，则可以有这样的假设：“做实验的教学比起局限于讲课、讨论以及解决理论问题的教学方法来，更能促进学生理解科学的过程”。

统计假设属于统计学的术语，在技术性方面，它是推断性统计，是关于总体测量研究中一个或多个参数的描述。统计假设常采用定量的术语，例如，“运用方法A和方法B教得的3年级学生的平均阅读成绩无明显差异”。

上述统计假设是用零形式（null form）陈述的假设的一个例子，即假设平均分数没有差异。零假设有时被视为无差异或无关系的假设。从技术上说，如果统计假设用推断统计检验，接受检验的假设便是零假设。

对任何统计假设，都有一个选择性假设，它表示存在的可能结果。对阅读成绩的例子用选择假设表示就是：“运用方法A教得的3年级学生的平均阅读成绩与运用方法B教得的不相等。”应说明的是，在这个例子中，无论两种方法的结果相等还是不相等，零假设和选择假设包括了两种方法可能出现的所有结果……

假设还可区分为定向假设和非定向假设，前者示意结果有一定趋向，因此，没有示意结果趋向的是后者，正式的假设通常是定向的，因为它们表示结果的预期定向。

假定有位教师在试用新的技术教3年级学生拼写，他假设：采用新技术教3年级学生，他们的拼写成绩优于用传统方法教的学生，更具体地说，假设应是：采用新方法教3年级学生，他们的ABC拼写测验的平均分超过用传统方法教的学生。选择假设是：接受新方法教学的3年级学生，ABC拼写测验的成绩低于或等于接受传统教学方法的学生。

原假设是一个定向假设，因为它预示了结果的方向：接受新方法教学的学生成绩更好。选择假设包含了零假设。

假设的陈述是采用定向的形式还是采用非定向的形式？采用不同形式会产生差别吗？这应由期望的结果来确定。如果研究领域的文献表明我们能期望一个差异或一个有方向的结果，那么应采用定向假设；如果研究文献不能表明令人信服的证据有方向性，或者正在进行的是一个探讨性的研究，则应采用非定向假设。因为在推断统计学中强调零假设，教育研究和一般的行为科学研究，可能多采用非定向假设而少用定向假设。

与定性研究相比，定量研究更多地应用有关假设的这些陈述。在定量研究中，假设的确定一般在研究之初，资料收集之前，和问题修改变动不大的情况之下。另一方面，定性研究的假设，大多产生于研究进行的过程当中。在研究之初，或许没有尝试性的或一般性的假设。但当资料被收集和分析时，从事定性研究者希望增加、减少、修改和精炼假设。定性研究的假设纯属推测，但不论它们是定向的还是零假设，关系不大。他们的表述适合研究中的现象背景。

预言通常与实地研究有关，是对假设的补充，是对处在进行状态的研究的陈述。考虑一下前面所给的研究问题的陈述：“对正常的和学习能力丧失的学生的学校环境进行实地研究，以确定有关的潜在的辍学因素。”与这个陈述相关的预言的问题是：

①在教学中，正常的学生与学习能力丧失的学生之间的相互影响；

②教师的角色促进学生的学习；

③学生的社会系统；

④学生在学术科目中获得成功的机会。

要指出的是，预言的问题不是具体的期望的结果。实际上，它帮助研究者考察正在进行的研究确定因素。

【袁振国.教育研究方法［M］.北京：高等教育出版社，2000：28-30.】

（二）假设的类型

从不同的角度可对假设作不同的分类。

按假设中变量关系变化的方向可分为以下三类。

①条件式。假设两个变量之间有条件关系。即如果A成立，则B也成立（即if A，then B）这是假设的典型模式，在表述上采用“如果……，那么……”的句型。例如，如果摩擦，则产生热；如果铜被加热，那么它就会膨胀；如果教师采用言语强化的方式来教学，那么学生的课堂行为就会改变。

②差异式。假设两个变量之间在程度上存在差异关系。如，可假设$A=B$，也可假设$A\neq B$；可假设$A>B$，也可假设$A<B$。

③函数式。假设两个变量之间存在因果共变关系，并且用数学形式表达。如果X表示原因，Y表示结果，那么函数公式就是$Y=f(X)$，表示“Y随X的变化而变化”的函数关系。即，如果“X”是这个值，那么“Y”是那个值。例如：男孩的侵犯性行为是女孩侵犯性行为的二倍。

在教育研究实际操作过程中，通常按假设的性质来分类，也可分为三类：

①特定假设是推测特定对象之间关系的假设，指向个别的，具体的，特定的事例。如，在思维能力上，甲班学生比乙班学生推理能力强。

②一般假设是推测一般种类之间关系的假设，指向普遍的、抽象的、可推广的事例。如，在思维能力上，男生比女生的推理能力强。

③虚无假设（null hypothesis）是推测某种不存在的、无倾向的关系的假设，指向中性的、无差异的、无区别的事例。这种假设实际上就是统计学上的零假设。虚无假设在表述上大多采用某变量与某变量之间“无差异”“无相关”“无影响”等形式来陈述变量之间的关系。如，在推理能力上，男生与女生无差异。学生的学业成就与自我概念无关。

虚无假设的本意是想通过事实的检验来否定自己，否定了虚无假设，结果的倾向性也就明显地显现出来了。虚无假设虽然比较特定假设和一般假设难以理解，但是为了避免研究过程中主观偏向的先入为主，为了易于提出假设，便于统计检验，现在许多研究者开始乐意采用虚无假设。

【郑金洲，等.学校教育研究方法［M］.北京：教育科学出版社，2003：67-70.】

三、教育研究假设的要求

其一，研究假说……要经过进一步的推理检验和实践检验。推理检验即是从假说的基本观念出发，引申出关于某些事实的结论。这样就可以用同类事实进行验证，看这些事实是不是能够被研究假说解释清楚。如果它的解释能力较强，这种假说就可以成立。实践检验即通过研究过程来进行验证，可以成立的研究假说，并不等于就是得到证实的科学真理。因为任何推理检验都是一种回溯性推理，其结论仍然具有一定的或然性。这也是科学研究之所以必要和重要的原因所在。

其二，研究假说的陈述不只是一个文字上的功夫，它在符合语言学、修辞学规范的前提下，还应该具备科学语言的特色和科学、美学的思想。科学语言的本质特征可以概括为简明、准确、中肯、通达。以研究假说的界定为例，一定要轮廓清晰、边界分明、界说准确。研究假说还要求能在符合科学语言的特定规范的前提下，适当渗透一种审美观和美学内蕴，从而使研究假说的陈述，既富有美学内蕴，又具有美学形式。以能使人赏心悦目、陶冶情感，达到真与美的高度统一。

【喻立森.教育科学研究通论［M］.福州：福建教育出版社，2001：165–168.】

其三，研究假设要以叙述的方式说明两个或更多变量之间可期待的关系。概念要简单，表述要清晰、简明、准确，条理分明，结构完美，假设命题的本身在逻辑上是无矛盾的，必须采用陈述句加以表述。

【陈向明.教育研究方法［M］.北京：教育科学出版社，2013：32.】

四、教育研究假设的完善

（一）假设的检验

假设检验包括逻辑分析和实验检验。逻辑分析主要用逻辑论证和反驳的方法。实验检验可分为直接检验和间接检验。直接检验是直接用观察、实验的方法验证假设的内容。直接检验的结果比较有说服力。在自然科学研究中直接检验的情形很多。例如，当打开开关，灯不亮，可有几种假设：①停电；②插座接触不良；③保险丝烧断了；④灯泡烧坏了。这些假设的每一种都是可以直接检验的。在教育研究中，有些假设所涉及的范围较为狭窄，其中的变量具有清楚的操作性定义，特殊性较高，易于加以测量或操纵，这些假设容易加以直接验证。一般研究中经过收集资料所直接验证的假设，大都是这一类假设。

然而，有些假设涉及的范围较广，其中的变量并不直接具有操作性定义，所以此类假设不易直接加以验证，而只能以间接的方式加以验证。做法是：先从原来的一般性假设中导出一个或几个特殊性的假设，然后分别加以直接验证。如果导出的特殊性假设都能得到证实，那么便可以反证最初的一般性假设是真的，否则，便可反证最初的一般性假设是假的。

例如，一般性的假设是："学习效率是动机强度的函数"（注：双变量的函数关系是确定性关系，即自变量x是唯一影响因变量y的因素）。

从这一范围较广的假设中，可以导出几个范围较小的特殊性假设，如：

"中学生的学业成绩是其成就动机的函数。"

"工人学习新技术的效率是其工作动机的函数。"

这些导出的假设，其中的变量都比较容易给予操作定义，因而可以直接加以验证。如果验证的结果大都是支持性的，那么最初的一般性假设便获得支持；如果验证结果大都是否定性的，那么最初的假设便受到否定。这就是间接检验一般性假说的基本过程。

有人认为，在教育实验研究或教育调查研究中，如果研究结果不能检验预先提出的研究假设，就意味着这个研究是失败的。这种认识是错误的。……任何一种假设都存在着两种可能性，即可能被证实（假设成立），也可能不被证实（假设不成立），但无论哪一种结果，只要研究过程和方法是科学的，研究资料是有效的、客观的，研究结果是可靠的并能正确地、清晰地回答了预先提出的研究问题，即使研究假设不成立，也是一个成功的教育研究。例如，上述研究问题：学生的学习动机是否和学生学习成绩有关？研究结果可能"是"——研究假设成立，也可能"否"——研究假设不成立。但无论是或否，都是研究问题要寻找的答案，把研究问题搞清楚了，研究目的就达到了，因而无论研究假设是否成立，都应该是成功的研究。

【李方.现代教育研究方法［M］.广州：广东高等教育出版社，2004：70–71.】

（二）假设的完善化

伯格讨论了检验定性假设的技巧，即“负面案例检验”。首先，在草根理论的传统中，开始时就得检验可能服从于某一一般假设的资料。譬如说你们想检验一个新社区集会的领导形态，你们采取的办法是检验会议记录，看看谁可以一提出提案马上就获得通过。结果，你们的初步检验指出，越富有的人越容易成为这种领导者。第二，试图从资料中找出与初始假设相矛盾的案例。就上述例子而言，你们可以寻找提案获得通过的穷人以及提案未获得通过的富人。第三，你们必须再考察这些矛盾的案例，然后①决定放弃初始假设，或是②看看如何修改假设。

假设在矛盾案例的分析中，你们注意到每一个并不富有的领导者都具有高学历——有硕士学位；而无法成为领导者的富人则只具有一般的教育程度。那么，你们便可以修改假设，将教育及财富视为成为社团领导者的两项条件。也许，你们又发现一些成为领导者的途径（白领工作/收入以及大学学历）——除此之外，那些最有钱以及/或者教育程度最高的人，都是最活跃的领导者。这种过程就是葛拉瑟及斯特劳斯所谓的分析归纳法。由于它一开始便进行观察，所以具有归纳的性质。再者，因为它不仅描述，而且试图找出模式以及变量间的关系，因此它具有分析的性质。

当然，就像其他方法一样，这种分析方法中也存在危险性。最主要的危险就是你们可能将观察结果分错类别，以至于产生了意外的假设。例如，你们可以错误地认为没有大学学历就不能成为领导者，或认为工厂领班也算是白领阶层等。

伯格提出了避免这些错误的技巧：

①如果有足够的案例，那么你们应该从每种类别中随机地进行选择——以免只挑选那些最支持假设的案例。

②对于你们提出的每一种主张，至少举出三个案例。

③让非研究者来仔细地检查你们的分析说明，看看他们是否同意。

④报告所有与你们的研究发现相矛盾的案例——只要它不符合你们的假设。

总而言之，你们必须了解，只有极少数的社会模式是百分之百一致的，所以你们可能会发现某件重要的事项，尽管它并不符合现有的各种社会生活。无论如何，在这方面你们应该诚实面对你们的读者。

【艾尔·巴比.社会研究方法［M］.邱泽奇，译.11版.北京：华夏出版社，2009：326-327.】

能力训练

范例5.1：

与问题陈述有关的假设

研究问题的陈述可以有一个或多个（通常有多个）假设与之相联系。假设是在研究问题的陈述中形成的，并且应该直接来自它。下面的每个例子提供了一个关于研究问题的陈述、假设和操作定义或有关变量和条件的操作定义的范例。

第一，问题的陈述：

对某市高中学科的等级及等级关系的调查。

假设：

①化学和物理学科的平均等级高于生物和地理学科的平均等级。

②历史和其他社会学科的平均等级高于生物和物理学科的平均等级。

③（高一年级的代数及更高年级的）高等数学的平均等级高于初等代数和应用数学的平均等级。

④英语课的得分等级与其他外国语课的得分等级之间存在正相关。

⑤代数的得分等级与化学的得分等级之间有正相关。

⑥随着高中规模的扩大，学科等级之间的相关程度也相应提高。

第二，问题的陈述：

在学校C中，研究两种阅读方案（A和B）对3年级学生阅读成绩的影响。

假设：

①对不同阅读成绩的学生，用方案A教学阅读成绩的平均增加分数与用方案B教学的平均增加分数之间没有差异。

②按照原有的阅读成绩，对那些得分在后30%的学生用方案A来教，其平均增分大于用方案B来教的平均增分。

③按照原有的阅读成绩，对那些得分在前30%的学生用方案A来教，其平均增分大于用方案B来教的平均增分。

④根据原有的阅读成绩，对那些得分在中间40%的学生采用方案A与采用方案B来教，其平均增分没有差别。

第三，问题的陈述：

在A学校进行的一项关于实验教学在初中学生的理科课程教学中的作用的实地研究。

预言的问题：

① 实验中学生之间的相互影响。

②实验中学生与教师之间的相互影响。

③学生和教师的实验准备。

④实验与科学教育的其他方面的关系。

假设：

①实验的功用在于使学生参与合作活动。

②学术能力强的学生将垄断实验的操作。

【袁振国.教育研究方法［M］.北京：高等教育出版社，2000：31-34.】

范例5.2：

假设的陈述

一、课题：使用读书疗法来改善自我期望值低的中学生对于学校的态度

· 待答问题：读书疗法可以用来 改善自我期望值低的学生对学校的态度吗？

· 子问题：

1. 用何种方式使用读书疗法，以帮助学生应付日常生活中的问题？

2. 读书疗法的正面和负面效果分别是什么？

3. 对于低自我期望值的学生而言，什么样的书可以起到读书疗法的治疗作用？

· 倾向性研究假设：自我期望值低的学生参加了读书疗法计划，他们对学校的态度就会得到改善。

· 非倾向性研究假设：参与读书疗法计划的低自我期望值的学生，他们对于学校的态度会发生转变。

二、课题：分担家务与五年级学生在校责任感的关系

· 待答问题：家务与在校责任感之间是否存在必然联系？

· 子问题：

1. 如何对分担家务与不分担家务的学生进行分类？

2. 学生在校的责任感指什么？

3. 如何评价责任感？

4. 为什么二者之间存在/不存在关联？

· 倾向性研究假设：分担家务的五年级学生的在校责任感强。

· 非倾向性研究假设：不分担家务的五年级学生的在校责任感弱。

范例 5.3：

零假设与选择假设

1. 能力强的学生数学成绩等于能力一般的学生，或在能力一般和能力强的学生间，数学成绩没有区别。

1a. 能力强的学生的数学成绩不等于能力一般的学生成绩。

2. 一年级女生的阅读水平与男生的阅读水平相同。

2a. 一年级女生的阅读水平不等于男生的阅读水平。

3. 采用归纳提问教学的成绩超过采用非归纳提问教学的成绩。

3a. 采用归纳提问教学的成绩低于或等于采用非归纳提问教学的成绩。

4. 初中阶段学生的学习态度分数与社会协调指标分数存在负相关。

4a. 初中阶段学生的学习态度分数与社会协调指标分数无关。

5. 参加方案A练习的 18 ~ 20 岁男生取得的XY运动行为测试分数，会高于参加方案B练习的18 ~ 20岁的男生分数。

5a. 参加方案A练习的18 ~ 20岁男生取得的XY运动行为测试分数，低于或等于参加方案B练习的18 ~ 20岁的男生分数。

其中 1、2 两个假设是零假设，且这些假设和它们的选择假设是非定向假设。3、4、5 这3个假设是定向假设，且每个假设的零假设都包含在选择假设之中。

【袁振国.教育研究方法［M］.北京：高等教育出版社，2000：29.】

思考题

一、分析教育研究假设与课题、变量的关系。

二、论述制定教育研究假设的方法。

三、比较不同类型的教育研究假设。

四、举例说明陈述教育研究假设的原则。

五、陈述下列问题的假设：

1. 为什么我们毕业班的学生的考试分数下降了？

2. 学生的求知欲程度对学生完成作业的成功概率的影响。

3. 教师的反馈经验与教师对儿童的态度表现之间的关系研究。

4. 父母职业与科学有关者的子女是否比父母职业与科学无关者的子女在高中更加可能选读科学课程？

5. 独生子女是否比非独生子女的性格更加软弱？

六、依据前面选择的教育研究课题和教育研究变量，陈述尽可能多的假设。

拓展阅读

[1] 艾尔·巴比.社会研究方法[M].邱泽奇，译.11版.北京：华夏出版社，2009.

[2] 威廉·维尔斯曼.教育研究方法导论[M].袁振国，译.北京：教育科学出版社，1997.

[3] 弗林克尔·瓦伦.教育研究的设计与评估[M].蔡永红等，译.北京：华夏出版社，2004.

[4] 瞿葆奎.教育学文集·教育研究方法[M].北京：人民教育出版社，1988.

[5] 孟庆茂.教育科学研究方法[M].北京：国家开放大学出版社，2001.

[6] 马云鹏.教育科学研究方法[M].长春：东北师范大学出版社，2001.

[7] 喻立森.教育科学研究通论[M].福州：福建教育出版社，2001.

[8] 郑金洲，等.学校教育研究方法[M].北京：教育科学出版社，2003.

[9] 李方.现代教育研究方法[M].广州：广东高等教育出版社，2004.

[10] 陈向明.教育研究方法[M].北京：教育科学出版社，2013.

[11] 周曦.关于课题研究中“研究假设”之探索与思考[J].大视野，2019（6）：4.

自我反思建议

“敢上九天揽月，敢下五洋捉鳖。”“神舟”“天宫一号”和“蛟龙号”实现了那个伟大梦想。当年，那只是一个假设，但是，那是一个科学的假设。请你也作一个教育研究假设，努力去实现它。请首先思考实现它要采用的路径：教育研究假设是什么？怎么用？它和选题、教育研究变量以及教育研究方法有何关系？这样实现的道路会更畅通。

第六章　如何撰写文献综述：作文献综述的技术

学习导航

我们都知道，“站在巨人的肩膀上”，才能看得远、看得广。如何发现、找到“巨人”所在的方向和道路？如何登上“巨人的肩膀”？答案是撰写文献综述。文献综述，就是研究者对与其问题或课题相关的文献进行检索、收集、阅读、记录、分析和评价所形成的报告。它以对文献的深入阅读、辨别、选择、分类和归纳、推断为前提，是教育研究计划的主要内容。文献综述还可以如显微镜：使研究者“看到”相关问题和理论的更核心层，把握根本矛盾，以便从根本上解决问题。“巨人的肩膀”和“显微镜”，你值得拥有。

学习目标

1. 熟记文献、文献综述、顺查法、逆查法、追溯法、综合法、内审法、外审法等的含义。

2. 掌握阅读文献的原则。

3. 理解整理、分析文献的基本技术、方法。

4. 熟悉文献综述的结构和基本形式。

5. 独立撰写一篇内容简单的文献综述。

6. 熟读案例分析和思想资源，建构撰写文献综述的理论。

7. 独立完成案例和范例的分析。

第一节　文献的认识

观点与原理

1. 广义上，文献指记录有关知识的一切载体，它有多种类型的构成。根据文献的作者与其的关系，可分为一手文献和二手文献；根据内容，也可以分为事实性文献、工具性文献、理论性文献、政策性文献、经验性文献；根据存在形态，还可以分为口述文献、纸质文献、电子文献和实物文献；根据公开性，可分为正式文献和非正式文献。文献综述的文献，是指公开发行的出版物，包括一手文献、二手文献，或者普通文献、主要文献和次要文献，或者纸质文献、电子文献。

2. 一手文献，也被称为一次文献，是指由实际从事工作的人所撰写的出版物，而出版物所探讨的就是他（他们）所进行的工作；二手文献，也被称为二次文献，是作者对其他人所作的研究进行评论所形成的出版物；普通文献由索引（也被称为零次文献）、摘要构成；主要文献指期刊和专著，多数是一手文献；次要文献由教材、教育百科全书、教育研究回顾和教育年鉴构成，通常是二手文献；纸质文献以纸张为载体，电子文献以电子设备为载体。

3. 作文献综述就要做好文献查阅、记录、分析和评价。

4. 文献检索，一般使用普通文献、主要文献和次要文献，结合手工检索与计算机检索来完成。

5. 手工检索的步骤是：①尽可能准确地定义研究问题；②参考有关的次要文献；③选择并仔细阅读一种或两种合适的主要参考文献；④列出与感兴趣的问题有关的检索词（关键词或短语，也被称为叙词；它可以是一个，也可以是多个）；⑤在普通文献中寻找有关的主要文献。

6. 检索既要熟悉手工检索，又要掌握信息设备检索的技术、技巧。特别是，需要注意文献检索过程中检索词的“放大”与“缩小”。

7. 检索文献的基本方法有三种：常用法（顺查法、逆查法、抽查法），追溯法、综合法。常用法是按照时间标准检索的方法，包括顺查法、逆查法、抽查法。顺查法是确定检索的文献的时间范围后，由远至近检索，以收集最新研究成果；逆查法是由近及远检索，找到想要的——通常是第一个——文献为止；抽查法是使用目的抽样，检索特定时间范围内的文献。追溯法，也被称为跟踪法、引文查找法，是检索已有文献的参考文献中的文献的方法，往往能够找到该领域的最权威学者。综合法，也被称为循环法，就是综合——循环或交替——使用常用法和追溯法。

8. 鉴别文献真伪的方法主要有外审法——根据文献本身的误差控制度鉴定；内审法——根据文献的内容鉴定。

9. 文献阅读通常由浏览到通读再到精读，遵循计划性原则、顺序性原则、批判性原则、同时性原则。详见案例分析。

10. 检索是为了阅读，综述基于记录和总结。记录文献的主要方式是制作“卡片”：索引卡、摘录卡、摘要卡、心得卡等。卡片上必须包括文献的作者的全部信息、名称、出版/发行机构及其所在地、出版/发行时间、页码。报刊通常不要机构及其所在地，会议论文需要记录全部会议信息。

典型案例解读

案例 6.1：

较详细的文摘卡

题目：《提高小学教师素质，促进学生思维品质发展》

作者：汪惠萱　尹丽君

书刊名称：《心理发展与教育》1998年，第1期，第57~61页。

研究问题：

1. 探讨教师教育科研能力的提高对教师自身素质发展的作用。
2. 探讨教师素质的提高与学生思维能力发展的关系。
3. 考察学生思维能力与学生学习成绩的关系。

研究对象：

被试选自中关村第二小学教师19名，其中实验教师10名，对比教师9名；实验学科为数学、语文；实验年级为1~5年级，实验班学生451人，对比班学生464人。

研究方法：

采用实验法。实验测查工具有《教师课堂教学能力量表》《学生思维品质测验量表》。另外，教师科研论文数、获奖情况、学生成绩等作为参照；主要实验举措是，实验教师接受发展心理学教育，接受实验方法方面的培训，并参与该实验研究的整个过程，而对比班教师未接受这些措施。

研究结果：

1. 实验教师课堂教学能力显著提高，其变化速度快慢依次为认知能力、操作能力、监控能力。

2. 实验教师的实验操作能力提高，获奖数量增加。

3. 实验班学生各项思维品质，与对比班相比提高显著。

4. 实验班的学生成绩与对比班有显著差异。

研究结论：

1. 教师参加教育科学研究是提高教师素质的有效途径和方法。

2. 教师参加教育科学研究能促进教师教学能力的提高。

3. 教师课堂能力的提高促进了小学生思维能力的发展，提高了学生的学习能力。

4. 小学生思维深刻性的发展，不同年龄发展速度不同，一年级最慢，四年级最快，三年级中等。

【陆有铨，马和民.走向研究型教师之路——教育研究方法与应用［M］.杭州：浙江电子音像出版社，2002：83.】

案例分析

这是一个摘要卡，记录了文献的全部信息，还有对内容进行的处理。如何制作文献摘要卡？记录文献还需要其他卡吗？制作摘要卡首先需要通过检索查阅文献。因为查阅文献不仅是每一项教育研究的基本工作，而且查阅和整理文献的能力是每一名研究者必须具备的能力，具有重要的研究意义。①查阅文献可以使研究者明确在该研究领域中前人做了哪些工作，还留下了哪些问题有待研究，有利于研究者确定研究课题以及提出假设；②前人的研究会为当前的研究提供有用的研究思路和方法；③前人的研究能够为当前研究可能遇到的问题提供启示；④前人的研究成果可以成为当前研究成果的参照；⑤长期的文献积累不仅可以使研究者熟悉了解相应的研究领域，而且还会使他们对相关领域中的研究进展保持敏锐的洞察力。检索文献需要处理好“循规蹈矩”与“叛逆跳脱”的关系，要讲究方法，比如常用法、追溯法和综合法；还需要掌握技术，比如手工检索技术和文献数据库使用技术，以及检索词“放大或缩小技术”，比如，检索到的文献很少，将原定的“小学教师素质”替换为“教师素质”，和/或将“促进学生发展”替换为“影响学生发展”；反之就是“缩小”。

检索文献的目的在于研究文献，研究文献就要对文献进行阅读、记录。

1. 阅读

一般来说，阅读文献，首先是浏览，然后再通读（与自己的研究联系），最后再精读（重点阅读），读思结合，深刻理解。具体地，阅读文献需要遵循以下原则。①计划性原则：

（一）研究现状

1. 以城市化发展为背景的教育研究

目前，我国已有一些学者从城市化的视角对教育问题进行了研究。笔者以“城市化”和“教育”为关键词在中国知识资源总库进行检索，搜索到硕士论文1篇，是由浙江大学经济学专业许尤佳所做的《城市化进程中的教育供需结构调整研究》一文。这篇硕士论文是从教育与劳动力市场的关系入手，根据对浙江省部分城市的调查分析城市教育供需矛盾，提出结构调整策略。

以城市化为背景对教育进行研究的论文共计90篇，其中地区经验介绍型文章23篇，理论研究型文章67篇。这67篇理论研究型文章在研究方法和研究内容上主要呈现以下几个方面的取向：

第一，对农村转移劳动力的针对性研究和涵盖性研究（表6-2）。根据统计可以看出，在已有的城市化背景下的农村转移劳动力教育与培训研究中，大部分是把农村转移劳动力涵盖在农民群体或涵盖在社会成员群体之中，通过对各类群体的教育与培训研究间接性地对农村转移劳动力的教育与培训进行研究。比如，李松林在《人口城市化过程中的教育问题研究》一文中就……崔民初、范先佐在《我国城市化进程中的教育问题及对策研究》一文中首先从……只有少部分的文章是针对农村转移人群进行的研究，比如，王小红在《农村转移人员城市化的教育策略研究》一文中就……其他几篇直接针对农村转移劳动力教育与培训的研究则都是围绕其城市化进程中的思想观念现状与冲突，而进行的思想政治教育方面的文章。比如，胡艳辉《论城市化进程中农民工的“三德”教育》一文中就……

表6-2　城市化背景下的教育研究统计概况（一）

研究类型	教育	农民教育	农村教育	职业教育	成人教育	社区教育
针对性研究（39%）	1	7	1	1	1	0
涵盖性研究（61%）	7	4	3	3	1	2
合计（100%）	8	11	4	4	2	0

第二，多元教育类型的研究和单一教育类型的研究（表6-2）。在对城市化发展中农村转移劳动力的教育研究中，有些学者从促进农村劳动力转移的目的出发，从多种教育类型对农村劳动力转移进行研究。厉以贤的文章《农村城市化与教育》主要从义务教育、基础教育和社区教育三种教育类型方面提出了实现农民市民化的教育策略。李桂娥在《发展农村教育加速城市化进程》中主要从加强农村基础教育，实行免费的义务教育，以及加强农村职业技术教育与培训方面几个方面提出了促进农村劳动力转移的解决办法。有些学者仅从某一教育类型比如职业教育、成人教育或社区教育的角度对农村转移劳动力的教育与培训进行研究。崔民初在《我国城市化进程中的职业教育问题及对策研究》一文中……蒋乃平在《城市化进程与职业教育发展新机遇》一文中就……还有学者从成人教育的角度对农村转移劳动力的教育与培训进行了研究，比如李慧玲在《城市化与成人教育关系浅析》一文中……还有学者从社区教育的角度对农村转移劳动力的教育与培训进行分析，比如，梁峰《城市化过程中的农村社区教育初探》一文中从……

第三，城市化与农村转移劳动力教育与培训二者之间的关系型研究和问题型研究（图 6–1）。城市化发展与农村转移劳动力教育与培训之间的关系研究分为两种：一种是城市化发展对教育的影响，即教育系统外对内的作用。另一种是教育对城市化发展的影响，即教育系统内对外的作用。一些学者按照城市化发展对农村转移劳动力教育的影响的线索，对其教育与培训进行的研究。比如，赖德胜，郑勤华：《当代中国的城市化与教育发展》在对……在张学齐《农村城市化与农民的思想政治教育》一文中作者……也有学者从教育对城市化发展的作用这一角度对问题进行的研究。比如孙维胜、滕越在《城市化进程与教育结构调整》一文中就……张研《城市化发展与教育》一文中也……在问题型研究方面，许多学者都是从现有教育与培训领域中存在的问题入手，根据对问题内容的呈现和原因的分析，提出促进农村剩余劳动力城市转移的教育策略，比如李松林《人口城市化过程中的教育问题研究》一文和崔民初，范先佐《我国城市化进程中的教育问题及对策研究》就是从城市发展中教育规模、形式、内容等方面的不适应着眼进行的研究。

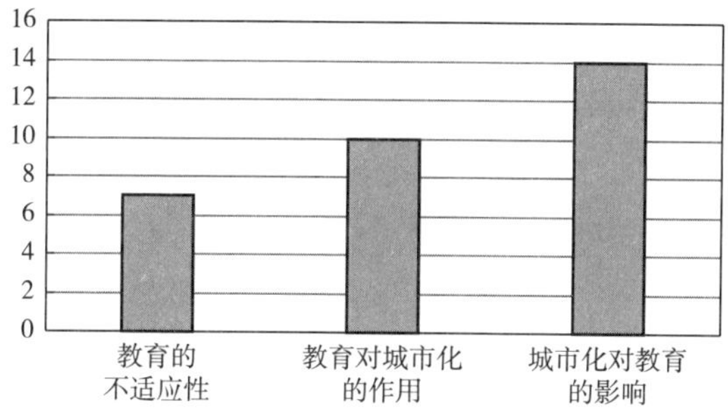

图 6–1　城市化背景下的教育研究统计概况（二）

2. 针对农村转移劳动力教育与培训进行的研究

随着城市中农村转移人口的比重逐年增多，农村转移劳动力的教育与培训问题已经受到部分学者的关注。笔者以“农村劳动力”“教育”“培训”为搜索关键词，在中国知识资源总库搜索到的此类相关研究的博士论文仅有 1 篇，硕士论文 17 篇，学术期刊上发表的论文 160 余篇。

第一，关于农村劳动力转移的教育与培训内容的博士论文是西北大学政治经济学专业韩秀华所写的《中国二元教育下的农村劳动力转移问题研究》，这篇论文主要是从教育对农村劳动力转移的影响的视角对问题进行的研究，而且对教育的研究主要围绕教育人力资本投资和人力资本投资的代际传递的不平衡性方面来进行。作者认为我国教育人力资本投资以及人力资本投资代际传递的不平衡导致劳动力异质性的产生，而劳动力的异质性是造成劳动力市场分割的一个非常重要的非制度因素，城乡劳动力市场的分割阻碍了农村劳动力的转移。

第二，关于农村劳动力转移的教育与培训的硕士论文共 17 篇，这十几篇论文主要以两种方式对农村转移劳动力的教育与培训进行研究（表 6–3）。其一，理论研究的方式。以理论研究的方式对农村转移劳动力教育与培训问题进行分析的硕士论文共有 11 篇，其中有 5 篇文章（……）主要从……有 3 篇论文（……）主要……湖南农业大学李苏英种植专业《农村劳动力素质教育问题研究》主要……苏州大学行政管理专业沈菊英《农村劳动力转移培训中的政府作用研究》主要从……东北师范大学教育学原理专业孙中华的《农村剩余劳动力转移培训投资的回报机制问题研究》中……其二，实证研究的方式。以实证调查研究的方式对农村转移劳动力教育与培训进行研究的硕士论文有6篇。其中华东师范大学教育管理专业的……5篇文章……提出了解决策略。只有湖南农业大学农业经济与管理刘昆山《职业技术教育促进汨罗市农村剩余劳动力转移问题研究》这一论文是……上述硕士论文有些是直接针对农村转移劳动力这一群体教育与培训进行的研究，有些是把农村转移劳动力的教育与培训涵盖在农村劳动力教育与培训之中进行的整体性概括性研究。

表6-3 与农村转移劳动力教育与培训相关的硕士论文的研究情况

研究类型	研究内容	数量
理论研究	➢ 教育与培训现状 ➢ 教育与培训对农村劳动力转移的作用 ➢ 教育与培训存在的问题 ➢ 促进教育与培训的对策	5
	➢ 职业教育与培训现状 ➢ 职业教育对培训与农村劳动力转移的作用 ➢ 职业教育与培训存在的问题 ➢ 促进职业教育与培训的对策	3
	➢ 素质教育必要性 ➢ 现状 ➢ 存在的问题 ➢ 发展策略进行了研究	1
	➢ 农村转移劳动力转移培训中政府作用 ➢ 作用发挥机理 ➢ 政府作用的现状 ➢ 促进政府作用发挥的策略	1
	➢ 农村转移劳动力培训投入的驱动力 ➢ 回报机制欠缺 ➢ 回报机制影响因素 ➢ 回报机制构建	1
实证研究	➢ 当地农村劳动力教育与培训现状 ➢ 教育与培训的作用 ➢ 教育与培训存在问题及产生原因 ➢ 推进教育与培训的策略	5
	➢ 当地职业技术教育现状 ➢ 职业技术教育的作用 ➢ 职业技术教育存在问题及产生原因 ➢ 推进职业技术教育的策略	1

第三，农村转移劳动力的教育与培训这一内容在学术期刊上发表的文章有一百多篇，虽然其数量较为庞大，但是研究的整体趋向性比较明显。这161篇相关文章当中绝大部分的文章进行的是关于农村转移劳动力教育与培训问题的理论探讨，三分之一的文章是某一地区转移劳动

力教育与培训的经验介绍。在 160 多篇关于农村转移劳动力教育与培训问题的相关研究文章中，以教育或农村教育的视角对农村转移劳动力的教育与培训问题进行研究的文章占到 29%，以职业技术教育的视角对农村转移劳动力的教育与培训问题进行研究的文章占 37%，以成人教育的视角对农村转移劳动力教育与培训进行研究的占 9%（图 6–2）。在 120 多篇理论型研究文章中，学者们基本上是围绕农村劳动力转移现状、劳动者素质是影响转移的重要因素之一、教育培训对转移的作用、教育与培训的现状与存在问题、促进教育与培训推进农村劳动力顺利转移的策略这些内容进行的研究（图 6–3）。比如，在王建军、李腊云《教育水平是制约农村剩余劳动力转移的重要因素》一文中……刘国瑜在《创新农村教育制度促进农村剩余劳动力转移》一文中……刘凤存在《成人教育在促进农村剩余劳动力转移中应注意的几个问题》中……雷世平在《发展职业教育是解决农村剩余劳动力转移的治本之策》中分析了……

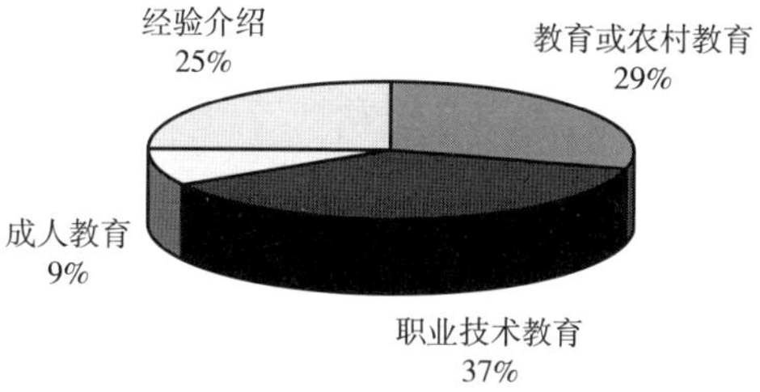

图 6–2　已发表论文的研究内容情况（一）

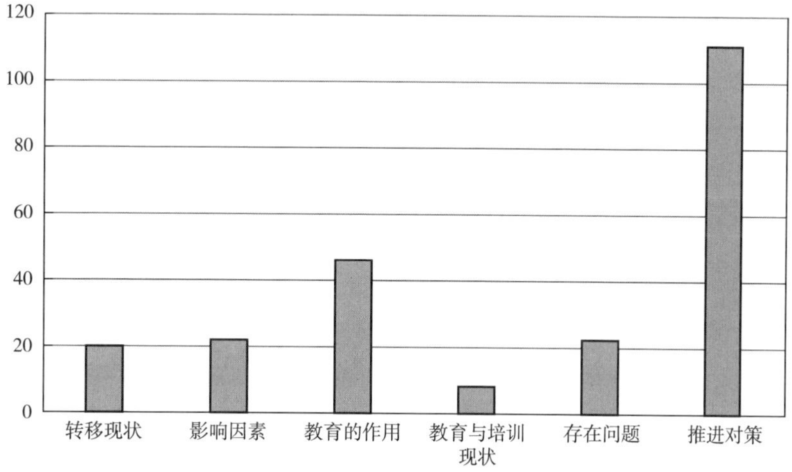

图 6–3　已发表论文的研究内容情况（二）

（二）存在问题

根据对已有文献的研究我们可以发现，目前我国关于城市化进程中农村转移劳动力教育与培训的研究主要存在以下几方面的欠缺：

第一，从研究背景来看，我国现有农村转移劳动力教育与培训研究对城市化发展及其影响的认识和分析十分有限。……我国目前的已有教育研究，根据表 6–3 和图 6–3 的统计来看，虽然已经有部分学者对城市化发展及其与教育的关系进行了一些研究，但是和社会学、经济学等学科相比，教育学领域对城市化发展及其他对教育与培训的影响的认识仍然十分局限，一般多是在研究中提及城市化发展及其影响，并未对城市化的发展趋势和影响的深度、广度进行剖析，因此多是就教育论教育，未能把教育与培训问题的探讨真正放到社会发展的大背景之下。

第二，从研究对象的主体针对性来看，我国现有的教育与培训研究中直接针对农村转移劳动力群体的探究相对较少。农村转移劳动力群体作为我国城市化进程中出现的特殊成员，他们向城市转移的生活与发展取向决定了他们和那些留守在农村地区的劳动力在生存环境、心理状态、发展诉求等多方面都有所区别。他们既与农村地区的纯农民有所差异，又与城市地区的市民有所不同，新一代农村转移劳动力与他们上一辈的农村转移劳动力也有所不同，因此要想通过教育与培训这一手段促进当前农村劳动力的有效转移，就必须针对我国当前城市化发展进程中的新一代农村转移劳动力的群体特质、发展诉求，以及社会发展对该群体提出的新要求进行分析，只有这样才能充分发挥教育与培训的作用，有效促进农村转移劳动力在城市当中的生活和就业，生存和发展。而我国目前已有的教育研究，从表 1 的统计情况中就可明显看出，直接针对农村转移劳动力群体教育与培训进行的研究十分有限，绝大多数是把农村转移劳动力群体的教育与培训涵盖在了整个农村地区和整个农业人口的教育与培训之中，忽视了转移劳动力群体教育与培训的特殊性。

第三，从研究的目标定位来看，我国现有研究在农村转移劳动力教育与培训目标的定位上普遍偏低……我国目前已有研究，由于研究者对城市化发展这一社会宏观背景的认识不足，所以导致绝大多数的研究在农村转移劳动力教育与培训目标的认识和定位上短视化，仅把教育与培训的目标定位在农民向农民工的转变上，只考虑到农村转移劳动力的生存性需要，忽视了其在城市内的发展性需要，即个体从农民—农民工—市民的转变和从传统人向现代人转变的必然趋势。

第四，从研究内容的系统性来看，我国目前已有研究中关于农村转移劳动力教育与培训实施所涉及的教育与培训的内容、阶段、类型、机构、保障措施等方面的系统性研究非常匮乏。……我国目前关于农村转移劳动力教育与培训的研究仅把教育与培训的实施局限在某一或某几种教育类型上，对于涵盖多种层次、类别和多个执行部门的教育与培训实施研究非常有限。在教育阶段和教育内容的研究上也仅局限于农民向农民工转变阶段所涉及的生存性知识和技能，忽视了农民工向市民转变过程中所涉及的发展性知识、技能的教育和市民化品质的培养。除此以外，关于农村转移劳动力教育与培训所涉及的师资、政策、资金等保障措施的研究也需进一步深入和完善。

【张琳琳.我国农村转移劳动力教育与培训目标的定位及达成研究［D］.大连：辽宁师范大学，2008.】

案例分析

这是一篇申请博士学位的文献综述节选，指出了文献综述有重要学术价值。这是因为，作文献综述有两个方面的意义：“巨人的肩膀”和“显微镜”。具体表现为帮助研究者收集对特定研究问题感兴趣的其他研究者（该领域中专家和一般研究者）的观点，使研究者深入了解其他（类似的或相关的）有关特定问题的研究结果；循迹捋脉，层层深入，找到问题尚未解决的根本所在。所以说，作文献综述对选题和研究所需理论的构建具有决定性作用。

总体分析案例，我们认为，文献综述就是研究者对与其问题或课题相关的文献进行检索、收集、阅读、记录、分析和评价所形成的报告。它以对文献的深入阅读、辨别、选择、分类和归纳、推断为前提，是教育研究计划的主要内容。我们还能够发现独立的文献综述的结构。①标题。标题是文献综述内容的浓缩和概括，文献综述的标题反映了文献综述的核心思想和主要内容，是文献综述内容最完整的体现。如，“我国农村转移劳动力教育与培训目标的定位及达成研究”。②前言部分。主要阐述综述的对象，现状及写作目的，介绍相应的概念和定义，使读者初步了解综述所要阐述的内容，如“引言”。③正文部分。正文是综述的主要部分，要求将所收集到的资料进行系统的归纳、分类、比较，论述相关主题的历史背景、主要观点、研究现状、措施和方法、主要成果、存在问题、发展趋势。可以介绍不同观点，还有哪些尚未解决的问题，让读者有更深入的、更全面的了解。正文部分可以有很多写法，可以按时间的先后顺序，也可以按不同的观点来进行论述。“在160多篇关于农村转移劳动力教育与培训问题的相关研究文章中，以教育或农村教育的视角对农村转移劳动力的教育与培训问题进行研究的占到29%，以职业技术教育的视角对农村转移劳动力的教育与培训问题进行研究的文章占37%，以成人教育的视角对农村转移劳动力教育与培训进行研究的占9%”；“有些学者仅从某一教育类型比如职业教育、成人教育或社区教育的角度对农村转移劳动力的教育与培训进行研究。”。④总结部分。根据所收集到的资料和综述的主要内容将全文进行归纳、分析、总结，并发表自己的观点、见解和设想。也可以介绍尚未解决的问题，预测未来的发展趋势。“根据对已有文献的研究我们可以发现，目前我国关于城市化进程中农村转移劳动力教育与培训的研究主要存在以下几方面的欠缺”；“除此以外，关于农村转移劳动力教育与培训所涉及的师资、政策、资金等保障措施的研究也需进一步深入和完善”。⑤参考文献。注明参考文献不仅是对被引用文献作者的尊重，也是为研究者和相关读者继续研究提供线索。因此参考文献的编排一定要清楚、准确。要求逐一列出所引用、参考的文献，也可以在论述过程中标明文献出处。标注参考文献要符合国家著录标准，标明作者、篇名、出版地点、出版单位、出版时间等。学者们还普遍认为，文献综述还要有：①摘要。文献摘要是简明扼要地概述文献综述的主要内容，与标题相比是通过一段论述来说明文献综述的目的、背景、意义、现状、发展趋势、未解决的主要问题以及文献综述所收集的资料的来源和范围。②关键词。文献综述的关键词是指文献综述中最关键的要素，对整个文献综述的理解起着至关重要的作用。其中，正文部分的结构设计可以如表6–4。

表6–4　正文结构常见样式

样式1	样式2
一、国内外研究现状 （一）国内研究现状 1.教师教育科研能力的提高对教师自身素质发展的作用 2.教师素质的提高与学生思维能力发展的关系 3.学生思维能力与学生学习成绩的关系 （二）国外研究现状 1.教师教育科研能力的提高对教师自身素质发展的作用 2.教师素质的提高与学生思维能力发展的关系 3.学生思维能力与学生学习成绩的关系 二、已有研究的不足	一、教师教育科研能力的提高对教师自身素质发展的作用 （一）国内研究现状 （二）国外研究现状 二、教师素质的提高与学生思维能力发展的关系 （一）国内研究现状 （二）国外研究现状 三、学生思维能力与学生学习成绩的关系 （一）国内研究现状 （二）国外研究现状 四、已有研究的不足

“以文献的深入阅读、辨别、选择、分类和归纳、推断为前提”，是指文献综述不是罗列堆积，是研究者运用智慧精细加工的产物。正如有学者所说，文献综述有三重境界：第一重境界可叫做梳理阶段。工作重点是归纳，难点要找准问题、理清线索，分门别类地整理好研究文献。第二种境界是比较阶段。东西分类完了，要进行比较。这就好比你把你的小汽车拆了，我把我的小汽车拆了，我们最后来比一比轮胎，比一比发动机。要比较异同并且评价优劣。第三重阶段叫做论证阶段。要指出，原来的东西是不行的，我现在另外换了一个；或者，原来的东西还可以用，但是它采用的思路不行了，需要换一个新的思路。

文献综述以分析为关键。从案例中典型的三种表述：“城市化发展与农村转移劳动力教育与培训之间的关系研究分为两种：一种是城市化发展对教育的影响，即教育系统外对内的作用。另一种是教育对城市化发展的影响，即教育系统内对外的作用”，使用了逻辑分析法；“厉以贤的文章《农村城市化与教育》主要从义务教育、基础教育和社区教育两种教育类型方面提出了实现农民市民化的教育策略。李桂娥在《发展农村教育加速城市化进程》中主要从加强农村基础教育，实行免费的义务教育，以及加强农村职业技术教育与培训方面几个方面提出了促进农村劳动力转移的解决办法”，使用了比较分析法；“在160多篇关于农村转移劳动力教育与培训问题的相关研究文章中，以教育或农村教育的视角对农村转移劳动力的教育与培训问题进行研究的占到29%，以职业技术教育的视角对农村转移劳动力的教育与培训问题进行研究的文章占37%，以成人教育的视角对农村转移劳动力教育与培训进行研究的占9%”，使用了内容分析法（详见“第十三章　教育内容分析法”）。

逻辑分析法是运用形式逻辑理论分析文献的方法。分析中主要运用四种思维形式：概念、判断、推理和论证，其中推理形式最为重要；而推理形式中，演绎推理和归纳推理较类比推理更为重要。在历史研究中，演绎和归纳常常并用，一般是先运用归纳推理得出一般结论，再用这一结论解释具体事实。比较分析法是通过比较两个或两个以上对象，发现它们在质和量两个方面的相同点和不同点，从而加深对对象的认识的分析方法。它的应用十分规范，具有可比性的对象几乎无处不在。比较有横向比较和纵向比较两种。横向比较是对两个在空间上同时存在的对象进行比较，如“雷沛鸿与晏阳初教育思想之比较”；纵向比较是对同一对象的不同发展阶段的比较，如“明宋书院分布之比较”；此外，还有跨时空的交叉比较，如比较“老子与卢梭自然教育思想的异同”。比较分析法有四个步骤：确定对象之间的比较项目、按项目整理文献信息、分别比较各个项目的异同、讨论各项目的比较结果。

关于文献分析方法，近年来，随着实证主义的盛行，出现了一些异样的见解。比如，文献综述可以使用研究整合法。在西方教育研究领域，人们提倡一种更为科学严谨地综述已有研究文献的方法，即研究整合法（research synthesis methods）。研究整合法是一种基于文献资料的实证研究方法，对以往的研究报告进行系统分析，以生成新的知识或解释，它包括拟订研究问题，检索相关文献，评价、分析、综合数据资料，并解释研究结果等。研究整合法强调系统的、明确的文献收集、检索与筛选。从本质上讲，研究整合法之所以称为研究方法，是因为它包括一系列科学的、系统的、特殊的研究方法。研究整合法强调发挥方法上的优势，尤其是统计方法的运用，使用系统分析技术对文献进行整合和综述。在研究整合法的一系列具体研究方法中，元分析法受到广泛关注。元分析（meta-analysis）是研究整合法中最有效的一种研究方法，在教育文献研究中也受到推崇。元分析有一套量化的统计方法，可以用来综合分析大量研究数据和资料。元分析并不对以往研究结果做预判，而是追求整体地看待以往研究结果，目的在于得出有意义的推论。元分析的主要优点在于其具有规范或标准，在分析已有研究结果的过程中，能够对以往研究进行整合的过程做出清晰报告，以便于公开接受审核或重复验证；而且，元分析能够以一种更有效、更细致的方式对大量以往研究文献进行有组织的分析与概括，有助于发现已有研究的效用和相互关系。元分析有着细致的研究步骤，主要是界定研究问题、检索收集文献、对研究结果进行编码、确定共同的测量指标、对已有研究结果进行统计分析等。

思想资源

一、研究文献的目的

确定哪些是最重要的问题、准确描述问题的形式，需要研究者进行诸多前期准备。方法之一是检索有关某一课题的既有研究文献。请注意，文献检索是实现目的的手段，而不是像某些人所认为的那样，文献检索本身就是目的。初学者也许认为，文献检索的目的是了解某一问题取得了哪些进展，而有经验的研究者检索先期研究成果的目的只是对这一领域提出更深刻的、更富于洞察力的新问题。

【罗伯特·K.殷. 案例研究设计与方法［M］.周海涛，等，译.3版.重庆：重庆大学出版社，2004：11-12.】

二、查阅文献的程序

（一）两个流程图（图6-4和图6-5）

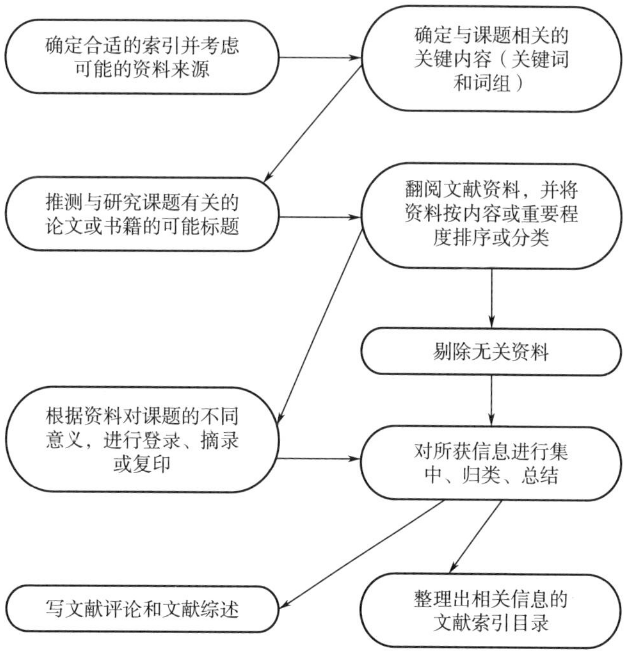

图6-4　查阅文献流程图（一）

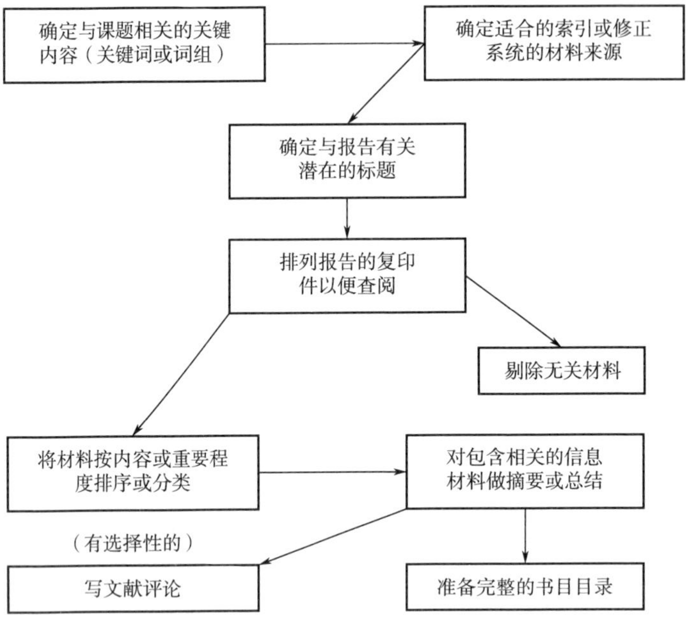

图 6–5　查阅文献流程图（二）

（二）查阅研究文献的系统过程

1. 将你的信息需求归纳为可以引导你进行文献检索的一系列问题。

2. 与能够直接回答你的问题或能够对有关出版物给你提供指导的专家联系。

3. 阅读概括性的二次文献（即作者对其他人所作的研究进行评论所形成的出版物）以便对与你的问题有关的研究文献有全面的认识。

4. 选择标引了与你的问题有关的研究文献的零次文献（即大量特定文献的索引）。

5. 确定反映你的信息需求的叙词（即关键词），利用这些叙词搜集零次文献以获得相关出版物。

6. 阅读并评估与你的问题相关的一次文献（即由实际从事工作的人所撰写的出版物，而出版物所探讨的就是他们所进行的工作）。

7. 对所有查阅过的出版物进行有意义的分类。

8. 撰写有关文献查阅结果的报告。

【①陆有铨，马和民.走向研究型教师之路——教育研究方法与应用［M］.杭州：浙江电子音像出版社，2002：80.②袁振国.教育研究方法［M］.北京：高等教育出版社，2000：37.③高尔，等.教育研究方法：实用指南［M］.屈书杰，等，译.5 版.北京：北京大学出版社，2007：27.】

三、文献的“饱和点”

1. 已找到关键文献及其主要观点

关键文献意味着某个文献比较频繁地被其他研究者引用。关键文献包括两种：一是提出某个“主流意见”的文献，它代表文献中的正方；二是“持不同意见”的文献，它代表文献中的反方。文献解读的关键就在于研究者是否已经侦察出已有文献中的“主流意见”和“持不同意见者”。

文献研究实际上是对隐藏在文献中的正方和反方两种不同意见的侦察和窥探。若所找到的文献在研究者看来没有任何争执和异议，则说明研究者尚未进入文献的内部，尚未领会文献的意义。一旦找到文献的差异与暗流，一旦捕获到意见的分歧与纷争，研究者就可以将这些不同意见整理为“三”类不同的意见：一是正方的立场；二是反方的立场；三是综合的立场或者超越前两者的第三方立场。

2. 已经知晓重要作者

研究者一旦找到了关键文献及其主要观点，他就同时掌握了该研究领域的重要作者。也就是说，研究者一旦找到了关键文献和主要观点，文献搜索就达到了饱和状态，研究者就可以停止文献检索。这里将“已经知晓重要作者”作为停止文献检索的一个标准，实际上只是为“已经找到关键文献和主要观点”这个标准提供一个补充解释。

文献检索时最好留意另外三类重要作者：第一，他是该研究领域中早期的开拓者或晚期的集大成者。第二，他的观点具有某种原创性、批判性，他是一个“被埋没”的重要人物。第三，他只是根据他所信奉的某个学派或学科，对相关的教育思想或教育制度提出特立独行的洞见。

文献研究表面上是寻找重要文献，实际上是寻找“重要作者”。每个研究者在文献检索的过程中以及文献检索之后，都可以询问自己：我是否已经找到“三”（此处的“三”是虚数）位重要作者?

3. 已经了解重要阶段

“已经了解重要阶段”同样只是为“已经找到关键文献和主要观点”这个标准提供一个补充解释。因为，研究者一旦找到了关键文献和主要观点，他就同时掌握了该研究领域的重要阶段。

研究领域的某个“新时代”或“重要阶段”，其实是由“重要作者”及其“主要观点”所引发。当某个观点在某个时期内获得同行的普遍认可之后，就意味着它开创了某个“时代”或“阶段”。任何研究领域总会有一个或几个“持不同意见者”（或称之为“持不同政见者”）诞生并进入圈子内部。在这种传统的学术圈子里，所谓研究的“重要阶段”，往往发生在“不同意见”涌现的时代。

在文献检索和文献阅读过程中，了解重要作者和重要阶段都是重要的。但是，这并不意味着在后续的文献综述中必须陈述重要作者和重要阶段。相反，文献综述只需要陈述“关键文献”和“主要观点”即可，使文献综述显得“就事论事”“对事不对人”。“主要观点”之间的分歧与冲突就可以顺便暗示出“重要作者”和“重要阶段”。

【刘良华.教育研究方法［M］.上海：华东师范大学出版社，2014：46-47.】

四、阅读文献

当你阅读研究报告时，快速浏览以确定：①研究主题是什么，报告的目的和重要性怎样；②你所阅读的报告的类型——是现状报告、组间差异对比报告，还是相关报告；③报告的结果和结论是什么。当你为阅读材料做文献索引时，一定要包括：主题、日期、作者、摘要和完整的文献出处。随着你对可能遇到的统计术语和概念的不断熟悉，你解释研究报告的能力也将随之增强。

文献检索和文献阅读的禁忌是：①只有文献检索，而没有为检索到的文献建档。这容易导致检索到的文献残缺不全或被丢失、被遗忘。②只有文献检索而没有基本的文献阅读，这样做的后果是：平等对待所有文献，找不到关键文献，或者关键文献被淹没在平庸的文献之中。③为检索而检索，染上了“检索癖”。一旦发现某份文献暂时无法找到，就立刻兴奋，浑身是胆，愿意投入大量的时间和精力去追查这份文献，而不管这份文献本身是否重要。④根据检索的结果购买了大量的书或复印了大量的资料，后来发现这些书和复印资料都是无意义的废纸。⑤在纸张上做了大量的阅读笔记，而后来发现这些阅读笔记几乎派不上用场。⑥尽管在电脑上做了阅读笔记，但笔记不规范，要么引用不完整，要么没有及时做规范的注释。其后果是，在正式的写作中引用这些阅读笔记时，无法找到准确的出处。或者，费时费力地找到文献的准确出处后，写作的感觉和文脉已经被破坏。⑦只有文献检索和读书笔记，而迟迟未动笔开始论文写作。总感觉无从下手，甚至迟迟不能确定选题。⑧论文写作中不断修改和调整，没有采用“另存为”的方式保存原始文件。这样做的后果是，在后续的写作中发现原来被删除的部分是有价值的，但已经无法恢复被删除的部分。

【①查尔斯.教育研究导论［M］.张莉莉，等，译.北京：中国轻工业出版社，2003：93.②刘良华.教育研究方法［M］.上海：华东师范大学出版社，2014：47–48.】

五、文献综述的要求

（一）文献探讨宜注意以下原则

1. 文献资料应涵盖与研究问题或研究假设有关的重要文献。

2. 依文献的年份先后、中外学者的观点或文献的性质，分别加以整理、分类（最好以表格形式呈现）、归纳，以达到去芜存菁的效果。

3. 文献资料不宜太陈旧，不可遗漏近几年的文献。

4. 凡与研究问题相关的文献，都必须详加阅读。

5. 凡文献内容、观点或研究发现不一致者，研究者应加以批判，并且推论可能的原因。

6. 文献探讨不宜只参阅第二手或第三手资料，研究者最好阅读第一手资料。

（二）撰写文献综述结果的建议

1. 用浅易的文字清晰地表达你是否在汇报其他人的研究成果、理论或观点。例如，某作者可能描述了一个新的计划及其益处，但没有给出任何经验上的证据。在这种情况下，你可以这样写，“吉米奈兹（1991）提出……”。如果这个作者进行了研究工作，你可以这样写，“吉米奈兹（1991）发现……”。如果作者形成了某种理论或提到别人的理论，你可以分别这样写，“吉米兹（1991）提出了理论说……”或者“吉米奈兹（1991）谈到皮亚杰的……理论”。

2. 用常见的标题和次标题来帮助读者更容易地理解主题的顺序。

3. 说明其中重要的研究工作所使用的方法的优缺点，以便读者有足够的信息去衡量研究结果并得出自己的结论。

4. 对主要的研究进行详细讨论，对次要的研究可以一带而过。例如，你可以首先深入探讨最值得关注的研究，然后简短地引用其他人在同一问题上的看法：“几个其他的研究也给出了类似的结果。”

5. 使用不同的词和短语，如：“Chou发现……”，“史密斯研究了……”，“在温彻文斯基的实验中，控制组在……表现得更好”，“由Gum和Chew进行的研究表明……”。

6. 只有当直接引用能特别好地传达某种观点或表达一种特别值得关注的观点时，才直接引用别人的话语。

【①叶重新.教育研究法［M］.台北：心理出版社，2001：64.②高尔，等.教育研究方法：实用指南［M］.屈书杰，等，译.5版.北京：北京大学出版社，2007：34.】

六、文献综述“避险”对策

第一，呈现一定的顺序、层次和结构。在顺序上，最好按照时间顺序呈现关键文献及其主要观点，使不同类型的文献及其观点呈现为某种递进关系。在层次上，既呈现代表正面的、主流观点的文献，也呈现反面的、批判性意见的文献。尽可能使不同的文献及其观点呈现为某种对立统一或否定之否定的关系。如果出现正反两种不同意见的关键文献，可打破时间顺序，先综述所有正方的观点，然后综述所有反方的观点。除了正方和反方之外，也可能有第三方的观点（中间、中立或综合的观点）。

……

容易出现的问题是：研究者按照时间顺序罗列所有文献及其观点，没有层次感和秩序感；没有区分正反两个方面观点；各种文献顺序混乱，既不按照时间先后顺序呈现各种观点，也没有呈现为“倒叙”；没有区分关键文献和次要文献，将所有重要和不重要的文献全部罗列出来。

第二，保持文献综述的结构完整。完整的文献综述至少包括三个部分：一是关键文献及其主要观点；二是对文献综述的小结；三是由文献综述的小结引出“有待进一步研究的问题”或“本研究重点关注的问题”。比较容易出现的问题在于：只提示了关键文献及其主要观点，却没有“文献综述的小结”或“研究的假设”。

第三，不遗漏关键文献。不遗漏的标准是：既考虑了该研究领域早期的关键文献，也触及了该研究领域最新的研究进展。容易出现的问题是：只反映了最新的研究进展而遗漏了早期的研究，或者，只陈述了早期研究而没有考虑最新的研究进展；只有中国学者的相关研究而没有外国学者的相关研究。一般而言，如果某份文献综述完全没有出现最近10年的文献，没有出现外文文献，或者，只涉及某些专著而较少呈现相关的期刊论文、学位论文，那么，则说明该文献综述可能遗漏了相关信息。

第四，只出现重要作者的姓名，不必呈现所有著者的姓名。判断某个文献及其作者是否属于重要文献或重要作者的标准是：该文献的作者是否较早地提出了自己的观点（开山人物或被称为“某某之父”的人物）。这样的文献往往频繁被后来的研究者引用（包括赞成或反对）。如果某份文献属于重复性研究，并没有提出新的结论，则不必纳入文献综述。但是，如果某一份重复性验证的实证研究报告采用了相同的研究方法却更换了研究对象，则可以纳入文献综述。容易出现的问题是：没有选择和鉴别，事无巨细，将所有检索到的文献并列呈现。

第五，如果研究涉及多个变量或多个假设，则需要分别为之提供文献综述。容易出现的问题是：研究涉及多个变量或多个假设，却只提供了其中某个变量的文献综述。

第六，呈现关键文献及其主要观点时，为每一个观点提供完整而规范的出处（脚注或APA格式）。

第七，随时审查自己所做的文献综述与研究的问题是否有实质性的关联。容易出现的问题是：所做的文献综述与研究的问题没有实质性的关联。

第八，避免豪言壮语，不轻易使用类似“没有相关的研究”或称自己的研究“开了先河”“填补了空白”“有极其重要的意义”等说法。学术研究以知识创新为第一目标（或唯一目标），但知识创新并不意味着研究者完全不理会他人已有的研究成果而追求标新立异、横空出世、与众不同……如果在文献检索中的确没有找到相关研究，也应避免类似“没有相关的研究”的说法，因为“没有相关的研究”可能暗示没有找到准确的关键词（检索词）。

【刘良华.教育研究方法［M］.上海：华东师范大学出版社，2014：55–57.】

七、什么是“文献法”？

通过研究方法的特征分析可见，传统意义上描述性的文献综述缺乏研究方法的基本特征，它本身并不属于具体研究方法的范畴。即便思辨研究者认为撰写文献综述就是使用了“文献法”，但是，这种判断本身存在着思辨的逻辑误区，即“文献综述”与“研究方法”之间建立起来的逻辑关系仍然缺乏充分依据。文献综述与研究方法并没有必然联系，如果一篇研究报告中有“文献综述”部分，就称之为“文献法”，这种逻辑关系显然存在不合理性。

因此，不论从思辨研究的视角，还是实证研究的视角，“文献法”的说法都很难成立，而且这种说法过于模糊，不够科学严谨，没有表明具体的研究方法。况且，对于大多数教育研究报告或论文而言，其研究目的往往并不是为了撰写文献综述，文献综述的质量并不决定研究目的的实现，而研究方法则决定是否能实现研究目的，因此，也不能仅凭撰写了文献综述就强调研究使用了所谓的“文献法”。

【姚计海.“文献法”是研究方法吗?——兼谈研究整合法［J］.国家教育行政学院学报，2017（7）：89–94.】

能力训练

范例6.1：

检索有关西方教育思想对中国教育影响的文献

一、分析

“西方教育思想”涉及的范围是很大的。“西方”所含的空间范围比较大，“教育思想”又可能反映在一系列具体的教育实践与理论学说中，因此必须解剖该论题的组合元素，将其分成若干具体的“因子”。同样，“对中国教育的影响”也是一个复合主题，也可以分成若干具体的“因子”。如表6–5。

二、检索策略

将解剖分成的单个因子进行组配，可以获得这样一些“复合论题”，如：

（1）西欧古代教育哲学　（2）西欧近代教育哲学

（3）美国现代教育哲学　（4）美国当代教育哲学

（5）西欧古代教育制度　（6）西欧近代教育制度

（7）中国现代教学论　（8）中国当代教育理论研究

表6-5 检索词组合

西方教育思想	时间	古代
		近代
		现代
		当代
	区域	西欧
		北美
	主题	教育哲学
		教育制度
		教育政策
		教学论
		教育流派及其代表人物
		科学研究
教育哲学对中国影响	时间	近代
		现代
		当代
	主题	教育政策
		教育规划
		教育制度
		教学论
		理论研究

这些复合主题是相当具体的。但实际上，某一教育科学文献总有一定的论述范围跨度，即在某一文献中会同时含有几种复合论题的材料。如一部讲述外国教育的专著，可能包含了西欧、北美等地区的古代、近代教育史。因此，可以在较大的范围内寻找含有这些复合论题的文献。另一方面，也可以基本确定含有这些论题的文献类型，即专著、政府出版物、学位论文、参考工具书、部分专业期刊与会议文献。

三、检索过程

1. 利用图书馆目录检索有关专著。如有关教育哲学的专著，《中图法》是G40-02，《杜威法》是370.12；有关世界各国教育制度的专著，《中图法》是G512，《杜威法》是371。有关教育流派的著作，《中图法》是G40-06；有关教育史的著作，《中图法》是G40-09和G519；有关中国近代教育制度、教育理论的著作，可从“中国教育史”类检索得到，《中图法》是G529；有关教学理论的著作，可从《中图法》G42和《杜威法》371.3查到。

2. 利用书目工具书查有上述复合主题的专著。这方面主要是原版著作。可以利用的书目有《国外比较高等教育——书目和分析》《国际比较教育书目》等。

3. 利用参考工具书查事实、数据、统计资料等，可查年鉴、统计报表等。

4. 利用传记资料查询教育流派人物的资料，如《国际教育名录》《美国教育工作者传记词典》等。

5. 利用索引查学位论文。学位论文一般是不公开出版的，但有缩微复制品可查，如《国际学位论文文摘》《学位论文索引大全：1973—1977五年汇编》《专题学位论文目录》等。

6. 利用论文索引查得主题论文所在期刊，再利用期刊指南检索所需的期刊，同时重点查几种重要期刊。

7. 政府出版物能提供多方面的原始资料，能提供从其他途径得不到的各种具有权威性的资料。政府出版物可以利用相应的书目及参考源查得，如《美国政府出版物每月目录》《美国政府出版物选目》等。

8. 利用中国学术期刊网、搜索网站等网络功能。

【钟海青.教育科学研究方法［M］.桂林：广西师范大学出版社，2002：129-130.】

范例6.2：

文献综述的形成思路——《从“处于危险”模式向“处于希望”模式转变：对适应力这一构念以及它在教育中应用情况的考察》文献综述报告的说明

我写作这个有关适应力的文献综述是为了完成俄勒冈大学硕士学位及初级管理者证书所规定的最后研究课题。我在2001年9月11日的悲剧发生前两个月开始进行文献查阅，大约一年后结束查阅工作。面对美国国内日益增长的不安全感和我们集体生活方式中的深刻变革，我观察到的适应力使这个时间背景显示出了对我所研究项目的意义。

在对我感兴趣的主题进行集思广益之后，我初次拜见了我的课题指导老师乔·高尔。乔很快确定了我最关注的领域是“处于危险的学生”。她与我同样注意到人们越来越强调早期干预，把它当成改变一个“处于危险”的学生的生活方向的唯一可行的途径。这促使我从更广泛的意义上来审视“处于危险”的学生，以帮助我从文献查阅中得出能够适用于任何年龄段学生的更普遍的结论。

作为一个有抱负的学校管理者，我明白促进教师成长和发展的重要性。我想通过帮助教师专业发展以及保证学校持续改善和改革，来促进学生的成长。我觉得深入了解如何帮助“处于危险”的学生会为我提供一条途径，去协助教师应对教育工作中这一具有挑战性的领域。当我埋头于文献之中时，我渐渐意识到，我不仅仅能够在课堂上创造一个能帮助学生形成适应力的学习环境，作为一位教育管理者，我还能够帮助教师形成适应力。

我想从文献中寻求答案的最初的问题来自我童年时期那些有关虐待、贫穷和忽视的经历。尽管在孩童时我需要面对困苦和不幸，但作为一个孩子，我在学校表现得非常出色，我拥有了丰富而幸福的个人生活。遗憾的是，我的在同样的困苦中长大的弟弟没有在挫折后恢复信心。我记得有文献用“不会受到伤害的”这个词来描写那些尽管身处逆境但依然生机勃勃的孩子。有没有这样的孩子？我是不是其中之一？我的适应力是不是可以用某种其他的方式来解释？

我是从非常零散的问题开始的，这些问题围绕着我对学生的潜在影响和我希望带来的改变展开。遗憾的是，虽然竭尽全力，但成效甚微。我觉得我的个人经历使我能从比较好的立场去理解那些经历过不幸的人并与他们建立联系。我设想这种联系会有助于我帮他们实现不可思议的转变，就像我的转变一样。我认为对孩子深切的关心非常重要，这种关心是促使上述转变发生的成功途径。

我一开始的检索关键词是“处于危险”，随后发现，与这个使用广泛的词语有关的文献极为丰富。面对浩如烟海的书籍和期刊文章，我想知道怎样才能把它们浏览一遍，并对它们进行有意义的整理。我尤其想知道，我是否能找到针对我所深切关注的“处于危险”学生的、有研究作为基础的方法。

我为了在文献综述报告中突出可能引用的观点，在那一年中我得花费大量时间重新阅读资料。而实际情况是，在早期就把“重要观点”进行编码的有效方法为我节省了很多的时间，另一方面，由于我在文献检索中搜索的范围很广，我能够从诸如康复研究等其他领域中汲取信息。结果，我意外地发现了健康本源的概念，这个概念是指患病或受伤的人会自然地努力去适应或试图回到健康的原初状态。将这个概念应用到“处于危险”的学生身上，我发现了全国适应力资源中心的网站，在那儿我第一次看到了“处于希望”这个词。我正试图转变我那种认为存在一些无可救药的孩子，他们由于各种危险因素注定要终生失败的观念。我开始相信即使没有“魔弹”，也会有某种先天的推动力使孩子走向适应，这种适应可以通过重视孩子的长处来培养。“处于希望”这个词帮助我明确了思想上的这种转变。

基于我现在所知，我应该在查阅文献之前首先找到“处于危险”和适应力研究领域的专家并向他们咨询，记录下他们所提到的作者及其有影响的著作。随后在这样的信息背景下开始文献查阅。然后再回去与专家讨论。我相信这种做法将有助于我在文献中发现更多的含义，从中得出更有说服力的结论。尽管我平时在写作中很快乐，但未来的文献综述的实际写作仍令人有些胆怯。虽然花了无数的时间，阅读了数不清的文章和书籍，我仍觉得自己算不上一个专家。资料和相关的内容太多了，轻而易举就可以让人再读上一年。

然而，我发现，当我开始写的时候，对文献的更深一层的理解却逐渐形成。文章几易其稿，我的课题指导老师乔的协作式课题指导方式意义重大，因为她提出的问题有效地帮助我去澄清、扩展了检索的最终结果并把它们与我个人的经验联系在一起。乔确实通过提出激发我对文献进行更深入认识的问题，培养了我作为一个研究者的适应力。而且，同样重要的是，她要求我以自己的教师经历去亲身体会如何将研究成果应用于这些经历。这个对话对我作为一个作者、研究者和教育工作者的自信产生了深刻的影响，尤其是在我人生中的这个时刻，我要同时承担很多责任，除了这个课题，我还是母亲、教师、研究生、有抱负的教育管理者，我很可能会被这些工作压倒。

我发现围绕着下面这个问题去评估和整理文献对我很有帮助：“作为一个管理者，我能做些什么，以使我的学校成为培养适应力的学校？”我文章里引用的霍华德和约翰逊的研究与这个问题特别相关。他们发现当学生们被问及学校能够提供什么去帮助他们克服困难的时候，“一个普遍性的主题是学业上的帮助需求”。关于学校可以如何帮助他们、学生提出的一些建议是：当学习任务对学生而言非常困难时，学校提供额外的学习帮助计划、特别辅导员、个别关心以及教师的耐心帮助。具有讽刺意味的是，接受调查的教师们几乎都没有提及正规的学习，而是强调社交技能培养的重要性以及让学生在学校中感到轻松和安全。这些发现说明了研究能怎样地帮助教师质疑并改善自己想当然的做法。

我确实已认识到，与改善自身专业实践相关的研究永远没有尽头。每一个研究都引出新的问题和新的认识。一个研究者和教育工作者，必须乐于提出新问题，思索新方向，并在建立在研究基础上的证据面前乐于转变模式。

在我进行研究并撰写这篇论文的时候，我对“9·11 事件”的难以置信逐渐让位于另一种认识，即作为美国人和这个星球上的人类，我们都相当脆弱。我在文章中得出了这样的结论：面对纷乱的全球环境，转变思考方式，将我们的社会看成是“充满希望”的而不是“处于危险”的，可能更富有建设性。显而易见，把关爱、真诚的帮助、富于同情这些原则用于个人的需要，将我们的思维从失利的模式转向可能性和充满希望的模式，这会使我们的国家在面对更大的挑战时继续保持适应力。

【高尔等.教育研究方法：实用指南［M］.屈书杰，等，译.5 版.北京：北京大学出版社，2007：39–42.】

思考题

一、简述确定检索词的步骤。

二、论述文献检索的程序。

三、文献查阅的作用是什么？

四、文献查阅的基本方法有哪些？

五、论述文献分析的方法。

六、论述文献综述的程序。

七、如何撰写教育研究文献综述？

八、自选课题，利用下方数据库资源完成一篇2000字左右的文献综述。

1. 中国知网
2. 万方数据库
3. 维普数据库
4. 人大复印报刊资料
5. 中国社会科学文库
6. 可知电子书平台
7. 微信公众号：中国人文社会科学综合评价研究院
8. Emerald（爱墨瑞得）期刊数据库
9. Springer外文电子期刊全文数据库

拓展阅读

［1］高尔，等.教育研究方法：实用指南［M］.屈书杰，等，译.5版.北京：北京大学出版社，2007.

［2］查尔斯.教育研究导论［M］.张莉莉，等，译.北京：中国轻工业出版社，2003.

［3］陆有铨，马和民.走向研究型教师之路——教育研究方法与应用［M］.杭州：浙江电子音像出版社，2002.

［4］庞国彬.实用教育科研方法［M］.北京：北京师范大学出版社，2013.

［5］刘良华.教育研究方法［M］.上海：华东师范大学出版社，2014.

［6］和学新，徐文彬.教育研究方法［M］.北京：北京师范大学出版社，2015.

［7］姚计海.“文献法”是研究方法吗？——兼谈研究整合法［J］.国家教育行政学院学报，2017，(7)：89–94.

[8] 孟庆茂. 教育科学研究方法[M]. 北京：国家开放大学出版社，2001.

自我反思建议

学完这部分内容，针对你的选题，你找到了“巨人的肩膀”了吗？找到登上“巨人的肩膀”的“云梯”了吗？找到“显微镜”及其使用手册了吗？请仔细看“云梯”和“显微镜”的结构和制作方法与技巧。学习（模仿或试验）使用“云梯”和“显微镜”——为自己的研究奠定创新性和基本理论体系创建的坚实理论基础。你可以模仿中国学术成果数据库中学位论文、研究报告中的文献综述，反复练习文献综述的撰写，熟练掌握做文献综述的技术，提升教育研究的基础技能和能力。

第七章　如何选取样本：抽样的技术

学习导航

你确定了一个课题“小学高年级教师表扬策略研究”，那么是不是：你打算研究全国所有小学高年级教师？所有小学高年级教师都能被你研究到？显然是不能的。即使一区（县）的，也难以实现。怎么办呢？抽样。什么是样本？抽样的原则、方法、步骤是什么？怎么掌握抽样的技术？这将是本章要帮助你学习的内容。

在这里，你会掌握，为什么抽样是教育研究的基本技术？它有什么作用？在教育研究中怎么合理、恰当地使用这个技术？

学习目标

1. 熟记样本、抽样、抽样单位、分层抽样、整群抽样、多级抽样、系统抽样、目的抽样、滚雪球抽样、配额抽样、双重抽样的含义、特征。

2. 熟悉抽样原则。

3. 熟悉各种抽样方法。

4. 理解抽样策略。

5. 运用抽样理论抽取一个基本合理的样本。

6. 熟读案例分析和思想资源，建构抽样理论。

7. 独立完成案例和范例的分析。

第一节　认识样本

观点与原理

1. 教育问题都是依存于人、物或活动——变量的载体，研究教育问题、变量就必须依靠人、物或活动，他们/它们是教育研究的直接对象，以下用直接对象指代。

2. 研究者界定的直接对象个体（以下简称为个体）的全部称为总体，也被称为母体、全域，比如，大连市市区初中教师/小学校园的全体。在总体中可以获得的对象集合称为目标总体，比如无法获得市区全体初中教师/小学校园的研究数据，选取可获得的中山区初中教师/小学生为目标总体。

3. 样本是从目标总体中选择的个体的集合，比如，从中山区的学校中选取一定数量的初中教师/小学校园构成研究样本，这些人/校园是直接对象。教育研究样本有三个基本类型：人的样本、物的样本和事情样本。

4. 样本的极端情况是个体（个案研究）和总体（普查）。
5. 样本与总体是相对的，总是成对出现。总体规约样本，一个样本对应一个总体。
6. 选题也可以先确定总体，再从中发现问题。这也是常用的选题路线。

典型案例解读

案例 7.1：

样本的意义

世界历史上，许多国家进行最高领导人选举时通常要进行预测。美国也不例外。1936 年，美国《文摘》杂志为了预测总统竞选结果，曾经根据电话簿和私人汽车登记簿上的名单寄出了 1000 万张询问卡，进行调查预测，从调查的情况看，共和党候选人奥夫・兰登以 57% 票的优势超过仅占 43%票的民主党候选人富兰克林・罗斯福。但是，选举结果是罗斯福获胜，连任总统。这个结果与盖洛普的预测完全相同。

在一项“小学三年级成绩下降出现乱班的调查研究”中，确定了调查对象是“我县所有乡、镇小学全体三年级学生”。先把目标总体——某县 30 个乡、镇学校随机编为 30 个号码，抽取 5、10、15、20、25 号，选取为样本，并且，1~5 年级的平均及格率用X2 检验，检验三年级与一、二年级，三年级与四、五年级及格率的差异性。使用这个样本，得到了科学的研究结论。

【蓟运河.教育科研技能训练指导［M］.北京：中国林业出版社，2001：147.】

案例分析

案例指出，在大多数教育研究中，样本都是必需的。毕竟在自然科学研究和社会研究中，样本被非常广泛的使用。教育研究是作为一种对象性活动，如何确定教育研究的总体？教育研究的样本如何选取？这就需要学习、掌握抽样的理论。

由案例可见，研究的个体往往不能构成研究课题中所描述的总体，而是总体当中的部分。这是因为，一方面，总体研究有客观难度的限制；另一方面，按科学方法选取的样本能够代表总体。当然，选取不恰当的样本是不能代表总体的。比如，案例中预测结果的错误就是源于样本选取的不科学性，样本不具有代表性。

之所以《文摘》的预测不准确，因为《文摘》仅仅调查了富人，富人不能代表全体美国人。毕竟，公民的财富有不同的水平，即通俗说的“国有穷人，也有富人”。但是，“小学三年级成绩下降出现乱班的调查研究”成功了，说明样本可以具有代表性，可以代替总体。这是因为研究者使用了科学的系统抽样。同时，另外一种预测却获胜，其原因同样在于抽样的科学性。1936 年，乔治・盖洛普运用抽样调查正确地预测到罗斯福当选。他之所以成功，是由于运用了配额抽样调查法，保证了样本的代表性。此外，他还正确地预测了 1940 年、1944 年大选的结果。但是，1948 年，他运用分类抽样调查法也曾经导致预测失败。他预言共和党候选人战胜民主党候选人，结果恰恰相反。其原因在于样本的代表性出现了偏差。因为到 1948 年，经过第二次世界大战，美国大量人口从农村流向城市，而盖洛普对人口总体的认识仍然停留在 1940 年的状况——城市居民倾向于投民主党的票，因此，样本中过大的农村人口比例造成了对民主党投票人数的过低估计。

由案例还可见，候选人偏好变量是依存于公民，所以研究变量是研究其的载体，案例中选取公民、学生进行研究，也就是选取个体研究。因此，样本就是从总体中选取的一部分个体所构成的直接对象的集合。只要采取科学的方法，一定能够选取出具有代表性的样本。所以，抽样也是教育研究中的关键一环。

第二节 抽样

观点与原理

1. 抽样（sampling）：从总体中选择个体集合——样本作为研究直接对象的过程，即选取人的样本、物的样本或事情的样本的过程。抽样技术是教育研究中最常用、最基本的技术。

2. 抽样单位是将总体划分为个体的单位标准，如，性别、年龄、身高、教龄、学历等。抽样单位在总体的变量中选取。

3. 总体数量是总体中个体的数量，通常用N表示。样本容量是样本中所有单位个体的数量，通常用n表示。比如，在“教师的教学水平与年龄的关系研究”中，正确的抽取单位是教师的教学水平或者年龄，抽取学历为本科生、研究生的教师各20人则是错误的。

4. 抽样误差是样本和总体的差异。

5. 抽样的基本原则是：可获得性原则——基于现实条件能够抽取到研究必需的样本，概化原则——样本要满足能够最大可能表现总体所有特征的要求以尽可能提高概化程度，机会均等原则（随机性原则）——单位个体在总体中被抽取进入样本的机会是均等的。

6. 抽样一般分为随机抽样（也被称为概率抽样）和非随机抽样（也被称为非概率抽样）两大类，具体的，随机抽样包括简单随机抽样、分层抽样（也被称为分类抽样，抽样比率：$Rs=n/N$）、整群抽样（也被称为丛集抽样）、多级抽样（也被称为多阶段抽样），非随机抽样包括系统抽样（也被称为等距抽样，抽样间隔：$Is=N/n$）、方便抽样（也被称为就近抽样、偶遇抽样）、目的抽样（也被称为控制抽样、判断抽样、立意抽样、主观抽样）、滚雪球抽样、配额抽样（也被称为定额抽样、最大差异抽样）；抽样也可以分为单次抽样、双重抽样；抽样还可以分为一级抽样（也被称为一阶抽样）、多级抽样（也被称为多阶抽样）；抽样还可以分为主观抽样（即目的抽样）、客观抽样（除了目的抽样之外的所有抽样）。不同抽样内含着抽样方法，也产生了不同的样本类型。详见案例分析。

7. 就两类基本抽样方法而言，随机抽样越来越被广泛应用。

8. 抽样的程序一般有五步：规定总体（组成特征——内涵和外延、范围、单位、数量和规模）、确定样本容量、选择抽样方法（综合考查、因地制宜）、选取样本（基本原则）、评估样本与总体（之前、之后）。

9. 抽样策略是在运用一定的方法，尽可能将总体分解为若干小的或者更小的总体，再进行适当抽样。为减小抽样误差，常用的办法就是严格遵守抽样原则，遵循抽样程序，灵活运用抽样策略。

典型案例解读

案例 7.2：

抽样方法大全

1. 简单随机抽样

假定某年级有100位学生，我们希望抽取一个20人的样本，操作步骤如下：

第一步，给这 100 名学生每人编二个号码，从 0 到 99。如果这些学生已经有一些相关号码（学号），就可以加以利用而不必重新编号。第二步，查随机数字表（表 7–1）。从左边第一栏开始，从上至下，只取每组数字的前两位，可以得到 15，09，41……第三步，如果查到最后一栏的最后一组数字，不重复的两位数字仍不足 20 个的话，那么再回到左边第一栏，从上至下，取每一组数字的第 3、4 两位数，可以得到 81，28，12……依此类推，直到取足 20 个两位数为止。这20个两位数所代表的学生，就构成所期望的随机样本。

表 7–1　随机数字表（节选）

011723	223456	222167	032762	062281	565451
912334	379156	233989	109238	934128	987678
086401	016265	411148	251287	602345	659080
059397	022334	080675	454555	011563	237873
666278	106590	879809	899030	909876	198905
051965	004571	036900	037700	500098	046660
063045	786326	098000	510379	024358	145678
561965	345678	356789	033560	050521	342021
727009	344870	889700	324588	400567	989657
000037	121191	258700	099909	015360	223350
667899	234345	076567	090076	345121	121348
042397	045645	030032	657112	675897	079326
987650	568799	070070	143188	198789	097451
091126	021557	102322	209312	909036	342045

2. 分层抽样

如果要对某校 800 名学生的品德情况进行研究，抽取 40 名学生作为样本，那么，可先根据一定标准将 800 名学生分成优（160 人）、良（320 人）、中（240 人）、差（80 人）四个层次，然后从各层中用单纯随机抽样或等距随机抽样的办法计算出抽样比率k（40/800），按抽样比率从四个层次的学生中分别抽取相应的人数，即从优等中抽取 8 人（160 × 40/800=8），从良等中抽取16人，从中等中抽取12人，从差等中抽取4人，组成一个样本。

3. 分类抽样

假设要对某市中学的教育质量进行调查，已知该市有 60 所各类中学，其中市重点中学、区重点中学、非重点中学的比例为 1∶2∶7，样本总数为 20 所。那么，应用随机抽样方法从市重点中学抽取 2 所［20×1/（1+2+7）=2］，从区重点中学抽取 4 所，从非重点中学抽取 14 所，组成样本总体。这样，在样本总体中，三类学校的比例仍然是 1∶2∶7，与原来的总体结构相同，样本可以代表总体。

4. 多阶段抽样

在一个课题“大连市小学生友善价值观的调查研究”中，研究者为了通过随机性保证样本的代表性，首先在市内四区中分别随机选取了 100 所小学，在每个小学每个年级随机选取了 20%个班级［如果有 5 个班就选 1 个班（5×20%=1），如果不足 5 个也选 1 个班，以此类推］，最后又从每个班级中选取出 30%的学生（计算方法同上），选取出的所有学生构成样本。

5. 系统抽样

要在 1500 名学生中抽取 100 名学生作为一个样本，抽样比率为 15（1500/100=15），那么可以将 1500 名学生依次编码，再在 1~15 的数字之间随机抽样取一个数码，以确定作为样本的第一名学生，然后按顺序每隔 15 个抽取一名学生作为样本。假设所抽取的随机数码是 9，那么学生名单上的 24，39，54，69……等号码就成为被抽中的第 2 至第 100 名学生，与 9 号一起组成一个样本。

假设我们从某市抽样调查该市高三学生的智力水平，已知该市有两所重点学校（高三学生分别为 150 人和 100 人），根据总体及样本容量的要求；决定每隔 200 人抽取一个。假设一所重点学校学生的编号是 509 至 609，另一所重点学校学生的编号是 1，250 至 1，400，进行等距抽样时若从第 10 号开始抽，则抽到的学生为 10，210，410，610……这样，另一所重点中学的学生一个没有抽到，这说明等距抽样在这种情况下显然是不合适的。

6. 方便抽样

一名教师要研究学生上课时的学习行为，她选取了坐在班级前五排、居中 4 列的 20 名学生作为样本。

7. 目的抽样

一个研究生想知道 65 岁以上的退休老人对于自己的黄金时代的感受。他的一位导师是研究成年和老年问题的专家。这位教授告诉他，地方退休工人活动中心是 65 岁以上退休老人的一个代表性的部分。于是，他决定访谈这个协会中的 50 个成员，听听他们的想法。再如，“教师对学生作文中的错别字情况的研究”中，教师选取了自己所教班 42 名学生一个学期的作文作为样本。

8. 整群抽样

我们想对四年级新的拼写教学方法进行实验。从沙河口区各校的全体四年级学生中随机抽取 300 个学生，并且只对这散布于多所学校、多个班级（可能有的班级只有 1 人）的 300 个学生使用新的教育方法。这样无法实现研究目的。所以，我们需要用到四年级的各班，这种情况下至少要从各学校四年级的全部班级中随机抽取六个班接受实验处理。

9. 滚雪球抽样

研究者打算研究市教育局公务人员的教师观，但是，去试了几次都无法找到足够的研究对象，样本容量不能满足研究需要。研究者就找到了朋友，他的朋友给他介绍了 2 个教育局公务员，对他们研究之后，又通过他们两个人“滚雪球”般联系到了更多的人，得到了足够多的样本，成功实现预期研究目的。

10. 配额抽样

如表 7–2 所示，完全参照各年级人数在总体中的占比，使样本中各年级的占比与总体完全一致。

表 7–2　配额比例

年级	总体数量	比例/%	样本容量	比例/%
初一	240	31.58	76	31.58
初二	260	34.21	82	34.21
初三	260	34.21	82	34.21
合计	760	100	240	100

11. 双重抽样

一位教师对学生作文中错别字情况进行研究，选取了两个样本，一个样本是从第一篇作文的总体选取了全班 50 名同学当中的 20 名学生。又从余下的作文中选取了 10 篇作文作为第二个样本。

【①钟海青.教育科学研究方法［M］. 广西师范大学出版社，2002：70–72.②陆有铨，马和民.走向研究型教师之路——教育研究方法与应用［M］.杭州：浙江电子音像出版社，2002：28.③艾尔・巴比.社会研究方法［M］.邱泽奇，译.11 版.北京：华夏出版社，2009：205.】

案例分析

定义隐含于操作之中。教育研究中的定义可以分为抽象定义和操作定义。本案例中各种抽样方法的操作过程规定了各种抽样方法的操作定义内涵。

简单随机抽样就是像抽签一样利用随机数字表抽取样本；分层抽样，也被称为分类抽样，就是按照总体变量的类别或程度，把这个总体分成若干个层次或类别，在每一个层次或类别当中，按照一定的抽样比率或各类间比例选取样本；整群抽样就是将个体原有的群集/组织整体抽取出来，群集/组织中的所有个体构成样本。教育研究中的组织主要有学校、学院、年级、班级、专业、教研组、年级组、教研室等；多阶段抽样，也被称为多级抽样，是将整群抽样所得到的样本，从中再抽出一些个体作为样本。如果分两次抽样，就称为两阶段抽样。分三次，就称为三阶段抽样。超过三次，就称为多阶段抽样。

系统抽样就是按照抽样间隔抽取样本；方便抽样就是图方便就近抽取样本；目的抽样就是根据一定的目的对总体进行判断后选取符合研究目的的样本；滚雪球抽样就是根据既有研究对象的建议找出其他研究对象的累积过程；配额抽样，也称为定额抽样，是完全参照总体的各项特征，在每个层次里按比例抽样，使样本与总体各层、各特征完全一致；双重抽样就是在一个研究中的总体中先后抽取 2 个样本。它们统称为非随机抽样。

由各种抽样方法可见，抽样策略是在运用一定的方法，尽可能将总体分解为若干小的或者更小的总体，再进行适当的随机抽样。“决定样本规模的首要条件是一个分析规划，这个分析规划的关键部分通常不是有关整体样本的置信区间的估计值，而是总体内结合部分总体的一些评估值形成的那些子群的大概情况。典型的情况是，设计过程很快就进行到在需要数据的总体中分出更小的组群，然后，研究者对所需样本规模进行估算以便确定一个小而充分的子群样本。大多数样本规模的确定并不关注对总体的估算，而是关注那些重要的最小子群能容许的最小样本规模。”

【福勒. 调查研究方法[M]. 孙振东等，译. 重庆：重庆大学出版社，2004.】

案例中的总体有人，有物，也有活动，样本是由总体决定的。由于总体的多样性，样本也是多样的。结合案例，可见样本可以由人构成，也可以由物构成，还可以是事件构成；它既可以是学生，也可以是教师，还可以是家长；它既可以是学生的行为，也可以是学生的学习成绩，还可以是学生的道德观念；它既可以是单个学生的表现，也可以是几个学生的合作或冲突事件；它既可以是期刊，也可以是学生作业，还可以是学生作品，或者学生的成绩单；它既可以是文本的，也可以是电子的，还可以是实物的，还可以是人的口述。样本的多样性也告诉我们，选题时要思维灵活，可以从变换样本的角度选题；还告诉我们，教育研究资源、资料是极为丰富的。

从科学方法和技术来看，抽样是由明确总体、选择样本到确定样本的过程，抽样科学性要求必须遵循科学的抽样原则，讲究方法，运用合理的程序。

抽样的基本原则有：①抽样要遵循可获得性原则，样本必须是由研究者可获得的个体组成。②抽样要遵循概化原则，也就是通过分析总体特征和拟抽取样本的特征并进行比较，使样本与总体具有相同或相似的特征。如何判断样本的代表性？一般地，可以使用抽样框（参见思想资源）来确定总体的所有特征。再有就是在可能的条件下，使用配额抽样、概率抽样。抽样要客观，还要遵循机会均等原则，即每个个体成为样本个体的机会是相同的。

科学抽样离不开科学操作程序。抽样的五步程序是：规定总体（组成特征——内涵和外延、范围、单位、数量和规模）、确定样本容量（参考思想资源）、选择抽样方法（综合考查、因地制宜）、选取样本（基本原则）、评估样本与总体（之前、之后）。为了保证样本的代表性，首先需要规定总体，并全面分析总体。抽样方法的选择，可以依据抽样原则对每一种抽样方法选取的样本进行分析、评价，并对所有抽样方法进行比较：抽样的可行性、科学性、经济性，从中选择出适切性最强的抽样方法。最后一步是对样本进行科学评估。根据特定的研究目的，具体的研究内容，具体的研究情境，综合考查可行性、经济性。而且，评估不仅仅是样本分析阶段，在实际抽取出样本之后，更应该评估样本的代表性特征。

思想资源

一、抽样的标准

可希指出，一个优秀的抽样设计应满足 4 个方面的标准：①目标定向；②可测性；③可行性；④经济性。

目标定向的原则是指对抽样方法进行设计时要以研究方案和研究目标为依据。以研究的问题为出发点，为获取数据和进行预分析进行必要的测量在抽样活动中也有重要的意义。在决定哪个抽样设计最符合研究目的时，这些因素都会被考虑到。

可测性原则是指抽样设计要为必要的分析提供数据。如果一个抽样设计有可测性，那就可做出对推断统计非常有用的样本变量的有效估计（推断统计将在第 15 章讨论）。可测性使得研究者能从样本数据有效推断出总体特征。

可行性原则就是指应用某一抽样设计的实际活动已被证明在现实情境中是行得通的，它也意味着企图预料所出现的问题并设计处理这些问题的方法，这就等同于做出与实际情况相吻合的理性抽样设计。

经济性原则在很大程度上取决于自我解释。教育研究的经费往往是有限的，经济性原则就要求研究目标要与可得资源相吻合。资源包括：时间，财力，人员等等。由于获取研究方案所要求的数据是以时间和金钱为代价的，一个优秀的抽样设计就不该存在浪费为收集数据所付出的劳动的问题。

同时最大限度地满足以上 4 个原则是不可能的，所以为发展一个抽样设计而作的为满足以上 4 个原则的努力就常常成了一个平衡的问题。举例来说，为加强可测性，研究者可把样本容量增至最大但同时却牺牲了经济性原则，预期所有问题是不可能的，但即使是一个有问题的设计也可以行得通并由此获得足够的可行性。最重要的一条综合性原则就是抽样设计应是可行的并能充分包容所要研究的问题。

【威廉・维尔斯曼.教育研究方法导论［M］.袁振国，译.北京：教育科学出版社，1997：347-348.】

二、抽样类型

（一）抽样有两大类型：非概率抽样和概率抽样

社会研究经常遇到无法选择（大规模社会调查使用的）概率样本的情形。如果要研究无家可归者，不但没有一份所有无家可归者的现成名单，也不可能造一份这样的名册。此外，你们会发现，即使有可能进行概率抽样，有时却也并不适当。在这种情形下，就该采用非概率抽样（nonprobability sampling）了……就近抽样、目标式或判断式抽样、滚雪球抽样以及配额抽样。

非概率抽样中常用到线人。线人是对你所渴望研究的社会现象相当熟悉的人，而且他还愿意告诉你他所知道的。通常，线人应该是研究对象的群体中具有代表性的人物，但也具有边缘性，它不仅会对你们的观念造成偏误，而且也会限制了他（从而导致你）进入你们要研究的社区的其他方面。

概率抽样，即根据概率理论来选择样本的方法的总称。一些随机选择机制就是典型。具体的概率抽样类型包括EPSEM（在这种样本设计中，总体中的每个成员都具有相等的被选进样本的机会）、PPS（即概率比例抽样，是一种多级整群抽样，其中的群被选取的概率并不相等，其被选中的概率和其规模大小——根据其子样本的数量来衡量——成比例）、简单随机抽样和系统抽样。概率抽样背后的基本观念是：要对总体进行有用的描述，从该总体中抽样出来的样本必须包含总体的各种差异特征。然而，要做到这一点却并不容易。我们先看看研究者容易出错的地方，然后就会了解为什么概率抽样是一种让研究者选取充分反映总体内部差异的样本的有效方法。

概率抽样的一个基本原则是，如果总体中的每一个体被抽取为样本的概率相同，那么，从这个总体中抽取的样本具有对该总体的代表性（就是样本具有跟其所从中挑选出来的总体相同的特征，通过对样本的分析所得出来的描述和解释也同样适用于总体，代表性给概化和推论统计提供了可能性）。具有这一性质的样本通常被称为EPSEM。

概率抽样具备两项独特的优点：第一，概率抽样虽然无法完美地代表总体，但较其他抽样方法更具代表性，因为它能避免我们讨论过的各种偏见。在实践中，概率样本比非概率样本对总体更具代表性。第二，更重要的是，概率理论使我们能够估计样本的精确度及代表性。也许，一位对总体并不了解的研究者通过完全随意的方式可以选出能够完全代表总体的样本。但这种可能性很小而且我们无法估计样本的代表性。相反，采用概率抽样方法，能对样本的成功或失败提供精确的估价。概率抽样保证了样本是我们所要研究的总体的代表，概率抽样依赖于对随机选择程序的使用。不过，为了发展这个观念，我们需要赋予两个重要术语更为精确的意义：要素和总体。

要素（element）是收集信息的单位和进行分析的基础。通常在调查研究中，要素是指人或一定类型的群体。而其他类型的单位也可作为社会科学研究的要素：家庭、俱乐部或公司都可以作为研究的要素。在一个既定研究中，要素和分析单位往往是相同的，前者用于抽样，而后者用于资料分析。

就目前而言，我们所说的总体是指我们感兴趣的、试图概括的群体或者集合体。更为正式地说，总体（population）是理论上研究要素的特定集合体。虽然模糊的“美国人”这个词可能作为研究的目标群体，但对总体的描绘应包括对“美国人”这一要素的界定（例如，公民权、居住地）以及研究的时间段（什么时候的美国人）。研究总体指的是从中选抽出样本的全体要素总和。

【艾尔·巴比.社会研究方法［M］.邱泽奇，译.11版.北京：华夏出版社，2009：184-191.】

（二）简单随机抽样和分层随机抽样

在简单随机抽样中，要确定总体中的所有个体都有成为样本一员的同等的和独立的机会。“独立”的意思是指一个个体的选择不会影响到任何其他个体的选择机会。可以给总体中的每个个体编上号码再利用计算机的随机数字功能抽取，或者用随机数字表来选取所需数量的个体……如果问卷或电话访谈的应答率低于70%，你应该对样本的随机性有所注意。

分层随机抽样是一个保证样本能够代表总体中具有一定特征的个体的程序。通过这种方式选取样本，研究者可以保证他们将研究这些特征以及它们与其他变量间的关系。例如，假设研究者想了解来自三个不同家庭环境（单亲母亲，单亲父亲，双亲家庭）的男孩和女孩对待数学的态度是否不同。如果研究者从学区的学生名单中进行简单随机抽样，他们也许在下面六个类别中的某一个只能抽取到极少或根本抽取不到学生：①有单亲母亲的男孩；②有单亲母亲的女孩；③有单亲父亲的男孩；④有单亲父亲的女孩；⑤有双亲的男孩；⑥有双亲的女孩。

为了保证样本能够代表所有六个组，研究者可以使用分层随机抽样。他们可以把每一个组（在抽样术语中每个组称为层，stratum）看成一个单独的总体，然后从每个组中抽取一定数量的随机样本，这样就保证了各个总体在各自样本中都有足够的代表。另一种选择是抽取不同容量的随机样本（但每一个容量中要有足够的数量），这样在每一组样本中学生的比例与他们在总体中的比例相同。这个程序称为比例随机抽样（proportional random sampling）。

【高尔，等.教育研究方法：实用指南［M］.屈书杰，等，译.5版.北京：北京大学出版社，2007：127-128.】

三、确定样本容量

1. 相关性研究的样本容量不小于30单位，实验或因果比较研究的样本容量每组被试不少于15单位，针对全部班级的研究每个研究处理至少要有5个班级。

【查尔斯.教育研究导论［M］.张莉莉，等，译.北京：中国轻工业出版社，2003：127.】

2. 确定样本数的范围（表7–3）。

表7–3　样本容量百分比　　单位：个

总体规模	100以下	100~1000	1000~5000	5000~10000	10000~100000	100000以上
样本占总体的比重	50%以上	50%~20%	30%~10%	15%~3%	5%~1%	1%

【陆有铨，马和民.走向研究型教师之路——教育研究方法与应用［M］.杭州：浙江电子音像出版社，2002：42.】

3. 在描述性研究中，样本容量必须不少于100单位；在相关研究中，至少50单位的样本容量是必要的；在实验研究和因果比较研究中，每个实验组至少包括30单位。

【弗林克尔·瓦伦.教育研究的设计与评估［M］.蔡永红等，译.北京：华夏出版社，2004：113–116.】

4. 详细的参考（表7–4）。

表7–4　从给定的总体中确定的样本大小一览表

N	S	N	S	N	S
10	10	220	140	1200	291
15	140	230	144	1300	297
20	19	240	148	1400	302
25	24	250	152	1500	306
30	28	260	155	1600	310
35	32	270	159	1700	313
40	36	280	162	1800	317
45	40	290	165	1900	320
50	44	300	169	2000	322
55	48	320	175	2200	327
60	52	340	181	2400	331
65	56	360	186	2600	335
70	59	380	191	2800	338
75	63	400	196	3000	341
80	66	420	201	3500	346
85	70	440	205	4000	351
90	73	460	210	4500	354
95	76	480	214	5000	357
100	80	500	217	6000	361
110	86	550	226	7000	364
120	92	600	234	8000	367
130	97	650	242	9000	368
140	103	700	248	10000	370

续表

N	S	N	S	N	S
150	108	750	254	15000	375
160	113	800	260	20000	377
170	118	850	265	30000	379
180	123	900	269	40000	380
190	127	950	274	50000	381
200	132	1000	278	75000	382
210	136	1100	285	1000000	384

注：N为样本容量，S为总体数量。

【裴娣娜.教育研究方法导论［M］.合肥：安徽教育出版社，1995：120.】

四、避免常出现的错误

（一）常见的抽样错误

1. 确定的总体不正确

在抽样时如果确定了不正确的总体，那么不论具体抽样的方法怎样准确，都不会得到合适的样本。如：我们研究的问题是“小学教师的工作量问题”，而我们在抽样时，把城市的小学教师作为抽样的总体，只是在这部分人中抽取样本进行调查。显然，这个总体对于这个研究题目来说范围就缩小了，抽取的样本也不能代表所有的小学教师。因此，在抽样之前要准确地确定研究的总体。

2. 选取过于小的样本，为统计分析造成困难

样本的容量要与具体的研究方法相适应。如果样本太小，就会影响研究的效果。在抽样之前先要认真分析研究课题的性质和所需要样本的大小。样本过大会造成浪费，样本过小则达不到预期的效果。

3. 选用自愿者作为被试，对研究效果也可能产生一些影响

有时在研究中选用了自愿者作为对象，就应该事先作一些分析，确定这些自愿者与非自愿者是否有明显的差异。如果存在某些明显的差异，就可能影响研究的效果，这时就应该放弃以自愿者为被试。如果不存在明显的差异则可以采用。

4. 采用不恰当的抽样程序

抽样中如果不按正确的抽样程序做，也会影响样本的可靠性。如简单随机抽样是运用随机数表来确定样本，如果没有随机数表，而指定一些个体作为样本，就可能不具备代表性。

【马云鹏.教育科学研究方法［M］.长春：东北师范大学出版社，2001：72-73.】

（二）有意识与无意识的抽样误差

乍看之下，你们或许认为抽样是一件简单明了的事，例如，如果你要选出 100 位大学生的样本，你可能就是到校园里绕一圈，访问你遇到的 100 名学生。这种抽样方法经常为一些未经训练的研究者所使用，但这种方式存在着严重的问题。

与抽样相关的误差，意味着这些被挑选出来的样本并不典型或者对总体没有代表性。这种误差并不一定是有意识的。事实上，如果你随意进行抽样，这种误差就肯定会存在。

抽样中还存在一些其他问题。首先，你们自己的成见可能会使你们的样本无法真实地反映总体。假设你们对一些看起来很酷的学生心存畏惧，认为他们可能会嘲弄你们的研究。

【艾尔·巴比.社会研究方法（第11版）[M].邱泽奇，译.北京：华夏出版社，2009：188-189.】

（三）减少抽样误差：抽样框

抽样框是总体要素的列表或者准列表令人惊讶的是，在一般的社会研究文献中，总体与抽样框议题并未引起很多的注意。正因为如此，我在此对这些议题投注了较大的心力。下面我对需要记住的主要要点进行一个小结：

1. 根据样本所得的研究成果，只能代表组成抽样框的各个要素的集合。

2. 通常，抽样框并未真正包含所有的要素。因此，省略几乎是不可避免的做法。所以研究人员的首要任务是先评估被省略的内容，继而在可能的情况下进行更正（当然请务必了解，研究人员可能会认为，不必在意那些不容易被更正的小部分内容）。

3. 即使总体与抽样框是一致的，为了说明组成抽样框的总体，所有要素必须具有同等的代表性：基本上，所有的要素应该只在名单中出现一次。在名单中出现多次的要素会有比较大的机会被抽到，因此，这样的调查结果将会有偏差。

举例来说，抽样框的形式（例如出版的名册，3×5卡片档案，电脑磁盘或录音带）会影响资料使用的难易程度。因此，便利性经常先于科学研究的精确性，一份“便利”的名单可能会比“牢靠”的名单更易获得青睐，虽然后者对目标群体来说更为适宜。我们对这点不做武断的定论，但每一位研究人员都应该慎重评估各种方法的相对优缺点。

【艾尔·巴比.社会研究方法[M].邱泽奇，译.11版.北京：华夏出版社，2009：201.】

五、研究类型与抽样的关系（表7-5）

表7-5　研究类型与抽样

研究重点	社会行为	过去的状况/情况	现在的状况/情况	相关/预测	革新	评价	因果率
样本类型	整群样本；目的样本	通常没有	随机样本；分层样本；整群样本；目的样本	随机样本；分层样本；整群样本	整群样本；方便样本	随机样本；分层样本；整群样本；目的样本	随机样本；分层样本；整群样本

能力训练

范例7.1：

抽样方法的回顾

下面我们使用同样的假设来说明前面介绍的各种抽样方法：

低自尊学生的学科成绩表现较低

目标总体：加利福尼亚所有八年级学生。

可获得总体：加利福尼亚旧金山海湾（San Francisco Bay Area）（共七个县）所有八年级学生。

可行的样本容量：n=200~250。

简单随机抽样：将这七个县中所有公立学校和私立学校中八年级的学生姓名全部列出来（估计八年级学生总数= 9000）。给每个学生编号，然后用随机数字表选出其中的 200 人作为样本。这样做的困难在于：确定出旧金山海湾地区的所有八年级的学生，并且要与近 200 所不同学校联系（有可能）以便对这些学校中所选取的一两个学生实施测验，这样做是特别耗时的。

整群随机抽样：确定出旧金山海湾地区七个县中的所有公立、私立学校，给每个学校编号，然后随机选出四所学校，将这四所学校中所有的八年级学生选入样本（我们估计每所学校有 2 个班级，每班有 30 个学生，因此大约共有 2 × 30 × 4=240 个学生）。整群抽样与简单随机抽样相比，其操作的可行性更高，但是它也有一定的局限性，因为只用到了四所学校的学生，即使这四所学校是随机选出的，也可能会出现偏差。比如，仅有的四所被选中的学校中可能没有私立学校。

分层随机抽样：获得公立学校和私立学校中各自的学生总数，然后分别确定两类学校学生总数在全部总体中所占比例（比如，公立学校的占了 80%，而私立学校的占了 20%）。然后确定样本中每类学校学生的人数：公立学校=80% × 200 人=160 人；私立学校=20% × 200 人=40 人。最后再分别从公立和私立学校两个子群中随机抽出 160 名和 40 名学生。分层随机抽样也可以用来确保样本在其他变量上的代表性。这种方法的困难在于：研究者需要事先知道各层在总体中所占的比例，当需要考虑的变量增加时，抽样难度就会随之增加。试想一下，如果我们不仅要根据学校类型，而且还要根据学生的民族、性别、社会经济地位和教师的性别、资历等来分层，那么，这种抽样将会变得多么困难!

两阶段随机抽样：从可获得总体中，随机选择 25 个学校，然后从每所学校中随机选择 8 个八年级学生（n=8 × 25=200）。这种方法比简单随机抽样更为可行，但又比整群抽样更具有代表性。在这个例子中，可能分段抽样是最好的抽样方法了。不过，这种抽样方法依然需要获得进入25所学校、并能从每所学校收集相关信息的许可。

方便抽样：抽取研究者容易获得的四所学校所有八年级学生作为样本（n=30 × 4 × 2=240）。这种抽样方法得到的结论很难推广到除选中的 4 所学校以外的其他学校，除非有强有力的证据表明从这些学校中收集到的数据与从所有可获得学校中收集的数据很相似。

目的抽样：从七个县中选择八个班级的学生作为样本，选择的根据是人口统计学数据表明他们可以代表所有的八年级学生。要特别注意自尊和成绩两个因素。但问题是有关这两种因素的数据可能很难得到，而且，无论如何，我们也还是不能消除样本和总体在其他变量上可能存在的差异—比如教师态度和可利用的资源等。

系统抽样：将每所学校的学生姓名按字母顺序排列在名单上，每隔 45 个人选择一个学生进入样本。

样本中的200个学生/总体中的9000个学生=1/45。

这种方法不仅和简单随机抽样一样麻烦，而且还有可能产生一种有偏差的样本，因为每所学校的第45个学生，其姓名的开头字母可能在字母表的最后三个字母中（请记住，每所学校大约有60名八年级学生），这可能会引入民族和文化上的偏差。

【弗林克尔·瓦伦.教育研究的设计与评估［M］.蔡永红等，译.北京：华夏出版社，2004：111–112.】

范例7.2：

对大学生进行抽样

为了达到理论联系实际的目的，我们来看一个实际的抽样设计，即在大学生中进行抽样。此研究的目的在于，通过邮寄问卷方式对1969年进入夏威夷大学校本部就读的学生进行截面研究（即以代表了某个时间点的观察为基础的研究）。下面是选择样本时所进行的步骤。

研究总体和抽样框

本研究可以使用的抽样框，是大学教务处保留的学生电脑档案资料。磁带上的资料包含学生的姓名、目前及永久住址、社会安全号码以及其他许多信息（例如研究领域、年级、年龄以及性别等）。

电脑的资料库包含了所有学生（这一定义过于宽泛）的资料，很显然，有些学生并不适用于这一研究目的。因此，我们必须界定一个较严格的研究总体。最后确定的总体包括1968年秋季于该大学曼诺阿校区注册的所有15,225个全日制学生，也就是所有院系的研究生及本科生、本国学生和留学生都包括在内。因此，用以抽样的电脑程序将符合此定义的所有学生挑选出来。

分层

电脑抽样程序可以在抽样前先对学生进行分层。虽然按年级分层的学生可再按性别、学院、专业以及其他变量进行细分，研究人员认为对本研究而言，按班级分层就足够了。

样本选择

一旦学生按班级排列，我们便可以对重排后的学生名册进行系统抽样。本研究最初设定样本容量为1100人。为获取该样本，抽样比率被定为1/4。程序首先产生一个介于1到14的随机数，然后将符合此号码的学生以及从他开始的每第14个学生选入样本中。

当样本完全选出后，电脑便会将每个入选学生的姓名以及通信地址打印在不干胶邮寄标签上。然后，研究人员便可将这些标签贴到信封上以寄出问卷。

样本修订

邮寄问卷之前，研究人员发现由于问卷制作费超支，现有经费不足以邮寄1100份问卷。为此，我们不得不修订样本。研究人员以系统抽样方法（随机起始）在已选出邮寄标签中剔除1/3。这样，最后的研究样本减为733个。

我们在这里提到对样本的修订，是为了说明研究计划进行途中，经常要进行部分改变。由于从原始系统抽样获得的样本中被剔除出去的学生也是以系统抽样方法选取的，因此，所剩下的773个学生仍然能很好地代表研究总体。当然样本容量的减少也将使抽样误差增大。

【艾尔·巴比.社会研究方法［M］.邱泽奇，译.11版.北京：华夏出版社，2009：207–209.】

思考题

一、论述抽样的方法与过程。

二、抽样的程序是什么?

三、抽样基本原则有哪些?

四、分析抽样策略。

五、试论分层随机抽样和整群抽样之间的区别。从所包含的层、群、层内成员或群成员几个方面予以说明。

六、依据前面确定的教育研究课题、研究变量和研究假设述，设计抽样方法，选取一个研究样本。

拓展阅读

[1] 艾尔·巴比.社会研究方法[M].邱泽奇，译.11版.北京：华夏出版社，2009.

[2] 高尔，等.教育研究方法：实用指南[M].屈书杰等，译.5版.北京：北京大学出版社，2007.

[3] 弗林克尔·瓦伦.教育研究的设计与评估[M].蔡永红等，译.北京：华夏出版社，2004.

[4] 查尔斯.教育研究导论[M].张莉莉，等，译.北京：中国轻工业出版社，2003.

[5] 约翰·W.克雷斯威尔.研究设计与写作指导：定性、定量与混合研究的路径[M].崔延强，译. 重庆：重庆大学出版社，2007.

[6] 叶重新.教育研究法[M].台北：心理出版社，2001.

[7] 马云鹏.教育科学研究方法[M].长春：东北师范大学出版社，2001.

[8] 李方.现代教育研究方法[M].广州：广东高等教育出版社，2004.

自我反思建议

当确定了研究的主题之后，也就确定了要研究的对象是哪一类人或者一群人的什么问题，那么是不是所有的这一类人你都能研究呢？通常不行，所以，你是从你确定的这一类总体中选择样本开展研究。这就需要了解、掌握什么是样本，样本与总体是什么关系。尤其要理解并掌握如何选取样本。如何抽样呢？这就要掌握抽样的原则、抽样的策略、抽样的方法。并且，你还要根据前面你所确定的选题，进行抽样试验，来检查你对抽样技术掌握的情况。

第八章　如何写研究计划：撰写教育研究计划的技术

学习导航

教育研究始于问题，谨守规范，把握程序。在前面诸种技术认知的基础之上，若正式实施教育研究，必须全面、充分、严谨论证本课题的必要性、可行性、创新性。这就要会撰写研究计划。那么，研究计划写什么？怎么写？要把握住哪些重点？这些问题会带领你揭开撰写研究计划和开题报告之密，帮助你掌握更多获取知识的科学手段，对教育研究的认识也会越发全面、深入。

学习目标

1. 了解教育研究计划、开题报告的性质、内涵。
2. 掌握教育研究计划的基本结构。
3. 理解研究目的、研究意义的撰写要领。
4. 熟悉撰写开题报告的实践技巧和常犯错误。
5. 能独立完成一份简单的研究计划或学位论文开题报告。
6. 熟读案例分析和思想资源，建构教育研究计划的理论。
7. 独立完成案例和范例的分析。

第一节　教育研究计划

观点与原理

1. 教育研究计划是为传达研究者的意图，在正式实施研究之前，在比较全面分析文献、变量、样本，通常还有假设的基础上，对整个研究作出的全面规划，对研究的各项工作进行的合理、恰当、具体的安排。它表现为论证报告、开题报告、课题申请书。

2. 制定教育研究计划的步骤：①课题的全面思考（首先要区分是定量研究还是定性研究）；②内涵的深刻理解；③时间的度量；④外部因素的系统分析；⑤论证。其中核心环节是内涵——计划的内容结构、对研究的理论资源的精心准备和阐述，重点是收集和分析研究数据资料的计划及其论证。

3. 教育研究计划的作用在于，①有助于强化教育研究的使命感；②有助于把牢教育研究方向；③有助于明界循序；④有助于守正出新。

4. 教育研究计划的基本内容有研究题目、对研究目的与意义的说明（包括研究的缘起或问题的提出）、研究内容（问题、变量、假设、定义）和预期突破的难题、文献综述、研究思路和方法（包括样本、研究工具）、研究工作方案和进度、已有研究工作基础和有关条件、研究成果预期去向及使用范围、经费预算及需购置的材料。

5. 制订教育研究计划必须遵循前瞻性、科学性、具体性、开放性等基本原则。

典型案例解读

案例8.1：

三份教育研究计划书

一、调查研究设计案例

这是一个采用解释性研究、横向研究和抽样调查设计的，最流行的统计调查模式。其特点是建立因果模型、定量分析、大样本调查。

（1）课题：X地中学影响师生人际关系的原因研究。

目的：通过对X地中学影响师生人际关系的各种因素的分析，建立能解释中学师生人际关系一般模式的理论模型。这一研究既具有理论意义，也具有应用价值。但研究者更注重前者。

理论假设：影响中学师生人际关系的主要因素有七类——教师专业素质、教师人格特点、教师评价手段、教师教学效果、教师管理方式、学校文化因素、中学生身心特点。其中后两种因素起独立的影响。

研究假设：通过对前五类因素的具体化和经验推演，筛选出10个影响师生人际关系的自变量：教师对教学内容的熟悉程度；教师的教学方法；教师调动积极参与课堂教学活动的学生数量；教师的普通话能力；教师采取民主、专制或放任的课堂管理方式；教师的教龄等。将它们与因变量（师生人际关系测量的得分）联系起来，就构成了一个解释中学生与教师人际关系的因果模型。

（2）研究设计类型：解释性研究、横向研究和抽样调查。

研究方法：以调查研究为主，结合实地研究。

具体方法：采用问卷法收集数据资料、利用计算机进行统计分析（相关分析、回归分析）。此外还要结合现场观察、深度访谈、文献收集等方法。

（3）分析单位：主要分析单位是学生；辅助的分析单位有校长、教导主任与班主任。

（4）研究内容：略。

（5）抽样方案：研究总体是某省农村地区的中学生。

选点：选择四个有典型意义的县中，再在这四个中学中确定高一、高二、高三年级各200人。以这 $4 \times 3 \times 200=2400$ 人来代表某省农村地区的中学生。这一阶段的抽样采取了非概率抽样（被抽样的县中是主观选择的）；第二阶段的抽样是从2400人中采取概率抽样的方法（等距抽样，每5人中选3个），抽出1440人。

（6）设计调查问卷：基本问卷是调查学生喜欢什么样的教师；辅助问卷是调查学生的各项情况（年龄、性别、社会交往、家庭背景）等。

（7）调查时间：正式调查是2001年4月—6月。

调查场所：学校。

调查计划：正式调查前，进行文献考察和实地考察，走访了部分中学生、部分教师；进行了前期问卷调查。然后开始正式调查，包括时间安排。

（8）研究经费与物质手段：略。

（9）研究人员：略。

二、实地研究设计案例

（1）课题：性犯罪者学生研究。

研究目的：通过对性犯罪者的观察和访问，建立一种“如何成为性犯罪学生”的过程理论。这一研究对于人们认识越轨行为的产生过程具有普遍意义。

理论设想：心理学者常常以个人心理特征来解释越轨行为。但本研究的设想：越轨行为是一系列社会经历连续作用的结果。学生在这一社会经历中逐渐形成了一定的观念、认知和情景判断，导致了一定的行为动机或行为倾向。在研究之前，没有明确的研究假设和理论概念，它们有待于研究之后形成。

（2）研究设计类型：描述性研究、纵向研究（追踪研究）和个案调查。

研究方法：实地研究，通过无结构访谈、长期观察来收集资料，运用“列举归纳”和理解法来整理和分析资料。

（3）分析单位：个人。

研究内容：个人经历、个人对异性的态度变化、成为性犯罪者的过程、性犯罪的变化。

（4）抽样方案：非概率抽样（滚雪球式）。研究者以他所熟悉的性犯罪学生为首批调查对象，然后通过他们再介绍更多的性犯罪学生。共调查30人。

（5）访谈提纲：根据研究内容进行询问、访谈，作详细的访谈记录或录音。

（6）调查时间、场所：由被访问者选择他们认为合适的时间、地点。

时间计划：在第一次访问后间隔几个月再进行访问，共访问两三次。调查时间约一年。课题组有三人，每人负责自己的调查对象。

（7）研究经费和物质手段：略。

此例说明实地研究设计的特点：不事先制定严格的假设和调查指标，对少量个案进行长期观察，采用定性分析，运用归纳法建构理论。

【陆有铨，马和民.走向研究型教师之路——教育研究方法与应用［M］.杭州：浙江电子音像出版社，2002：49-51.】

三、教育观察研究设计案例

霍利是一位做实习教师工作很有经验的教师，一段时间以来她对这样一个问题很感兴趣，即是否可以根据实习教师的个人特点预测其教学实习成绩。为此，她根据前面所介绍的步骤设计了有关该问题的一项研究。

1. 研究主题和研究问题

当霍利决定研究是否可以根据实习教师的个人特点预测其教学实习成绩时，研究就开始了。她暂定研究题目为“根据实习教师的个人特点预测其教学实习成绩”，并做了研究问题的陈述：

本研究的目的是确定是否可以根据实习教师某些确定的个人特点预测其教学实习成绩。

霍利简要说明了研究的重要意义，认为教学实习花的是纳税人的钱，因而较好地做预测就意味着节省金钱和其他资源，但是目前还没有什么可靠的因素可以用来预测教学实习成绩，而且对于教学实习成绩是否更多地依赖于个人因素、而不是智力因素或年级平均成绩这一问题已有研究者做过思考，但还缺乏证据支持。然后她说明了研究的局限（包括参与者的获得、教学实习的安排、有关的学校和教师）和研究范围的限定（包括研究持续的时间、要研究的个人特点、评估个人特点和教学实习成绩的工具和程序）。最后，霍利定义了研究中的主要术语，其中包括教学实习、教学实习成绩、个性、个人特点。

霍利的研究既有要解决的研究问题，也有零假设，她的零假设是：

教学实习成绩与实习教师某些确定的个人特点之间不存在相关。

她的研究问题是：

可以用实习教师的个人特点预测其教学实习成绩吗？

以下是该研究问题的子问题：

（1）教授和教师们认为实习教师的哪些个人特点对实习成绩来说比较重要？

（2）师范教育领域的教授和教师们能够在这一点上达成共识吗，即都认为的确有这么一组个人特点对于教学实习成绩来说是必要的？

（3）如果确定有这么一组个人特点，那么能够在教学实习中可靠地观察和评价这些个人特点吗？

（4）如果确定并赞同有这么一组能进行可靠观察的个人特点，那么能够通过诸如量表之类的工具来评估这些个人特点吗？

（5）如果这样的量表能够评估实习教师，那么能否通过深入完善整个评估程序，从而从量表中获得准确的预测？

2. 查阅文献

完成以上预备工作之后，霍利就到图书馆查阅文献，了解有关她的题目，别人已经做了哪些研究。她翻阅了原始资料和第二手资料来源，即系统地查阅了与她的研究问题相关的资料，发现有人提到了她的研究主题，但没有研究或实践表明个人特点能否作为可靠的预测因素，因此她决定继续自己的研究。

3. 所需数据和数据来源

霍利认为自己的研究包括两个主要部分：第一部分是确认可能用来预测教学实习成绩的个人特点，并验证其效度，而这些个人特点可以组成一套评估表。第二部分是确定在第一部分确认的那些个人特点和教学实习成绩之间存在相关。第一部分的重点在于革新，需要收集的资料似乎是专家意见，而专家意见的最好来源是那些经常与实习教师接触的教育专家和有经验的教师。

第二部分的重点在于用作预测的那些相关性，需要的数据似乎是：①描述实习教师个人特点的分数；②教学实习成绩的测量值。这些数据可以从参与者身上获得。

为了编制第一部分的个人特点评估表，霍利准备求助于教育界的大学教授和教师们。她计划和这些同行们展开讨论和进行访谈，希望他们能够确认一组他们认为对教学实习成绩很重要的个人特点。如果做到了这一点，那么接下来就需要对这些个人特点进行分析，确定哪些通过观察或测量可以进行评估，并列举每个个人特点的典型行为，然后将这些个人特点混编成一套参与实习教师培养工作的专业教育工作者可以使用的量表。霍利计划组织专家们评价这套量表并提出修改意见，然后用这套量表去评估学生相应的个人特点。她准备亲自评估所有38位实习教师，并要求他们用该量表进行自评。

与教学实习成绩相关的资料来自实习教师常规的期末评价，再加上由专业人员对每位实习教师在群体中处于哪一层级做出鉴定。

霍利计划通过评估和评价获取定性资料和量化数据，由于害怕构建的个人特点评估表和期末评价表可能会提供不可靠甚至具有误导性的量化数据，她还计划请参加研究的专业人员对每位实习教师的表现做详细记录。

为了比较教师、大学教授、实习教师本人及霍利自己对每位实习教师的评价，霍利还计划对定性资料和量化数据做双重分析。她准备将个人特点评估表上的和期末评价表上的量化数据联系起来分析，同时对个人特点和教学实习成绩的一致性做质的探究。

【查尔斯.教育研究导论［M］.张莉莉，等，译.北京：中国轻工业出版社，2003：112-114.】

案例分析

比较三份教育研究计划书，发现其共同点有：①明确指出研究课题、研究问题和研究目的；②说明了样本、工具和研究方法；③对研究过程的安排。因此，无论是什么研究对象，无论使用哪种教育研究方法，教育研究计划都要包括研究题目、对研究目的与意义的说明（包括研究的缘起或问题的提出）、研究内容（问题、假设、定义）和预期突破的难题、文献综述、研究思路和方法（包括样本、研究工具）、研究工作方案和进度、已有研究工作基础和有关条件、研究成果预期去向及使用范围、经费预算及需购置的材料。正如有学者指出的，“在研究计划中，要确定研究的问题，陈述研究的问题或者假设，确定要研究的变量，并且对关键的术语进行定义。研究样本中所包含的被试，要使用的研究工具，研究的设计，研究所要遵循的程序，以及数据分析的方法等，这些问题都要在研究计划中详细地陈述出来，而且至少应该包括部分对过去的相关文献的综述。有这样的书面计划是非常理想的，因为它能够允许其他感兴趣的人评价所提出的研究的价值，并且提出一些改进意见。”

在比较过程中，我们也发现了三份教育研究计划书之间的不同点。①教育观察研究计划中，“筛选出10个影响师生人际关系的自变量”，但是没有呈现相关定义。这是否必要呢？十分必要。核心术语的清晰界定有助于论证的一致性、清晰度，也能更好地被研究计划的读者理解、评价。②教育调查研究计划和教育实验研究计划都提到了“研究类型”，划定了研究的边界，规定了教育研究的基本规范、范式、程序等，使得论证更加清晰、有说服力。③教育调查研究计划和教育观察研究计划中使用和表述了“研究假设”，指出了研究假设的必要性和重要性，也告诉我们实地研究/定性研究中通常不做研究假设。

第三份教育研究计划书，即霍利的研究，明确指出了，“查阅文献”“以下是该研究问题的子问题”“霍利计划通过评估和评价获取定性资料和量化数据”，使得研究计划更具体，对于研究的指导作用和评审人员的判定更有帮助。深入思考还发现，霍利的研究可能成功也可能失败。她必须克服她想编制的那套个人特点评估表在信度和效度方面存在的严重问题，而实习教师的期末评价表的信度也存在问题，这些因素都会影响研究结论的得出。尽管有这么一些严重的问题，霍利的主题还是重要的，值得进行研究。也许她会得出有价值的、具有普遍意义的结果，但如果想使研究问题的解答令人信服，她必须获得显著性统计结果并进行强有力的逻辑论证。

总而言之，一个研究的设计（比如随机实验、民族志方法、多次调查问卷）本身并不能使研究工作科学化。但是，一项教育研究设计如果能做到以下几点，就可以认为是科学的：它能通过实证直接回答研究问题，能与先前的研究和相关的理论相联系，能在具体环境下得到有效实施，结果与解释的联系合乎逻辑并排除反面的解释，研究设计与结果详细公开供科学界审查。换句话说，判断教育研究的科学性要考虑：研究设计的背后是不是一套清楚的研究问题？所用的方法是否适合回答研究问题并排除其他可能的答案？该研究是否考虑了以前的研究成果？是否有理论基础？收集数据是否根据当地的情况并得到系统的分析？研究过程是否得到清楚描述以供检验批评？一项科学研究越符合这些原则，其质量就越高。而教育的特殊特点又要求研究过程的设计要明确考虑到这些特点的实际意义，并随之建立模型和计划研究过程。

【沙沃森，等.教育的科学研究［M］.曹晓南等，译.北京：教育科学出版社，2006：91.】

虽然不同的研究方法有各自的特色，会有不同的需求，但是社会科学研究还是有一般的通用过程，如图8–1。

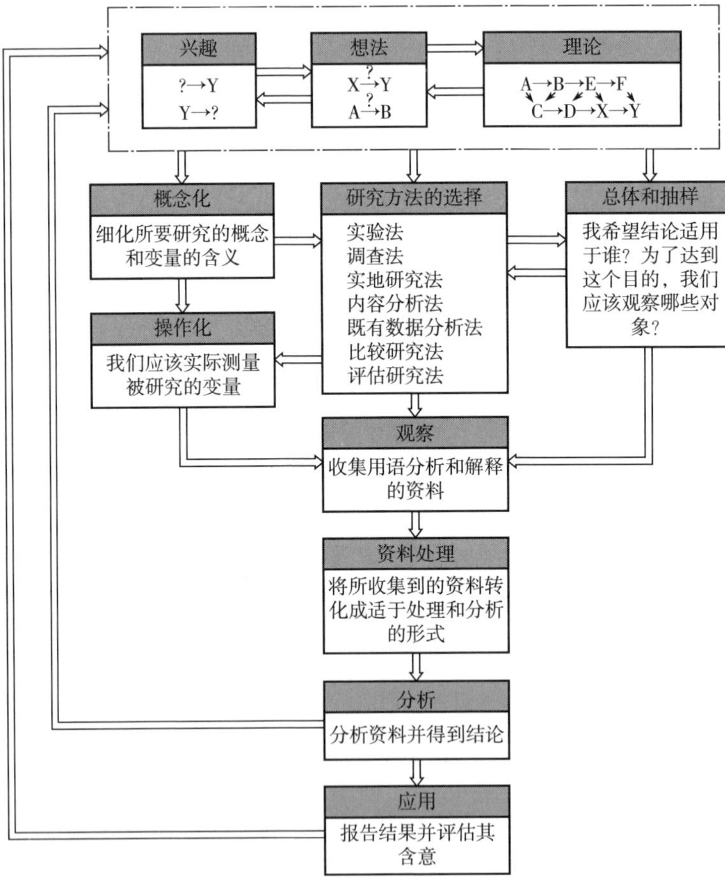

图8–1 研究过程

【艾尔·巴比.社会研究方法［M］.邱泽奇，译.11版.北京：华夏出版社，2009：111.】

总之，如果要使研究集中于必要的组成部分、不偏离主题、迅速准确地完成，那么事先仔细地进行研究设计极其重要，尤其是对资料的计划。

第二节　撰写开题报告的技术

观点与原理

1. 开题报告是教育研究计划书的一种，是对课题的论证、设计方面的报告，主要用于学位论文选题以及重大课题。学位论文开题报告通常包括问题的提出或缘起、研究背景（含研究的迫切性）、研究目的（含研究的针对性）、研究意义、研究的重点、关键与创新之处、文献综述、研究内容（含研究问题的性质和类型及理论、事实的依据）、研究设计、论文框架、研究基础、研究进度与组织、参考文献等。学位论文开题报告是学校所培养人才的学术性的一个衡量指标。

2. “问题的提出”常用于问题是既有的，“研究缘起”通常有预测的意蕴、要求从问题的必然性入手。研究设计主要包括研究思路、研究方法、研究工具和研究实施。

3. 撰写开题报告的实践技巧有“3W1H”：为什么研究（Why）？研究什么（What）？怎么研究（How）？新意何在（Where）？还要预防主观武断，忽略基本要求的细节，表述不规范等常见错误。

典型案例解读

案例 8.2：

xx大学硕士学位论文《初中语文课堂教师教学行为公平现状调查及对策研究》开题报告正文（节选）

一、研究缘起

（一）现代教育教学本身的要求

从教育目的来说，我国教育目的的理论基础是马克思全面发展理论，不仅强调个人的全面发展，而且强调所有受教育者身心的全面发展，而不是某部分人的全面发展。研究教学公平对现代教学发展改革具有重要意义。教师作为教育活动的实践者，在教学活动中发挥着非常重要的作用，因而教师的教学行为在某种程度上决定了教学公平、教育公平是否能够实现。

（二）人类追求教学公平的理想

课堂教学活动是学校教育工作的中心，教育公平最终要落实到课堂教学公平，然而，不公平的课堂教学行为是客观存在的。不公平的教学行为或多或少地存在于课堂教学中。同时，因为教师教学行为是可以观察和描述的，从而可以对其进行判断哪些是公平的，哪些是不公平的，所以本研究将从教师教学行为公平性入手，并以此为线索，探寻制约其行为的深层次原因，进而反思可否找到改善教师教学行为的途径。

（三）学生发展的必然诉求

随着我国教育理论和教育实践的发展，教育理念和教育功能的转变，教育在于促进每个学生自由、适当及全面的发展。最新提出的中国学生发展核心素养以培养全面发展的人为核心，综合表现为人文底蕴、科学精神、学会学习、健康生活、责任担当、实践创新六大素养，使学生发展成为有宽厚文化基础、有更高精神追求、有明确人生方向、有生活品质、有理想信念、敢于担当的人。

二、研究的问题

本研究试图通过从教师主要教学行为中的呈示行为、对话行为、指导行为、调控行为四个方面对目前“教师课堂教学行为公平现状”进行现实考察，观察课堂教学中是否存在由于学生成绩、性别、性格、班级职位、家庭背景不同而造成的不公平教学行为？有哪些不公平教学行为？进而探讨制约教学行为不公平的因素有哪些？尝试提出改进课堂教学公平现状的建议。这是本研究试图回答的问题。

三、研究的目的和意义

（一）研究目的

本论文试图通过对微观教学活动的考察，分析教师进行教学资源分配的教学行为的公平性，考察存在于课堂教学过程中的教师不公平的教学行为，探寻制约教师教学行为公平的可能因素，从而为促进教学公平的有效途径提供借鉴或参考依据。

（二）研究意义

1. 理论意义

教育的主要途径是教学，而教育活动的最终效果依赖于教学活动的实现。课堂教学公平是教育公平赖以实现的基本前提和内容。本论文通过研究提供真实材料，为中学语文教学的理论研究提供参考，同时丰富教育教学公平理论。

2. 现实意义

通过对中学语文课堂教师教学行为公平现状进行现实考察，并通过访谈等多种渠道，分析课堂教学公平现象，探索教师教学行为公平的影响因素，尝试提出改进教师课堂教学公平现状的建议，旨在引起存在不公平教学行为的教师的关注，促使广大一线教师对自身教学行为进行反思，增强其教学公平意识，为广大教师进行公平教学提供有益的参考与借鉴。

四、理论依据

（一）公平理论

罗尔斯在《正义论》中指出，正义是社会体制的第一美德就像真实是思想体系的第一美德一样。（略）

（二）多元智能理论

加德纳提出，人类至少存在八种智能。……

（三）新课改政策

在新课程改革的背景下，对教师课堂教学行为提出了新的要求，更加注重教师教学行为的公平性。教师的行为在某种程度上决定了教育公平是否能够实现。……

五、相关概念界定

（一）公平的定义

综上，各个时代、国家的哲学家在谈到什么是公平时，虽然用词不同，但对公平概念的理解基本一致，即“给予每个人以其应得的东西”，每个人应得的东西首先是与利益分配有关的。公平归根到底是关于权利和利益合理分配的概念。……

（二）公平词义辨析

在通常情况下，公平、正义、公正被视为同等意义使用。但还是有学者（吕星宇，2009）对其进行了细微区别：……

本研究旨在探讨教师教学行为公平问题，教学即资源在学生之间的分配活动，关乎学生的利益。所以，本研究中对其进行区别很有必要。

（三）教学公平

关于教学公平的概念，在我国尚没有清晰的界定，有学者认为……

综合多数学者的观点，本文认为，教学公平是指在课堂教学活动中，教师尊重每一个学生的平等受教育权利和参与课堂活动的机会均等的基础上，结合每个学生的特点采取适合其发展的教学方式，根据学生的差异采取区别对待，进而促进每个学生自由、适当、全面地发展。在有教无类的基础上进行因材施教。

（四）教师教学行为

有学者认为……

本论文主要研究教师教的行为，即教师资源分配的行为。（略）

（五）教学公平的原则

教学公平的原则即教学资源的分配原则，也就是教师的教学行为应遵循的原则，指导教师教学行为的教学原则。（略）

这三个原则同公平的原则相对应，同样具有优先次序。

六、研究综述

在我国，教学公平是被看作教育公平的微观层面来进行研究的课题。目前，从"中国知网"能检索到60篇硕博士相关论文，其中硕士论文56篇，博士论文4篇，尚未发现对此作出论述的专著。由此可见对这种微观的、教学活动的实质载体研究的很少。检索到教师教学行为的硕博士论文689篇，其中硕士论文655篇，博士论文34篇，具体相关到专门研究教师教学行为公平问题的只有两篇。（略）

综上，对课堂教学公平的研究较多，主要是从课堂教学中的座位编排、课堂提问、课堂评价、作业批阅与指导等来剖析的，但是以教师教学行为为切入点来研究教学公平，根据笔者目前所掌握的资料来看，由于自身的局限，不能说没有至少是少之又少，所以本文的研究可以更细化地改善教师教学行为以促进教学的公平。

七、研究内容（论文框架）

一、前言

（一）研究缘起

（二）研究目的与意义

（三）研究方法

（四）研究综述

（五）概念界定

（六）理论基础

二、课堂教师教学行为公平问题的现实考察

（一）呈示行为（语言、文字、动作……）

（二）对话行为（讨论、问答……）

（三）指导行为（阅读、练习、活动……）

（四）调控行为（评价、奖励、惩罚……）

三、课堂教师教学行为不公平的原因分析

（一）社会

（二）学校

（三）教师

（四）家长

（五）学生

四、促进课堂教师教学行为公平的建议

参考文献

附录

致谢

八、研究思路

首先，通过查阅文献资料了解国内外关于课堂教学公平、教师教学行为的相关研究，获得基本的理论研究基础。界定课堂教师教学行为公平的相关概念和内容，明确课堂教学公平的原则，作为教师教学行为公平的评价标准。

其次，通过非参与式的课堂观察，呈现初中课堂教师教学行为的实际表现，运用教学公平的原则分析教师的教学行为，找出哪些行为存在不公平现象。

再次，通过对个别教师进行访谈和对学生进行问卷调查的基础上，探寻教师教学行为背后的理念及行为不公平的原因。

最后，通过思考总结，针对教师教学行为存在的具体问题，从不同角度、不同方面提出自己的一些观点与对策建议。

九、研究方法

（一）文献研究法（略）

（二）课堂观察法（略）

（三）访谈法（略）

（四）问卷调查法（略）

十、研究进度（略）

十一、参考文献（略）

附录

附录1：语文课堂调查问卷（略）

附录2：教师访谈提纲（略）

案例分析

这是一份教育学硕士学位论文的开题报告。

开题报告是研究计划的一种，本质、主体内容方面和教育研究计划书是一致的。一般来说，研究计划要清楚地表达必要的信息与资料，包括一个明确了参与者和可能变量的可操作计划、工作假设和数据收集的程序，包括访谈、观察、文档分析。由此演化出学者们对学位论文开题报告结构的认识。比如，有观点指出，一般而言，完整的开题报告主要包括8个要素：①研究的主题，比如，“初中语文课堂教师教学行为公平现状调查及对策研究”；②研究的问题，比如，“研究缘起”“尝试提出改进课堂教学公平现状的建议。这是本研究试图回答的问题”；③文献综述，比如，“研究综述”“已有研究的不足”；④研究的假设，比如，“可以更细化地改善教师教学行为以促进教学的公平”；⑤概念的界定，比如，“理论依据”“相关概念界定”；⑥研究设计（含研究方法及其研究视角、研究工具与研究思路），比如，“研究思路”“研究方法”；⑦研究的时间计划，比如，“研究进度”；⑧参考文献，比如，“参考文献”。在调查研究或实验研究的开题报告中，除以上 8 个要素之外，最好提供有关研究的效度与信度、研究的伦理等方面的说明。在哲学研究的论文或历史研究（尤其是历史的解释研究）的论文中，除以上8个要素之外，最好有类似论文目录的研究提纲。

【①查尔斯. 教育研究导论［M］. 张莉莉，等，译. 北京：中国轻工业出版社，2003：100. ②刘良华. 教育研究方法［M］. 上海：华东师范大学出版社，2014：57.】

开题报告是提交给专业学术机构，如校级、院级学术委员会的研究计划报告的一种形式，学位论文开题报告是学校教育评价本科生、硕士研究生、博士研究生的学术性的指标、手段之一，是毕业生获得相应学位的必要条件之一。因此，学位论文开题报告要经过大学（学院）的校、院（系）组织的专家的会议评审，鉴定其质量水平，判定其合格与否。所以本案例与案例8.1明显不同。一方面是，学位论文开题报告的选题主要有两种形式，一是学生本人自选课题，一是来自与他人合作的某类受资助项目的课题（通常是指导教师的课题的子课题）。一方面是没有对研究经费和人员组织的安排计划。

总之，开题报告撰写必须紧紧围绕“3W1H”。①明确指出要做什么，反映出研究者头脑清晰，目的明确。如“考察存在于课堂教学过程中的教师不公平的教学行为，探寻制约教师教学行为公平的可能因素”所指出的。②深入论述为什么研究，指明研究有什么作用。如“研究缘起”“尝试提出改进课堂教学公平现状的建议。这是本研究试图回答的问题”所揭示的。③找到新思路，提出新举措，发现或者制造新工具。如“理论依据”“研究方法”“研究思路”所阐述的。④研究必须以创新为本，或者新观点，或者新理论，或者新方法。当然了，这也是选题的要求之一。如“研究内容”“相关概念界定”“附录”所说明的。

还有学者提出了撰写开题报告“避坑策略”。第一，开题报告残缺不全。开题报告至少要具备“研究的主题”以及“研究的问题”“文献综述”“研究设计”（含研究方法及其研究视角、研究工具与研究思路）等核心内容。第二，研究的“标题”（或主题）表述不完整或不规范。标题的规范主要包括标题的要素及其结构。第三，对容易引起歧义或含义模糊的关键概念没有界定或界定不清晰。一般而言，开题报告应该专门设置“概念的界定”。如果该研究涉及多个关键概念，则需要对多个关键概念一一界定。但是，不需要对那些不那么重要的相关概念（包括那些具有类属关系的相关概念）提供烦琐的界定。第四，没有“问题意识”（“提出问题”）或“研究假设”。第五，没有“研究设计”的意识。仅仅提出某个“研究方法”的概念，或者，仅仅引用某些以“教育研究方法”为名的教材来界定自己所选择的实验研究、调查研究、行动研究、个案研究等具体的概念。研究者需要解释的重点是如何采用某个具体的“研究方法”去形成自己的“研究思路”，以及如何采用某个具体的“研究方法”去收集和分析资料。第六，没有适切的“研究视角”或“分析框架”。第七，参考文献不规范。参考文献容易出现的主要问题包括：①排序混乱。比较合适的办法是按作者姓名的音序排序。②残缺不全。完整的参考文献包括主要责任者、文献题名、文献类型及载体类型标志、其他责任者（译者、校注、校点、校勘者等）、版本（初版省略）、出版项（出版地、出版者、出版年）、文献出处或电子文献的可获得地址等等。③为了显得“博览群书”而大量列举与本研究无关的文献，或既没有阅读也没有“参考”的文献。第八，文献综述不完整。

当下，导师指导学生学位论文开题报告，更加注重参考课题评审的指标要求学生。比如，“研究内容的重要性”“研究方法的可行性”“研究资源的有效性”“研究设计的合理性”。更是重视以国家社科基金的指标体系（表8-1）高标准严要求。

表8-1　国家社会科学基金项目通讯评审指标体系

评价指标	权重	指标说明
选题	3/10	主要考察选题的学术价值或应用价值，对国内外研究状况的总体把握程度
论证	5/10	主要考察研究内容、基本观点、研究思路、研究方法、创新之处
研究基础	2/10	主要考察课题负责人的研究积累和成果

案例中开题报告有一点不足之处是，没有明确指出“分析和解释数据的过程，包括数据的简化、整理和描述”。这也是我国学位论文开题报告特别需要注意的一个方面——论证的精细化。

【①刘良华. 教育研究方法［M］. 上海：华东师范大学出版社，2014：59–60.②郑金洲，等. 学校教育研究方法［M］. 北京：教育科学出版社，2003：94–95.③查尔斯. 教育研究导论［M］. 张莉莉，等，译. 北京：中国轻工业出版社，2003：100.】

思想资源

一、教育研究计划的基本要求

撰写一份研究计划，基本要求可以概括为以下4个问题。

（1）研究什么。当人们阅读一份研究计划时的第一个反应可能是：这个课题要研究什么？因此，研究者必须明确地回答这个问题，让别人了解，要研究的是什么。要回答这个问题，第一，要有合适的标题，标题最好能涉及研究的范围、对象、内容、方法；第二，要明确提出研究问题，让别人了解研究问题的性质；第三，要列举研究的待答问题或研究假设，让别人了解研究的重点；第四，要界定研究的变量及关键名词让别人了解研究的范围。

（2）为什么研究。在解决了研究什么问题之后，人们很自然会继续发问：为什么要从事这项研究？因此，研究者必须在研究计划中解释从事这项研究的理由。要回答这个问题，第一，要说明研究动机；第二，要提示研究的重要性和必要性，揭示研究的意义和价值；第三，要列举研究的具体目标。关于这一点，有学者建议，“在研究的局限部分要确认那些客观存在、不能控制的限制条件，如记录的有效性、抽样问题或者时间分配。这部分一般可以列表，再用一两段文字作进一步说明。”“在研究范围的限定部分要确认研究者在研究中设置的界限。在这里要详细说明你将研究什么、不研究什么；研究涉及的个体数、班级数或学校数；研究要遵守的时间安排；或者任何其他你想给研究添加的边界。这部分可以列表，再用一两段文字做进一步的说明。”

【查尔斯. 教育研究导论［M］. 张莉莉，等，译. 北京：中国轻工业出版社，2003：103.】

（3）如何研究。当了解了研究的理由之后，人们顺理成章地想知道研究将如何进行。因此，第三个问题就是：如何进行研究？要回答这个问题，首先，要说明研究的方法与实施程序，其中包括研究对象及其取样、研究的方法与步骤、研究工具的选择与编制、收集资料的程序、资料分析的方法等；其次，对研究资源的合理配置，包括研究人员的组织、研究进度的安排、研究经费的预算等。

（4）有何成效。研究的价值体现在研究结果对现实世界和精神世界的贡献上。因此，人们最后总会问：研究最终会获得什么样的研究成果？要回答这个问题，首先，研究者必须在研究计划中具体说明研究的预期成效；其次，要有成果达到的水平和表现形式。

无论采用什么格式撰写研究计划，以上四个问题是必须具体回答的。掌握了这四个基本要求，研究计划中才不会遗漏必要的信息和内容，才能得到更多的外部支持。当研究计划完成后，我们也可以按是否清楚地回答了这四个问题来评价研究计划的优劣。

【吴明清.教育研究——基本观念与方法分析［M］.台北：五南图书出版公司，1991：564-565.】

二、教育研究计划的结构

（一）研究计划书的基本要素

巴比认为，在设计研究计划之前，首先要评估三件事：自我兴趣、自我能力、可用资源。其中的每一种都会影响到研究的可行性。

让我们来模拟一个研究计划的开端：首先问自己到底想了解什么，因为你可能对许多社会行为和态度感兴趣。譬如，为什么有些人在政治上表现为自由派，另一些人表现为保守派？为什么有些人的宗教信仰比其他人更虔诚？人们为什么要加入民兵组织？大专院校是否仍像从前一样歧视少数民族教员？为什么女性总是处于受虐待的地位？因此，不妨坐下来考虑一下那些让你感兴趣且的确关心的议题。一旦有了一些自己想了解的问题，接下来就要考虑如何获得信息来回答这些问题。什么样的分析单位能够提供最相关的信息：大学学生、公司、选民、城市或其他分析单位？因为这类问题与研究议题有密不可分的关系。再下来，则要思考分析单位的哪方面信息可以回答研究的问题。

在了解到与研究问题有关的信息来源之后，还要知道怎样从信息来源获得信息。相关的信息是现成的（譬如在某个政府机关的出版品中能找到），还是必须自己去收集？如果需要自己去收集资料，那么，如何收集？要进行大量的问卷调查，还是只需与少数人进行深度访谈？或者开几个座谈会就够了？甚至从图书馆就能找到所需要的资料？

在回答这些问题的时候，就已经进入了研究设计过程。但是，可别忘记了你自己的研究能力和可用的资源。不要设计一个完美但却完成不了的研究计划。你也可以尝试一些不曾用过的研究方法，以便获得更多的经验，只是不要把自己放到特别不利的地位。

具体地，研究计划书的基本的要素不外乎：

· 议题或目的

你要研究的议题是什么？为什么值得研究？提出的研究计划是否有实际意义？ 例如，是否对认识一般事物和建构社会理论有帮助？

· 文献回顾

其他人如何看待这个议题？哪些理论与这个议题相关？相关的理论是如何描述这个议题的？是否存在缺点或存在可以改进的地方？

片面地讲，你在研究中运用的收集数据的方法将决定你的文献回顾过程。回顾那些运用了相同的研究方式的研究设计，这对开始你的个人研究起着至关重要的作用。同时，在文献回顾的过程中，不论其他研究者使用什么样的研究方法，你都应将研究的重点放在你自己的研究议题上。所以，假如你计划进行实地研究，比如是关于“异族通婚”，你可能会从有关这一议题的现有研究发现的结果中形成自己的见解。此外，先前有关异族通婚的实地研究结果对你设计研究议题也是非常重要的。

因为文献综述部分出现在研究设计之前，所以你在写文献综述的时候一定要格外注意：向读者介绍清楚你要从事的研究议题；有条理地罗列出你从以往的研究者那里学到的有关这一议题的独特见解；洞悉在我们现有的知识范围内有关这一议题的破绽漏洞和薄弱环节，并加以修补完善；或者你也可以标新立异一点，在文献回顾部分指出现有研究结果中就这一议题相悖相斥的观点；这样一来，你的研究设计就旨在消除困扰着我们的那些模棱两可的分歧了。尽管我不认识你，但我已经翘首期待你要研究的议题了。

· 研究对象

用于收集资料的对象和事物是什么？除了大致的研究议题、理论术语以外，具体的术语是什么？可用的资源是什么？如何使用这些资源？是否适宜采用抽样方法？如果是，如何抽样？如果研究活动会影响到研究对象，如何确定研究活动将不伤害他们？

除了这些较常见的问题外，你将在研究中使用的特殊研究方法会进一步明确研究本身。例如，假如你想做个实验、搞个调查或者进行实地研究，在这些研究过程中选择受试者的技巧会大不相同。本书第七章介绍了在定性研究和定量研究中会运用到的不同抽样方法。

· 测量

研究中有哪些主要变量？如何定义和测量变量？定义和测量方法是否重复了已有的相关研究（顺带提一下，这是可以的），与已有的相关研究有何不同？如果已经做好了测量设计（例如问卷），或使用他人曾经使用过的测量手段，你应该将问卷放入研究计划的附录中。

· 资料收集方法

说明收集研究资料的方法。采用实验法还是问卷法？进行实地研究还是对已有的统计资料进行再分析？还是要采纳一种以上的方法？

· 分析

说明将采用的分析方法，包括分析的目的和分析逻辑。是否对详细的描述有兴趣？是否要解释事物之所以如此的原因？是否准备解释某些事物在特征上的差异性，如为什么一些学生比另一些学生自由开明？将采用哪些解释性变量？如何确定对变量解释的正确性？

· 时间表

一般说来，应该提供一个研究时间表，说明研究的不同阶段如何进行。即使研究申请计划没有包括时间表，研究者自己也该有所安排。除非你预定研究各阶段完成的时限，否则一定会陷入困境。

· 经费

如果要申请研究经费，必须提供经费计划，注明经费的用途。大型研究计划包括的经费项目通常有：人事、器材、用品以及通讯费用。即使是一个自费的小型计划，最好还是花些时间预估一下可能的花费，例如，办公用具、复印费、计算机费用、电话费、交通费等。

如此看来，如果要从事一项社会科学研究，即使你的指导老师或是资助机构没有要求，最好还是有一个研究计划。如果要把自己的时间和精力投入一项研究中，你必须尽量确定投资是值得的。

现在你已经对社会研究有了粗略的了解。让我们继续看后面的章节，了解如何去设计和执行每一个研究步骤。如果你已经有了一个自己感兴趣的议题，就要始终牢记如何研究这个议题。

【艾尔·巴比.社会研究方法［M］.邱泽奇，译.11版.北京：华夏出版社，2009：114–115.】

（二）教育研究设计的综合指南

Ⅰ. 陈述研究主题、研究问题、待答问题和（或）假设

A. 研究主题

1. 陈述某一感兴趣或关心的领域

2. 评估主题的可研究性，其中包括考虑伦理规范、方法、难易度、时间和费用

3. 给研究取一个暂时可行的题目

B. 研究问题

1. 陈述研究目的

2. 解释研究的重要性

3. 详细说明研究的局限、研究范围的限定和假设

4. 定义有特殊含义的术语

C. 待答问题和（或）假设

1. 陈述准备解决的研究问题

2. 陈述研究假设和（或）零假设

Ⅱ. 简述相关文献资料的收集

A. 选择研究中用到的术语和标码

B. 确认第二手资料来源

C. 确认有关原始数据的手册和目录

D. 设计研究程序、收集材料用以总结、引用参考文献

Ⅲ. 确认所需数据及其来源

A. 详细说明哪些事件或哪些情况需要数据，通常是以下所列中的一种：

1. 人在单个群体或多个群体中的社会行为

2. 当前的事件或情况

3. 过去的事件或情况

4. 在单个群体或多个群体内变量间的相关

5. 新的程序或成果

6. 现存的团体差异和趋势

7. 研究的质量或功能单元

8. 明显的因果关系

B. 列出需要获取的数据种类

1. 描述

2. 测验得分或点数

3. 测量值

4. 观点
5. 声明
6. 分析
C. 准确描述预期的数据来源
1. 参与者
2. 研究程序
3. 环境
4. 实物
5. 记录
6. 文档
7. 调查对象
Ⅳ. 列出开展研究需要采取的步骤
A. 如果研究需要选择样本
1. 随机抽样
2. 分层抽样
3. 整群抽样
4. 方便取样
B. 说明如何抽样
C. 期望参与者做什么
1. 改组或重组
2. 接受评估
3. 获得训练、专门指导或其他处理
4. 展示技能或知识
5. 以日常方式交际和行事
D. 说明如何收集数据
l. 符号法
2. 描述
3. 分析
4. 询问
5. 测验
6. 测量
E. 列出获取数据需要的工具
1. 记录设备
2. 指南
3. 效标
4. 测验
5. 测量工具
6. 等级量表
7. 问卷

F. 预期资料以何种形式累积
1. 书面描述
2. 量化概括
3. 分类
4. 分等级列表
5. 计数
G. 说明如何保证资料质量
1. 通过外部评判确定有效性
a. 资料来源的真实性
b. 提供者的资格
c. 效度测量
2. 通过内部评判确定可靠性
a. 调查对象的资格
b. 多数意见
c. 逻辑分析
d. 信度的统计学测量
Ⅴ. 说明获取数据采用的步骤、程序和工具（参照前面的Ⅳ.D和Ⅳ.E）
Ⅵ. 说明怎样才能最恰当地分析和解释数据
A. 如果是定性资料——文本逻辑式归纳分析
B. 如果是量化数据——统计分析
1. 哪种统计描述是恰当的？
a. 集中量——平均数、中位数
b. 差异量——方差、标准差
c. 相关性
d. 平均数差异
e. 相对位置
2. 哪种统计推断是恰当的？
a. 标准误和置信限度
b. 显著性检验
3. 非参数统计方法如卡方检验是否适合？
C. 联系待答问题和（或）假设，陈述研究结果
1. 按照研究问题的顺序、通过证据的累积和逻辑推断进行结果的文字陈述
2. 通过检验所给定的假设进行结果的统计学陈述
D. 陈述结论——通过逻辑解释以及对含义和结果的反思而实现
Ⅶ. 预先确定恰当的研究报告形式
A. 基本形式
1. 详细说明研究问题
2. 综述相关文献资料
3. 研究程序和数据收集

4. 数据分析
5. 结果
6. 结论
B. 学位论文形式（根据大学指南）
C. 学术论文形式（根据研究赞助机构的规定）
D. 期刊论文形式（根据报刊社的指导方针）

【查尔斯.教育研究导论［M］.张莉莉，等，译.北京：中国轻工业出版社，2003：115-118.】

喻立森认为，到目前为止，我们并没有见到对研究计划的内容有一个约定俗成的“成文法”规定，各级各类的“项目计划书”也不是一个整齐划一的统一格式。这说明研究计划的内容，是一个因时因事而异的动态系统。

一般地看，教育科学研究的课题计划应该包括下列 10 项内容：①课题名称；②理论假说；③变量分析；④研究意义；⑤现状、前沿与趋势；⑥完成条件；⑦研究方法；⑧进程安排；⑨预期成果；⑩经费概算。

【喻立森.教育科学研究通论［M］.福州：福建教育出版社，2001：177-178.】

能力训练

范例8.1：

定量研究或定性研究的研究计划模板

这个格式包含了问题形式和说明形式的诸多条目。通过完成每个条目，你可以创建一个研究计划的大纲。完成了这个大纲后，你可以以此为依据，为博士论文、硕士论文或申请研究经费撰写正式的研究计划。

1. 研究目的

A. 本研究的目的是（ ）。

（检验你是否理解了你未来测验的一个好途径，是看你是否能用一两句话清晰表述测验的目的。）

B. 你的研究的最直接的基础是哪些研究？（即使你发现很多研究和理论方面的工作与你计划的研究有关，但一般而言真正主要的只有其中某一些。）

C. 你的研究怎样利用以往研究的成果？（另一种思考这一问题的方式是，问自己计划怎样加深某研究或拓展某研究领域，以解决未解决的问题，改进以往运用的方法或者推广到新的总体或情境中。）

D. 你的研究对教育方面的知识将会有怎样的贡献？（另一种思考这一问题的方式是，问自己所得出的研究成果会怎样增进教育实践、深化研究或是进一步发展理论。）

2. 研究问题、假设或目标

A. 用什么形式表述你的研究目的？（在一个或多个项前画“√”。）

（ ）问题（ ）假设（ ）目的

B. 列举你的研究问题、假设或目标。

C. 你的研究与现存的理论框架有联系吗？如果有，请介绍这个理论框架并且说明你的研究问题、假设或目标如何与它相关。

3. 文献检索

A. 列举在文献检索中你要使用的叙词。

B. 列举在文献检索中你将使用的零次文献（如教育资源信息中心这样的数据库）和公开发表的文献综述。

4. 研究设计

A. 说明你为你的研究选择的研究设计方式：描述、因果比较、相关、实验、个案研究、特定的定性研究传统、评价或行动研究。在括号里画“√”。

（　）描述（　）因果比较（　）相关（　）实验（　）个案研究

（　）特定的定性研究传统（　）评价（　）行动研究

B.如果你的研究从性质上说是定量研究，那么对你研究设计的内在效度的威胁有哪些？（内在效度是指外生变量被控制，以使研究结果可以只归因于自变量的程度。）你会做些什么来最大限度地减少或避免这些威胁？

因果比较设计（　）相关设计（　）实验设计（　）

C. 如果你的研究从性质上说是定量研究，从你的研究设计中得出的结果，其推广性有哪些局限（如外在效度）？你会做些什么来使你的研究结果的推广性最大化？

D. 如果你的研究从性质上说是定性研究，你会考虑哪些有关的标准去判断由你的研究设计导致的结果的信度和效度？

E. 如果你的研究是行动研究，你在确保你的研究设计的信度和效度方面会做些什么？

5. 抽样

A. 如果你的研究从性质上说是定量研究，描述你将要研究的总体的特征。

B. 如果你的研究从性质上说是定性研究，描述你想要研究的现象以及构成现象事例的个案。

C. 明确你的抽样程序并说明选择它的理由。

D. 指明抽样单位（如个别学生或一个班的学生）。· 定量研究 · 定性研究

E. 指明样本的容量并说明样本容量足够的理由。· 定量研究 · 定性研究

F. 指明样本是否会分成子样本，如果是这样的话说明子样本的特征。

G. 如果你的研究要使用志愿人员，说明他们的特征是否会影响研究结果的推广性。

6. 变量

A. 如果你的研究从性质上说是定量研究，列举出你所要研究的变量。对每一个变量，指明它是自变量、因变量或两者都不是。

B. 如果你的研究从性质上说是定性研究，说明数据收集和数据分析将集中在个案的哪些方面。

7. 数据收集方法

A. 说明你将如何测量所要研究的每个变量。

· 测验和自陈测量　· 问卷和访谈　· 观察和内容分析

B. 对上面所提到的每个测量，指明相关的效度和信度以及你如何去检验它们。

· 测验和自陈测量　· 问卷和访谈　· 观察和内容分析

C. 如果你的研究从性质上说是定性研究，请指明你的数据收集将集中在本位还是他位视

角，或者两者兼而有之；要研究情境的哪些方面；数据收集是否要集中在描述、解释或评价上要使用哪些数据收集工具；在数据收集过程中你参与的性质。

8. 数据分析程序

A. 如果使用的话，你会使用哪些描述和推断统计技术去分析你的每个研究问题、假设或目标？（对每个问题、假设或目标分别回答这个问题会更有帮助；如果统计程序复杂，展示对模拟数据的分析也会很有帮助。）

B. 如果你的研究从性质上说是定性研究，请指明你要运用的是解释性的、结构性的还是反思性的分析方法。

9. 伦理与人际关系

A. 你的研究是否会对你的研究参与者产生什么威胁？你会采取哪些措施以最大限度地减少这些威胁？ 这个研究是否需要通过专门的审查委员会的批准。

B. 你将怎样进入你计划的研究情境之中，如何赢得研究参与者的合作？

10. 时间表

建立一个时间表，把所有主要的研究步骤按顺序列在其中，并且指明每一步所需要的大致时间。

【高尔，等.教育研究方法：实用指南［M］.屈书杰，等，译.5版.北京：北京大学出版社，2007：499-501.】

范例 8.2：

研究目的的表述

研究目的应该是简洁的陈述，以形成一个框架，以便今后再加入细节性的东西。一般来说，任何一项研究都要试图阐明研究者所感兴趣的并且认为很重要的领域的某个方面，从而为人类的总体认识和实践做出一些贡献。

下面是摘自文献中的研究目的的例子。

· 本研究的目的是要确定并描述 65 岁以上的妇女的睡觉常规以及他们自报的夜间睡眠模式，并且根据被试是否被送进专门的机构来确定这些常规和模式之间的差异。

· 本研究的目的是调查青少年在绘画和对调查问卷作答时是如何描绘其理想人物的。

· 本研究试图找出在班级中调整自我实现的预言的一些过程。

· 本研究的目的是确定入园（幼儿园）年龄是否对孩子后来在学校的学习和行为有影响。

· 本研究旨在探索菲律宾、拉丁裔和高加索裔中学生的英语和数学成绩受到了哪些因素的影响。

· 本研究的目的是构建并检验一项英语词汇学习项目，该项目为三年级学生设计，将在埃尔伍德的学校里选择5个班级做实验。

不恰当的原始陈述：①该研究的目的将是（will be to）构建三年级双语学生英语词汇发展能力的方案，并对该方案进行初步试验。②该研究的目的（was to）是构建三年级双语学生英语词汇发展能力的方案，并对该方案进行初步试验。问题陈述常常以一个句子的形式呈现，这个句子是对问题的表述，但却使人读起来很费劲，就像刚才所举的例子一样。因此，我们往往不这样表达，而是采用一种更容易接受的方式，即用两个或两个以上的短句来表述问题。反例可以修正为：该研究的目的是要构建并检验一项英语词汇方案，该方案将用于三年级学生、并将在埃尔伍德学校选出的5个班里进行实地试验。（反例）

【①弗林克尔·瓦伦.教育研究的设计与评估［M］.蔡永红等，译.北京：华夏出版社，2004：556-557.②查尔斯.教育研究导论［M］.张莉莉，等，译.北京：中国轻工业出版社，2003：102.】

范例8.3：

研究理由的陈述

下面给出的例子摘自一份研究六年级历史课程教学中对文献的叙述性理解与历史性理解之间的关系的报告。它着力回答四个关键问题：

1. 我是否已经确定了我想要研究的具体问题？

2. 我是否已经指出了对于这个问题我打算做说明？

3. 我是否已经论证了为什么这个问题值得去研究？

4. 我是否已经清楚地阐述了我的假设？

近年来，中学生历史性理解的发展已经成为研究的焦点。几十年以来，很多研究都是基于这样一个前提——历史性理解表现在对历史文章的段落（或者至少包含有一些历史名称、日期和事件的段落）进行分析和阐释的能力上。很多研究结果表明：历史性理解的完全发展，是直到青少年晚期才出现的（Peel，1967 年）。但是，从教育工作者的角度来看，这种方法反映了一种对历史性理解的不全面的看法。

研究者常常从研究中做出推论：儿童不能够理解历史，因此，历史课不应该包含在他们的课程设置中。当然，调查也显示小孩对学校的历史课其实也没有什么兴趣。但是，家长和老师们知道，小孩子其实对过去的年代非常感兴趣，而且，对历史事件和历史人物也显示出很大的兴趣；对于那些关于历史年代中人们的日常生活的叙述，如罗拉·英格斯·威尔德的著作《草原上的小屋》（1953 年），他们也是很感兴趣的。孩子们对历史做出反应的时间远远早于他们能够解答现行的历史性理解测验的时间。但是，研究者并没有将这些对于历史的反应计入历史性理解的发展和成熟过程中。

有关孩子们对文献的反应的研究为检验历史性反应提供了一些指导。Applebee（1978 年），Favat（1977 年），Schlager（1975 年）等研究者提出：反应的某些方面是发展性的。另外一些学者（Britton，1978 年；Egan，1983 年；Rosenbatt，1938 年）将他们的观点推广到历史性理解的范畴，他们认为，早期的对历史的个人反应（尤其是对叙述性历史的反应）是更成熟和更客观的历史性理解的先兆。

有关早期历史性反应的研究很少。肯尼迪（Kennedy，1983 年）所做的研究主要检验了信息处理能力和历史性理解之间的关系，但是，他的研究对象主要集中于青少年这个群体。对历史性理解的一些研究综述也没能够揭示一些对早期反应的研究。没有一项研究描述了在常规的课堂环境下孩子们怎样对历史资料做出反应。孩子们如何自己做出反应？他们在与同学交流中的反应如何？什么形式的历史能够激起孩子们最强烈的反应？课堂环境会影响他们的反应吗？什么样的教师行为会抑制或者鼓励这样的反应？

对于那些面临着不断强调历史的社会学课的小学老师来说，这些都是很重要的问题，同样，对于那些对历史性理解的发展感兴趣的理论家来说也是如此。但是，这些问题并不是能很容易地通过传统的经验模式来得到解答的。研究需要扩展到关注通过自然主义探究方法可以获得的证据范围。

运用自然主义的探究方法来研究对历史的反应，还发现：

课堂观察显示：叙事是激发人们对历史的兴趣的一种潜在因素。教师们已经注意到学生们对诸如《安妮日记》（Frank，1952 年）和《草原上的小屋》（Wider，1953 年）这样的历史故事显示出极大的兴趣，而且，他们对家庭历史的口述传统也表现出了很大的兴趣（Huck，1981 年）。有关对话分析和图式理论方面的研究显示：叙述性故事可以帮助小孩增强历史感。例如，White和Gagne（1976 年）发现：连续相关的对话可能会更有利于理解和记忆。这样的对话提供了一种能够促进回忆和帮助孩子们认出课文中的重要特征的框架（Kintsch，Mckoon & Keenan，1975 年）Devillie（1974 年）和Levin（1970 年）发现：读者加工出现于连续对话中的词语比加工出现在句子或目录中的同样的词语的深度更大。Gaida（1983 年）认为：读者可能更容易记住一些叙述性的事情，因为"连续的对话使读者能够把课文中的元素组织和联系起来"。

那么，帮助孩子们理解历史的一个方法或许就是利用文献中的连续对话。这样的方法也允许研究者关注孩子们在碰到历史文献时建构意义的过程中的反应。下面的研究是要关注孩子们对历史文献的反应。

【弗林克尔・瓦伦.教育研究的设计与评估［M］.蔡永红等，译.北京：华夏出版社，2004：556-557.】

思考题

一、简述教育研究设计的过程。

二、论述制定教育研究计划的重点。

三、分析教育研究计划的特征。

四、为什么研究设计要考虑研究指标？

五、独立撰写一份简易的学位论文的开题报告。

六、参考下列提纲，撰写一份课题研究计划。

1.［选题依据］国内外相关研究的学术史梳理及研究动态（略写）；本课题相对于已有研究的独到学术价值和应用价值等，特别是相对于国家社科基金已立同类项目的新进展。

2.［研究内容］本课题的研究对象、框架思路、重点难点、主要目标、研究计划及其可行性等。（框架思路要列出研究提纲或目录）

3.［创新之处］在学术思想、学术观点、研究方法等方面的特色和创新。

4.［预期成果］成果形式、使用去向及预期社会效益等。（略写）

5.［研究基础］课题负责人前期相关代表性研究成果、核心观点等。（略写）

6.［参考文献］开展本课题研究的主要中外参考文献。（略写）

申报项目/课题的申请书可查看以下网站：

（1）全国哲学社会科学工作办公室；

（2）全国教育科学规划领导小组办公室；

（3）中国高校人文社科网；

（4）国家哲学社会科学学术期刊数据库；

（5）中国社会科学网。

拓展阅读

［1］罗伯特·K.殷. 案例研究设计与方法［M］. 周海涛，等，译.3 版.重庆：重庆大学出版社，2004.

［2］Patton，M. Q. Qualitative evaluation and research methods（3rd ed.）［M］. Thousand Oaks：Sage Publications，Inc，2001.

［3］艾尔·巴比.社会研究方法［M］.邱泽奇，译.11 版.北京：华夏出版社，2009.

［4］高尔，等.教育研究方法：实用指南［M］.屈书杰，等，译.5 版.北京：北京大学出版社，2007.

［5］沙沃森，等.教育的科学研究［M］.曹晓南，等，译.北京：教育科学出版社，2006.

［6］弗林克尔·瓦伦.教育研究的设计与评估［M］.蔡永红等，译.北京：华夏出版社，2004.

［7］查尔斯.教育研究导论［M］.张莉莉，等，译.北京：中国轻工业出版社，2003.

［8］吴明清.教育研究——基本观念与方法分析［M］.台北：五南图书出版公司，1991.

［9］喻立森.教育科学研究通论［M］.福州：福建教育出版社，2001.

［10］陆有铨，马和民.走向研究型教师之路——教育研究方法与应用［M］.杭州：浙江电子音像出版社，2002.

［11］郑金洲，等.学校教育研究方法［M］.北京：教育科学出版社，2003.

自我反思建议

你确实理解了研究计划的存在意义吗？反复阅读“思想资源”后，对“观点与原理”的完善和深刻把握有什么进展吗？试问，你能草拟一份研究计划书吗？将独立书写的教育研究计划与范例认真比较之后，有什么新的发现吗？写下来，去完善。

第三部分

如何运用教育研究方法：具体的教育研究方法

内容提要

教育研究要得其法。得其法，则事半功倍；反之，则事倍功半。综合古今中外的教育研究，常用的教育研究方法有教育观察法、教育调查法、教育实验法、教育个案研究法、教育内容分析法、教育行动研究法等。其中。教育调查法、教育实验法、教育内容分析法等侧重于定量研究，教育观察法、教育个案研究法、教育行动研究法等侧重于定性研究。每种教育研究方法理论都由概念和原理构成，重点在于教育研究设计的原理与技术。在教育研究中，各种教育研究方法需要相互配合，既要收集定性资料，也要收集定量资料，进而形成相互参证的论证基础。

本部分要把握两个维度：概念、设计原理，目标指向建构每一种教育研究方法的意义。

关键词

教育研究方法；教育观察法；教育调查法；教育实验法；教育个案研究法；教育内容分析法；教育行动研究法；教育研究设计；工具；研究者训练

第九章　如何观察教育：教育观察法

学习导航

观察研究使得研究者能够在自然状况下认识教育生活：到问题出现的地方去看看。这种研究方法能够提供关于很多教育现象更丰富的理解，也使得研究者能够以一种深思熟虑的、计划周详的、主动的方式进行研究。教育观察法离不开观察者、观察对象、观察工具、观察事件、观察地点、观察时间等因素，如何认识和分析、利用这些因素？如何设计一次科学、合理的教育观察研究？教育观察研究中还需要掌握些什么技术？这将是本章要帮助你学习的内容。

学习目标

1. 熟记教育观察法、结构性观察法、系统观察法的含义。
2. 理解教育观察研究的抽样方法。
3. 熟悉教育观察研究的记录方法。
4. 独立完成一个教育观察研究的设计。
5. 熟读案例分析和思想资源，建构教育观察法理论。
6. 独立完成案例和范例的分析。

第一节　教育观察法概述

观点与原理

1. 在研究方法的选择上要谨记：每一种研究方法都有其长处和不足。采用何种方法，需要考虑三个条件：①需要解决的问题类型；②研究者对研究对象的控制能力；③关注的中心是历史现象还是当前问题。

2. 教育观察法是指研究者根据一定的研究目的，借助观察表等研究工具，通过感官或一定的辅助技术设备，有目的、有计划地直接或间接考察教育现象或过程，以获得自然条件下的研究信息的一种教育研究方法。教育观察法是一种常用教育研究方法。

3. 教育观察研究中有四个要素：观察者、观察对象、观察工具、观察情境。观察者、观察对象都是指人。

4. 开展教育观察研究，观察者首先要合理选择角色。观察者可能扮演从完全参与者到完全观察者构成的连续角色体中的任何一种。其中，主要有完全参与者、参与型观察者、中间角色、观察型参与者、完全观察者五种角色选择。观察者角色的变化，会通过信息的真实性、道德问题、观察对象的受影响性等因素影响研究结果。

5. 常用的教育观察工具有人的眼睛等感官以及音频设备、视频设备。

6. 教育观察是一种多因素活动，可以有多种形态的现实存在。①根据观察者扮演的角色，教育观察法可以分为参与性观察法（表明身份的、隐匿身份的）与非参与性观察法（自然主义的观察、情景模拟和个案研究）；②根据观察者的数量，教育观察法可以分为小组观察法与个人观察法；③根据对观察对象的处理方式，教育观察法可以分为系统观察法与随机观察法；④根据观察对象，教育观察法可以分为自我观察法与非自我观察法；⑤根据观察的内容对象，可以分为学习观察、其他观察；⑥根据观察情境，教育观察法可以分为自然观察法与实验观察法；⑦根据观察工具，教育观察法可以分为直接观察法与间接观察法；⑧根据观察的时间范围，可以分为课内观察、课外观察；⑨根据观察的时间特性，教育观察法可以分为连续观察法与间断观察法；⑩根据观察所收集的资料本身的属性，教育观察法可以分为定量观察法和定性观察法；⑪根据观察的计划性，教育观察法可以分为结构性观察法与非结构性观察法。详见案例分析。

7. 教育观察法常用于研究学生、教师的行为问题，有真实性、广泛的应用性、易得第一手研究资料、丰富性等特征。

典型案例解读

案例 9.1：

一个性格懦弱学生的观察研究

班上的陈 × 同学平时只要遇到不开心的事，无论事情大小，总会一个人藏在角落里号啕大哭。有一次，正好课间操时间，别的同学都争先恐后跑出教室，而他却在座位上呜咽。原来他的文具盒被同桌不小心摔在地上，因为这文具盒是他亲妈妈给他买的，他特别珍爱。一些同学知道后就奚落他是没有妈妈的孩子，他忍不住悲伤，便痛哭起来。经我耐心地劝说，他才停止哭，但心情非常糟糕，显然他的自尊心受到了很深的伤害。以后的日子里，我经常会遇到陈 × 在角落里大哭。感到同情之余我决定以陈 × 为个案研究这类学生的情绪问题，后来我又听到其他老师也注意到班里有几个类似陈 × 的同学，这更激发了我的研究热情。

接下来，通过调查得知，陈 × 的父母在他 8 岁时离异，父亲已另组家庭。因为缺乏母爱和家庭的关心，父亲脾气暴躁，对他很凶。久而久之就养成一种胆小而软弱的性格，遇到不顺心的事，也不向同学和老师诉说，常常在没人的地方一哭了事。而且据我的调查，陈 × 的学习成绩呈下降趋势，同学们都说陈 × 性情很古怪。我意识到对这类儿童研究的重要性，决定参与陈 × 的课外生活，以便搜集资料，探讨这类学生的性格特点；另一方面，通过积极的引导，希望同学们对陈 × 改变态度，给予更多的关心。

陈 × 喜欢踢足球，一天下午活动时间，我便穿好球衣，带着陈 × 和班上的足球爱好者来到足球场。当日风和日丽，晴空万里，午后的阳光温暖地抚慰着每一个人。我有意和陈 × 分到一组，同学们情绪非常激动，陈 × 也不例外，我不断与同学抢球，奔跑呼喊，脸上荡漾着平素从未有过的笑容，暂时忘掉自己是老师，只觉得一股股少年般的狂热在我的内心深处升腾跳跃，同学们与我的距离从来没有这么近，在这里没有老师与学生的分别，只有对手与非对手之分。陈×的脚法娴熟，坚毅果敢，终于一脚射门，突破对方的防守进球。陈×在球场上的表现与平时是判若两人的，同学们都佩服他的勇敢和球技，陈×没有丝毫的胆小懦弱。一个小时过去了，比赛仍在进行，忽然，陈×的球鞋因迅速的奔跑裂开一道缝，有个同学看到后告诉了他，他便退出比赛躲到操场旁边的角落失声痛哭。同学们围上去安慰他，他都置之不理。有的同学说回去让妈妈补补就好了，谁知陈×听了更伤心，哭得更厉害了。在一旁不动声色的我终于明白家庭关爱对儿童情绪的正常发展的重要性。随后的几次参与活动中，我发现陈×的反常情绪都与其家庭离异、没有母爱密不可分，而且同学们有意或无意对陈×家庭的谈论也会成为他情绪波动的原因，这使我认识到在班内开展相互关心活动的必要性。

我每次活动之后都要追忆活动的情景和陈×的表现，并作详细的记录。这种近距离的接触持续了半年之久，我始终没有向同学们表示自己在观察他们，更没有表现出丝毫有意干预学生活动的迹象，整个观察都在不知不觉、其乐融融的气氛中进行的。通过整理10次的观察材料，我确信在家庭离异和父母关系不和家庭的儿童对家庭是非常敏感的，同学之间一旦谈话中牵涉到家庭的话题，这类儿童就会联想到自己的遭遇，情绪就会大变，而这种情绪得不到同学的理解，长期压抑就会导致儿童孤僻脆弱的性格。

随着与陈×的交往的不断深入，我已不再满足于探讨这类儿童情绪易变的原因，要倡导一种同学之间相互理解和关心的教育氛围，让这些因家庭不幸而心灵遭受创伤的儿童感觉到学校的温暖，从不良情绪的阴影中走出来。我在班上组织了一次以关心为主题的会议，我设计了如下问题。

问题1：如果妈妈离开了我，会感觉怎样？许多同学回答，有的说会很痛苦，会流泪；有的说一定要找到妈妈等。

问题2：离开妈妈的孩子可怜吗？我们应怎样对待他们？全班发言更为踊跃，大家情绪高涨，滔滔不绝。有的说要劝说他不要悲伤，大家会给他快乐的；有的说我们对这些同学要充满同情，不应该取笑他们，而要设法帮助他们；有的建议在班上展开学会关心的活动。

我最后作了小结，要同学们每人写一份思想汇报和帮助计划。从此之后，同学们不再嘲笑陈×，而是接纳他，陈×的情绪有了改变，与同学和谐相处，学习成绩也有很大提高。看着陈×的茁壮成长，想着这一年来参与观察的经历，我热血沸腾，如果没有自己果敢的研究，陈×仍在痛苦泥潭中不能自拔。我要继续进行这样的观察。

【陆有铨，马和民.走向研究型教师之路——教育研究方法与应用［M］.杭州：浙江电子音像出版社，2002：122-124.】

案例分析

这是一个参与性观察的案例，这位教师没有沉浸于分析学生已经出现的怪异行为中，而是积极参与到学生的日常生活中，观察学生行为的变化，并敏感地探讨行为问题背后的原因。而且每次的观察都有很大的随意性，使影响学生性格懦弱的各种因素整体地呈现在研究者面前，有利于研究的深化。“实地研究因其独特的研究视角，已引起教育研究者的广泛关注……实地研究是最简洁的研究方法，教师倘若有较为自觉的科研意识，学校生活是蕴藏着无限财富的宝库，只要每个教师勤于思考，善于运用实地研究的方法，这座宝库将会是灿烂夺目，余味无穷的……在复杂的教育活动中……实地研究法正是充满了人性和带有温情的研究方式，尤其适用于学生问题的研究。”

【陆有铨，马和民. 走向研究型教师之路——教育研究方法与应用［M］. 杭州：浙江电子

音像出版社，2002：124.】

观察就是人们对周围存在的事物的现象和过程的认识。简单地说，就是用眼睛看，用与脑神经相联系的视觉神经对面前呈现的事物的现象或过程产生反应。观察研究通常也是一种实地研究——研究各因素、环节集中于真实情境的研究，教育观察研究通常也是实地研究。观察有天然的观察工具，观察随时随地都可以获得研究信息。由案例可见，观察研究至少有四个因素：观察者、观察对象、记录工具、观察情境。基于已有对教育研究、教育研究方法的认识，我们认为，教育观察法是指研究者根据一定的研究目的，借助于观察表等工具，通过感官或一定的辅助技术设备，有目的、有计划地直接或间接考察教育现象或过程，以获得自然条件下的研究信息的一种教育研究方法。确实，“广阔天地大有作为”“一览众山小”。因此，教育观察法是一种常用教育研究方法。案例中的“我”在“调查”“遇到”“踢足球”和开“主题班会”中，扮演着多种角色。一般的，观察者可以扮演从完全参与者到完全观察者构成的连续角色体中的任何一种。其中，主要的有完全参与者、观察型参与者、参与型观察者、完全观察者。扮演完全参与者的研究者进入一个群体时，他（她）的身份是不被任何一个被研究的个体所知的；当研究者扮演观察型参与者角色时，他（她）完全参与被研究群体的活动中，但是也清楚表明自己正在从事研究；扮演参与型观察者的研究者，他（她）会直接表明自己的研究者身份，但是，不会假装成被研究群体的成员；完全观察者正好是与完全参与者相反的角色。他（她）观察一个群体的活动，但却不以任何方式参与其活动。研究者角色的变化往往会影响其获得信息的真实性（如能否看得清楚）、可能涉及到的道德问题（如可能看到的隐私的使用）以及对观察对象的影响程度（如观察对象的选择性而非自然性的行为表现）。所以，开展教育观察研究，观察者首先要合理选择角色。

上述分析还揭示出，教育观察法具有以下特征。①教育观察法是在自然条件下实施的，未对观察对象的活动施加影响、干预或控制，具有真实性；②教育观察法是运用人的听觉和视觉系统完成的，具有广泛的应用性；③教育观察法主要指向的是人的行为、活动，易于取得事实性研究资料，第一手研究资料；④观察者在观察过程中有多种角色选择，增强了教育观察的丰富性。

结合案例和定义发现，教育观察研究是一种多变量活动，内含着观察者、观察对象、观察情境和观察工具四个基本变量，因此它有多种形态的现实存在。

1. 根据观察者扮演的角色，教育观察法可以分为参与性观察法与非参与性观察法

参与性观察法是指研究者通过参与观察对象的活动而达到观察目的的方法。参与主要有两种方式：一种是观察者向观察对象说明自己的研究者身份，要求参加他们的活动。当被观察对象接纳后，在与观察对象一起活动的过程中观察。例如，要观察学生在兴趣小组的活动，研究者可以和学生一起活动、交谈，在活动时并不隐瞒自己的身份。另一种方式是观察者不暴露自己的身份，以一个普通活动者的角色，或者作为观察对象活动环境中的一个刺激物的方式参与到观察对象的活动中去。如当学生放学时，研究者在学生队伍里扮演一个昏倒者，观察路过的学生用什么态度来对待这位“病人”，以此来分析学生的人道主义观念的发展水平。非参与性观察法是不介入观察对象正常活动并开展观察的方法。它有多种形式，最常见的是自然主义的观察、情景模拟和个案研究。其中，自然主义的观察是观察者不做任何努力，只是观察和记录自然而然发生的事情；情景模拟是研究者为了研究特定的变量，有意识地创设一种情景并要求研究对象表演或模仿特定的角色。在情景模拟中，研究者事实上会

告诉研究对象该做什么，而不是怎么去做；个案研究可以是研究某个人、某间教室、某所学校或是某个学区。在此类观察中，观察者可能不出现在活动现场，也可以出现在现场。如果观察者必须在现场进行观察，在正式观察前双方就应该开始接触，直到观察对象已习惯观察者在场情况下正常进行活动后，再开始作正式观察，这样有助于提高观察结论的可靠性。

2. 根据观察的计划性的角色，教育观察法可以分为结构性观察法与非结构性观察法

结构性观察是有明确目标、问题和范围，有详细的观察、计划、步骤和合理设计的可控性观察，能获得翔实的材料，并能对观察资料进行定量分析和对比研究。其特点是观察程序的标准化、观察内容的结构化和观察指标的精细化及观察记录的规范化。在研究的后期，为了深入地对某些项目进行观察分析，最经常使用这种方法。非结构性观察法则事先没有严格的设计，比较灵活、机动，能够抓住观察过程中发现的现象而不必受预先设计的框框的限制。但是难以进行定量化处理。一般在研究的初期使用，以便发现值得研究和观察的现象，帮助确定主题和观察方法与项目。

3. 根据对观察对象的处理方式，教育观察法可以分为系统观察法与随机观察法

系统观察法要求把观察对象视为一个整体，一个有一定的边界、范围和逐级阶梯体系的系统，研究者对这个系统进行观察研究。随机观察法是随机地选取观察对象的某一个或几个方面的内容进行观察，搜集资料并期望由此推断整体的一种方法。

4. 根据观察实施的情境，教育观察法可以分为自然观察法与实验观察法

自然观察法，也称为实地观察法，是指在自然条件下，对观察对象或活动不施加任何影响或控制进行观察的一种方法。这种方法的特点是真实性强，但是，偶然性也较大，结果的系统性较弱。实验观察法，也称为控制观察法、条件观察法，是由观察者创设一定的教育条件和环境，采用标准化的程序和手段，考察观察对象在一定控制条件下的表现的一种方法。它兼具实验法和观察法的特点。它可以在实验室中进行，也可以在自然条件下加入人为控制变量的过程时实施。由于观察程序标准化，观察问题结构化，因此实验观察法具有严密性和精确性的特点。

5. 根据观察使用的手段，教育观察法可以分为直接观察法与间接观察法

直接观察法是研究人员凭借自己的自然器官作为观察工具的一种方法。其优势在于观察者身临其境，感受真切，不仅能得到具体、生动的印象，而且会形成对事物的有机整体式的认识。这种认识也能触动观察者的灵感。但是其缺点则是观察结果往往受到观察者各自的气质、价值观及素质等的影响。此外观察阈受人体器官的自然限制，被观察的现象不能被完整地保存下来。因此，观察所得到的资料可能较粗糙却又无法作重复观察。间接观察法有两个方面的含义，一方面是指观察者在现场并借助录音、录像等工具、仪器实施观察的方法；另一方面还指研究对象或行为、事件的发生时，观察者不在现场，通过对特定现象的观察所获取相关资料（或仪器的记录）来逆向推断的方法。在间接观察法中，观察对象的活动一般未受到影响，有助于获取更加真实的研究资料。

6. 根据观察的时间特性，教育观察法可以分为连续观察法与间断观察法

连续观察法是在相对较长的一段时间内持续、跟踪观察研究对象的一种方法。这种方法比较耗时，但是有利于研究对象的发展性资料的获得，有利于认识人或事物的发展规律。间断观察法即选取某些时间（段）观察研究对象的一种方法。时间是非连续性的，其间隔可以是固定的（称为定期观察），也可以是不固定的（称为不定期观察）。比如，对某个学生行为

的观察，规定每周一观察一次，这就是定期观察。这类观察方法对教师的日常的教育教学活动具有重要的实际价值。比如，教师观察学生上课时是否认真听讲，观察学生课间的活动状况，观察学生在与同学（教师）交往中的脾气、禀赋和性格特点等。这些都十分有助于有针对性地深入了解学生，为切实促进学生发展奠定坚实的基础。

7. 根据观察对象的归属，教育观察法可以分为自我观察法与非自我观察法

自我观察法是观察者以自身的自我认识、内在心理活动或过程为研究对象的方法。它的目标是揭示人对自我的直接意识，而不是通过这种意识来认识世界。例如，儿童与少年（或者教师与学生）对一件事情认识的角度有什么差异？什么样的教学活动能够引起学生的学习兴趣？引发的程度如何？非自我观察法是指以主体以外的事物、活动和他人为对象的观察方法。例如，陈鹤琴的观察，苏霍姆林斯基的观察，对幼儿在游戏活动中表现的观察，对教师教学行为性别差异的观察等。

8. 根据观察者的数量，教育观察法可以分为小组观察法与个人观察法

小组观察法就是观察者组成观察小组对研究对象进行分工与合作相结合观察的方法。个人观察法指观察者只是一个人。观察者的数量一般由观察对象的数量、观察研究的内容和观察条件等因素确定。

9. 根据观察所收集的资料本身的属性，教育观察法可以分为定量观察法和定性观察法

定量观察法是指以结构化的方式收集资料，并且以数字化的方式呈现资料的一种观察方法，它有助于进行定量分析。定性观察法是指以质化的方式收集资料，并且资料以非数字化的形式（比如文字等）呈现的一种观察方法，它有助于进行定性分析。

“各种观察类型有各自的基本特性、适用条件和各自的局限性，而它们之间又存在相互联系、相互补充的关系。教育科学研究中，由于教育现象、内外在各种因素的相互影响和制约，常常需要进行综合观察，根据具体情况将几种有关的观察方法有机结合，才能获得最有价值的观察材料。”例如，美国社会学家怀特为了观察社会下层者的行为，以研究者的身份参与了一个有13名青年组成的小集团的活动，他经常与这些人一起喝酒、聊天、泡咖啡馆等，灵活、综合运用了多种观察方法搜集了极为丰富的资料，著成了经典的《街角社会》一书。

案例似乎强化了“眼见为实”，但我们更要保持清醒：观察以视思融合为本。

【①裴娣娜. 教育研究方法导论［M］. 合肥：安徽教育出版社，1995：188–189.②李方. 现代教育研究方法［M］. 广州：广东高等教育出版社，2004：208.】

第二节　教育观察法的抽样与记录

观点与原理

1. 教育中人的行为内含着时间、地点、事情和/或学科等变量，因此，教育观察研究除了三种基础样本之外，还常用时间样本、地点样本和学科样本，也就是说，教育观察研究法使用五种或六种样本：人的样本、物的样本、事情样本和时间样本、地点样本和/或学科样本，相应的抽样单位有个、时间单位、场所单位、件、科目/课。

2. 教育观察研究的抽样是目的抽样，即依据教育观察研究目的和总体的分析，确定选取样本的顺序和抽样。

3. 由于对观察结果记录的形式、可使用的设备等方面的差异，教育观察法也存在多种记录方法。①依据观察结果记录所使用的符号，教育观察记录可以分为评等法、频率法、连续法。②依据记录内容的行为的特征，教育观察记录可以分为实况记录法、轶事记录法、日记记录法、行为检核法。③在观察结果的记录过程中可以使用多种符号，有学者将其分为定量型符号与定性型符号。不过，记录教育观察研究结果最常用的是数字型符号和其他型符号。

典型案例解读

案例9.2：

教育观察记录

1. 对幼儿的观察记录

背景：15：20，生活活动，大班。

老师对全体幼儿说："今天，我们吃过点心就去比赛跳绳。"孩子们兴奋地喊起来。老师让孩子们安静下来，并对一个刚刚一直大喊的男孩通通开启了互动。"通通，你过来！坐到古老师的位置上来！"通通吃惊地走到老师的座位前，坐下。"通通，你就坐在这儿，一边吃你的一边看着，谁坐得好，不讲话，你就叫谁来拿点心！让那些表现不好的人吃不到点心，也来不及跳绳！"一分钟前还手舞足蹈、大呼小叫的通通仿佛换了一个人似的，威严地坐在前面。

2. 观察记录还有以下形式。如表9–1至表9–5所示。

表9–1 小学学科教师课堂巡视行为观察记录表

时间	教师的活动	学生数/个
开始~5分钟		
5~10分钟		
10~15分钟		
15~20分钟		
20分钟后		

表9–2 记一次20分钟的语文字词抄写作业

时间	活动	百分比/%
开始~5分钟	全班学生踏实认真书写，没有任何声音和动作	100
5分钟后	3人开始看别人的作业，并提出别人的书写毛病	7.8
6~10分钟	7人开始有动作，或开始发愣，有的玩铅笔橡皮等学习用具	18.4
10分钟后	20人开始有动作、发愣，有的开始出声音	52.03
13分钟时	6人完成作业	15.79
20分钟时	14人完成作业（24人未完成作业）	36.84
又延续5分钟后	又有30人完成作业（4人未完成）	52.65

表9-3　现场观察记录表

实地笔记	个人笔记	方法笔记	理论笔记
12：00——食堂里大约有300人，10个窗口前队伍平均有4米长	我感觉很拥挤	这个数字是我的估计，不一定准确	中午十二点似乎是学生就餐的高潮
12：05——在卖馅饼的窗口排了一个足有两米长的队，而且排队的大部分（大约四分之三）是男生	我想是不是今天的馅饼特别好吃？是不是男生特别喜欢吃馅饼	我站在离卖馅饼的窗口有5米远的地方，看不清楚馅饼的质量，不知道这些人买馅饼是否因为馅饼好吃	也许买某一样食物的人数与该食物的质量之间有正相关关系
12：10——食堂里有5对成双的男女坐在一起吃饭，两个坐的很靠近，都是男的坐在女的左手边	也许他们是恋人	我只是根据他们坐在一起的亲密样子判断他们是恋人。这个猜想需要进一步检验	也许在食堂里就餐时，男生习惯于坐在女生的左手边
12：20——一位女生将一勺菜送到旁边男生的嘴边，望着对方的眼睛说："想不想吃这个菜？"	为什么这些"恋人们"在公共食堂里如此"放肆"？！我对此有反感	我现在与他们坐在同一张桌子上，可以听到他们的对话	似乎女生喜欢主动向男生"献殷勤"，这一点与我平时的印象不一样，需要进一步观察和检验

表9-4　6岁儿童对图形及数概念理解的行为检核表

儿童姓名　　性别	记录者		
观测内容	能	不能	日期
按名称指出图形：			
圆形			
正方形			
三角形			
菱形			
长方形			
椭圆形			
数数：			
从1数到100			
从10倒数到1			
用偶数数到20			
用奇数数到19			
5个5个数到50			
10以内的加减法计算			

填表方法：在相应选项的栏目上画"√"。

表9-5 教师回应学生问候情况记录表

地点：	教师数量：	学生数量：
时间：	观察者：	
事件	回应情况	次数
回应	D	
	T	
	Y	
	W	
	Z	
	……	
不回应	……	

填表说明：D表示点头但无言，T表示说“学生好”，Y表示教师发声回应如“哎”“好”“啊”等，W表示微笑，Z表示驻足与学生交流。

【①刘晶波.师幼互动行为研究［M］.南京：南京师范大学出版社，1999：179-180.②北京羊坊店中心小学同学.记一次20分钟的语文字词抄写作业［J］.班主任，1988（3）. ③陈向明.质的研究方法与社会科学研究［M］.北京：教育科学出版社，2000：248.④陶保平.学前教育科研方法［M］.上海：华东师范大学出版社，1997：107.】

案例分析

教育观察不同于一般的观察，是用于解决教育问题的科学研究，所以要通过记录观察中的相关信息收集资料。

案例呈现了一些观察记录（表）。从这些观察记录（表）中，我们发现，教育观察的记录法有：

1. 依据观察结果记录所使用的符号，教育观察记录可以分为评等法、频率法、连续法

评等法就是按照事先确定的等级及其含义，使用一定的方式记录观察对象所处等级的方法。比如，研究对象对某种事物可以是不喜欢、不太喜欢、一般、有点喜欢、很喜欢。评等法的等级还有三级和七级两种形式。频率法就是记录某时间内特定行为出现的频率的方法。比如，一项对小学低年级学生上课注意力集中时间和程度的观察记录（如表9-2）。用笔记的方法在现场作连续记录，也可以运用录音机、录像机等设备将观察到的情况录摄下来，然后再转记录到笔记本上的方法。

2. 依据记录内容的行为的特征，教育观察记录可以分为实况记录法、轶事记录法、日记记录法、行为检核法

实况详录法，也称为连续记录法，是指在某段时间内，连续、详细地记录观察对象行为表现的方法。比如，观察学校食堂午餐时间的情况（如表9-3）。轶事记录法，也称为记事法，是以记事为主，即将研究者认为有价值、有意义的或感兴趣的事件完整记录下来的方法。日记记录法，也称为日记法，即以日记的方式记录观察对象行为表现或教育现象的方法。比如，陈鹤琴的观察，苏霍姆林斯基的观察均大量采用了此种方法。行为检核法，也称为菜单法，或核查菜单法，就是将要研究的行为项目进行菜单式排列，然后通过现场观察，检查、核对这些行为项目的出现情况并进行“点菜式”记录的方法（如表9-4）。

在观察结果的记录过程中可以使用多种符号，有学者将其分为定量型符号与定性型符号。不过，记录教育观察研究结果最常用的是数字型符号和其他型符号。

数字型符号即用不同的数字符号分别代表各观察单位。所用数字的多少与含义取决于具体研究中观察项目的多少及其含义。如学生课堂行为，如果事先被分成了 10 种类型，那么就可以用 0~9 这 10 个数字分别表示行为类型。数字型符号的优点是便于借助技术手段处理，能适度减少资料整理的工作量；其不足之处是不易于记忆。其他型符号即用其他符号分别代表各观察项目。其他符号包括字母符号、几何符号、几何图形、示意图、模拟图形或者文字缩写等。如用√表示某种行为的出现，用S代表学生，用T代表教师。其他型符号的特点是形象逼真、易于记忆，不足之处是不易于借助技术手段处理，比较耗时（如表9–5）。

从记录的信息发现，教育观察研究的样本很特殊。通过对案例深入思考，还可透视到教育观察研究的抽样单位有两大类：观察对象的、观察情境的。相应的，通常使用五种或六种样本：人的样本、物的样本、事情样本、时间样本、地点样本和/或学科样本。

时间抽样是指研究者在特定的时间内观察和记录所发生的活动或现象。比如，观察学生在自习时间里的行为表现，观察教师在学生练习时的巡视情况（如表 9–1）。地点抽样即选取某一地点作为观察的空间条件进行研究，也可以称为场所抽样。比如，观察学生在操场上的活动情况，观察教师在走廊或者办公室（或者食堂）的行为表现。在中小学校，或者大学，学校均设计了统一的作息时间和课程表，学生与教师活动的时间、地点一般都与一定的学科相对应。因此，时间抽样和地点抽样就确定了学科抽样，反之亦然。学科抽样，即以某一学科展开过程中所发生的事件或现象为抽样单位进行抽样。事情抽样是以特定的行为或事情为抽样单位，注意记录某些预先确定的行为表现或事情的完整过程。比如，观察学生争执事件，观察教师上课的提问行为，观察新教师对学生举手回答问题的回应方式。

教育观察研究的抽样主要属于目的抽样，即依据教育观察研究的目的和任务开展抽样（表9–6）。（更多抽样方法详见第七章第二节。）

表9–6　抽样类型及其特点

抽样方法	特点
个人抽样	考察特定人的表现，确定有效的教育对策
时间抽样	考察在特定时间内所发生的事件或行为，优化教育的时间管理
地点抽样	考察在特定的地点所发生的事情，研究环境的教育影响
学科抽样	考察具有某种学科特征的人或事物，优化学科教学
事件抽样	考察预定的行为或现象，探究人的发展或教育发展的规律

第三节　教育观察设计

观点与原理

1. 教育观察法不是万能的教育研究方法，它既有优点也有缺点，因此，在教育观察研究中往往还要结合其他研究方法使用。

2. 教育观察法的突出优点是收集到的研究资料自然性、客观性鲜明，明显的缺点是研究进程的不可控性和失真。

3. 运用教育观察法要遵循七项基本原则：

（1）客观性原则，即必须坚持观察过程中实事求是的科学态度，不应该掺杂个人的偏见。这样观察到的材料才可能是真实可靠的；

（2）全面性原则，即必须坚持观察过程中，实施全面、系统地观察、记录和分析观察对象的各个方面、整体、变化的全过程；

（3）典型性原则，即教育观察研究必须选择典型样本进行观察，避免以偏概全；

（4）目的性和计划性原则，即观察需要在一定的目的指导、计划组织下进行，因此观察要明确目的，确定观察的重点和方式，排除干扰因素，按照一定的计划进行，遵守预定的步骤；

（5）友好性原则，即观察者与观察对象要形成友好关系，消除陌生感，避免观察对象做出非自然的表现；

（6）技术性原则，即观察者必须掌握观察技术，比如制定观察提纲的技术，设计观察记录表的技术，操作信息技术设备的技术，乃至速写的技术等，为研究资料的搜集与整理提供便利条件；

（7）综合性原则，即研究者要进行综合观察，根据具体情况将多种具体观察方法有机结合，旨在获得最有价值的观察材料。

4. 教育观察法的实施一般分为五个阶段。第一阶段，准备工作——变量、定义、计划、观察途径；第二阶段，抽样；第三阶段，实际观察——认真记录（等录、频录或者笔录、机录）；第四阶段，资料的整理与分析——过程中的和过程结束后的、分门别类的整理（编码）；第五阶段，撰写研究报告。其中，编码就是根据资料的概念化处理——通过理论分析结构，找出构成因子——发现的因子命名资料。详见案例分析。

5. 实施教育观察可采取的策略有：选择合适的位置，真实、全面和动态地使用感官，恰当使用辅助手段并灵活采取多样记录方式，观察过程中不断进行思考与自我反思，灵活执行观察计划。

典型案例解读

案例 9.3：

教师课堂角色类型研究（节选）

一、研究目的

显然，我们需要有我国自己的教师课堂角色研究。但遗憾的是，迄今为止除了少数有关西方国家教师课堂角色研究的述评性文章以及名为研究成果、实为抄袭或编译国外学者论著的所谓论文之外（原谅我们这里不注出这些“成果”的名称与出处），很少见有我国学者自己对本国教师课堂角色的科学研究，尤其是实证研究。尽管这些年来我们经常谈论教师课堂角色问题，但其实我们对我国教师课堂角色的一些最基本的状况都缺乏脚踏实地的了解。比如：我们教师到底在扮演着一些怎样的课堂角色？教师课堂角色到底有哪些类型等等。我们迫切需要在一定的理论探讨基础上，对我国教师的课堂角色进行一些基础性的实证研究。

本研究即源于上述动机。本研究旨在尝试以一定层面、一定数量的课堂观察结果为依据，区分出教师课堂角色的若干类型。

二、研究方法

（一）研究途径

由于教师的课堂角色实际上体现教师与学生的课堂关系，且由于我国中小学（尤其是小学）课堂中基本上不存在真正意义上的能动的学习群体，师生之间的课堂交往在很大程度上依赖于教师与学生个体之间的直接对话，同时也为观察与记录方便起见，故本研究将“教师指向学生个体的言语行为”（以下简称“教师的言语行为”）作为考察教师课堂角色的窗口。

由教师的言语行为来区分其课堂角色类型时，既可采用定性描述的方法，也可采用定量分析的方法。作为一种尝试，本研究主要采用后者。

（二）观察框架

本研究采用定量分析方法所必备的一个技术前提，是在课堂观察中将教师的所有言语行为逐一予以分门别类地量化“登记”。

我们认为，教师的言语行为可按其所涉“工作领域”分为五大类，即提问、要求、评价、答复及其他。这当中，除了“其他”之外，前四大类可按“性质”或“目的”而各自逻辑地分为3小类。据此，我们预先设计了“教师课堂言语行为登记表”（表9–7）。

表9–7　教师课堂言语行为（指向学生个体）登记表

类别												
提问			要求			评价			答复			其他
方法	结论	事实	建议	模糊	指令	肯定	两可	否定	开放	中间	封闭	

容易看出，这个登记表实际上也是教师言语行为的结构化观察框架。这一观察框架表面上看起来易于操作，比较简便，即观察者无须详细记录教师对学生的每句谈话，而只需将其言语行为逐一对号入座地登记入表中即可，但实际上却有一定难度，因为观察者必须参照表中所示类别对教师的每一言语行为都作出迅速、准确的归类判断，并立即在表中相应类别的空间里用符号登记下来，以示教师出现一次此类言语行为。这在师生个体对话节奏较快或教师的一段连续话语中同时含有两种以上不同类别言语行为时难度更大。为此，我们在本研究的课堂观察正式开始之前，对所有观察人员进行培训，对表 9–7 所示各大小类别的含义加以统一界定，并进行预备性的观察与登记。

（三）观察对象

本研究的课堂观察以小学五年级教师为对象。我们之所以选择小学教师，是因为相对于其他教育阶段的教师来说，小学教师的课堂言语行为往往比较“丰富多彩”，涉及更多的教育范畴，从而有可能呈现出更多的课堂角色类型；选择五年级教师，则意在尽量减少无关因素对课堂观察的“干扰”，诸如低年级学生的课堂注意力易因观察者的存在而分散，六年级的课堂教学易因毕业任务的压力而“变形”等。

由于本研究的主要目的并非在于对教师课堂角色的各种类型作出数量上的比较与推断，而是对类型本身作出区分，并借此展示一种研究方法，故对样本的数量规模并无太高要求。为此，我们选取了 8 所小学的 32 名教师作为课堂观察对象，每所小学各 4 名。观察对象的选取只依据三条原则：一是语文与数学教师比例各半；二是尽量避免同一学校的 4 名教师均为相同性别；三是尽量避免同一学校的 4 名教师均为该校同年级中素质最好的，尽可能兼选所谓的“好、中、差”三种教师。

限于研究人手，我们对每位教师只观察其 1 节课。为使被观察的每位教师的课堂言语行为达到一定数量，以便能据此对其所扮演的课堂角色作出界定，本研究将被观察课型一律限定为新授课。共观察了32节新授课。

（四）观察时间

1993年11月至1994年1月。

三、结果及其分析

（一）大类言语行为与课堂角色总体类型

因观察人员的技术失误，导致对 1 所小学 4 名教师的观察过程不符合要求，故可作为此处统计与分析之依据的是对7所小学28名教师的观察结果。

将 28 份结构化观察登记表汇总后，我们发现，在提问、要求、评价、答复及其他这 5 大类言语行为中，“答复”与“其他”这两大类别近乎名存实亡。原因在于：28 名教师只有 1 名出现“其他”类言语行为，且仅为 1 次①，而出现“答复”类言语行为的教师虽有 10 名，但出现 3 次以上者（包括 3 次者）②总共也只有 3 名，且“答复”类言语行为在全部言语行为中所占比例最高者也只有 11.3%③。故此两类别可忽略不虑。这一现象实际上表明，教师的言语行为总的来说主要包括提问、要求与评价这三大类，教师课堂角色在总体上是由这三大类言语行为体现出来的。表 9–8 即为对 28 名教师三大类言语行为的统计结果。

由表 9–8 可看出，提问、要求与评价这三大类言语行为之间存在着多种不同方式的组合，由这些组合可相应导出教师课堂角色的总体类型。为方便起见，此处用A，B，C分别表示提问、要求与评价这三大类别；同时，将某一类别在全部言语行为中占 75%以上，且其余两类各自所占比例均小于 20%的言语行为总体类型视为主导型（即A型、B型、C型），将任一类别所占比例均小于 75%，但其中两类所占比例之和大于 80%的言语行为总体类型视为结合型（即AB型、AC型、BC型），而将三个类别各自所占比例大致相近，或虽然其中两类所占比例之和大于80%，但比例较低的一类的比例与第二类的比例相差不大的言语行为总体类型视为复合型（即ABC型）。

如此，我们便可以从表 9–8 中发现存在着四种言语行为总体类型，并由此相应导出教师课堂角色的四种总体类型。

---

① 在本研究的结构化观察框架上放入“其他”类，意在预防万一。结果，在 28 名教师的全部言语行为（共 1971 次）中，“其他”类只出现 1 次。这似可说明该框架所设提问、评价及答复这四大类别具有足够的包容度。

② “3 次”乃是本研究对大类言语行为进行分析所需的最少数量，因为每一大类之下尚有三小类。

③ 可否认为，这一现象实际上表明，在我国小学课堂中，师生交往的“启动者”基本上都是教师，而学生则极少成为这种“启动者”。

表9-8　教师大类言语行为统计结果

类别						
合计	提问		要求		评价	
	次数	%	次数	%	次数	%
89	43	48.3	3	3.4	43	48.3
101	34	33.7	31	30.7	36	35.6
……	……	……	……	……	……	……
68	63	92.6	5	7.4	0	0
61	59	96.7	1	1.6	1	1.6

1. A型——定向者

这种类型的教师（表9-8中序号为6、8、13、20、21、25、26、27、28者）的言语行为基本上以“提问”为主。

2. AB型——定向·定规者

在这类教师（表9-8中序号为5、11、14、19、22者）的言语行为中，是“要求”占有相当比重。

3. AC型——定向·定论者

这类教师（表9-8中序号为1、9、10、16、23、24者）在课堂中经常对学生进行“评价”。

4. ABC型——定向·定规·定论者

表9-8中序号为2、3、4、7、12、15、17、18的教师即属此类。这类教师的提问、要求与评价这三大类言语行为或者并驾齐驱。

从理论上来说，按照前述比例标准，A（提问）、B（要求）及C（评价）这三大成分可组成七种言语行为总体类型，即三种主导型（A型、B型、C型）、三种结合型（AB型、AC型、BC型）及一种复合型（ABC型），但由于在我国小学课堂（新授课）中，教师的“提问”乃是必不可少且比重较大的一种言语行为，故不可能出现B型、C型、BC型这三种缺少A（提问）成分的言语行为总体类型及与之相应的课堂角色总体类型。因此，本研究的课堂观察对象虽然不是太多，但却也呈现出了我国课堂实践逻辑中所可能存在的教师言语行为及其课堂角色的全部四大总体类型。

（二）小类言语行为与课堂角色分项类型

课堂角色分项类型与总体类型是既有联系又有区别的两个概念。总体类型因三大类言语行为的结合方式而异，分项类型则分别由各大类言语行为所属三小类别的组合方式而定。课堂角色总体类型相同的两个教师，其分项类型未必完全一致，而课堂角色总体类型不同的两个教师，其分项类型也未必完全相异。在前面界定课堂角色总体类型时，我们鉴于某大类言语行为比重较少的情况而将该类别略去不考虑，比如，若某教师的“要求”（B）比重太小，则将其言语行为总体类型称为AC型（略去B），并由此称其课堂角色总体类型为“定向·定论者”。而在这里，只要“要求”的次数达于一定数量，则仍可从其小类言语行为的组合方式上，来判明该教师在“要求”这一分项上所扮演的角色类型。

表9-9为教师小类言语行为统计结果[①]。按照前面分析大类言语行为的同样思路，这里用A1、A2、A3分别表示“提问”中的“方法”“结论”与“事实”这三小类别，用B1、B2、B3分别表示“要求”中的“建议”“模糊”与“指令”，而用C1、C2、C3分别表示“评价”中的“肯定”“两可”与“否定”，并按前述类型界定比例标准。在提问、要求与评价这三大分项内部，分别明确主导型（如A1型、A2型、A3型）、结合型（如B1B2型、B1B3型、B2B3型）与复合型（如C1C2C3型）。

表9-9　教师小类言语行为统计结果

类别																				
提问							要求							评价						
合计	方法		结论		事实		合计	建议		模糊		指令		合计	肯定		两可		否定	
	次数	%	次数	%	次数	%		次数	%	次数	%	次数	%		次数	%	次数	%	次数	%

于是，从表9-9中我们便可找出教师在课堂中呈现出的以下18种言语行为分项类型，并相应导出其课堂角色分项类型。

1.由“提问”所呈现的分项类型

①A1型——启创者；②A2型——导引者；③A3型——搀扶者；④A1A2型——启创·导引者；⑤A1A3型——启创·搀扶者；⑥A2A3型——导引·搀扶者；⑦A1A2A3型——启创·导引·搀扶者。

2.由“要求”所呈现的分项类型

①B1型——建议者；②B2型——放任者；③B3型——强制者；④B1B2型——建议·放任者；⑤B1B3型——建议·强制者；⑥B2B3型——放任·强制者。

3.由“评价”所呈现的分项类型

①C1型——鼓励者；②C3型——矫正者；③C1C2型——鼓励·观望者；④C1C3型——鼓励·矫正者；⑤C1C2C3型——鼓励·观望·矫正者。

从理论上来说，由于提问、要求、评价这三大类言语行为各自均包括三小类别的成分，因而各自均可组成表9-10所示的七种言语行为分项类型。但在本研究的观察结果中，只有“提问”类中呈现出表9-10所列全部七种分项类型，而在“要求”类中缺少B1B2B3型，在“评价”类型中则缺少C2型与C2C3型。读者或许会批评这与本研究的观察对象不是很有关。但即便增加观察对象，是否就能保证一定会出现这三种分项类型亦难预料。就我们几人在本研究之外进行过的大量课堂观察实验来看，倒是确未见过这三种类型的教师。当然，若欲确证，则须以大规模课堂观察的结果为依据。

① 简洁起见，凡低于3次的合计次数及其相应的小类次数与百分比均未列入表中。

表9-10 教师言语行为分项类型构成表

言语行为	主导型	结合型	复合型
提问（A）	A1、A2、A3	A1A2、A1A3、A2A3	A1A2A3
要求（B）	B1、B2、B3	B1B2、B1B3、B2B3	B1B2B3
评价（C）	C1、C2、C3	C1C2、C1C3、C2C3	C1C2C3

四、说明与思考

1. 本研究的观察指标只是教师指向学生个体的言语行为，若欲获得分析教师课堂角色类型的更全面、更准确的依据，则无疑须诉诸对教师全部课堂行为的观察。其前提是设计出一套相应的、行之有效的观察框架。这种框架比本研究中的课堂观察框架无疑要复杂得多，因为教师的全部课堂行为既包括言语行为，也包括非言语行为；即便在言语行为中，也既包括指向学生个体的言语行为，还包括指向学生群体（全班、小组）的言语行为以及自言自语等。若能设计出这样一种观察框架，则不仅将大大推进我国关于教师课堂角色的研究，也将大大促进整个课堂教学的实证研究。

2. 本研究的观察对象只是小学教师。从理论上来说，要想比较全面地区分教师课堂角色类型，则似乎观察对象不仅需要有小学教师，而且需有中学与大学教师。

3. 本研究的主要目的只在于对教师课堂角色本身加以若干区分，不过，对观察记录的某些统计结果本身似乎也能表明教师课堂角色类型的某些倾向。

4. 教师课堂角色类型受制于哪些因素？它对作为教师课堂活动对象的学生到底有哪些具体影响？这是教师课堂角色研究中的另外两个层面的问题。对于这些问题，本研究都未探讨。总之，教师课堂角色远非如不少同志所认为的那样是一个简单的研究范畴，我们对之其实知之甚少。作为实证性研究，我们也刚刚起步，缺憾之处甚多，期望得到同行指教，更盼望能有更多的同行来一起进行脚踏实地的研究。

【吴康宁，等.教师课堂角色类型研究［J］.教育研究与实验，1994（4）：1-8.】

案例分析

这是一份教育观察研究报告，由引言、研究方法、结果与分析和反思四个大的部分构成。其中，“引言”阐明研究目的、研究内容和研究现状；“研究方法”部分要说明研究途径、样本、操作定义、工具、观察类型、研究计划；“结果与分析”展示资料及其分析、对研究课题的全方位解释；“反思”阐述进一步研究的建议。

案例揭示出教育观察研究的实施过程的五个阶段。

第一阶段，准备工作。任何一项研究都必须做好充分的准备工作。所谓“好的开始是成功的一半”。

教育观察研究是为了解决一定的问题，即达到一定的目的。同样的研究问题可能有不一样的目的。因此首先要明确研究的目的。

厘清定义是为了搞清楚究竟要研究什么。中心概念的澄清有助于明确观察什么、记录什么以及如何记录，从而保证观察的优质、高效。在教育观察研究中，可以使用学术性定义形式，但是比较常用的是操作定义的形式，它有助于观察指标的具体化。为了确保观察的有序进行，要明确观察计划。观察计划要依据观察目的和观察内容来制定，它主要包括观察目的、任务、对象、时间、地点，即回答为什么观察、观察什么、观察谁、什么时间、什么地点、用什么观察、怎么观察等问题。

准备工作还包括制定观察记录表、准备记录工具等材料。

第二阶段，抽样。教育观察研究的抽样一般是目的抽样。实际抽样时，为了保证样本的典型性，一方面要认真准备，另一方面可以进行一些试探性的观察以对各种各类样本有更加清晰的认识。此外，选取观察对象尚需考虑与观察对象有关的人员是否同意，如班级教师、学校行政人员、学生家长等。

实际观察前，通常观察者要事先加以训练。训练的内容至少包括以下几项：了解观察的目的与项目、了解观察工具的使用与记录方式、熟悉观察设备的操作方法以及使用的时机、观察预习以发现观察工具是否妥当以及使观察者明了减少受观察者心理防卫的要领、使观察者了解评判、记录时应客观且不可对被观察者有任何偏见。

第三阶段，实际观察。观察者一旦进入观察领域，既要认真、全面地看、听，还要全面、仔细地记录；既要认真遵守观察的基本原则，还要采取科学的观察策略。尤其要注重观察过程中对资料的分析，毕竟“时过境迁”；而现场的真实感受是具有重要价值的。

第四阶段，资料的整理与分析。详见第十五章。这个阶段要特别注意随时检查、分析资料，做好查漏补缺。

第五阶段，撰写研究报告。案例就是一份高水平的教育观察研究报告。更多内容详见第十六章。

从报告作者的操作来看，教育观察研究还要遵循七项基本原则，讲究观察策略。

在原则上，要遵循客观性原则、全面性原则、典型性原则、目的性和计划性原则、友好性原则、技术性原则和综合性原则。

在实施上，一般可采取如下策略：①选择合适的位置，是实施观察必须考虑的，它对观察的效果会产生一定的影响。位置的选择要考虑两个因素：方位和距离。方位是指观察者如何面对被观察者；距离是指观察者和被观察者之间的远近。一般说来，观察者要面对被观察者，如果背对或者侧对，就难以观察到被观察者的行为和表情等。如果我们观察教师的教学，观察者一般坐在课堂的下面；如果我们观察学生的学习，观察者应该坐在前面或者学生的侧面。另外，距离要合适，不能太近，也不能太远。太近，会对被观察者产生心理上的压力与干扰；太远，又看不清楚。距离合适的标准是：第一，保证被观察的现象能够清晰地落在观察者的视野内；第二，保证被观察者保持常态，不受干扰。为了减少对被观察者的干扰，还可以采用这样一些方法：早些出现在现场；多次出现在现场；不穿奇装异服；不坐在特别引人注目的位置等。②观察者在观察的过程中，还应当适当地调节自己的观察位置。因为被观察者有时是运动的，观察者也要随之而变化。即使在课堂教学中，学生的位置是固定的，但是学生的活动多种多样，观察者始终保持一个距离，就不能看到所有的活动。比如学生自己读书、写作业时，观察者要凑近些才能看见；而学生听讲、回答问题，则可以远些。③观察时，要真实、全面和充分、动态地使用感官，避免产生偏见、片面和孤立的认识。④恰当使用辅助手段并灵活采取多样记录方式。观察记录既要依靠大脑的记忆，更要依靠笔记。记笔记是观察现场必须采用的方式，无论是否使用辅助技术设备。记笔记可以根据计划和情境灵活采用多种方式，记录的内容不仅仅是观察的结果，还要注意记录观察过程中生成的内容。⑤观察过程中要不断进行思考与自我反思：反省自己的思维方式；分析自己的观察角度、记录时使用的语言；对观察中出现的伦理道德问题进行反省，检查是否有违背道德的；反省自己对研究问题的假设、个人生活经历、宗教信仰、性别、社会地位、受教育程度等对观察可能产生的影响。陈向明根据自己的经验还特别提到要对以下三个方面进行反省：第一，观察者的推论应该将事实与推论区别开来。观察者在进行推论的时候，应该给出相应的证据，仔细检查自己的前设，说明自己是如何得出这个推论的。第二，观察者的心情。观察者观察时的心情会对观察的内容和效果产生影响，消极情绪会给事实带上阴影，观察者可以把这些情绪记在个人的方法笔记中。第三，观察者的叙述。如果叙述不当，会给读者一种错觉，好像这也是观察者看到的“事实”。⑥灵活执行观察计划。计划是预定的，而实践是变化的。因此在设计观察过程中不应该僵化、教条，要根据观察现象的展开，在必要条件下，合理地调整观察计划。

之所以教育观察研究要讲究原则、策略，是因为教育观察法虽然有直接性和可靠性，但有时却往往具有表面性、片面性和偶然性。表现为：①由于不能够与观察对象直接接触，所以观察到的大多是表面现象；②由于对观察结果不易作统计处理，因此观察往往缺乏数据证明；③由于观察者处于被动的观察状态，不能改变观察情境，所以不易把握观察进程；④观察法不适合于大面积调查。所以，教育观察研究还需要“旁敲侧击”“拐弯抹角”。

思想资源

一、教育研究方法的选择

1. 杜威说“我们知道一些研究方法比另外一些更为有效，正如我们知道有一些手术、武装、修路、航行等的方法比另外一些更为有效一样。在所有这些例子里，‘更为有效’的方法并不是理想中完美的方法……我们要弄清楚某些方式和机构怎样和为什么提供了充分确定的结论，而其他方式和机构却没有或不能提供这样的结论。”

【沙沃森等.教育的科学研究.曹晓南，等，译.北京：教育科学出版社，2006：115.】

2. 在决定采用某种研究方法之前所必须考虑的三个条件是：该研究所要回答的问题的类型是什么；研究者对研究对象及事件的控制程度如何；研究的重心是当前发生的事，或者是过去发生的事。表 9-11 列示了五种主要的研究方法（实验、调查、档案分析、历史分析、案例研究）及其与这三个前提条件之间的关系。每个条件的重要性如下：

（1）所要回答的问题的类型（表9-11第1栏）

这是你要考虑的第一个条件。所要回答的问题可以用“4W1H”表示，即“什么人”（Who）、“什么事”（What）、“在哪里”（Where）、“怎么样”（How）、“为什么”（Why）。

表9-11　不同研究方法的适用条件

研究方法	研究的问题的类型	是否需要对研究过程进行控制	研究焦点是否集中在当前问题
实验法	怎么样、为什么	需要	是
调查法	什么人、什么事、在哪里、有多少	不需要	是
档案分析法	什么人、什么事、在哪里、有多少	不需要	是/否
历史分析法	怎么样、为什么	不需要	是
案例研究法	怎么样、为什么	不需要	是

资料来源：COSMOS公司。

“什么事”的问题，实际上又可以分为两类。第一类“什么事”的问题是探索性的。例如，“研究这个成功的学校，可以学习到什么经验？”这个问题的目的，是提出可供进一步研究的恰当的假设与命题。这种研究当然是探索性研究。但是，前述五种研究方法（例如探索性调查、探索性实验、探索性案例研究等）都可以用来处理这种探索性问题。而“什么事”问题的第二种类型，实际上可以被表述成一连串“有多少”的问题。例如，“上次管理体制调整的后果是什么？”对于这类问题，调查或者档案研究的方法会更适合、更顺手。例如，很容易设计一个调查问卷，从而获得结果。但是，对于这类问题，用案例研究的方法，就会费力不讨好。

如同上述“什么事”问题的第二种类型一样，“什么人”“在哪里”之类的问题（及由其衍生出来的问题——“多少个”）类似经济学研究，较适合采用调查或档案分析的研究方法。当研究的目的是描述某一现象出现的范围、程度或频率时，或者是预测其未来结果时，统计调查或者档案分析的研究方法就比较有优势。

相反，“怎么样”和“为什么”之类的问题更富有解释性，适合处理这类问题的研究方法是案例研究法、历史法和实验法。这是因为，这类问题需要按时间顺序追溯相互关联的各种事件，并找出它们之间的联系，而不仅仅是研究它们出现的频率和范围。所以，如果想知道为什么旁观者在某种情况下未能及时主动报警，你最好设计并实施一系列实验。

总之，决定采用何种研究方法的第一个条件、也是最重要的条件，就是弄清楚你的研究是要回答何种类型的问题。一般来说，“什么事”之类的问题可能是探索性的（在这种情况下，可以采用任何一种研究方法），也可能是关于范围 、程度或频率的（在这种情况下，统计调查或档案分析会更适合）。“怎么样”和“为什么”之类的问题，比较适合采用案例研究法、实验法或者历史分析法。

确定你所要研究的问题类型也许是研究的最重要的一步，所以你一定不要匆忙上阵，而要留出充足的时间进行更深入的分析。其关键是要明白，研究的问题既有其“实质”（例如，我的研究是什么），也有其“形式”（例如，我要回答的是：什么人、什么事、在哪里、为什么或者怎么样的问题）。有些人倾向于重点思考具有实质性的重要问题；而本书则认为，花些精力确定研究问题的形式很重要，它能够帮助你选择合适的研究方法。请记住，对于一些问题来说，各种研究方法可能都适用。在这种情况下，你就需要从多种研究方法中挑选出最合适的一种。最后请注意，你可能会在没有考虑问题类型的情况下，就先入为主地偏好某种研究方法。如果出现这种情况，你一定要保证你采取的研究方法与你要回答的问题类型相适合。

（2）对研究对象的控制范围、程度（表9-11第2栏）及研究对象的时代性质（表9-11第3栏）

假设某一研究所要回答的问题类型是“怎么样”和“为什么”，那么，要确定采用历史分析、案例研究或者实验法中的哪一种方法，就需要进一步分析研究者对研究对象的控制范围、程度，看其是否能接近研究对象所处的实际环境。当研究者无法控制、无法实际接触研究对象时，历史分析法是最适合的研究方法。历史研究法最突出的特色，在于其可以用来研究已成为历史的事件，也就是适用于没有相关人员能向你报告或者回忆发生过什么事的时候，以及研究者必须以原始资料、第二手资料，或者传说、故事、历史文物作为主要依据的时候。历史分析法当然可以用于研究当代发生的事件，在这种情况下，这种研究方法就很容易与案例研究混在一起了。

案例研究法适合用于研究发生在当代但无法对相关因素进行控制的事件。案例研究采用的方法与历史分析法大致相同，但它比历史学家多了两种资料来源：直接观察事件过程；对事件的参与者进行访谈。虽然案例研究与历史分析有相同之处，但案例研究的长处在于，它与传统的历史研究法相比，获得资料来源渠道更多、更广泛——文件档案、物证、访谈、观察等。除此之外，在某种情况下，例如通过参与性观察，案例研究法可以对研究对象进行某种程度的非正式的控制。

最后，当研究者可以直接地、精确地、系统地控制事件过程时，才可以采用实验的方法。实验可以在实验室环境中进行，研究者能集中研究一个或两个独立的变量（与研究范围无关的其他变量能够被“控制”）；实验也可以在实验室之外的现实环境中进行，这被称为“社会实验”。在这种情况下，研究者给受试者施加不同的刺激，例如给受试者不同的优惠购货券，观察受试者在各种情况下的反应。实验法与其他研究方法也有交叉之处。广义的实验研究也包括实验者不能控制实验过程，但实验设计仍然符合实验的基本逻辑的要求。这种情况通常被称为“准实验方法”。准实验方法甚至可以用于历史环境中。例如，研究种族暴乱和私刑的学者就曾采用准实验方法，因为事件过程本来就具有不可控性。

总之，应该明白，在一些情况下你可以使用所有的研究方法（例如进行探索性研究时）；在另一些情况下，两种研究方法都同样有吸引力。你当然也可以在一个研究中使用多种研究方法（例如在案例研究中用到调查法，或者在调查法中用到案例研究）。在一定程度上，各种研究方法并不相互排斥。但同时你也应该明白，在一些情景中，某一特定的研究方法明显优于其他方法。

【罗伯特·K.殷. 案例研究设计与方法［M］.周海涛，等，译.3版.重庆：重庆大学出版社，2004：7-11.】

研究目的与研究方法见表9-12

表9-12　质性研究的问题、策略以及数据收集的方法

研究目的	可能的研究问题	研究策略	数据收集方法举例
探索性目的： ·调查某一鲜为人知的事件、情景或者情况 ·识别或发现一些重要的变化 ·得出假设以便做进一步的研究	·这所学校正在发生什么事情？ ·这所学校里教师的工作方法中最重要的主题和模式是什么？ ·这些主题或模式是如何联系起来的？	·个案研究 ·观察 ·现场调查	·参与性观察 ·非参与性观察 ·深度访谈 ·选择性访谈
描述性目的： ·记录某个感兴趣的事件、情景或情况	·这所学校中正在发生的重要行为、事件、态度、过程和/或结构是什么？	个案研究 ·人种学研究 ·现场调查 ·观察	·参与性观察 ·非参与性观察 ·深度访谈 ·书面问卷调查 ·内容分析
解释性目的： ·解释某个事件、情景或情景形成的原因。 ·识别影响某个事件、情景或情况的似乎可能的原因网络	·什么事件、信念态度和/或政策正在影响学校的特征？ ·这些力量在影响学校时是如何相互作用的？	·个案研究 ·现场调查 ·人种学研究	·参与性观察 ·非参与性观察 ·深度访谈 ·书面问卷调查 ·内容分析

续表

研究目的	可能的研究问题	研究策略	数据收集方法举例
预测性目的： ·预测某个事件、情景或情况的结果 ·预测某个事件、情景或情况可能导致的行为或行动。	·该学校现行的政策将可能对未来产生什么样的影响？ ·谁将受到影响？将受到怎样的影响？	·观察 ·访谈	·深度访谈 ·书面问卷调查 ·内容分析

【弗林克尔·瓦伦.教育研究的设计与评估［M］.蔡永红，等，译.北京：华夏出版社，2004：506.】

二、观察研究的客观性原则

观察中常会因以下主观因素而影响观察的客观性：①先入为主的偏见，表现为只收集某些似乎能证明自己研究假设的观察材料，或用自己的假设去修正观察结果，甚至用某种理论框架牵强附会地解释观察结果，从而歪曲了事物的本来面目。②无意过失。往往表现为研究者利用自己已有的知识经验去修正、填补观察中的空白，从而作出错误的分析。③假象与错觉。

【裴娣娜.教育研究方法导论［M］.安徽教育出版社，1995：194–195.】

三、观察者培训

（一）如何进行参与观察

研究者可以从以下几个方面注意参与观察的基本的要求。①参与观察者的活动须有明显的自觉，记住场所中的活动，提高注意的层次。②参与观察者需要作较广角度的观察，日常的参与者较受限于个人的目的。③日常的参与者通常局限于个人的主观经验和目的，参与观察者则同时具有局内人和局外人的角度，一方面入乎情境中，经验局内人的情感和经验，一方面出乎情境之外观察现场中的人们和活动。④参与观察者需要有自我反省的能力，学习已有研究工具，增进自己对情境的敏感度，以搜集丰富的资料。⑤参与者需要做仔细的记录，记录客观的观察和个人主观的感觉。

【袁振国.教育研究方法［M］.北京：高等教育出版社，2000：174.】

（二）观察者一般训练内容

观察人员可以由研究者自己担任，或另外请几位观察者在不同场地负责观察。不论观察者是谁，宜事先加以训练，训练的内容至少包括以下几项：

1. 了解观察的目的与项目。
2. 了解观察工具的使用与记录方式。
3. 熟悉观察器材的操作方法以及使用的时机 。
4. 观察预习，以发现观察工具是否妥当。
5. 观察预习，使观察者明了减少受观察者心理防卫的要领。
6. 使观察者了解评量时应客观，不可对被观察者有任何偏见。

【叶重新.教育研究法［M］.台北：心理出版社，2001：169.】

四、直接观察

直接观察（direct observation）是在个体进行某种形式的行为或某一事件正在展开的时候

收集数据。标准观察表格一般用于这种目的。如果观察表格设计得完善，那么表格中所列举的变量都应是经过仔细拟定的。同时，这也会成为研究者从观察数据中得出的推论有效和可靠的证据。

直接观察与问卷和访谈相比往往在无意间能够获得更准确的有关某些变量的数据。然而，直接观察的弊端是它往往非常耗时，而且观察者往往在无意间会改变被观察的情境。

在对研究中所使用的观察程序进行评价时，你应考虑下列问题。

1. 被观察的是高推断性变量（high-inference variable）还是低推断性变量（low-inference variable）？观察的变量在观察者所要求的推断性大小上是不同的。例如，与判定教师作了多少口头表扬相比，在判定教师在一节课中表现出多少热情时，观察者就需要使用更多的推断。因此，如果所观察变量是高推断性的而不是低推断性的，观察者数据的效度就更成一个问题了。

2. 观察者有没有经过培训以学会如何确定将要进行观察的变量？研究者应该介绍观察者所接受的培训的种类和程度，以及他们使用的是不是标准的观察表格或程序。

3. 观察时间有多长？观察时间要有足够的长度以便获得被研究行为的有代表性的样本，否则的话，观察数据可能会产生非代表性的结果。必要的观察时间取决于一些因素，比如被观察行为的性质、行为发生的环境以及行为发生的频度。

4. 观察者是不是引人注目？观察者理想的位置是在单面可视镜的后面，而且他们的在场不应让被观察者知晓。一些研究者能够达到这些要求，但是由于伦理的原因，大多数研究者需要出现在被研究的个体面前。结果，他们可能会对正被观察的个体产生影响。如果观察者最初不记录任何观察数据，这个难题是可以在一定程度上克服的。在许多情形下，个体（比如说课堂中的学生）很快会适应观察者并表现出惯常的行为。如果观察者尽可能不引人注意，则同样也有帮助。你应该分析研究报告以确定研究者在直接观察中是否对这个问题有察觉并采取了措施使之减少到最小。

【高尔，等.教育研究方法：实用指南［M］.屈书杰等，译.5 版.北京：北京大学出版社，2007：131-132.】

能力训练

范例 9.1：

观察法的适用

据《吕氏春秋》记载，孔子周游列国，潦倒在半路上，七天没饭吃。他的学生颜回出去弄了一点米来煮给他吃，等到饭刚要煮熟时，孔子看见颜回从锅里抓起一把饭吃了，孔子假装没看见。过了一会儿，饭煮熟了。颜回端着饭送给孔子吃，孔子站起来说："今天我梦见我死去的父亲，饭是干净的话，我来祭奠他。"颜回说："不行，刚才有烟灰掉进锅里，我觉得扔掉可惜，就把它抓起来吃了，这饭不干净了。"孔子听了感叹地说："我所信任的是眼睛呀，可是眼睛也不是完全可以信赖的；我所依靠的是心呀，可是心也还不足以完全依靠。弟子们要记住：认识了解一个人真是不容易呀！"

范例9.2：

对学习困难学生甲课堂学习情况的观察计划

1. 观察研究的目的：了解学习困难学生甲在课堂学习中的表现，对其表现的性质作出诊断，并尽可能地观察影响其学习行为的因素，以便为对他进行学习指导提供依据。

2. 观察对象：学生甲（小学五年级男生）。

3. 观察的内容：课堂学习行为主要指听讲、记笔记、回答教师提问、向老师提问题、参与讨论、课堂练习等，非学习行为主要指和同学说话、做别的事情、睡觉、东张西望等，还包括学生在课堂上的情绪状态。

4. 观察类型：直接的、有结构的、非参与性的、定期的观察。

5. 观察的取样和安排：学科取样，抽样语文、数学、体育三科，三科特点各不相同，可以了解该生在不同学科学习上学习行为是否有区别；时间取样，观察两周，每周每科听三节，既有上午的，也有下午的，总共18节。

6. 观察提纲和观察记录表（略）。

【孟庆茂.教育科学研究方法［M］.北京：国家开放大学出版社，2001：163–164.】

思考题

一、简述教育观察计划表的结构。

二、论述运用教育观察法的基本要求。

三、阐述教育观察与日常观察的区别。

四、教育观察法如何分类？

五、分析教育观察实施的步骤。

六、教育观察记录的方式有哪些？

七、举例说明实施教育观察的策略。

八、设计一个“观察两名学生课堂主动提问情况”的观察计划。

拓展阅读

［1］威廉・维尔斯曼.教育研究方法导论［M］.袁振国，译.北京：教育科学出版社，1997.

［2］罗伯特·K.殷.案例研究设计与方法［M］.周海涛，等，译.3版.重庆：重庆大学出版社，2004.

［3］沙沃森，等.教育的科学研究［M］.曹晓南，等，译.北京：教育科学出版社，2006.

［4］弗林克尔・瓦伦.教育研究的设计与评估［M］.蔡永红，等，译.北京：华夏出版社，2004.

［5］高尔，等.教育研究方法：实用指南［M］.屈书杰等，译.5版.北京：北京大学出版社，2007.

［6］叶重新.教育研究法［M］.台北：心理出版社，2001.

［7］裴娣娜.教育研究方法导论［M］.合肥：安徽教育出版社，1995.

［8］刘晶波.师幼互动行为研究［M］.南京：南京师范大学出版社，1999.

[9] 孟庆茂.教育科学研究方法[M].北京：国家开放大学出版社，2001.
[10] 李方.现代教育研究方法[M].广州：广东高等教育出版社，2004.
[11] 陈向明.教育研究方法[M].北京：教育科学出版社，2013.
[12] 吴康宁，等.教师课堂角色类型研究[J].教育研究与实验，1994(4)：1–8.
[13] 郑金洲，等.学校教育研究方法[M].北京：教育科学出版社，2003.

自我反思建议

回忆一下本章学习之前的自我期望、假设，是否达成了一致？检视一下“学习结果”。若尚有不明，进一步阅读笔记、“观点与原理”“思想资源”，按照学科逻辑构建知识体系。再有就是，选定一个变量和方便样本，完成一个完整的、科学的非结构性观察。再进一步，完成一次结构性观察，要求同时还要是一个系统观察。然后，对观察的全过程、全要素进行全面的反思——元认知，与“观点与原理”“思想资源”比照之下，查漏补缺。

第十章　如何调查教育：教育调查法

学习导航

调查研究使得研究者能够获取研究对象在自然条件下对教育的所见所闻，进而形成对教育科学的、丰富的认识，发现教育规律，揭示教育原则和教育方法。教育调查法相对教育观察法能够得到更广泛、更深刻的关于教育问题、教育现象的信息，也使得研究者能够以一种深思熟虑的、周详计划的、主动的方式进行大样本研究。教育调查法离不开调查者、调查对象、调查工具、调查主题等要素，调查工具尤以问卷为重。如何认识和分析、利用这些因素？如何设计一次科学、恰当的教育调查研究？教育调查研究中还需要掌握什么技术？这将是本章要学习的内容。

学习目标

1. 熟记教育调查法、调查表法、问卷法、访谈法、结构性调查的含义。
2. 理解教育调查研究的抽样方法。
3. 熟悉教育调查研究的各个基本工具及其设计、使用方法和技巧。
4. 独立设计一份简单的教育调查问卷。
5. 独立进行教育调查研究的设计。
6. 熟读案例分析和思想资源，建构教育调查法理论。
7. 独立完成案例和范例的分析。

第一节　教育调查法概述

观点与原理

1. 调查：指询问有关某个感兴趣的话题的所有问题。

2. 教育调查法是在自然条件下，以一定的教育理论为指导，综合运用调查表、问卷、访谈提纲等工具收集资料，运用统计分析、定性分析等方法分析资料，并以调查报告作为研究成果的研究方法。

3. 教育调查法是教育研究中的常用方法之一，可以获得第一手资料。其要素有调查者、调查对象、调查工具、调查主题。不过，教育调查法既有优点也有缺点。

4. 调查法可以分为许多种类，如（调查对象构成）普查、抽查、典查、个案调查；（调查内容）一般调查、专题调查；（调查目的）事实特征调查、征询意见调查；（调查的计划性）结构性调查、非结构性调查；（调查时间）横向调查、纵向调查；（调查工具）书面调查、会议调查、问卷调查、访谈调查、电话（网络）调查等。解释见案例分析。

5. 调查研究具有四个特征：从一群人中获得某些信息，以期对这群人所属总体的某些特征进行描述；收集信息的主要方式是问问题，被问及的各个成员的回答就构成了研究数据；信息是从样本中获得的，而不是从总体的每个成员中获得的；样本可以很大。

6. 教育调查的变量包括人、物和事情三方面。人的方面主要包括社会学变量、心理学变量和生理学变量。物方面的变量，包括具体可观察的事物，如学校的建筑设备、场地、各种器材，等等。调查研究的变量还可以分为有形变量和无形变量。有形变量，如桌子、教室、仪器、教具等。无形变量，如成绩、抱负、态度、动机等。这些变量是调查主题选择和调查工具设计的重要参考。事情的变量有个体事情、群体事情和组织事情。

7. 教育调查法实施的一般步骤：准备工作（确定课题、选取总体对象与样本对象、确定变量、起草提纲、制定计划、组织与领导），开展调查（书面资料、口述资料、事实资料），整理资料并分析、讨论，撰写调查报告（调查报告一般分三个部分：第一部分是导言，第二部分是正文，第三部分是结论）。

8. 教育调查研究中主要的操作技术有：设计和组织访谈、编制与发放问卷和调查表。通常的选择是多种方法集中使用。

典型案例解读

案例 10.1：

高中生诚信观状况调查分析（节选）

辨清我国儿童、青少年诚信观的现状与发展特点则是教育者对社会年轻一代有效进行诚信教育的必要前提。

2008 年 9 月至 2009 年 12 月间，我们运用独立研制的“儿童、青少年诚信观念调查问卷”在辽宁省鞍山市、河南省郑州市、甘肃省兰州市、广东省珠海市等地系统采集到我国北部、中部、西部、东南部城市与乡镇小学二年级、小学四年级、小学六年级、初中二年级和高中二年级儿童、青少年“诚实”和“守信”观念的第一手数据样本总计5824个。

一、对诚信观内涵与评定标准的界定

诚信即诚实守信，“诚实更多地指在经济交往中真实无妄地提供相关信息，守信更多地指按照自己同意的契约承担责任”。人的诚信品德由三个基本方面构成：一是诚信观；二是诚信行为；三是两者的关系构成形态（由观念转化成行为的过程形态）。诚信观是人们对诚信的基本看法，是人们界定诚信内涵、评定其价值和水平高低的基本取向和内在标准。诚信观大致包括三个基本方面，即对诚信基本内容的把握、对诚信价值的把握、对诚信行为评定标准的把握。

二、当前我国高中生诚信观状况的调查分析

（一）当前我国高中生对诚信内涵的理解

为了调查高中生是否能够准确理解诚信的内涵，我们从“是否听过诚信”“能否清晰理解诚信”“能否正确选择诚信的含义”“更看重诚实还是守信”等方面设计了五个条目。相关条目调查结果的统计分析显示，当前我国以高二学生群体为代表的高中生对诚信内涵的理解呈现以下特点。

第一，能够正确选择“诚信”含义的高中生占调查高中生总数的 76.04%，尚有接近 1/4 的高中生对诚信内涵的理解有误。

第二……

（二）当前我国高中生对诚信价值的认识

我们通过八个条目系统采集了高中生对诚实与守信价值认识的数据，通过SPSS16.0进行统计，结果显示以高二学生群体为代表的高中生对诚信价值的认识呈现如下特征和趋势。

……

（三）当前我国高中生诚信行为评定标准发展现状

……我们尝试编制包含“对己”“对他”两个基本范畴和四个基本维度诚信利益预期、诚信频率、诚信情境约束、诚信对象的“儿童、青少年诚信行为评定标准子问卷”，对高中生诚信行为评定标准的发展现状进行系统研究。

首先，我们考查了高中生在面对利益时的诚信选择与评定现状。

其次，我们考查了高中生对诚信行为发生频率与人的诚信品质判断之间关系的认识。

再次，我们考查了高中生遭遇情境约束时的诚信行为评定标准。

最后，我们考查了高中生诚实与守信对象。为了便于研究高中生对于不同亲疏关系的对象是否使用同一水平的诚信标准，我们以……数据统计结果（略）。

通过对高中生首选对象群体的频次分析，我们发现高中生在诚信对象选择上具有依血缘和感情亲疏程度选择个人诚信对象的发展特征，具体表现在四个方面。

……

三、当前我国高中生诚信观的培育对策

利用各种教育渠道，全方位传递诚信知识和诚信价值，进一步帮助高中生加强对诚信内涵的正确认识和深入理解。

……

【刘磊，傅维利，等.高中生诚信观状况调查分析与改善对策［J］.中国教育学刊，2011（2）：72-75.】

案例分析

没有调查，就没有发言权。可见，调查研究是极为重要的。调查是指询问有关某个感兴趣的话题的所有问题。作为科学研究方法之一，教育调查法不只是简单的询问，而是在自然条件下，以一定的教育理论为指导，综合运用调查表、问卷、访谈提纲、座谈提纲等工具收集资料，运用统计分析、定性分析等方法分析资料，并以调查报告作为研究成果的研究方法。在重视量化的当代，教育调查法是教育研究中的最常用方法。定义特别强调指出，“以一定的教育理论为指导”。这一点在案例中表现为：“诚信观大致包括三个基本方面，即对诚信基本内容的把握、对诚信价值的把握、对诚信行为评定标准的把握”，为问卷奠定了坚实的理论基础，同时建构了研究报告的逻辑体系。外延上，教育调查法可以分为许多种类，如（调查对象构成）普查、抽查、典查、个案调查；（调查内容）一般调查、专题调查；（调查目的）事实特征调查、征询意见调查；（调查计划性）结构性调查、非结构性调查；（调查时间）横向调查、纵向调查；（调查工具）书面调查、会议调查、问卷调查、访谈调查、电话（网络）调查，等等。其中，普查是总体调查、抽查是抽样调查、典查是选取典型特征调查、个案调查是研究个体；如调查学校规模是一般调查，如调查师生关系是专题调查；事实特征调查是以调查事实、发现特征为目的的调查。征询意见调查的目的在于征求调查对象的意见、建议；结构性调查是目标明确、主题鲜明，有详细的调查计划、适切的工具和合理设计的可控制调查，能获得翔实的材料，并能对调查资料进行定量分析和对比研究。其特点是调查程序的标准化、调查内容的结构化和调查指标的精细化及调查记录的规范化。非结构性调查则不需要严格遵守结构性调查的各项要求；如调查一所学校七年级各班的管理效果是横向调查，跟踪调查一类学生从三年级到九年级的学业成就是纵向调查；书面调查、会议调查、问卷调查、访谈调查、电话（网络）调查的区别在于主要调查工具的不同。

由案例可见，教育调查法的要素有调查者——“我们”、调查对象——“高中生”、调查工具——“问卷”、调查主题——“诚信观”。其中，核心要素是调查工具。因此，科学恰当使用教育调查法，必须熟练掌握基本操作技术，设计访问提纲、编制与发放问卷和调查表、开调查会。

“诚信观包括内容、标准、价值三个基本方面。通过对全国四省 1186 名高中生进行问卷调查发现，当前我国高中生在对诚信内涵的理解、对诚信价值的认识及其诚信行为评定标准发展现状三个方面存在突出问题。为此，可采取以下策略”。结合案例的总体结构，揭示出，教育调查法实施的一般步骤：准备工作（确定课题、选取总体对象与样本对象、确定变量、起草提纲、制定计划、组织与领导），开展调查（书面资料、口述资料、事实资料），整理资料并分析、讨论，撰写调查报告（调查报告一般分三个部分：第一部分是导言，第二部分是正文，第三部分是结论）。

由案例可见，教育调查研究中的变量和教育观察研究的变量不同。教育调查的变量包括人和事物两方面。人的方面主要包括社会学变量、心理学变量和生理学变量。社会学变量是指个人在其所属的社会团体中所具有的各种特点，如性别、年龄、种族、职业、收入、政党、宗教信仰、教育程度（本案例所用）以及社会经济水平等；心理学变量，包括个人的态度、意见、信念（本案例所用）、动机以及其他各种行为（本案例所用）等；生理学变量，如体格、发育状况等。事物方面的变量，包括具体可观察的事物，如学校的建筑设备、场地、各种器材等。调查研究的变量还可以分为有形变量和无形变量。有形变量，如桌子、教室、仪器、教具等。无形变量，如成绩、抱负、态度、动机等。

对于案例的结论，一方面，基于大量的数据，使之更接近于事实真相，因此，样本宜足够大；另一方面，或许有人会有疑问，因为教育调查法虽有诸多优点，但是其“先天”缺点也很明显。我们知道，调查研究具有三个特征：从一群人中获得某些信息，以期对这群人所属总体的某些特征进行描述；收集信息的主要方式是问问题，被问及的各个成员的回答就构成了研究数据；信息是从样本中获得的，而不是从总体的每个成员中获得的。因此，一旦设计的问题和问卷或提纲不够严谨，调查结果就会出现误差，导致研究结论不够科学。

就教育研究方法的一般理论而言，案例还揭示出，开展教育研究，首先应当确定研究设计方式。案例中的研究是：应用研究——“改善对策”、定量研究——“76.04%”、横向研究——“横截面”、关联性研究——“诚信对象与诚信观”、调查研究——“调查问卷”，每一种研究类型就像“围栏”，实施整体研究设计就划定了研究的边界，确定研究和研究方法的基本内涵。

第二节　教育调查表法

观点与原理

1. 调查表主要用于收集事实或数据材料，它可以分为单项表、多项表。

2. 教育调查表法就是科学设计和使用教育调查表来开展研究的方法，主要用于数字变量调查。

3. 调查表的基本构成：编号、标题、大小、序列、自然信息、填表说明（如必要）、落款（包括制表人、填表人和填表时间）。

4. 调查表的编制主要涉及三个方面：主要内容、统计内容和基本要求。详见案例分析。

典型案例解读

案例 10.2：

广西某市学校布局现状调查

一、课题名称："某市学校布局调整"

该课题是"某市教育改革与发展目标及其优化研究"课题的子课题，其目的是通过了解某市（含两县一郊）中小学（小学、初中、普通高中、中职学校）当前的基本情况、人口的地理分布和年龄层次结构的现状及发展变化情况等问题，验证已经形成的基本假设和判断，以便对该市的中小学布局作出合理的调整。

二、确定调查研究的基本内容

1. 某市（含两县一郊）中小学（小学、初中、普通高中、中职学校）当前的基本情况。

2. 人口的地理分布和年龄分布的现状及变化发展情况等问题。

三、确定调查范围

1. 考虑调查的全面性，基本情况的调查表要发到该市五个城区和两县一郊的所有小学、初中、普通高中、中职学校；人口方面的调查也要进行五个城区和两县一郊的全面调查和资料收集。

2. 考虑调查的代表性，对于访谈的抽样，要在经济、文化发达地区，中等地区和比较落后地区进行分层抽样，学校办学情况的访谈也要进行分层抽样访谈。

3. 应考虑工作的可行性，样本是否有可能进行调查。

四、设计调查表格

1. 某市（含两县一郊）中小学（小学、初中、普通高中、中职学校）当前的基本情况。（见表 10–1，某市市区分区小学基本情况；其他类学校调查表略。）

2. 某市（含两县一郊）0~6 岁儿童的总体分布情况。（见表 10–2：某市市区分区 0~6 岁儿童的总体分布情况；两县一郊表略。）

3. 某市（含两县一郊）不同地区导入人口中 0~6 岁儿童分布情况。（表略。）

4. 某市（含两县一郊）0~18 岁人口分年龄占总人口的比例。（表略。）

5. 驻某市中职学校学生来源情况。（表略。）

6. 驻某市中职学校专业设置情况。（表略。）

表 10–1　某市市区分区小学基本情况

（　）区　　人数单位：个　　面积单位：平方米

学校名称	路牌号	在校生数	教师数	本地段学生数	非本地段学生数	办学条件类别	教学质量类别	占地面积	建筑面积	备注

填表说明：办学条件类别、教学质量类别以市教育局评估标准分为三等：1—好，2— 一般，3—较差。

填表单位：　　　　填表人：

填表日期：年/月/日

表 10–2　某市市区分区 0~6 岁儿童的总体分布情况

儿童人数单位：个

城区名称	0~1 岁儿童数	1~2 岁儿童数	2~3 岁儿童数	3~4 岁儿童数	4~5 岁儿童数	5~6 岁儿童数	合计	备注

填表说明：每一年龄段不包括下限年龄。

填表单位：　　　　填表人：

填表日期：年/月/日

【钟海青.教育科学研究方法［M］.桂林：广西师范大学出版社，2002：138–140.】

案例分析

教育中的量，有很多是数字变量，收集数字变量的相关信息不需要观察记录表式的工具，调查表当为首选。一般地，调查表包括标题、大小、序列、自然信息、填表说明（必要时）、落款（包括制表人、填表人和时间）等部分。

案例呈现出，教育调查表法的研究方案主要由标题、研究目的和研究内容的简明介绍、调查内容、样本、调查表以及实施建议组成。

深入思考案例，我们能够发现，调查表的编制主要涉及三步：主要内容、统计内容和基本要求。考虑主要内容就要对使用单项表还是多项表做出选择。

结合表格的属性和案例，我们认为，编制调查用表应符合以下要求：①表的标题应简明醒目，使人一望而知其意，如，“某市市区分区小学基本情况”“某市市区分区 0~6 岁儿童的总体分布情况”。②表格的大小能容纳所有调查项目，并便于携带和保管。③表中的调查项目应做出系统的排列，要简明清晰，每一项目均须留有足够填写该项答案的空白。系统排列就是按照理论的和逻辑的顺序排列，比如，前部是人数，后部是事物量。填入信息使用数字或者汉语拼音首字母能够缩减表的大小。④为防止答案不确定，应有相互佐证的调查项目。

如调查某地区学生与儿童入学率，既有全地区适龄儿童数：“合计”，又有入学儿童数：“0~6岁每个年龄段人数”，以便前后佐证。⑤表尾应注明调查单位，并留有书写调查员及填表者姓名和填表日期的空当。⑥调查表应附有“填表说明”。首先应说明调查的目的和重要意义，以解除被调查者的怀疑，争取被调查者的协作和配合；其次要说明填表要求，有关指标的计算方法及填表时应注意的事项等。⑦事前要做好编码设计。

第三节 教育调查问卷法

观点与原理

1. 问卷是书面形式的一系列事先设计好的问题的组合，内含着研究者希望获得的信息。教育调查问卷法，简称问卷法，就是使用问卷收集教育研究资料的一种教育调查法。

2. 教育调查问卷一般分为开放式问卷、封闭式问卷和综合式问卷。开放式问卷中所有问题没有答案选项，自由回答；封闭式问卷中问题都有答案选项，调查对象在其中选择答案；综合式问卷是开放式问卷和封闭式问卷的混合。

3. 问卷由标题、指导语、问题、结束语和落款五个部分构成，它们在问卷中也是这样的排列顺序。

4. 问卷的标题要求同调查表（参见案例 10.2 分析）。如果有多个问卷，标题用如“***调查（学生卷）”形式区分；结束语一般就是再次致谢，也可以用请求给调查者提建议的形式结束；落款注明调查单位和时间。

5. 指导语是问卷中用于与调查对象进行交流沟通的独立的一部分文字叙述，它起着调查者—调查对象双向交流、消除调查对象答题顾虑的作用，主要由构成称谓、调查意义（尤其是对调查对象本人的价值）、调查内容、问卷的答题要求和答题方法、保密承诺、对调查结果反馈的承诺、需要解释的术语的操作定义、致谢构成。

6. 常用问题的类型（详见案例分析和范例10.1）有：

（1）按照问卷的性质分，有开放性问题、封闭性问题、综合性问题（半开半闭性问题）。

（2）按照所设计的答案的形式分，有无固定答案型问题（完全的、其他型）；有确定答案型问题［肯否型（正误型）、选择型（单项选择型、多项选择型）］、排序型问题/评判型问题、划记型问题、等级型问题、线段型问题、定距型问题。

（3）按照问题在问卷中的功能分，有接触性问题（首批问题）、实质性问题、辅助性问题（过滤性问题，测谎题、也称校正性问题）。

（4）按照答案的类别分，有状态型问题、原因型问题、感受型问题。

（5）按照问题的设计导向分，有自由回答式问题、情境导入式问题、客观陈述式问题。

（6）按照问题可能对调查对象产生的影响分，有一般性问题、敏感性（或威胁性）问题。

（7）按照问题的表述形式分，有文字排列型问题、表格呈现型问题。

7. 制作问卷过程中，研究者通常要不断问自己六个问题：①你为什么要用问卷？②这个问题中的词汇都只有一个意思吗？③这个问题的措辞简单易懂吗？还能再简练吗？④这个问题会不会令人不适？⑤你的题干中只有一个意思吗？⑥你为什么要问这个问题？

8. 问卷设计的基本原则有：内容原则——有效反映研究课题的要求、形式原则——根据研究需要和研究人员对可能的答案掌握程度以及答题者的实际情况而定：排列原则——总体排列（易到难，判断在前，开放性问题在后）与封闭性问题排列（随机排列）。容量原则——以初中生在10分钟左右完成为宜。小学生、高中生、大学生、教师参照增减5分钟左右。

9. 教育研究中，维度就是变量，是分类标准，是人或事物的构成因子。确定维度就要进行结构分析。问卷框架主要指问卷由几部分构成，这是依据对变量结构的理论分析，一般调查可采用单维度或双维度。单维度分为一级维度、二级维度、三级维度等。比如，一级维度是学校分为各级学校、各类学校；二级维度是各级学校分为小学、初中、高中、技校、中专、专科学校、大学，各类学校分为普通学校、职业技术学校；三级维度是小学分为城市小学、农村小学；四级维度是城市小学和农村小学分为公立小学，私立小学；以此类推。各级维度作为变量不总是本身就有层次的区别，如公立学校和城市学校，这时候级别的高低取决于调查目的。双维度通常是立体维度，如横向上，调查是教育与社会的关系维度，纵向上，教育分为普通中学与技校和中专。

10. 一般地，问卷的设计程序是：首先确定中心概念并作操作定义，明确研究总体和样本、问卷框架（主要是确定维度）、提出一级维度的大问题，大问题逐级分解（子维度分析、每个问题的答案选项来自调查内容，分解层次取决于研究目的）、广泛征求意见并修订、试测（不能倒退，不能简单增减题目解决容量问题）、再修订（返回试测，一般要往返多次）、正式测试。

11. 问卷回答的偏差主要表现在：①对事实回答错误；②被调查者是否存在装假倾向（社会性期望、隐私性问题）；③默认倾向；④道义理论与事实相违。默认倾向，也被称为刻板印象，就是问了与传统观念和很稳定的心理行为观念等一致的问题，结果不会与常识不符。如，问题“收到了2份录取通知书，你会去（ ）所学校。A.‘双一流’大学 B.职业技术大学 C.都不去”的答案是显而易见的。

典型案例解读

案例10.3：

两份问卷

《城市初中初任教师实践性知识调查问卷》

尊敬的教师，您好：

感谢您在百忙中抽出时间协助我们完成本次调查。本问卷旨在调查初中初任教师（教龄在3年以内的教师）实践性知识现状，以利于完善教师教育和教师专业发展。本问卷采取匿名方式，不会对您本人造成影响，您的回答也没有对错之分，请根据实际情况，在认为合适的选项下面打√，没有特殊说明的题目均为单选题。再次感谢您的合作与支持！

一、基本信息

1. 您的性别是（ ）。

A. 男　　B. 女

2. 您的教龄有多长？（ ）

A. 1年内　　B. 2年内　　C. 3年内

3. 您是否做过班主任？（　　）

A. 是　　B. 否

4. 您的最高学历是（　　）。

A. 中专　　B. 大专　　C. 本科　　D. 研究生

5. 您毕业于（　　）。

A. 师范专业　　B. 非师范专业

二、问卷

1. 您选择教师职业的原因是（　　）。

A. 工作比较稳定　　B. 自己的理想　　C. 专业所限

D. 受他人的影响　　E. 职业的崇高性　　F. 其他

2. 从入职到现在，您对自己的教学（　　）。

A. 非常满意　　B. 比较满意　　C. 一般满意

D. 比较不满意　　E. 非常不满意

3. 在大学时学习或辅修、自修的教育教学理论和教学法等知识对于解决课堂教学中遇到的困难有多大帮助？（　　）

A. 有很大帮助　　B. 有帮助　　C. 帮助不大

D. 几乎没有帮助　　E. 没有帮助

4. 从教以后，您对教师这一职业（　　）。

A. 非常满意　　B. 比较满意　　C. 一般满意

D. 比较不满意　　E. 非常不满意

5. 您对学生的身心发展（　　）。

A. 经常关注　　B. 有时关注　　C. 不关注

6. 您喜欢以怎样的方式进入教学？（　　）

A. 音乐　　B. 声情并茂的语言　　C. 直接进入　　D. 其他

7. 您是否了解自己教学中存在的优缺点？（　　）

A. 是　　B. 否

8. 您与学生间的情感沟通（　　）。

A. 非常困难　　B. 比较困难　　C.比较容易　　D.非常容易

9. 遇到不顺心的事情，您会把这种情绪带到教学中吗？（　　）

A. 会　　B. 有时会　　C. 一般不会　　D. 不会

10. 学生遇到困难时，您是否愿意帮助他们？（　　）

A. 是　　B. 否

11. 您喜欢利用多媒体进行教学吗？（　　）

A. 喜欢　　B. 不喜欢　　C. 无所谓

12. 您在教学中是否能通过自己对知识的渴求和欲望来感染学生？（　　）

A. 是　　B. 否

13. 您对新班级的每个学生的情况（　　）。

A. 非常了解　　B. 比较了解　　C. 了解一些　　D.不了解

14. 您认为自己胜任教学的程度如何？（　　）

A. 非常困难　　B. 比较困难　　C .一般

D. 比较容易　　E.非常容易

15. 您接受过岗前培训吗?（如选B，请跳至18题继续答）（　　）

A. 是　　B. 否

16. 岗前培训中，您是否接受过以下培训内容?（　　）

问题	答案		
	是	否	不记得
a. 怎样备课			
b. 怎样讲课			
c. 怎样进行课堂管理			
d. 怎样使用计算机进行教学			
e. 怎样进行专业发展			
f. 新课程改革			

17. 您认为自己接受的岗前培训对之后教学实践的指导性如何?（　　）

A. 很强　　B. 较强　　C.一般

D. 不强　　E. 没有针对性

18. 您第一年任教时，学校是否为您安排了固定的有教学经验的指导教师?（　　）

A. 是　　B. 否

19.下列获得实践性知识的途径，哪些是您在职期间或在职培训中使用过的?（可多选）（　　）

A. 观摩视频案例教学　　B. 多与同事交流　　C. 听专家讲座，与专家沟通

D. 多听课多实践　　E. 进行教学反思　　F. 通过网络

G. 其他

20. 与 同事相比，您认为您的优势是（可多选）（　　）。

A. 没有优势　　B. 学科专业知识　　C. 教学技能

D. 教育科研能力　　E. 教育教学观念　　F. 其他

21. 您经常与学生家长进行沟通吗?（如选C，请跳至24题继续答）（　　）

A. 经常　　B. 偶尔　　C.从来不

22. 您与家长沟通采用的方式主要是（　　）。

A. 家访　　B. 打电话　　C. 发短信

D. 让学生转述

23. 您通常在什么情况下主动与家长取得联系?（　　）

A. 学生表现不好或违纪时　　B. 学生有了进步时

C. 发现学生情绪有波动时　　D. 随时与家长联系沟通

24. 课堂上，当学生提出难题、偏题，您一时解答不出来时，通常（　　）。

A. 直接告诉学生您不会，课后解决了再讲给学生

B. 不表示不会，让学生自己先仔细思考

C. 指责学生钻难题、偏题

25. 当领导错怪您时，您的反应是（　　）。

A. 事后找领导解释　　B. 当面与领导争辩

C. 忍气吞声，独自郁闷　　D. 没有发生过这种事情

26. 您喜欢用什么样的教学语言？（　　）

A. 平淡　　B. 充满激情和诗意

C. 很富有感召力　　D. 其他

27. 您经常通过从错误中学习来及时调整自己的态度和行为吗？（　　）

A. 经常　　B. 有时　　C. 一般不　　D. 从来不

28. 您所创设的教学情境是否能提高学生的学习兴趣？（　　）

A. 从来没有　　B. 偶尔　　C. 常常

29. 和同事发生口角时，您会主动和解吗？和解的形式一般是（　　）。

A. 会，QQ或E-mail　　B. 会，发短信或打电话

C. 会，传纸条　　D.会，当面说　　E. 不会主动和解

30. 当个别学生扰乱课堂秩序，影响教学正常进行时，您会（　　）。

A. 罚他（们）站到教室门外　　B. 严厉批评几分钟后，继续教学

C. 用幽默的言语让学生主动停止　　D.其他

31. 您通常怎样面对和您曾经有过争执或不快的人？（　　）

A. 面和心不和　　B. 冰释前嫌，坦诚相待

C. 一直冷战　　D. 讨厌对方

32. 课堂上发现学生玩手机、MP3等电子产品，您通常（　　）。

A. 假装没看见，不予理会　　B. 当下制止，并严厉批评警告

C. 直接没收　　D. 课后单独找学生进行批评教育

33. 课堂上，当您讲错问题或者写错板书，学生指出时，您通常（　　）。

A. 直接将错误纠正　　B. 先肯定学生的行为，然后纠正

C. 面露不悦之色，但出于无奈将其纠正

34. 课堂教学中遇到您备课时没有考虑到的问题，课后您会（如选A请跳至38题继续答）（　　）。

A. 过去的就不再去想了　　B. 反思问题出现的原因

35. 您认为反思对您自身的教学实践（　　）。

A. 有很大帮助　　B. 有帮助　　C. 帮助不大

D. 几乎没有帮助　　E. 没有帮助

36. 您在进行反思时最常采用的方式是（　　）。

A. 写反思笔记、日记　　B. 通过网络，如博客等

C. 观看教学录像　　D.在头脑中思考

E.其他

37. 您反思的频率通常是（　　）。

A. 每节课后　　B. 几乎每天　　C. 每周两三次

D. 每周一次　　E. 每月一次　　F. 其他

38. 当您和学生发生口角冲突时，您通常（　　）。

A. 当下处理，保留自己的颜面　　B. 冷静后再单独处理

C. 事后找学生家长协助处理

39. 您喜欢在课堂上设计怎样的问题让学生回答？（　　）

A. 无创造性的简单问题　　B. 有创造性的简单问题

C. 无创造性的难题　　D. 有创造性的难题

E. 无创造性、难易适中的问题　　F. 有创造性、难易适中的问题

40. 课堂上发现学生分神、不认真听讲时，您通常（　　）。

A. 用眼睛盯一下该学生　　B. 向该学生扔粉笔头以示提醒

C. 直接点名提醒　　D. 委婉地提醒，不指出姓名

E. 略微停顿一下引起学生注意　　F.其他

41. 任教以来，您认为学校人际关系中最难处理的是（　　）。

A. 师生关系　　B. 与领导的关系

C. 与同事的关系　　D. 与家长的关系

42. 从教后，您是否想过要改善自己在学校的人际关系状况？（　　）

A. 是的，非常想　　B. 没想过，我现在挺好的

C. 无所谓

43. 您会终身从事教师这一职业吗？（　　）

A. 肯定会　　B. 可能会　　C. 肯定不会

44. 您认为您的课堂教学属于以下哪种？（　　）

A. 学生主动学习，课堂气氛活跃

B.只有少部分学生课堂表现活跃

C. 学生被动听课，几乎从不提问

D. 学生被动听课，教师提出问题很少有人回答，课堂气氛沉闷

E. 其他

45. 您为自己未来的专业发展制定了具体的规划和目标吗？（　　）

A. 有　　B.没有　　C.没有认真考虑过

D. 感到茫然不知所措

46. 您认为现代教育应当是（可多选）（　　）。

A. 有先进教育理念的教育　　B.现代信息技术教育

C. 硬件设施良好的教育　　D.促进学生全面发展的教育

47. 您认为初任教师获得实践性知识最有效的途径是（可多选）（　　）。

A. 多听课多实践　　B. 进行教学反思

C. 听专家讲座，与专家沟通　　D. 多与同事交流

E. 观摩视频案例教学　　F. 通过网络

G. 其他

再次感谢您的支持！

《城市初中初任教师实践性知识研究》课题组

年　　月　　日

宾夕法尼亚州大学工作—生活问卷

本论文所编制的和报告的问卷，是用来提供关于区分职业—事业—感召的有用性方面的最初证据的。我们询问人们，他们能够容易地按照这种方式来把自己划分到每一个维度中去吗，每一个维度的最显著特征是什么，与每一维度有关的职业或人的客观的或心理上的特征是什么，从工作和生活满意度以及心理健康测量的角度来说，哪些因素与人们把工作看作职业、事业或感召有关。

问卷的题目是“宾夕法尼亚州大学工作—生活问卷”，“职业”“事业”和“感召”等术语并未在问卷中出现，在问卷的第一页出现了按照Bellah等人（1985年）和Schwartz（1986年，1994年）的定义来描述职业、事业和感召的三个独立的段落（见表10-3中的A先生、B先生、C先生）。指导语要求作答者先阅读所有三个段落，然后说明自己多像A先生、B先生和C先生，并在从“非常像”“比较像”“有点像”或“一点也不像”的量表上做出回答（评分分别为3-0）。

在问卷的第二页上，出现了18个询问人与工作的联系方面的具体问题的是非判断题，这些问题均与区分职业、事业及感召有关（表10-4）。几乎所有的是非判断题都出现在第一页上的至少一个段落的叙述中。在是非判断题中，有5个题是用来探讨与工作相关的行为的，而其他的13个题是了解有关工作的感受的。

表10-3　描述职业、事业和感召的段落

职业	事业	感召
A先生的工作主要是为了挣到足够的钱来维持工作以外的生活，如果他有足够的财政上的保障，他就不会再继续干他现在的工作……	B先生基本上喜欢他的工作，但却并不希望从现在起5年以后仍然做他现在的工作，相反，他打算进入一个更好的、更高层次的工作岗位……	C先生的工作是他生活中最重要的部分，他非常高兴他干了这一行，因为他用来谋生的工作是他的生活最重要的组成部分……

表10-4　18个是非判断题

题目	职业				事业				感召			
	3	2	1	0	3	2	1	0	3	2	1	0
我发现我的工作是有价值的												
我渴望退休												
我的工作使世界变得更美好												
我非常想知道今天是星期几，我急切地期盼周末的到来。我说，“太棒了，今天是周五了！”												
我喜欢把工作带到假期里做												
我期待着在五年内提升到更高的岗位上												
如果再有一次机会的话，我还会选择我现在的工作												

续表

题目	职业				事业				感召			
	3	2	1	0	3	2	1	0	3	2	1	0
我感到我的工作生活在自己控制中												
我喜欢向其他人谈及我的工作												
我首先把自己的工作看作是其他工作的跳板												
我工作的首要原因是财政上的——赡养家人和维持现有的生活方式												
我预期自己在五年内仍将做同样的工作												
如果有财政上的保障，我将继续干我现在的工作，即使不再给我报酬我也会如此												
不工作时，我不会太多地思考我的工作												
我把工作仅仅当作一种生活需要，很像呼吸和睡觉一样												
我从不把工作带回家												
工作是我生活中最重要的事情之一												
我不会鼓励年轻人从事我现在这种工作												

接下来出现的三个题目来自Campbell 等人（1976 年）编制的询问生活满意、健康满意以及工作满意的自我评价七点量表（1=完全不满意到 7=完全满意）。再下来是健康自我评价（健康；1=很差，2=一般，3=好，4=极好）和职业地位自我评价（1=社会底层到9=社会顶层）。为了用另外一种方式测量工作满意度，我们让作答者基于其所获得的满意度大小，把爱好、工作和朋友放在一起进行排序。

最后，在问卷结尾部分出现了几个询问人口学变量的题目，其中有职业、年龄、性别、受教育年限、收入、任现职的年限、每周工作时间（小时）、每年缺勤的天数（除假期以外）、婚姻状况、抚养孩子的数量等。收入被分为五类（从低于 25000 美元到高于 75000 美元），而年龄则以年计算。基于Nakao 和Tree 编制的“1989年一般社会调查”中所给出的每种职业的声望分数，把作答者分派到不同的职业地位水平，职业声望的分数范围是 0~100，每隔10分划分一个等级：所以得26分的作答者就会被分到第三个职业水平。

【弗林克尔·瓦伦.教育研究的设计与评估［M］.蔡永红，等，译.北京：华夏出版社，2004：412–414.】

案例分析

通过考察科学研究方法的历史演变，我们认识到调查研究是科学研究，无论是社会科学研究还是自然科学研究的基本方法之一。在调查研究中，最常用的工具是问卷，方法就是问卷调查法，简称问卷法。问卷法是使用一系列事先设计好的书面形式的问题，内含着研究者希望获得的信息，开展调查研究的方法。它在教育研究中起着重要的作用。案例所展现的不是试卷，而是教育研究问卷。

从对两个问卷形式构成的异同分析来看，问卷的基本构成要素有标题、指导语、问题和结束语、落款。标题中一般不用“关于”“有关”，如果既有学生卷也有教师卷，则用“……问卷（学生卷）”的形式。

归纳问题的类型可得，问题有单选题、原因型问题、其他型问题，如“19.下列获得实践性知识的途径，哪些是您在职期间或在职培训中使用过的？（可多选）A.观摩视频案例教学 B.多与同事交流 C.听专家讲座，与专家沟通 D.多听课多实践 E.进行教学反思 F.通过网络 G.其他 ”；有肯否型问题、封闭问题，如“7.您是否了解自己教学中存在的优缺点？ A.是 B.否”；有多选题、客观陈述型问题、状态型问题，如“20.与同事相比，您认为您的优势是（可多选）A.没有优势 B.学科专业知识 C.教学技能 D.教育科研能力 E.教育教学观念 F.其他”；有感受型问题、一般性问题，如“25.当领导错怪您时，您的反应是A.事后找领导解释 B.当面与领导争辩 C.忍气吞声，独自郁闷 D.没有发生过这种事情”；有过滤性问题，如“15.您接受过岗前培训吗？（如选B，请跳至 18 题继续答）A.是 B.否”；有验证性问题，如“30.当个别学生扰乱课堂秩序，影响教学正常进行时，您会A.罚他（们）站到教室门外 B.严厉批评几分钟后，继续教学 C.用幽默的言语让学生主动停止 D.其他”和“40.课堂上发现学生分神、不认真听讲时，您通常A.用眼睛盯一下该学生 B.向该学生扔粉笔头以示提醒 C.直接点名提醒 D.委婉地提醒，不指出姓名 E.略微停顿一下引起学生注意 F.其他”。也有表格呈现型问题，如“16.岗前培训中，您是否接受过以下培训内容？”问卷 2 中是典型的情景导入式问题，也是划记型问题。而且，比较前两份问卷，自然信息或者说人口学统计变量（在前两份问卷中也是接触性问题）的位置不同，为什么需要调查人口学统计变量？因为，调查样本数据要进行差异性分析，才有实际意义。调查为了什么？为了掌握实情：学情、教情、校情、学校系统的情况。掌握实情是为了什么？为了找出成功的经验，发现存在的问题，揭示出成因，进而探究解决问题的方法、对策。而不同人口学变量的群体常常存在程度上或性质上的差异，比如，男生与女生对教师评价的敏感性不同，诚信观不同等。所以，只有确定差异才能因异施策。因异施策才能提出针对性、操作性、实效性强的对策建议。

从两份问卷我们还可以发现，在绝大多数情况下，问卷调查都使用封闭式问卷，问题绝大多数是封闭问题。

从问卷 1 来看，问卷设计主要从两个大的方面入手：一是教师实践性知识构成要素各方面的情况，分六个维度，即教育信念、自我知识、人际知识、情境性知识、策略性知识和反思性知识；二是教师职前、职后实践性知识的获取情况。经综述发现，六个维度也是学术界的共识。从问卷 2 来看，问卷是双维度的：工作的行为和感受与职业、事业和感召。进一步可见，问题不是“编”出来的，是由维度自然生成的，是不断分解出来的。所谓“编”更多是指词句的选择和使用。

如何判断问卷的科学性、适应性？学者们也有所得，比如，有学者指出，一份良好问卷设计的评价标准：①总目的是否明确；各级目标的分解是否准确、系统、全面；目标体系的思路是否清晰，有层次性和逻辑性。②末级指标是否有创新和深度，是否具体可测。③总目的、目标体系和问卷题三者是否一致和吻合。④问卷获得的资料是不是研究者真正需要的资料（即高效度）。⑤问卷收集到的资料是否真实可靠（即高信度）。⑥问卷收集的资料是否齐全、充足。⑦问卷资料是否便于整理和统计。⑧分析问卷题的内容是否切合实际、有针对性。⑨问卷题的形式是否有变化，符合科学要求，难度适中，便于回答，回收率高。⑩问卷的结构是否完整规范，问卷题的排序是否恰当，问卷容量（长度是否适宜），卷面是否工整、美观。还有学者认为，良好问卷有两个基本标准。第一，问题要符合研究的目的，第二，问题要符合受测者实际情况。问题符合研究目的是比较容易受到注意的，如何使问题符合受测者是编制良好问卷的关键。需要把握：①研究者提出的问题必须反映研究者的研究目的和假设和架构。②语言上应该准确、浅显、易懂。③不要超过受测者的领悟能力。④把一个问题描述得越肯定，受测者的答案也就越稳定。⑤句子都以短取胜，越短越好。⑥研究者所出题目应该在受测者能理解的范围内。⑦不能用假设或猜测语句。⑧研究者必须力图避免各种主观性情绪。⑨避免涉及隐私的问题。⑩避免诱导回答及暗示回答。⑪选择合适角度。概括而言，一方面要满足问卷的科学性，要依科学理论；另一方面要满足问卷的适应性，要全面考察调查对象的能力以及会干预调查的有关取向。

此外，良好的问卷也是剔除了常见错误的，比如，①提问含义不清：不明确或有歧义、有过于抽象的概念、语言不够通俗易懂。②提问方式不妥当。③问题带有倾向性。④问题有双重或多重含义。⑤问题与答案不协调。⑥问题可能引起回答者的情绪困扰。⑦问题太长。⑧问题太一般化。⑨问题数量过大。⑩问题排列不符合一般逻辑：由易到难、先封闭后开放、先有趣问题后敏感性问题。

案例 10.4：

四份问卷指导语

一、《中学生学习策略调查问卷》中的指导语（原文）

亲爱的中学生朋友，你好：

欢迎参加此次有关个人学习方面的调查活动，请你将自己实际的想法、做法与题目所陈述的情况相对照，然后选择一个与自己的实际最接近的答案。认真回答将会使你更了解自己的学习状况，有利于你今后的学习，如果不按自己的实际情况回答，那么这项调查对你是没有意义的。你的回答不会记入任何档案，我们会为你保密，谢谢你的合作。

下面是答题方法：

1. 请在答题纸上相应的空格处，填上你所在学校、年级，你的性别、年龄及上学期期考成绩。

2. 本问卷每一个问题都有五个可供选择的答案（A. 完全不符合　B.比较不符合　C.有点符合　D. 比较符合　E.完全符合），答题纸上相应地附有A、B、C、D、E五个可供选择的英文字母，请把你所选答案在答案纸上相应的英文字母上划一个“○”。

3. 答题没有时间限制，但不要与同学商量，也不要看同学的答案。

4. 这本题目册要反复使用，请不要在上面做任何记号。

二、《教师调查问卷》的指导语（原文）

亲爱的老师：

您好！为了进一步了解学校的发展现状和水平，特开展本调查研究。本调查只供研究、分析使用，填写时您不必有任何顾虑，如实填写，不用署名。本问卷填写方式为选择式回答，请您在认为合适的选项前的［　］内划“√”。衷心感谢您对本调查的大力支持与合作！

课题组

2008年9月

【陈向明.教育研究方法［M］.北京：教育科学出版社，2013：94.】

三、《中学教师教书技能的调查问卷》的指导语（邮寄问卷）（原文）

［旧金山州立大学教育学院，11.1.19，罗伯特·詹森先生，加利福尼亚州太平洋地区，Ociana高中社会学系96321］

亲爱的詹森先生：

旧金山州立大学中等教育系每年都为加利福尼亚州培养100名教师到各个州立和私立的中学里任教。我们的目标是要帮助我们的毕业生尽可能地准备好到今天的学校中教书的技能。这套封闭式问卷的设计是要征求您对如何提高我们的培养项目的质量与看法。在未来的一年里，在修订现在的培养项目并做下一年的计划的时候，我们会考虑您的意见。我们还会给您一份研究结果的复印件。

如果您能在11月1日之前完成这份问卷，并且用贴好邮票的信封将它寄回给我们的话，我们会感激不尽。虽然我们也知道你可能很忙、你的时间也很宝贵，但是，我们相信你和我们一样也非常关心如何提高教师培训质量。我们会保证你的回答的秘密性。在问卷中，我们不会要求您填写有关身份方面的信息。本研究已经得到了学校研究授权机构认可。

非常感谢您的合作！

威廉姆·琼斯主任

弗林克尔·瓦伦.教育研究的设计与评估［M］.蔡永红，等，译.北京：华夏出版社，2004：405.

四、《有关高中班级管理的调查问卷》的指导语[①]（原文）

亲爱的同学：

你好，作为一名高中生，你对你所在班级的现状有哪些想法和看法，请你通过本问卷如实地告诉我们，以配合我们的教育研究工作，我们想通过你的回答建议老师们不断改变我们的教育模式，改进我们的教育方法，使同学们能健康、愉快地成长。

本次调查做无记名测查，调查结果严格保密，所以请你不要有任何顾虑，认真答卷。

谢谢合作！

案例分析

问卷指导语是问卷的构成要素之一，在问卷中起着主导性、全局性的作用，这是由于问卷指导语的构成和问卷指导语在问卷中的地位。

通过对四份问卷指导语进行比较分析，发现学者们都认同问卷指导语应该包含称谓、调查意义、调查内容、问卷的答题要求和答题方法、保密承诺、致谢等七项内容。四份问卷指

① 未公开发表教育硕士学位论文。

导语也有不同之处，国外的问卷指导语通常还包含调查结果反馈的保证，有的问卷里有调查内容的说明或者解释，有的问卷中有术语等特殊词汇的定义。这些不同之处是不是指导语的构成要素呢？我们认为，他山之石，可以攻玉。并且，教育研究的意义在于“造福”教育事业，“反馈”是“造福”的一条极佳路径。所以，问卷指导语还应该包含对调查结果反馈的承诺，必要时提供需要解释的术语的操作定义，并且，调查意义不仅要说明调查的一般现实意义，更要指明回答问卷对答题者个人的意义。而给调查对象提供反馈才是真实的实际意义，才有说服力。

认真研读问卷指导语的构成，我们可以认识到问卷指导语在问卷中的地位和作用。其作用有五：使调查者始终明确把握问卷调查的目的、中心；表明调查者的态度；帮助调查对象，有时也被称为被试，消除顾虑；明确回答的目的和要求；知晓正确的答题方法。所以说，问卷指导语在问卷中处于引导性、全局性的地位。

在撰写问卷指导语的措辞上，要求讲究技巧：使用规范的语言，保持逻辑严谨，注重礼节，尽可能使用通俗易懂的言辞。切忌犯格式、语法、逻辑简单等错误。逻辑简单、措辞晦涩和生硬等低级错误，使调查对象对调查者失去信心，并效仿调查者，不负责任地回答，导致调查研究功亏一篑。

第四节　教育访谈法

观点与原理

1. 教育访谈法，简称访谈法，就是调查者为了解情况、收集资料而与调查对象进行的面对面谈话的一种教育调查法。

2. 访谈一般分为个别访谈法、团体访谈法，也分为结构式访谈、半结构式访谈、非结构式访谈。其中，结构式访谈是严格按照事先设计好的问卷进行访谈，非结构式访谈则相对随机，半结构式访谈介于二者之间。以下观点均指结构式访谈。

3. 访谈提纲主体上是一份开放式问卷，特殊之处在于问题之间有明确的指导语，以及较多的选择性问题，含有调节性问题和备选的补充性问题。它还包括调查目的、调查内容、调查对象、调查的组织和安排工作、记录方式及注意事项。访谈中问的问题的设计与问卷法相同，特别之处在于多数是开放问题。

4. 访谈记录就是访谈者填写访谈提纲，有纸笔记录和机器记录两种方式。在征得访谈对象同意的条件下，可以使用记录设备。

5. 团体访谈法，也称为座谈法，是调查者同时与多个调查对象进行的一种访谈法。调查对象都具有代表性，一般是5~10人。

6. 团体访谈需要准备详细的提纲、妥当的安排、合理的记录方式。

7. 实施中，开始前，所有人要互相认识，明确话题，协商规则；开始后，访谈者要坚持鼓励与引导，营造自然、宽松、友好、亲切的气氛，并且要注意适度控制。开始与结束时，特别要讲究礼节。

8. 个别访谈是访谈者一次只调查一个对象的一种访谈法。

9. 访谈的关键在于访谈者，因此，运用访谈法首先需要培训访谈者。对访谈者的培训至少要包含以下一些问题：与访谈对象联系和介绍的程序，问卷设计中有关用词和过滤性问题的指导语方面的问题，用非直接的方式深入探究一些不完善的回答，记录对封闭式和开放式问题的回答程序，以一种无偏向的方式处理访谈中的人际方面问题的规则。

10. 访谈的实施步骤包括访谈之初的准备工作、进入访谈（访谈的控制：题目和表情，访谈记录）、终结访谈。详见案例分析。

典型案例解读

案例 10.5：

访谈法的运用

一、关于王小刚辍学的研究

中小学辍学现象是我国普及教育过程中必须面对的一个问题，对这一问题的研究可谓汗牛充栋，在旧说之上不断有新的解释，然而下面的案例却独具特色，既描述了农村儿童失学的现状，又揭示了失学背后隐藏的原因，深刻独到，韵味无穷。由此可以感受实地研究的魅力。

1995 年 6 月 20 日北京大学四名研究人员及该地研究人员来到采访地点河阳梨树沟中学，选择该县的原因是该县是可能为辍学问题提供最大信息量的样本，该县是一个贫困县，辍学现象相对较其他县应该多一些；距离省城较近，便于在时间紧迫的情况下按时返回；此外该县“双基”验收刚过，曾经离校的学生也基本返校，最后在四所学校（小学、中学各半）找到了 6 位辍学生，并同时采访他们的家长、班主任、校长和同学。被访的主角是王小刚，是县教育局几经周折才找到的，因为辍学的其他两名同学已经外出。

收集资料的方法是开放式访谈、非正式交谈和现场观察。访谈的时间每次大约一个半小时，地点是由学校指定的，在学校楼二层一位男教师的宿舍里。每次访谈时，都在被访者同意的情况下，用录音机录了音，并同时记下被访者的表情和形体动作以及自己对方法的反省。回到招待所以后我便立即对录音进行逐字逐句的整理，因为方言不易懂，不懂的地方请省教科所的人员帮忙。如果谈话是非正式的，不能录音，我便在车上、走路时或回到自己的房间尽可能凭借记忆将谈话的内容记下来。我和王小刚本人访谈了两次，和他的母亲、梨树沟中学现任校长、王小刚在学时的班主任分别访谈了一次。还走访了王小刚的一位同学，向他本人及父母了解一些有关的情况。

研究结果

作者采用了五种成文形式：①现实故事。尽可能真实地再现当事人看问题的观点，从被访者的角度将王小刚辍学的情况进行描述和分析，尽可能用他们的语言来描述结果。②坦诚的故事。介绍我使用的方法和在研究过程中所做的反省和思考，再现访谈情境和对话片段。③印象中的故事。详细描写事件发生的情境和当事人的反应和表情动态。④批判的故事。从社会文化的大环境对王小刚的情况进行更深入的探讨。⑤规范的故事。尽管在访谈之初，没有事先的严密假设，但是，研究的设计和提问方式反映了我头脑中先入为主的某种观念。

总之，王小刚辍学的研究只是一个个案研究，虽有其代表性，但对于这一问题的研究还须深入。

【陆有铨，马和民.走向研究型教师之路——教育研究方法与应用［M］.杭州：浙江电子音像出版社，2002：118-119.】

二、中国青少年实践能力研究

在充分考虑研究目的和样本特征的基础上，我们选用半结构化访谈的方式，旨在与30位实践专家共同探索、构建、释析个体实践能力的诸多构成要素及其发展特征。半结构化访谈介于结构化访谈和结构化访谈之间，它虽然没有结构化访谈那样正式，但是却要求研究者遵循预先设计的访谈指南（表10-5），以保证定性资料的稳定性与可靠性。

表10-5 访谈指南

访谈和分析按照下列程序展开，研究者与受访者共同进入特定的实践场景→分析各领域实践活动所需能力要素→揭示实践专家能力特征与实践任务对应关系→探究实践专家各能力要素作用方式与发展历程的逻辑顺序。面对不同的访谈对象，研究者伺机选用了不同的引导词和提示语。对于访谈中随机生成的延伸性话题，研究者依据访谈目的，或适度激发，或婉言终止。尽管受访者对下列题目均做出了真知灼见的完整回答，但是在不同的访谈情境中，问题的顺序随着受访者的谈话兴致可做适当调整。

前言：通过向受访者进行自我介绍，解释访谈目的和研究的预期结果，承诺及时反馈研究成果并坚守保密原则等方式，缓和访谈气氛，建立充分信任的访谈关系。

1. 您从事＊行业有多少年了？您为什么选择这个职业？您对该项工作的态度怎样？
2. 您认为在＊行里做得好的人什么样？行业里有没有公认的评定标准？
3. ＊行业的主要工作有哪些？怎样才能做好这些工作？需要具备哪些素质／能力？
4. 在＊行业里，一个高水平的人和一个一般水平人的区别在哪里？

提示：请举出例子，进行详细解释等。

5. 您擅长什么？做好＊工作的标准是什么？您是怎样把它做好的？

提示：您的哪些素质确保您顺利完成这项任务？

6. 能讲讲您的专业发展历程吗？您是怎样一步步发展到今天的？

提示：请讲得详细些。

7. 您觉得您比别人突出的地方主要集中在哪些方面？

提示：举出例子，进行详细解释等。

8. 您在平常工作中注意在哪些方面强化自我？为什么？
9. 能讲一件令人难忘（艰巨、成功、别人做不到）的工作经历吗？当时您面临一个困难的任务时，您是怎么想、怎么解决的？您觉得解决这样一个问题应当具备哪些能力素质？

提示：在上述问题解决经历中，有哪些方面是只有专家才能做到的？

10. 在您这行里有没有人做了好多年，依旧没有太大的进步？如果有，请您分析是哪些原因导致这种结果的？
11. 如果让您带一个徒弟，达到您的水平，您打算从哪些方面培养他？怎么培养？为什么？
12. 您觉得您的这些解决问题的本领有哪些是从学校中学到的，哪些是毕业后在社会实践中学到的？

笔者承担了30位实践专家的访谈工作，在征得受访者同意的前提下，对访谈过程进行了现场录音，访谈时间为40分钟到100分钟。每一例访谈结束后，研究者及时撰写访谈日志，特别记录受访者提出的"本土概念"，反思访谈策略，并在当日如实完成录音的文字转录工作和笔记资料（主要记录受访者的非言语动作和表情）的整理工作。一周后，研究者对照录音资料，逐字逐句地核查、校对转录文本文件，以便最大限度保证转录的原始性和转录信度。转录完成的原始文本资料包括30个访谈录音，近30万字。下面是1例访谈记录原文节选。（笔者注：L代表访谈者，G代表受访者，一位建筑和设计总工程师）

L：一个项目是由团队完成的，所以协调人际关系也很重要。

G：现在的任何事，你想独立一个人完成都不可能，现在成功的企业都是一个团队。一个老总讲，"你可以拿走我的财产、公司，只要把我管理的团队留下，几年以后，我又做大了。”现在，所有干出名堂的企业都是如此，当今咱们国家的企业，尤其是民营企业寿命都比较短，就是缺少团队，国外企业都是几代人辛辛苦苦创办的。

L：建筑里面也有一个团队。

G：那当然，我们建筑工程都是相互联系的。

L：都由你来管理？

G：是，我从技术角度去管理团队。本身这个领导班子是团队的核心，每个员工都要心系企业，因为最终面对客户的是每个员工，如果他们不考虑企业，那么他们可能会出问题。

L：核心能力就是你刚才讲的？

G：要看你问的是哪个角度？

L：我指的是业务的角度。

G：业务角度，第一，你要喜欢你所从事的行业，要发自内心地喜欢，你如果觉得不喜欢，你趁早改行。第二，在你没有确定你从事什么行业之前，基础要打好。

L：这个基础，就是基本的学习能力？

G：这个基础要求你不要太拘泥于原有的知识，就是你对新知识的学习能力。

L：就是一种逻辑地考虑问题的思维方式？

G：对。几何培养人的逻辑思维能力，你几何学得好，可能以后在逻辑思维上比较好，但是不能像作家那样想象力丰富。打基础的时候不要强调专业，但是有文理分科，理科好一些，文科有一个忠告，你得看你是不是这方面的料，有没有这方面的天赋，你学钢琴、画画没这方面天赋，你再努力，充其量就是一个普通的艺术工作者。

L：建筑也要有天赋？

G：我们这个行业建筑师介于技术和艺术之间，它要有一定的天分，否则不会成为一个建筑大师。其他专业你只要爱好、努力都可以做得很好。

L：就是说，不要求天分的专业，你努力就可以做好。

G：但是话又说回来，为什么有的人做得好，有的人做得不好，甚至差距还很大，这也是一个天分，但这种天分和天才不一样……

【刘磊.中国青少年实践能力研究［M］.北京：世界图书出版公司，2012：34-235.】

案例分析

访谈法是调查研究中实现更真实、更深入挖掘资料的，比较常用的方法之一。调查就要询问，询问的工具主要有两种：文字和言语。前面学习的问卷法介绍了文字询问的调查方法，这里我们来讨论以言语形式开展调查研究的访谈法。访谈法分为个别访谈法和团体访谈法。个别访谈法是调查者为了解情况、收集资料而与调查对象进行的面对面谈话的方法；团体访谈法是通过与5~10个调查对象集中进行座谈开展调查研究的方法。

通过对案例呈现信息的分析、综合，我们能够了解个别访谈法使用的知识。其一，访谈的关键在于访谈者，因此，运用访谈法首先需要培训访谈者。对访谈者的培训至少要包含以下一些问题：与访谈对象联系和介绍的程序，问卷设计中有关用词和跳过问题的指导语方面的问题，用非直接的方式深入探究一些不完善的回答，记录对封闭式和开放式问题的回答程序，以一种无偏向的方式处理访谈中的人际方面问题的规则。其二，访谈的实施步骤显而易见：访谈之初的准备工作、进入访谈（访谈的控制：题目和表情，访谈记录）、终结访谈。但是，教育研究的访谈还需要研究者谈话艺术和技术。

第一步，访谈之初的准备工作。

研究者应先向报道人澄清访谈的动机和目的，在访谈对象选定之后，要尽可能充分理解被访谈者的个人情况，例如其性别、年龄、职业、文化程度、经历、特长、当前的思想状况、身体状况和精神状况等，这是与访谈者建立良好的交谈氛围不可缺少的环节。之后还必须初步确定访谈的程序表，对时间和必要的工作做合理的安排。这主要包括：访谈前阅读相关的文献资料，对访谈中可能出现的特殊事件或特殊人物应当做事先准备；被访谈者应如何安排，如何与其联系；访谈地点和时间的选择；访谈时怎样进行控制等，对可能出现的问题也要事先作出估计并提出相应的防范办法。此外，访谈之初的最后工作是要准备必需的工具，如纸、笔、调查表格、照相机、录像机、计数器等。比如，“最后在四所学校（小学、中学各半）找到了 6 位辍学生，并同时采访他们的家长、班主任、校长和同学。被访的主角是王小刚”，“研究者遵循预先设计的访谈指南”。

第二步，进入访谈。

这是访谈的开始，研究者接近被访谈者时，首先要自我介绍，然后说明来访谈的目的和进行此项研究的原因，并请求他的支持与合作，告诉被访谈者他是如何被选出的，必要时可以向被访者声明他的谈话将给予保密。这一阶段的主要目的是消除双方的隔阂，营造彼此信任、畅所欲言的气氛。要尽力避免如下一些情况：①生疏感，这会使双方相对无言，更不应该出现明显的距离感。②被访者以各种原因搪塞或拒绝配合，研究者由此而产生怯场和急躁情绪。③研究者与被访者因地位不平等而产生的不自然感。为此，在转入正题之前，可以先谈谈被访者较为熟悉的内容，激发进一步长谈的兴趣。比如他的经历、家庭和个人兴趣等。其次，详细说明所要访谈的具体内容，提出第一批问题，开始时切忌提问一些大而空的问题。研究表明，开始的提问，如果被访者能够回答顺利就会增强信心，这是进行深入访谈的前奏。

在访谈中，虽然案例没有详细描述访谈细节，但是，讲究控制，一方面有利于激活调查对象，另一方面有利于把握访谈的节奏。访谈的过程是研究者提问的过程，提问的成功是访谈顺利进行的关键，但在访谈过程中提问者的举手投足都可能影响到被访者的情绪和思路。因此合适的提问与恰如其分的表情是控制访谈的两个主要手段。首先是题目的控制。①题目转换。比如，“L：我指的是业务的角度。”“对于访谈中随机生成的延伸性话题，研究者依据访谈目的，或适度激发，或婉言终止”。访谈时，被访者有时会偏离主题谈一些不着边际的问题。这就需要提问者转换话题，引导他回到起初的主题中来。话题转换时，避免语言粗鲁。为免除这种局面可以采取归纳法，将被访者谈的无关宏旨的话题加以整理。此外也采用提要法，即从被访者所谈的不切主题的谈话内容中选取一两句与主题有关的话进行提问。②对问题连续不断地提问。比如，“L：这个基础，就是基本的学习能力？”“进行更深入的探讨”。被访者言辞模糊、词不达意时就要追问下去，促使被访者做更为充分的回答；当回答的观点前后相左或支离破碎、缺乏完整性时，更需要追问。追问有多种方式：正面的方式即正面指出回答不彻底、带有歧义、较为模糊的地方，要求对方做进一步的回答；侧面的方式是转换提问的视角，从不同立场或提法追问相同的问题；中立的追问。③恰当地发问和插问。研究者要灵活处理具体情况，要学会适当地发问和插话，研究者要审时度势捕捉时机，寻找适当的问题使访谈能够深入进行下去。当被访者掩饰自己内心的活动一味谈较为表层化的问题时，提问者就可以阐述一些与具体问题有关的结论，征询他的意见并委婉地要求被访者陈述原因。其次是表情的控制。在访谈过程中研究者要始终如一地保持礼貌、谦虚、诚恳和耐心，和颜悦色、不卑不亢。尤其要注意以下两点：①表情刻板严肃、不置可否。任何被访者都希望对方注意他的谈话，倘若对方面无表情、沉默寡言，可能会产生紧张感，影响对问题的回答。②用表情牵制被访者的谈话，要与被访者的情感波动保持一致。比如，“坦诚的故事”，“同时记下被访者的表情和形体动作以及自己对方法的反省”。

进行过程中，访谈记录尤为重要。“同时记下被访者的表情和形体动作以及自己对方法的反省”，“在征得受访者同意的前提下，对访谈过程进行了现场录音”。访谈过程中必须对谈话的内容及时记录。记录的方式分为当场记录与事后记录两类。当场记录是边访谈边记录，要经过被访者的允许。其优点是资料完整，不带偏见，但忙于记录则可能会失去对方的表情、动作所表达出来的信息。而且过分详细的记录可能会遗忘要点，本末倒置。不仅如此，伴随的紧张感也会抑制访谈中思维的正常展开。事后记录是在访谈结束后凭借记忆进行记录，这可以使研究者与被访谈者的互动顺利进行。但研究者有时会受自己的兴趣制约而记录自己认为是重要的话，而被排除在外的信息可能会在短时间内消失。为此研究者要训练记忆力，并且掌握一些技巧。如按事先确定的问题顺序依次访问，访谈之后按顺序回忆。多种记录并用，体现系统观察的要义：既要访谈主要对象，也要访谈关系密切的对象，从而实现对研究对象全面、系统的认识。“在四所学校（小学、中学各半）找到了6位辍学生，并同时采访他们的家长、班主任、校长和同学。被访的主角是王小刚”；“同时记下被访者的表情和形体动作以及自己对方法的反省”；“30位实践专家的访谈工作”。这也是和教育个案研究中提出的“证据链原则”相一致的。

第三步，终结访谈。

访谈终结要把握两条原则：①时间应在1~2小时为宜，不宜太长。②要选择适当的时机结束谈话。例如，有时被访者谈兴正浓，有许多重要的话在嘴边打转，而开口却转谈别的话题，这时研究者伺机插话，即可圆满结束访谈。有的时候双方都极度疲乏，谈话不着边际，这时应及时结束谈话。为了确保访谈的主题完整，在结束时应问被访者：“我们还有些什么问题没有谈到？”“对这个问题，你还能谈些什么？”最后要对被访者表示感谢。

访谈法的独特性之一是它不要求甚至拒绝使用假设。“这是一个非常典型的实地研究。作者预先没有假设，只是带着问题边访谈边思考，直到最后关于王小刚辍学的原因还是没有定论，作者将自己访谈所得的几种可能的选择描述出来，给人以继续探索的欲望。”

深入思考案例，我们也要认识到，采访中伦理道德问题和效度的检验也不容忽略，作者最后的讨论显示了实地研究远不仅仅是访谈和参与观察的过程，对结果的描述及研究步骤的设计所隐藏的道德问题和研究者主观性的适当性发挥同样重要。

从案例当中还可以看到访谈法的抽样是目的抽样，抽取能够满足研究目的研究需要的独特样本，目的和作用在于深度调查，所以也有强调的说法：深度访谈。访谈法是调查法，也是质性研究方法，是人类学研究、社会学研究常用的方法，比如案例2.3。但是由于样本是小样本，访谈法也有一定的缺点。参见思想资源。

思想资源

一、问卷设计的原则

（一）问卷问题设计的原则

问卷调查一般是自填式的书面调查，被调查者只能根据书面问卷来理解问题和回答问题，因此，问题的表述就成为问卷设计的重点和难点。要提高问卷回收率、有效率和回答质量，问题的设计应遵循以下原则。

1. 必要性原则，即必须围绕调查课题和研究假设设计最必要的问题……总的来说，问卷不宜太长，一般以回答者在30分钟内完成为宜。

2. 可能性原则，即必须符合被调查者回答问题的能力……

3. 自愿性原则……题目凡是涉及社会禁忌、宗教、个人隐私、爱好、道德、政治等问题时，都必须考虑被调查者是否自愿真实地回答问题……

4. 准确性原则，即表述问题的语言要准确，不要使用模棱两可、含混不清、容易产生歧义的语言或概念。例如，应该避免使用“也许”“好像”“可能”这些模棱两可的语言。对“经常”“有时”“偶尔”这些含混不清的词语应作具体说明。如“经常”指每周一次或更多，“有时”指每月一两次，“偶尔”指每季一次或更少等。

5. 简明性原则……清楚简明问题的回答率和有效率一般都较高……

6. 客观性原则，即表述问题的态度要客观，不要有诱导性或倾向性语言。

7. 非否定性原则，即要避免使用否定句形式表述问题。

8. 问题序列原则……一套优秀的问卷还需对问题的序列进行编排……①同类组合是把性质相同的问题编排在一起，既便于被调查者回答问题，又便于研究者进行统计分析。②由浅入深。即反映被调查者的基本情况，并将一些较简单、容易回答、熟悉的问题放在前面……③由大到小。即把概括性、背景性的问题排在前面……④由一般到特殊。即把被调查者感兴趣的或者愿意回答的问题放在前面……⑤由事实到态度。即把被调查者依据客观事实可直接回答的问题放在前面，而把被调查者需要经过思考才能回答的态度性问题放在后面。⑥由封闭型到开放型。在同一类问题中，封闭型问题应放在问卷的开头部分……

【陈向明.教育研究方法［M］.北京：教育科学出版社，2013：87–90.】

（二）编制问卷的原则（节选）

1.针对研究架构中所有的变项来命题

在编制问卷时，应针对研究架构中各个变项来逐一编写问题。不过，在编写问题之前，最好先就各变项有关的问题，先访问一部分受试者，搜集与分析其意见或态度，以作为编制问卷问题的参考。换言之，问卷的问题不能只凭研究者个人的想象来命题。

……

4. 问题不宜过多

问卷的问题如果太多，填答者容易产生不耐烦心理，这样比较不会仔细填答或全部填答。问卷问题数量的多少，以受试者在5~15分钟内能够全部填写完毕为原则。

……

7. 答案宜使用数字作答，少用文字说明

问卷调查通常对大样本搜集资料，同时需要依受试者填答资料加以编码与建档，这样才方便进行计算机分析，假如问卷各个问题都以数字供受试者填答，较有利于键入计算机。反之，如果问题让受试者以文字叙述，就不利于使用计算机分析。例如：请将最适合您的选项号码，填入前面括号中。

（　）您的最高学历是：①小学；②初中；③高中（中职）；④专科；⑤大学；⑥硕士；

⑦博士。

8. 每一份问卷编一个流水号

一般问卷受试者不必填写自己的姓名，这样可以保护其个人隐私权。在问卷上方空白处编流水号，样本数小于1000，则流水号可从001~999；样本数如有几千人，则流水号可从0001~9999，以此类推。编流水号不但可以方便催收问卷，而且有助于登录计算机资料以免发生错误。不过，假如问卷属于敏感性问题，则宜将流水号改为暗码，让受试者看不出问卷上有任何记号，而能放心填答。在问卷回收之后，再以密码显像紫外光灯照射，就能清楚看见密码了。

【叶重新.教育研究法［M］.台北：心理出版社，2001：88-93.】

（三）提问的原则

在社会研究中，当研究者向受访者提问并以此作为收集资料的方式时，变量通常都是需要操作化的，有时候是由访问者来提问，有时候问题则是写下来并交由受访者完成。在其他情况下，一些一般性的原则能够帮助研究者建构问题和提出问题，这些问题都是对变量的绝佳操作化，同时还能够避免那些容易导致无用甚至误导信息的缺陷。

调查包括对问卷（其中包括问题和其他类型的项目。我们用它来获取和分析相关的信息。问卷主要是在调查研究中使用，但同时也可以在实验、实地研究和其他观测方法中使用。）——一种用以得到对分析有用的信息的工具的运用。下面的几点对于设计结构化的问卷是很有用的，当然也可以用于在定性研究、深度访谈中更为开放的问卷，只是作用稍微小点而已。不过不管在什么时候，其基本的逻辑对于提问来说都是相当有价值的。

问卷中的问题应该符合几个原则：①问题形式应该符合研究计划。②问题应该清楚、精确。③一个问题应该只问一件事（比如，应该避免双重问题）。④受访者必须胜任回答。⑤受访者必须愿意回答。⑥问题应该中肯。⑦问题应该简短。⑧应该避免提出否定性问题，以免误导受访者。⑨避免在问题中使用带有倾向性的词语。

· 受访者必须胜任回答

在要求受访者提供信息的时候，你应该不断地问自己：他们是否能够提供可靠的信息?

一个研究青少年的驾驶经历的团体，坚持用一个开放式问题来问他们自从获得驾照以来行驶的公里数。尽管顾问认为很少有人能够准确地记得这种信息，但他们还是采用了这个问题。在回答中，有些青少年所给出的答案是成千上万公里。

· 问题应该中肯

同样，问卷中的问题对于绝大多数受访者来说都必须是中肯的。当有些态度只有极少数的受访者会考虑或者真正在意时，那么测量结果就不太可能有用。当然，受访者也可能会表达一些他从来没有想过的态度，这样，你就冒被误导的风险了。

当你就假想的人和事征求受访者的回答时，你就可以看到这个风险。

当你获得针对假想事物的回答时，你可能会漠视这些回答。但是，当这些事物是真的时，你可能就会无法分辨哪些回答反映了真实的态度，而哪些回答反映了对不相关的问题的回答。

理想地，我们宁愿受访者简单地回答“不知道”“没有什么意见”或者“尚未决定”。不幸的是，他们经常捏造答案。

· 问题越短越好

为了达到明确性、精确性和中肯性，研究者倾向于使用长而复杂的问题。这是需要避免的。……一般来说，我们都假定受访者阅读和给出答案的速度都很快。因此，我们也就需要提供清楚的、短小的、不容易引起误解的问题。

· 避免否定性问题

问卷中的否定，极容易导致误解。当被问及是否同意“中小学校不应该允许学生带手机进校园”这个陈述时，相当部分的受访者都会忽略“不”，并在这个基础上做出回答。这样，有些人本来可能是反对的，却选择了同意；而另一些人则可能刚好相反。而且你还永远也分不清楚谁是谁。

同样的考虑也适用于其他“否定”词。比如，在关于支持公民自由的研究中，受访者被问及他们是否感到“应该禁止下列类型的人在公立学校任教”，并列出了一个目录，其中包括有违法记录的人等。回答的分类是“是”和“否”。将对这问题的回答与其他反映了支持公民自由的回答进行对比，发现很多回答了“是”的人，却支持这种人在公立学校任教。（而后来的研究中所使用的“同意”和“禁止”则更好地解决了这个问题。）

· 避免带有倾向性的问题和词语

社会科学中的概念并没有终极的真实意义。偏见并没有最终的、正确的定义；某个人是否具有偏见取决于我们对这个词语的界定。同样的规则也适用于我们通过问卷所获得的回答。

某人对问题的回答的意义，在很大程度上取决于措辞。每个问题和答案都是如此。有些问题可能比另外一些问题更为鼓励某些回答。在问卷中，倾向性指的是鼓励受访者以某种特定方式回答问题的特性。

【艾尔·巴比.社会研究方法［M］.邱泽奇，译.11版.北京：华夏出版社，2009：246-252.】

二、问卷的结构

· 一般的问卷格式

问卷的格式和问题本身及其措辞同等重要。安排不合理的问卷可能会导致受访者遗漏一些问题、混淆问题本义，甚至导致受访者直接扔掉问卷。

作为一般性的准则，问卷应该平展、整齐。没有经验的研究者容易担心他们的问卷看起来太长，这样，他们就会在同一行中写几个问题。他们会将问题简化，并试图尽可能地减少问卷的页面数量。这种做法不可取。将不止一个问题放在同一行会导致部分受访者遗漏后面的问题。

· 回答的格式

在最为常见的问卷中，受访者被要求从一系列的答案中选择一个。经验表明留足了空间的盒式选择是最好的格式。现代的信息处理使得盒式选择的应用成为当前的实践技术，在铅字中间设置盒式选择也相当简单、整洁。可以用括号［ ］来代替，但是如果是在电脑上设计问卷，建议使用一些更为灵巧的盒式选择，因为它们会让问卷看起来更加专业。

· 关联问题

在问卷中，通常都会存在某些跟部分受访者相关而与另一部分受访者不相关的问题。

这类情形往往发生在研究者试图就特定主题询问一系列问题的情况下。你可能想要问受访者是否属于某特定组织，而且，如果是的话，你还想知道他们参加集会的频率，等等。或者，你可能想要问受访者是否听到过某政治事件，并试图了解那些听到过该事件的人的相关态度。

类似这种的后继问题就是关联问题：该问题是否被问答和受访者对系列问题中的第一个问题的回答有关。对关联问题的恰当使用，能够方便受访者对问卷的回答。

· 矩阵问题

我们经常想要问几个具有相同答案分类的问题，尤其是当我们使用李克特答案分类的时候。这个时候，我们就可以建构一个矩阵式的问题和答案（表10–6）。

例如：

表10–6　矩阵问题示例

问题	答案	
	十分同意	同意
数学老师是一个宽容的老师	（ ）	（ ）
语文老师是一个宽容的老师	（ ）	（ ）
英语老师是一个宽容的老师	（ ）	（ ）
品德课老师是一个宽容的老师	（ ）	（ ）

注：笔者编制。

这种格式具有好几个优点。首先，它有效地利用了空间。其次，受访者能够更迅速地完成这种格式的问题。此外，这种格式还能够提高回答之间的可比较性。由于受访者能够迅速地回忆起在上一个问题上所做出的回答，他们就可以通过比较他们在两个问题之间的同意的强度来决定他们的回答，比如选择“十分同意”还是“同意”。

不过，使用这种矩阵格式也存在一些固有的危险。它的优点可能导致你将同样的答案选项应用在一些并不太合适的问题上。矩阵问题格式还可能会强化一些受访者的回答模式：他们用同一个答案，如“同意”来回答所有的陈述。当某组陈述是以几个具有相同倾向（比如，民主政治观）的问题开始，而且只有最后的几个问题才是以相反的倾向进行陈述时，尤其是这样。受访者可能会假定所有的陈述都代表了相同的倾向，这样他们就会读得很快，其中的误解也就难免，错误的回答自然也就出现。通过交叉放置代表了不同倾向的陈述，和尽量使得陈述简短、清楚，这个问题也可以在一定程度上得到解决。

· 问卷中的问题序列

问卷中的问题序列也会影响到回答。首先，一个问题的出现可能会影响到对后面问题的回答。比如，如果前面已经问过好几个关于恐怖主义对美国的危害的问题，接下来的一个问题是问受访者他们认为美国所面临的威胁是什么（开放式问题），那么恐怖主义就更可能被引用。在这种情况下，就应该先问开放式问题。

同样，如果受访者已经被问及评定他们总体的宗教虔诚度（总体而言，你的宗教对你的重要性），那么他们在后面被问及有关宗教虔诚度的具体方面时，就会尽量和前面的回答保持一致。反过来也是一样。如果受访者先被问及有关他们的宗教虔诚度的不同方面，他们随后的总体评定也会反映先前的回答。

问题序列的影响并不是相同的。有些研究者试图通过随机排列问题的顺序来克服这个问题。不过这种努力多半都是徒劳无功的。

最好的解决办法是对问题保持敏感。虽然你不可能避免问题序列出现问题，但你可以尝试着估测其影响，这样你就可以有效地解释结构。在研究中，如果问题序列相当重要，你可以用多种不同的问题序列来建构多个版本的问卷。通过比较不同版本的问卷所收集的资料，你就可以判断各个版本的效果。至少，你也应该用不同版本的问卷进行预调查（我们马上就会讨论到预调查问题）。

在访谈和自填式问卷中的问题序列是不一样的。在后者，通常是以最吸引人的问题开始的。这样，那些潜在的受访者在看了前几个问题之后就会有兴趣回答问卷。这些问题问的可能是他们所不愿意表达的态度。不过，刚开始的问题可不要吓着人（比如，一开始就问关于性行为或者吸毒的问题就很不恰当）。在自填式问卷中，那些人口学资料（年龄、性别等）一般都放在末尾。

· 预调查

不管研究者在设计资料收集的手段——比如问卷——上多仔细、多认真，还是存在错误的可能性——实际上是肯定存在的。研究者通常都会犯这些错误：问题过于模糊，受访者无法回答，有些则违背了刚才讨论过的原则。

避免这种错误的最有效办法就是对问卷（全部或者部分）进行预调查。比如，将问卷分发给你保龄球协会的 10 名成员。预调查的对象无需具有代表性，不过你也至少应该找那些跟问卷相关的人来完成。

大体上，找人完成问卷往往都比通过阅读来查找错误有效。有些问题常常看起来很好，但实际上却可能是无法回答的。

泼勒索（Stanley Presser）和布莱尔（Johnny Blair）（1994）介绍过几种不同的预调查策略，并给出了每一种策略的效果。他们甚至还区分了每种方法的成本差异。

我还想提及问卷设计中很重要的一点：预编码。因为通过问卷收集起来的信息通常都要转化成电子格式，所以问卷本身都应该有其处理资料的方法。这些方法指定了特定信息在机读资料文档中的存储位置。注意：下面的例子已经借助神秘的数字——就是问题和回答分类旁边的数字——完成了预编码了。

【艾尔·巴比.社会研究方法［M］.邱泽奇，译.11版.北京：华夏出版社，2009：252–257.】

三、封闭式问题与开放式问题比较

封闭式问题与开放式问题的优点与缺点（表 10–7）。

表 10–7　封闭式问题与开放式问题的优点与缺点

封闭式问题	开放式问题
优点	
能够增强各个答题者答案之间的一致性	允许回答有更大的自由度
整理起来更快更容易	问题的建构更简单
更容易受到答题者的欢迎	允许访谈者做进一步追问
缺点	
可能会限制回答的广度	不同答题者的答案在长度和内容上可能不一致
问题的编写需要更多的时间	无论是问题还是回答都容易被误解很难进行整理和分析
为了覆盖研究的话题，需要更多的问题	很难进行整理和分析

【弗林克尔·瓦伦.教育研究的设计与评估［M］.蔡永红，等，译.北京：华夏出版社，2004：401.】

四、访谈中问题的类型

一个访谈研究中，可以询问的问题有六种类型：①背景或人口统计学问题；②知识问题；③经历或行为问题；④信念或价值观问题；⑤感受问题；⑥感觉问题。

【弗林克尔·瓦伦.教育研究的设计与评估［M］.蔡永红，等，译.北京：华夏出版社，2004：468.】

五、团体访谈技术

调查会法是访谈法的一种，它是以集体访谈的方式收集资料的一种方法。毛泽东在《湖南农民运动考察报告》中指出：开调查会是最简单易行又最忠实可靠的方法，我用这个方法得到了很多益处。他总结了八条调查技术：①做讨论式调查，不能随便问一下，或只是一个人讲；②参与调查会的是一些什么人，要根据不同的主题进行选择；③人多好还是人少好，善于指挥的可以多到 10 人以上，至少要 3 人以上；④要定调查纲目；⑤要亲自出马；⑥要深入调查主题；⑦要自己做记录；⑧怎样使对方说真话，要与他们做朋友，而不是做侦探。头脑风暴法是一种特殊的调查会法，是 20 世纪 30 年代美国物理学家奥斯本提出的，主要是指，围绕某一专题自由发表意见，但不能重复、对不同意见也不许反驳；给要求修改与补充自己意见的人有限发言权；鼓励创造性思维；人数以十几人为好；时间为半小时至 1 小时。头脑风暴法主要用于预测性、规范性的教育研究中。

【陆有铨，马和民.走向研究型教师之路——教育研究方法与应用［M］.杭州：浙江电子音像出版社，2002：117.】

六、访谈调查守则

对大多数的访问而言……仍然有一些具有普适性的、一般性的指导原则。

1. 外观与举止

一般的规则是，访员的穿着应与受访对象风格相似。……如果访员的衣着与外观在某种程度上确实与受访者不同，那么应该是整齐清洁、衣着得体，应该能被大多数的受访者所接受。

穿着打扮常被视为一个人态度与倾向的表征。……当然，这些信息不一定完全正确。

2. 熟悉调查的问卷

假如访员不熟悉调查的问卷，将使研究遭受损失并让受访者承受不公平的负担。访谈可能会多花时间或进行得不愉快。此外，访员仅仅浏览两三遍问卷是不能真正熟悉问卷的。访员应仔细研读问卷，逐条逐条地看，而且应大声朗读这份问卷。

最后，访员要能够对受访者清晰无误地逐字逐句念出整份问卷。一个理想的访员，就要像演员在戏剧或电影中念台词一般，尽力像自然对话一样念出问题，但又必须完全遵循问卷中所使用的语言。

同样，访员必须熟悉为问卷而设计的说明书。不可避免地，有些问题并不完全适用于某个受访者，这时，访员就必须决定在这种情况下该如何为受访者解释这些问句。提供给访员的说明书就是针对这样一些情况，给予访员足够的指导。但是访员必须知道整个说明书的组织及内容，才能够有效地运用这份说明书。对访员来说，宁可让答案空在那儿，也胜过临时花上足足5分钟去从说明书中现找有关的指导。

3. 谨遵问卷中的遣词造句

问卷的遣词造句对于收集答案是非常重要的。问题措辞上的些微改变，就有可能使受访者倾向回答“是”而不回答“否”。即使你们非常小心地处理问卷项目上的措辞希望能用以获得想要的资料，而且还确保受访者的理解与你们的完全一致，可是当访员用自己的措辞来翻新问题时，你们所有的努力其实都是白费。

4. 准确地记录答案

一旦问卷包含了需要受访者用自己的语言回答的开放式问题，那么逐字逐句、确切无疑地记录受访者所给予的答案是相当重要的。千万不要试图总结、解释或修改受访者粗糙的文法。

在更多的情况下，研究者可以使用边缘注释来解释受访者口头语言之外的一些信息，例如受访者回答时明显的迟疑、愤怒、困窘等等。然而，在上述每种情况下，口头答案还是都应该被准确地记录下来。

5. 深入追问受访者

有时候，受访者会给出一些不适合问卷问题的回答。在这种情况下，就需要追问（probe）。（追问：一种在访谈中会用到的技巧，以获得更为详尽的答案。通常是间接的词语或者问题，可以鼓励受访者提供更详细的回答。比如“还有什么”和“是什么样的呢”。）或者说要求更详细的回答。

这样的深入追问中，保持绝对中立的立场是十分必要的。在任何一方面，深入追问都不应该影响到其后的回答。每当你们认为某问题需要追问以求得更确切的答案时，就应该在问卷中这个问题的后面，列出一个或一个以上的追问形式。这种做法有两个重要的优点。首先，将有更多的时间来设想更好且更中立的追问方式。第二，无论何时需要，所有的访员们将能使用同样的追问方式。因此，即使这个深入追问的方式并不是完全中立的，但所有受访者的反应都是受到同一个来源的刺激。这和我们前面讲的问卷措辞是同一个逻辑。虽然一个问题不应该有偏见，不过即使问题里掺杂了一点偏见，对每一个受访者，我们还是必须用同一个问题来进行访问。

【艾尔·巴比.社会研究方法［M］.邱泽奇，译.11版.北京：华夏出版社，2009：265-267.】

七、访谈员的培训

1. 培训内容

培训内容既包括适用于所有调查工作的一般知识，也包括专门针对特定访谈工作的知识。要讨论的共同话题包括如下几个方面：

· 联系受访者并介绍研究的那些程序。

· 在设计调查工具时所用的有关问题表述和跳答指令的那些协约，这些协约能使访谈员一贯地按标准提问。

· 间接地探查不完整答案的那些程序。

· 记录开放式问题和封闭式问题答案的那些程序。

· 不带偏见地处理人际交往问题的那些原则和指南。

· 如何使用计算机辅助访谈程序。

另外，很多研究机构认为，让访谈员感受如何使访谈适合于整个研究过程是个不错的主意。为此，他们常试着让访谈员熟悉抽样过程、编码、分析的类型以及调查结果的报告。这类信息有助于访谈员回答受访者提出的问题，并且还可激励访谈员并帮助他们理解访谈工作。

具体到某一特定的课题，访谈员还应知道以下几点：

· 课题的具体目的，包括发起原因、研究的总体目标以及研究的预期运用。这些信息是为受访者提供正确的问题答案并取得他们合作的基础。

· 抽样的具体方法，也是为回答受访者提出的问题提供基础。此外，还需要一些关于如何实施基本样本设计的培训。

· 关于特定问题目的的细节——不一定是在分析中的作用，但至少是要获得的信息种类。

· 关于保密以及给予受访者何种恰当承诺的具体措施。

2. 培训过程

培训访谈员有六种基本方法：书面资料、讲座和展示、基于电脑的培训指南、计划练习、角色扮演及观察早期访谈。书面资料通常有两类，首先，最好有一本全面的访谈员手册，全面描述访谈过程；另外，对于每一特定的研究，都应该有一些针对特定项目的说明。最好是当面培训访谈员，并在本地开展课题以节省书面材料的准备工作。但新培训的访谈员却认为，培训期间他们有很多很多的资料和信息要理解。把程序写下来可以让访谈员更悠闲地复习，也能进一步清晰、准确地陈述学习内容……

由于这些是新技术，结构化的、有督导的练习是访谈员训练中最重要的组成部分之一。让访谈员轮流扮演受访者和访谈员的角色，这是很常用的方法。练习应包括争取合作及处理问答的过程……

如果培训时间不足一天，则不能培训出令人满意的访谈员，访谈员不能按指示完成任务，并对调查资料会有不利影响。专业调查机构的培训课程一般持续2~5天。

【福勒.调查研究方法［M］.孙振东，等，译.3版.重庆：重庆大学出版社，2004：125-126.】

能力训练

范例 10.1：

问卷中问题的类型

一、排序型

请根据你喜欢的程度，将在下列教师前面括号填写相应数字，由 1 到 11，1 代表最喜欢，11代表最不喜欢。每个数字用一次。

（　）语文教师（　）数学教师（　）体育教师（　）科学教师（　）校本课程教师（　）道德与法治教师（　）音乐教师（　）美术教师（　）英语教师（　）地方课程教师（　）劳动课教师

二、等级型

你对自己所在班集体的印象是什么？请在每个答案所列的等级中选择 1 个合适的等级，并在该等级上划√。

A. 团结　涣散　　B. 冷漠　温暖　　C. 民主　集权

D. 平稳　竞争　　E. 欢乐　沉闷

三、定距型

所谓定距式，就是指选择答案不是一个点，而是一个区间 。

您期望毕业第一年的月薪是：

① 4001元以上（　）

② 3001~4000元（　）

③ 2001~3000元（ ）
④ 1001~2000元（ ）
⑤ 1000元以下（ ）

四、线段型

请根据你的喜欢程度在相应线段上用·标记位置。

满意 |____|____|____|____|____|____| 不满意

赞成 |____|____|____|____|____|____| 不赞成

五、敏感性问题

在初中阶段，您或同学受过教师的体罚：

A. 我受过　　B. 同学受过　　C. 没受过

您对自身师德的评价是：

A. 不合格　　B.合格　　C.一般　　D.良好　　E. 高尚

范例 10.2：

不好问题的改造

编制问卷，开始提出的问题不当实属寻常，使得掌握改造技术尤为重要（表 10-8）。

表 10-8　不好问题与对应的好问题

不好的问题	好的问题
1. 多大？ 2. 我希望你能通过使用非常好、好、一般或差这四个等级来评估你周围事物的不同特点。在我念出以下选项时请认真思考。 A. 公立学校　B. 公园　C. 公共交通　D. 其他 3. 去年，你看医生或者与医生讨论你的健康状况的次数是多少？ 4. 昨天你吃早餐了吗？ 5. 在过去的 30 天里，当你从 ATM 柜员机上取款时，你取款少于 25 美元的频率——总是、通常、有时、从不？ 6. 你什么时候得的麻疹？ 7. 你为什么投候选人 A 的票？ 8. 在你的居住地附近，你最喜欢的是什么？ 9. 我的健康状不好。你是极其同意、同意、不同意还是极其不同意呢	1. 在你过上个生日时你的年龄是多大？ 2. 我想问你对周围事物不同特点的评价。我希望你能仔细思考你的答案。你是怎么评价的——很好、好、一般或者差？ 3. 我们将要询问的是你见医生和从医生那里得到的医疗建议。 4. 基于研究的目的，我们把早餐当作一顿正餐（meal），在早上 10 点以前吃；包括一些蛋白质的食品，例如鸡蛋、肉类或者牛奶；包括一些谷类食品，例如烤面包或者谷类早餐食品；以及一些水果或者蔬菜。根据这些定义，请问你昨天吃早餐了吗？ 5a. 在过去的 30 天里，你从 ATM 柜员机上取款多少次？ 5b.（如果取过）取款少于 25 美元的有多少次？ 6. 你在多大时候得过麻疹？ 7. 候选人 A 的哪些特点让你投他 / 她的票而不是投候选人 B 的票？ 8a. 请你指出在居住地周围你最喜欢的一个事物的特征。 8b. 请你告诉我在你所居住地的周围你最喜欢的三样东西。 9. 你是怎样评价你的健康状况的——极其好、非常好、好、一般或是不好？

【福勒.调查研究方法［M］.孙振东，等，译.3版.重庆：重庆大学出版社，2004：79-88.】

思考题

一、教育调查法和教育观察法有什么区别？

二、简要分析教育调查法的使用步骤。

三、教育调查法如何分类？

四、如何设计问卷？

五、每种教育调查方法中代表性工具是什么？

六、简析问卷维度的确定。

七、如何开展访谈？

八、论述问卷的结构。

九、简析好问卷的标准。

十、举例说明访谈者训练的内容。

十一、选择一个教育研究课题，设计一份有15个左右问题的问卷。

十二、试着对同学或朋友做一次半结构性访谈。

拓展阅读

［1］艾尔·巴比.社会研究方法［M］.邱泽奇，译.11版.北京：华夏出版社，2009.

［2］高尔，等.教育研究方法：实用指南［M］.屈书杰，等，译.5版.北京：北京大学出版社，2007.

［3］弗林克尔·瓦伦.教育研究的设计与评估［M］.蔡永红，等，译.北京：华夏出版社，2004.

［4］福勒.调查研究方法［M］.孙振东，等，译.重庆：重庆大学出版社，2004.

［5］叶重新.教育研究法［M］.台北：心理出版社，2001.

［6］蓟运河.教育科研技能训练指导［M］.北京：中国林业出版社，2001.

［7］陆有铨，马和民.走向研究型教师之路——教育研究方法与应用［M］.杭州：浙江电子音像出版社，2002.

［8］郑金洲，等.学校教育研究方法［M］.北京：教育科学出版社，2003.

［9］陈向明.教育研究方法［M］.北京：教育科学出版社，2013.

［10］杨丽珠，等.心理与教育科学研究方法［M］.北京：中国人民大学出版社，2018.

［11］刘磊.中国青少年实践能力研究［M］.北京：世界图书出版公司，2012.

［12］刘磊.傅维利等.高中生诚信观状况调查分析与改善对策［J］.中国教育学刊，2011（2）：4.

［13］李方. 现代教育研究方法［M］. 广州：广东高等教育出版社，2004.

［14］钟海青. 教育科学研究方法［M］. 桂林：广西师范大学出版社，2002.

自我反思建议

掩卷思考，你“培植”的教育调查法“理论之树”枝繁叶茂吗？请检视一下“学习结果”。若尚有不明，进一步阅读笔记、观点与原理、思想资源，按照学科逻辑构建知识体系，“润枝丰叶”。再者，对之前选的题目，若可以用教育调查法，请勤加练习。若不合适，再选择一个适合调查研究的题目，勤勉练习。所谓“温故而知新”且“熟能生巧”。

第十一章　如何做教育实验：教育实验法

学习导航

教育实验法是根据一定的教育理论和假设，研究者组织的、有计划的、特定条件下的教育实践，通过对一段时间后的实践效果进行比较分析，探究变量之间因果关系，从而得出有关实验因素的科学结论的一种教育研究方法。它是研究教育中因果关系的最基本方法。本章将帮助你认识：教育实验法的概念、特征和类型，还有如何设计教育实验研究，以及教育实验研究的步骤和实施技术等方面的内容。

设计一次科学、适当的教育实验研究过程中，自变量、因变量和无关变量的控制技术有哪些？这个问题极为关键。

学习目标

1. 熟记教育实验法、实验组和控制组、单组实验和组别比较实验、前实验、准实验和真实验的概念。

2. 理解教育实验研究的变量。

3. 熟悉教育实验研究数据的记录、分析方法。

4. 在教师指导下完成一个教育实验研究的设计。

5. 基本独立完成简单教育实验研究。

6. 熟读案例分析和思想资源，建构教育实验法理论。

7. 独立完成案例和范例的分析。

第一节　认识教育实验法

观点与原理

1. 实验指科学上为阐明某一现象而创造特定的条件，以便观测它的变化和结果的过程。

2. 教育实验法是根据一定的教育理论和假设，研究者组织的、有计划的、特定条件下的教育实践，通过对一段时间后的实践效果进行比较分析，探究变量之间因果关系，从而得出有关实验因素的科学结论的一种教育研究方法。它和教育调查表法、教育问卷法都是定量研究方法，区别于教育观察法。教育实验与教育试验和教育过程也有区别。

3. 教育实验可以分为：（根据对实验变量的控制程度）前实验、准实验和真实验；（实验的组织形式）单组实验和组别比较实验；（实验的性质和目的）探索性实验和验证性实验；（运用的手段）实验室实验、自然实验和基于互联网的实验；（实验的维度）实验的变量的复杂性，教育实验可以分为单因素实验、两因素实验和多因素实验；（实验目的）判断性实验、对比性实验、析因性实验。

4. 实验组和控制组（对照组）：实验研究中两组不同的实验研究对象，其中接受实验处理的称为实验组，不接受实验处理的称为控制组或对照组。实验处理前的测量称为前测，之后的测量称为后测。

5. 真实验是随机选择被试样本，并将他们随机编入实验组和控制组；一项独立的实验处理变量能够被应用到实验组中；实验组和控制组中的因变量都可以被测量。而准实验研究，它具备实验研究的所有特征，除了不能随机地选择和分配实验被试。准实验研究本身就表明它在很大程度上都类似于实验研究。前实验则是没有控制无关变量。

6. 单组实验：是以一人或一班学生为实验对象，控制一种或几种实验因素产生结果，通过前后比较，以求出结论。它是比较简单的一种实验类型。

7. 组别实验是研究中有两组或多组研究对象，又可分为等组实验：被实验者分为人数相等的两组或三组，其他条件如教师能力、教材内容、教学时间、教室环境等，也都应当相同。各种条件相等后，再给予两个或两组以上的实验因素，分别应用于这两组以上的学生，经过一段时间，测量这两个实验因素所产生的结果，以求得结论。轮组实验：被实验者有两组，而两组的人数和能力是相等的，也可以是不相等的。将两个实验的因素，轮流在两组实验，然后比较其结果。假如有三个实验的因素，则应当有三组学生为实验的对象。

8. 教育实验研究具有六个基本特征：控制性、未来性、实践性、教育性、开放性、社会性。

9. 教育实验研究中，变量的基本类型是自变量、因变量和无关变量。被操纵的自变量，也被称为实验变量、处理变量、独立变量、自变项，可以是数字变量也可以是类别变量，通常包括教学方法、作业的种类、学习材料、给予学生的奖励和教师提问的类型等。因变量，也被称为输出变量、效标变量、反应变量、依变项，一般是数字变量，包括学习成绩、兴趣、注意范围、动机和对学校的态度。无关变量也被称为控制变量、干扰变量、外生变量、无关变项，可能是各种类型的变量。

10. 控制无关变量是实验研究的重要内容，其常见方法有：随机化、保持特定变量的恒定、将变量纳入研究设计中、配对、被试内设计、协方差分析。其中，随机化，是指如果在实验所涉及的各组中都随机分配足够多的被试，研究者就可以假设各组是均等的。这是确保一个或多个无关变量已得到控制的最好方法。保持特定变量恒定，是通过从研究中排除一个变量来消除它的可能影响。将变量纳入研究设计中：这种解决办法是，将可能影响结果的变量纳入研究设计中去，并对它的作用进行评估。这与前面的那种想法正好相反。配对：通常，我们可以在某些感兴趣的变量上对被试进行配对。被试内设计：当采用被试内设计时，被试在两种（或所有）处理下的表现都可以被比较。因此，对同一组学生的代数知识的教学可能会先采用探究教学法再采用讲授法。另一个例子是，在实验处理开始前的一段时间里，评价某一被试的行为，以考察在处理后行为上是否发生了可能的变化。协方差分析：以前测成绩或其他变量为基础，协方差分析能够被用于使各组在统计上等同。通过这种处理，每一组被试的后测分数都将得到相应的调整。

11. 正式的实验研究包括两个基本条件：通过比较至少两种（但常常是更多）条件或方

法来评价特定条件或处理（自变量）的作用，研究者直接操纵自变量。

12. 教育实验法有优点，让人们能够更好发现教育中的定量数据和一些教育规律、教育原则；教育实验法也有缺点，使得实验研究法的应用不如其他研究方法广泛。其优点是：①教育实验研究法是社会科学研究中建立因果关系的最好方法。就建立因果关系而论，实验研究法是优于其他方法的。②它可以使我们能够得到自然条件下遇不到的或不易遇到的情况，这样可以扩大研究的范围。它使研究者可以在各种不同情况下，研究教育现象。③它可以重复验证。在实验中，通过人为地改变条件，可多次地获得同一形态下的某些现象，因此，它比采用观察、调查等方法能更加确切地研究这一现象。④实验使研究者有可能准确地、精细地、分别地研究事物的各个组成部分，比较容易地观察某种特定因素的效果。⑤进行实验时，可以有计划地控制现象和环境，造成便于精确测量和运用机械方法记录的条件，使研究更为精密。其缺点是：①它需花较多的人力，有时往往受到实验设置，以及其他实验条件的限制。②它控制现象和环境比较困难。教育实验的对象是活生生的人，要像自然科学的实验室实验那样实行严格的控制是不可能的。③它对参加实验研究人员的要求较高。有的实验，要求研究者熟练地掌握实验研究法的有关技术，并要求训练有素。有的实验还需要有关单位、学校的配合和协助方能进行。

典型案例解读

案例 11.1：

小学生语文能力整体训练的实验研究（节选）

1. 引言（摘录）

本实验的理论构思是：开设语文能力整体训练课，将语文学科的特殊能力和一般能力作为一个整体来训练，并增强语文能力整体训练课与学科课程、语文活动课程的协同性，优化小学生的语文学科能力结构，促进小学生语文素质整体提高。

2. 方法

（1）实验设计　本实验研究采用等组自然实验法。实验对象是芜湖市镜湖区东内街小学三年级的学生，以实验前测智商（IQ值）为指标设置实验班和控制班，学生数均为48人。实验检测指标包括：①语文智力和智力水平，采用金瑜等修订的《中小学生团体智力筛选测验》的有关言语概括、言语推理的测题，测定语文智力，并按全量表总分评定智力水平（IQ值）；②语文特殊能力，采用林传鼎、张厚粲修订的《学习能力测验》中的测验2和测验3，评定语文特殊能力；③创造力和创造思维品质，采用本课题组编制的《创造力测验》测定创造思维的流畅性、灵活性和独创性，并以总分作为创造力的指标。

（2）实验内容　本实验以本文作者自编的《语文能力整体训练》《语文智力训练》《语文能力整体训练实验辅助读物》为训练内容。每周2课时，共90课时。

（3）实验步骤　本实验研究分三个阶段：①实验准备阶段（1996年10月—1997年1月）。学校成立以校长为组长的实验领导小组；组织实验教师学习与语文能力整体训练有关的心理学、教育学理论；做好学生、家长的宣传动员工作，以取得学生、家长的配合和支持。②实验第一阶段（1997年2月—1998年6月）。确定实验班级；对实验班和控制班进行前测；实验班开设语文能力整体训练课进行渗透，控制班按常规教学安排；进行阶段性实验总结。③实验第二阶段（1998 年 6 月—1998 年 12 月）。继续进行语文能力整体训练实验；对实验班和控制班进行分阶段同质的后测；撰写实验研究总结报告。

3. 实验结果与讨论

语文整体能力训练对提高小学生语文整体能力的效果：

为了探究这一实验对小学生语文学科能力整体发展的可行性，我们对实验班与控制班学生在实验前后的语文智力和语文特殊能力作了比较，结果见表 11–1。

表 11–1　实验班与控制班学生实验前后语文整体能力的变化

		语文智力			Z	语文特殊能力			Z
		前测	后测	增益		前测	后测	增益	
实验班	$X_{平均}$	10.02	11.60	1.58		28.29	36.25	7.46	
N–48	S	2.43	2.63	2.90	3.09^{**}	9.22	7.45	8.36	4.36^{***}
控制班	$X_{平均}$	9.35	9.56	0.21		26.28	29.41	3.13	
N–48	S	3.13	2.81	2.91	NS	10.32	7.99	9.68	NS
	Z	NS	3.70^{***}	2.32*		NS	4.35^{***}	2.36*	

注：NS代表$P>0.05$，*代表$P<0.05$，**代表$P<0.01$，***代表$P<0.001$。

表 11.1 结果显示：①实验训练前，实验班与控制班学生在语文智力和语文特殊能力方面不存在显著差异（$P>0.05$）；②实验训练后，实验班学生的语文智力和语文特殊能力均高于控制班学生的语文智力和语文特殊能力，差异极为显著（$P<0.001$）……

4. 结论

语文能力整体训练的实验研究表明：优化语文学科能力结构，开设语文能力整体训练课，挖掘语文学科中潜在的智力训练因素，加强语文智力训练与语文课程的渗透，能激发学生学习的兴趣，实现语文能力的整体发展，有效提高学生的智力水平和创造能力，促进创造思维品质的发展。实践表明，语文能力整体发展是一条客观规律。在语文能力整体发展的过程中，应始终以语文智力和语文特殊能力的共同发展为主轴。

【钟海青.教育科学研究方法［M］.桂林：广西师范大学出版社，2002：187.】

案例分析

什么是实验？实验就是科学上为阐明某一现象而创造特定的条件，以便观察它的变化和结果的过程。它较早地被应用在物质世界的认识过程之中，通过实验人们认识了气体、摩擦、动力和生长。也是出于定性和思辨的弊端，实验研究被引入到教育领域，逐渐发展出教育实验研究方法。教育上的实验虽然最早可以溯自裴斯泰洛齐于 1768 年所创办的取名为“新庄”的实验学校，但是把实验作为比较严格的方法，则是经梅伊曼、拉伊、桑代克及麦柯等人相继提倡才逐渐为教育界人士所重视。从教育研究的历史和现状来看，我们可以说，实验法在教育与心理的研究中起着非常重要的作用。大者如一种教育学说的创建，小者如一种教学方法的提倡，往往都是以长期的或反复的实验作为其立论的根据的。远者如裴斯泰洛齐、福禄贝尔、蒙台梭利、杜威、德克乐利等人各自创办的实验学校，柏克赫斯特的道尔顿制实验、华虚朋的文纳特卡制实验，近者如赞可夫的“教学与发展的相互关系实验”、陶行知创办的晓庄试验乡村师范与山海工学团都是很明显的例子。

理论上，语文能力与教师的相关训练存在内在的因果关系，但是程度如何，只有通过实验研究才能探知究竟。这就需要控制。控制是为了确定因果关系，因此教育实验法是探究变量之间因果关系的一种常用的、更可靠的方法。对于一些不可操作的变量间关系，可替代的方法是因果比较研究方法，也称为事后回溯法。由名称可见，两者区别在于事前实验和事后回溯。教育实验法是为了解决某一教育问题，根据一定的教育理论或假设组织的有计划的特定条件下的教育实践，经过一定的时间，就实践效果进行比较分析，探究变量之间关系，从而得出有关实验因素的科学结论的研究方法。它区别于教育观察法，教育实验与教育试验和教育过程也有区别。

当研究者能够去发现一事物导致另一事物时，他们通常是非常高兴的。因为这样一种信息或知识的获得虽然不容易，但却是科学中最强有力的因素。其他类型的研究缺乏这种说明极富价值的因果关系的能力。相关研究、因果比较研究、个案研究、行动研究等都暗示了一种类似的关系，但却不能提供绝对的证据来说明是自变量导致了因变量。具体的，相关研究与因果比较研究的不同点在于：因果比较研究通常对两组或多组被试进行比较，而相关研究则需要知道每个被试在每个变量上所得到的分数。相关研究所考察的是两个（或多个）数量变量，而因果比较研究一般则至少包括一个类别变量。相关研究在分析数据时常常会使用散点图或相关系数，而因果比较研究则常常对平均数进行比较或使用列联表。因果比较研究与实验研究的不同点在于：在实验研究中，可以操纵自变量；在因果比较研究中，则不能对自变量进行操纵。与实验研究相比，因果比较研究所提供的因果关系证据要弱得多。在实验研究中，有时研究者可以将被试分配到各个处理组中去；在因果比较研究中，这种组是已经形成的——研究者必须去寻找它们。在实验研究中，研究者在构建设计结构方面有更大的灵活性。

实验研究是确定变量之间因果关系的基本方法，而变量的基本类型是自变量、因变量和无关变量，因此，“控制”就是控制自变量、因变量和无关变量。

自变量是在性质和数量上可以变化，由实验者操纵或测量的条件、现象或特性，通常用字母X表示。教育实验研究中，被操纵的自变量通常包括教学方法、作业的种类、学习材料、给予学生的奖励和教师提问的类型等。因变量是被观察和被测量以决定自变量效果的因素，是一个反应变量或输出通常用字母*Y*表示。教育实验研究中，因变量主要包括学习成绩、兴趣、注意范围、动机和对学校的态度等。无关变量就是那些没有得到控制的、非研究的自变量。教育实验研究中，无关变量普遍存在。例如，在课题“新教学方法与旧的教学方法对于学生期末数学成绩作用的研究”中，存在很多无关变量，如教师的性别、年龄、学历、职称及价值观，学生的性别、年龄、班级、学习风格及数理逻辑智力水平、家庭状况等。所以，控制无关变量是实验研究的重要内容，其常见方法有随机化、保持特定变量的恒定、将变量纳入到研究设计中、配对、被试内设计、协方差分析。

实验本质上就是验证（证实或证伪）研究假设，假设是实验研究所必须的。

案例中的实验班和控制班何意？实验研究中两组不同的实验研究对象，其中接受实验处理的称为实验组，不接受实验处理的称为控制组或对照组。是不是所有的实验都要分组？为什么？根据实验的组织形式，它可以分为单组实验和组别实验（等组实验和轮组实验）。教育实验研究还可以分为：（根据对实验变量的控制程度）前实验、准实验和真实验；（实验的性质和目的）探索实验、改革实验和验证实验；（运用的手段）实验室实验、自然实验；（实验的维度）单因素实验、综合实验和整体实验。所以，为了比较说明因果关系，实验研究必须有对比，有参照。但是，研究对象可以是一个人或者一组人。不过必须做到两个基本条件：通过比较至少两种（但常常是更多）条件或方法来评价特定条件或处理（自变量）的作用，研究者直接操纵自变量。比较中通常需要前测和后测。

展开联想，从案例中，我们还能够揭示出教育实验法既有优点，也有缺点。故此，教育实验法区别于教育观察法，也不同于教育调查法。观察法和调查法都是对自然呈现的事物进行研究的方法。采用这两种方法进行研究都不能对事物呈现的自然状况进行干预。如果进行干预，那么观察或调查取得的材料就会失真。因此，教育观察法和教育调查法在应用上就不得不受到至少两种局限。第一，如果研究者想了解在某种新的情况下事物呈现何种状态，而这种新的情况尚未自然呈现时，观察法和调查法就无能为力了。第二，两种方法均无法摆脱无关因素的干扰，因而有时就很难确定事物间的因果关系。就是说，这两种方法在应用上均有一定的被动性。为了能够主动地对事物现象适当加以控制，以便能够更准确了解事物间的因果关系，就有采用实验法的必要。假如说，观察法和调查法是听客观事物讲演，那么，实验法就是向客观事物发问，当然这是一种特殊形式的发问。概言之，教育实验研究就是采取行动并考察行动的效果。

第二节 教育实验研究设计

观点与原理

1. 教育实验研究一般包括 4 个阶段、15 或 16 个步骤：准备阶段（理论研习、确定目的、陈述研究假设、选择变量、并做操作定义、抽样、进行实验设计、准备测量工具）、实施阶段（操作自变量、控制无关变量、使用测量工具、记录研究数据、后测和/或前测）、资料整理阶段（确定误差范围、整理分析资料）、撰写研究报告。

2. 教育实验设计的一般步骤是：确定实验处理（自变量的变化）；列举总体、样本、实验单位、抽样方法及样本容量；确定因变量及适当的测量方法；判断需要控制的无关变量，控制方法、控制过程和控制程度；选择实验设计类型；制定实验计划。

3. 教育实验设计类型：实验组、控制组比较设计（组间设计），事前测定和事后测定比较设计，随机化设计、区组设计，单因素设计、多因素设计，前实验设计、准实验设计、真实验设计。详见思想资源。

4. 一份完整的教育实验计划（或方案）包括：实验的背景，目的和假设；有关变量的界定；实验对象；实验方法；实验的观测指标；实验资料的收集和处理；实验的组织工作；主要参考资料。

5. 教育实验研究报告有问题的提出、研究目的、研究假设、研究设计（样本、工具、变量的操作定义和控制）、数据收集和分析、实验结果的讨论（主要是与研究假设的关系）、参考文献几个基本部分组成。

典型案例解读

案例 11.2：

范文在小学生习作训练中的作用

研究问题：范文模仿在小学生作文训练中的作用及小学生在写作训练中模仿的特点。

研究假设：利用范文写作的小学生写作水平要高于不用范文写作的学生。

实验处理：给学生提供范文模仿，让学生独立阅读、分析、理解范文，然后进行仿作。

样本：浙江黄岩解放路小学三（下）、四（下）年级学生，4个班，共149人。

因变量测定：学生独立作文成就测验（段落层次、用词用句、内容、写作手法等方面）。

实验设计：单组前后测设计（如表11-2）。

表11-2 实验设计表

独立作文成就测验	范文模仿	独立作文成就测验
O_1	X	O_2

【陆有铨，马和民.走向研究型教师之路——教育研究方法与应用［M］.杭州：浙江电子音像出版社，2002：152.】

案例分析

结合教育观察法、教育调查法的学习，我们都知道，教育研究必须做教育研究计划。本案例是一份教育实验法的研究计划。从这份计划中我们看出计划的结构，按照理论和逻辑关系，它包括：主题；实验目的和假设；有关变量的界定；实验对象；实验方法；实验的观测指标；实验资料的收集和处理；实验的组织工作。其中，特别要明确指出变量的控制方法和变量的测量工具。一般地，控制方法如下。

第一，自变量的控制，指在研究中对刺激变量的操纵变化。对自变量控制得如何，直接影响研究的成功与失败，控制包括以下两个方面：

1. 给自变量规定操作定义

实验中规定操作定义有以下三个好处：①可以使研究者的思考具体而清晰，例如“疲劳对识记的影响”研究课题中，“疲劳”一词定义很多，人人都有疲劳的体验，但要具体量化，却不是一件容易的事，只能规定操作定义，有了操作定义，才能使其具体操作，如规定“疲劳”是从事某种体力运动之时间数，则可用从事某体力运动一小时、两小时、三小时……作为疲劳的不同程度的指标，这一规定可使研究者对“疲劳”这一自变量的定义具体而清晰。“疲劳”这一自变量便可以操纵控制了。②操作定义可以增进科学研究者之间沟通的正确性。因为只有操作定义规定的概念或变量，才不易于产生误解。没有操作定义必使很多概念的控制含糊不清，这也必然要产生误解。③操作定义可减少一门学科所用概念或变量的数目。因为只有在操作定义明显不同时，才增加新概念或新变量。这里所讲的操作定义是指在定义一个概念时，不直接描述被定义事物的特征、性质，而是说明观察或测量被定义事物或变量所做的实际活动。

但需指出，在对自变量规定使用操作定义时，要特别防止操作定义单一性偏差，影响研究的构想效度。例如，上例“疲劳”的操作定义是从事某体力活动的时间长度，但是若研究的问题是大“疲劳”概念，这样疲劳的内涵，除体力疲劳外，还应包括脑力疲劳、心理疲劳，这种情况下，只从体力方面规定了操作定义，势必是不完全的。操作定义的片面性必然会带来研究效度降低的问题，这一点研究者必须注意。

2. 规定自变量的不同水平——检查点或实验处理

教育研究中的自变量，有些有质的区别，是连续的。例如，不同的教学方法，不同的学习方法，不同民族、性质等，这些不同质，便是不同的实验检查点，或称为实验处理。如果自变量是连续的量的变化，例如学生做习题的数量、补课的时间，每节课记忆的单词数等，则要求所选自变量的不同水平值——检查点，至少要三个，一般三至五个为宜，只有这样，才能足以找出自变量和因变量的函数关系，如果是两个检查点，则难以断定自变量与因变量之间的关系是线性还是非线性，如果自变量与因变量之间的关系复杂，至少要选五个或五个以上的检查点。

在规定检查点时，如何确定其范围？如何确定其间的间距也是很重要的问题。确定自变量间距的原则是：两个不同的检查点能引起被试不同的反应。间距的大小可依具体的研究情况而定，一般要以已有的研究资料作参考，若无资料依据，则应通过预备试验来确定。自变量的间距可以用算术单位，也可以用对数单位，这也要根据具体的研究需要确定。如果自变量范围不能事先确定，则要根据被试的反应，当其反应比较平稳时才能停止实验。

第二，因变量的控制，就是要达到反应变量确实能够反映受测者真实的身心反应。为此，在选定反应变量指标时要做到以下三点。

1. 规定好反应的操作定义

作为教育现象或行为变化，往往都是含义不太清楚的问题。例如反应的快慢，或好与不好等等。为要使其能够具体度量，就要规定一定的标准，这样才能加以数量化。为使反应能达到具体度量，所规定的一系列标准或具体指标，就是反应的操作定义。反应的操作定义，要特别注意指标的单一偏差，因为这种单一方法的偏差，严重影响研究的构想效度，这意味着测量、记录方法单一或考虑不周全。也就是说，应该用两种指标度量反映的，而研究中只采用了一种方法，这就势必造成单一方法的偏见。例如，常用学习成绩作为一种指标反映教育效果，就是一例，教育研究中反映教育效果的重要指标——学生学习兴趣、动机的提升，几乎被忽动略。

2. 把握好因变量应具备的特点

①反应指标要具有有效性，要能真实地反映反应的情况。即反应的指标能够度量某刺激所引起的真实反应，而不是其他别的什么，故这种特点又称为特异性。②反应指标要具有客观性，即不同的研究观察者或不同次的观察只要是反应相同，其指标也应该相同。当然允许观测的随机误差。一些主观性较大的度量指标，规定好反应标准以后，也可认为是一种客观性很好的度量指标。③指标要能够数量化，或用数字，或用次数，或用一定的反映不同程度的语义，例如好、很好、非常好之类，也可认为是具有数量化特征的指标。④反应指标应能准确、真实地度量反应的变化。在应用百分数表示正确或错误时，应特别注意天花板、地板效应。这一效应即指因反应指标的量程不够大，而造成的对接近两极端的反应不能区分的情况。例如，同是100%的正确，或同是100分，各个受测者在此方面的反应并不尽相同，有的很吃力，有的很轻松，有的勉勉强强，有的绰绰有余，但作为记录的反应只是一种，这就

是天花板效应。地板效应也类似，不过是反应的另一端。

3. 反应指标的平衡

教育研究中的反应变量有上述多种。这些指标中的两种或多种，有时在一种反应中同时都出现。例如，反应速度要快，最易出现反应的正确率下降，错误率上升的问题，同样反应中若强调准确性，就可能出现反应速度减慢的现象，这一类问题怎样解决，怎样平衡这两种反应指标之间的关系，尚需进一步研究。尽管已有的研究结果揭示，时间（速度）指标，可能比错误率或正确率能更好地反映实际情况。这一点在因变量的控制中是很有意义又很困难的事情，故研究者根据自己的研究应花费一定的气力解决这一问题。因变量的选择与确定也会影响研究的构想效度，因此需要下大力气去斟酌。

概言之，教育实验研究中的实验控制需要遵循的一个基本原则，就是最大最小控制原则，意思是使自变量产生最大变化，使其他干扰的变量与误差产生最小的影响。这个原则包括三层意思：①控制实验变量。要使实验变量有系统而且尽量地（maximize）使前后的变化显出差异。②控制无关变量。要控制自变量之外一切可能影响结果的其他变量，使其保持不变或达到最小变化甚至排除在实验情境之外，务必不致影响自变量与因变量之间的因果关系。③控制测量工具。控制测量工具的选择与使用，务必使误差减低到最低限度。

进一步探究案例，还可以发现，教育实验研究的实施步骤。其中特别要确定实验设计模式。确定实验设计模式要综合考虑研究目的、研究对象和研究资源。在实验设计模式的选择过程中，首先要区分出真实验设计模式——随机分出实验组和控制组、准实验设计模式——非随机分组和前实验设计模式——不控制无关变量。

在教育实验研究中，我们主张选择准实验设计模式，因为现实中教育实验不存在（由于实验不能重复，所以不能存在），而前实验又太难令人信服。

有学者指出，体现一个设计得好的研究的特征也应适用于实验设计。具体有以下八点。

①充分的实验控制——指对实验条件有足够的控制，以便研究者能解释结果。实验设计被高度结构化，如果实验变量产生效应，就可被观察到。亦指通过随机分组或把他们作为实验中的自变量来控制其他变量。②不加人为修饰——实验结果能否推广到非实验设定的情景，例如，一个教室，这一标准在教育研究中尤为重要。这即是说实验是在这样的背景下进行，以便其结论能应用于真正的教育领域。③比较的基础——需要通过某种方式进行比较以确定是否有实验效果。在一些实验中，我们使用控制组——即不受到实验处理的组。教学实验中的控制组中常包含用传统方法施教的一组学生。在对动物进行的药物实验中，控制组应由那些没有服药的动物组成。当然，不是所有的实验都需要控制组。比较可以在两个或多个实验处理中进行，偶尔采用一些外在标准。④通过数据获得充足的信息——数据必须足以检验实验假设，应有对假设作出判断的足够的精确度。⑤非污染的数据——数据应充分反映实验效应。但不应被实验中出现的蹩脚的测量或误差所影响。来自不同组的个体不应相互影响而削弱实验效果，或导致实验效果不具代表性。⑥无相关变量间的干扰——这一准则与充分的实验控制密切相关。可能存在其他正在操作的对因变量有影响的变量。如果是这样，这些影响不应被错误地理解为实验效应。我们常常可通过实验设计分离、控制这些效应。⑦代表性——研究者常希望将实验的结果推广到一些个体、条件、方法等中去。为了获得具有代表性的实验结果，研究者常采用某种随机方式，或者通过对实验被试的选择，或者通过对接受实验处理的被试的分配（如果使用控制组，也运用上述方法的话）。⑧省力原则——是指如

果所有其他特征相同，我们更倾向于采用较简单的设计而非较复杂的。当然，一项设计必须为达到实验的目的尽可能地复杂，但复杂本身我们并不提倡。简单些的设计常常更易完成，解释起来也更方便些。

借鉴上述评价标准，我们可以看出案例的实验设计满足了大多数标准，是一个良好的设计。

思想资源

一、实验研究与准实验研究的基本原则

（一）随机选择与分配

对样本的随机选择，以及将这些样本随机分配到实验组和控制组是实验研究最本质、最独特的地方。唯一例外的是在单一被试的实验中。这种情况下，被试往往是被诊断为有严重个人问题的人，如饮食强迫症患者和行为失控患者。随机选择和分配有助于明确不同组别的相关性，并控制大量的无关变量，这些变量可能影响到调查的结果。如果无法满足随机选择样本的条件（学校环境中的情况通常是这样），那么如果有可能的话，一定要将学生样本随机分配到实验组和控制组。如果连随机分配的条件都无法满足，那么所采取的研究类型就只能是准实验研究，而不是实验研究。

（二）实验研究的运用

我们已经知道实验研究旨在说明*X*自变量能够引起或改变*Y*因变量。如果你得到足够的热量（*X*变量），那么你就能让水沸腾（*Y*变量）。如果你问你的学生一些问题（*X*变量），那么你就能让他们给出深刻、完整的答案（*Y*变量）。

（三）实验设计

实验研究中采用了几种不同的设计。以下将介绍其中最常用到的五种：单组前后测设计，双组后测设计、双组前后测设计、因素设计、单个样本前后测设计。准实验设计常用三个研究设计：不等控制组后测设计、不等控制组前后测设计、单一小组时间序列设计。

【查尔斯.教育研究导论［M］.张莉莉，等，译.北京：中国轻工业出版社，2003：270-274.】

二、关于自变量

（一）自变量的变化

在实验研究中，自变量不同水平的变化可以有以下多种方式：①一种形式与另一种形式的变量；②同一种形式的变量的出现与不出现；③同一种形式的变量的不同水平。按照这种划分，那么采用方式①的一个研究例子可能是，比较探究法与讲述法在化学教学中的效果。采用方式②的一个研究的例子则可能是，比较使用与不使用幻灯片对统计教学的效果。采用方式③的一个研究的例子则可能是，比较教师不同程度的热情对于学生学习数学的态度的影响。在前面方式①②变量（方法）可以被清楚地分类，而在方式③中，变量在实际上是数量（热情的程度），但为使研究者能够操纵（也就是控制）热情的程度。我们把它当作类别来对待（只有某种特定程度的热情的效果才会被研究）。

（二）自变量的水平

自变量可采取多种形式，如有机变量、对研究的参与者实施的不同办法、程序之类的变量；实验变量是自变量，但并非所有自变量均是实验变量。在前面的实验中，如果根据性别确定参与者，这样对10个男生和10个女生分别进行一种类型的教学。那么参与者的性别则确

定为自变量。然而，这是一种有机变量，而非实验变量，教学类型才是实验变量。

可用作实验变量的自变量可多可少。从理论上说，实验变量可以有任意种有限水平。而在教育研究中，实验变量的水平相对比较少，比如在2~5个之间，很少超过7个或8个。实验变量的水平有时被称为“实验处理”。下面举几个在教育研究中可能的实验变量的例子（表11–3）。

表 11–3 常用自变量水平设计

实验变量	可能的水平
1. 教学组织的类型	a. 组际教学 b. 自修教室
2. 获得概念所用教材类型	a. 口头 b. 图表
3. 实验用动物服用药量	a.5 克 b.10 克 c.15 克
4. 任务持续进行所需时间	a. 5 分钟 b.10 分钟 c.20 分钟 d.30 分钟
5. 历史教学的教学方法	a. 讲座 b. 小组讨论 c. 个体化教学
6. 一天中教学所用时段	a. 上午 b. 下午
7. 拼写教学中所用单词表长度	a.10 个单词 b.25 个单词 c.40 个单词 d.60 个单词 e.100 个单词
8. 每天练习所用时间	a.15 分钟 b.30 分钟 c.45 分钟 d.60 分钟
9. 治疗类型	a. 只用药物治疗 b. 只锻炼 c. 混合使用药物治疗和锻炼

对于每一个实验变量来说，研究者可以调整、控制水平或进行实验处理，如第 7 个实验变量可以准备好单词表，提供给那些依据该表随机分成的 5 个组的学生使用。实验的目的无疑决定了单词表长度对拼写练习中学生表现的效应。

【①弗林克尔·瓦伦.教育研究的设计与评估［M］.蔡永红，等，译.北京：华夏出版社，2004：266.②袁振国.教育研究方法［M］.北京：高等教育出版社，2000：61.】

三、关于无关变量

（一）无关变量的鉴别

在一个教育实验中，确定哪些因素属于无关变量，最好是通过查阅文献或用因素型实验来确定，但是这很难做到。怎么办呢？只能根据已有的理论、知识和经验，来分析、确定一个教育实验中该控制的无关变量是哪些，其中有哪些必须控制，又有哪些没有必要控制。例如，在知觉实验中，被试的社会关系，实验前一天吃的什么，有些什么活动等就很难进行控制，实际上也没有必要进行控制，因而它就不能称作无关变量。在一个实验中，根据实验者的分析所确定的无关变量，有些是科学的、正确的，有些是非科学的（不正确的）。那么，实验中对无关变量的控制是否成功，无关变量的确立是否正确，能不能鉴别呢？回答是肯定的。一般可以由实验结果误差分散的大小来鉴别。

（二）七种可以影响实验内在效度的外生变量（即无关变量）

唐纳德·坎贝尔和朱利安·斯坦利确认了七种可以影响实验内在效度的外生变量，我们将逐一解释这些实验内在效度的威胁因素会如何影响上述实验的结果。当然还有已经被确认的其他外生变量，但这七种影响反映了在设计和进行实验中研究者通常会面临的挑战。

1. 历史效应

实验处理会持续一定时期，这一事实为实验处理以外的其他事件提供了引起实验组变化的机会。在我们上述例子中，学生参加的阅读计划持续整一学年，因此其他的因素，例如来自教师的其他指导可能是阅读成绩提高的全部或部分原因。

2. 成熟效应

在一个实验处理的实施过程中，实验参与者的生理或心理上发生了一定的变化。在阅读计划实验实施的一年中，学生们在身体、社会性和智力等方面都有所发展。也许是这些方面中某一方面的成熟，而不是阅读计划本身使他们克服了自己的阅读障碍。

3. 测验效应

许多教育实验都会有一个前测，然后是实验处理，最后以一个后测结束。如果前测与后测相似或这两个测验在实施时间上距离很近，那么研究参与者在后测中显示出的进步可能仅仅是因为他们在前测中的经验，也就是说，他们变得"精于考试"。但这种外在变量在前述新的阅读计划的假想实验中是不可能起作用的，因为前测和后测之间时间间隔很长，学生们对前测的记忆不足以影响他们在后测中的表现。

4. 工具效应

从前测到后测可以观察到明显的学习成果可能是由于测量工具的性质发生变化导致的。假设学生所参加的阅读成绩后测比他们参加的前测简单，那么我们所看到的阅读成绩的提高就可能是由测量工具的差异而不是由实验处理导致的。

5. 统计回归

不论何时在实验中使用前测—后测程序来评估学习，在前测中分数高或低的个体在后测中所得的分数都往往在一定程度上更接近后测中的平均数，这种现象称为统计回归。例如，我们假设实验组的学生在阅读成绩测验的前测中平均分数位于第 15 个百位。当这组学生再次接受相同的或是相似的测验时，无论是接受还是没有接受过实验处理，他们都可能会得到一个更高的平均分。避免由于选择差异而造成解释上的困难，最好的方法是随机安排两个组的参与者，这也是真实验的基本条件。

6. 选择与成熟交互作用

除了成熟是其中特定的混淆变量之外，这一外在变量类似于有差异的选择。假设在我们的例子中，选择参加这一新的阅读计划的一年级学生来自一个学区，而控制组则是从另一个学区的一年级学生总体中抽取出来的。由于这两个学区不同的入学政策，控制组学生的平均年龄比实验组学生的平均年龄大了六个月。现在，假设实验显示了实验组的学生所取得的进步大于控制组的学生，那么这些结果是反映了实验处理的作用还是成熟的影响？由于对实验组和控制组的学生有差异的安排，研究者们无法给这一问题一个清楚的答案。

7. 被试流失（有时也称为损耗）

被试流失是指在实验处理过程中研究参与者的流失。这一外在变量可以使实验结果出现偏差，因为那些终止参加实验的参与者，往往在很多重要的方面不同于没有中断的参与者。例如，在一学年中退出阅读计划的学生存在着系统性的偏向：离开的学生刚好是成绩最低的学生。如果研究者测量的只是完成这一计划的学生成绩上的增加，那么实验处理的效果就会被夸大。

【①孟庆茂.教育科学研究方法［M］.北京：国家开放大学出版社，2001：197.②高尔，等.教育研究方法：实用指南［M］.屈书杰，等，译.5 版.北京：北京大学出版社，2007：239-240.】

四、选择被试

除了概化（笔者注：参看第七章）问题之外，选取受试者的一个很重要的规则就是实验组与控制组的可比性。理想状态是，控制组应等同于未面对实验刺激的实验组，因此，实验组和控制组必须尽可能相似。这里有很多种方法可以采用。

1. 概率抽样

先把所有的研究对象作为抽样框，再从中抽取两组样本。如果两组随机样本各自与总体相似，两者亦彼此相似。然而，我们还记得概率抽样所达到的相似（代表性）程度是样本大小的函数。根据一般的原则，少于100的随机样本代表性不够，而社会科学的实验，无论是实验组或控制组，都很少包括那么多的受试者。因此，对于比较大的人群，实验法很少采用概率抽样。但是，在分配受试者时，研究者还是利用到随机选择的逻辑。

2. 随机化

不管用哪种方法，招募到全部受试者之后，实验主持人可以随机地把受试者分派到实验组或控制组。为了达成随机化（randomization）[即随机地将受试者分为实验组和对照组的方法。]可以把所有受试者按序编号，然后利用随机表来选取号码，或者实验主持人可以把奇数受试者分到实验组，而把偶数受试者分到控制组。

让我们再回到概率抽样的基本概念。例如，实验者通过报纸广告招募了40名受试者，我们没有理由相信，40名受试者一定代表其所抽取的母群体，因此也不能预设20名随机分派到实验组的受试者能代表更大的总体，然而，我们可以确信，20名随机分到实验组的受试者与随机分配到控制组的20名受试者类似。

不管两组是通过概率抽样法还是随机方法形成的，都应该进行同样的可比性检验。一般的规则是，就与因变量相关的变量来说，两组应该具有可比性。再者，还可以等到对因变量做过初步测量之后，再把受试者分派到实验组与控制组。

3. 配对或是随机

在考察该如何把受试者分派到实验组与控制组时，必须注意到采用随机化方法比采用配对方法有两点优势。首先，我们无从知晓哪些相关变量应作为配对的依据；其次，大部分统计技术都是用来评估随机化实验结果的，如果不这样设计，就无法使用这些统计方法进行评估。另一方面，只有受试者的数量比较大，概率抽样法起作用时，随机化才有意义。如果只有几个受试者，配对就可以了。

有时候，也可以把配对方法与随机方法混合使用。在研究青少年教育时，英格尔及其同事就把数量庞大的13~14岁的学生分派到几个不同的实验组与控制组，为了确保各组学生之间的可比性，他们采取了以下方法。

先从一群受试者开始，研究者首先根据大约15个变量分出学生的层级，然后把每一层级的学生随机分派到实验组与控制组。如此一来，研究者实际上改进了传统的随机化方法，即采用了分层抽样，只不过和典型调查抽样方法相比，他们用了更多便利来分层。

【艾尔·巴比.社会研究方法[M].邱泽奇，译.11版.北京：华夏出版社，2009：229.】

五、常规实验设计模式

（一）单组实验设计

单组实验设计有5种模式。

1. 设计1：单组后测设计

这种设计的模式如下：　X　O

2. 设计2：单组前后测设计

这种设计的模式如下：　O_1 X O_2

3. 设计3：单组相等时间样本设计

这种设计的基本模式是：　X_1O_1　X_0O_2　X_1O_3　X_0O_1

4. 设计4：单组纵贯时间系列设计

这种设计的基本模式是：O_1 O_2 O_3 O_4 X O_5 O_6 O_7 O_8

5. 设计5：单组多因子实验设计

这种设计的基本模式是：（O_1 X_1 O_2）　（O_3 X_2 O_4）

（二）组别比较实验设计

6. 设计6：静态组比较设计

这种设计的基本模式是：

X　O_1
　　O_2

7. 设计7：等组前后测设计

这种设计的基本模式是：

甲：R　O_1　X　O_2（实验组）
　　R　O_3　　　O_4（控制组）

8. 设计8：等组后测设计

这种设计的模式是：

R　X　O_1（实验组）
R　　　O_2（控制组）

9. 设计9：所罗门四等组设计

其设计模式是：

R　O_1　X　O_2（实验组）
R　O_3　　　O_4（控制组）
R　　　X　O_5（实验组）
R　　　　　O_6（控制组）

10. 设计10：不相等控制组设计

这种设计的模式是：

O_1　X　O_2
O_3　　　O_4

（三）循环实验或轮组实验设计

11. 设计11：循环实验设计

这种设计的模式如下：

甲模式：

（O_1 X_1 O_2）（O_5 X_2 O_6）
（O_3 X_2 O_4）（O_7 X_1 O_8）

上述11种实验设计各有利弊。在选择运用时，每种设计还可以根据实验情况而加以改进。在这些设计中，其中，第3种单组相等时间样本设计、第4种单组纵贯时间系列设计、第

10种不相等控制组设计、第11种循环实验设计这四种又被叫作“准实验设计”（quasi-experimental design）。准实验设计在教育研究中广泛应用，原因是在学校抽样很难做到随机化，因为在实际中，人们不能也不愿打破现存的编班。而准实验设计，以原班级作为实验对象，并在可能的条件下尽可能进行控制，所以教育研究者常常愿意采用。

其中，R表示随机分组，X、X_1、X_2表示实验处理，X_0表示无实验处理，O和O_1、O_2、O_3、O_4、O_5、O_6、O_7、O_8表示测量，X之前的O表示前测，X之后的O表示后测。

能力训练

范例11.1：

教育实验研究课题

一些教育研究者进行实验研究的真实例子：①采用积极与消极的激励形式的学习质量；②对计算机辅助的合作学习、竞争学习和个别化学习的比较；③预防学生辍学的干预性深入团体咨询……将处于危险中的青少年隔离在高中里；④学生提问和教师提问在概念获得上的效果；⑤在回归主流的班级中改变教育方法，以改善差生的人际关系和行为；⑥儿童的记忆性和非记忆性词汇学习策略；⑦从心理学的角度探讨，观看解决问题的电影对逻辑推理测验成绩的影响；⑧新教学法对小学生运算思维品质培养的影响；⑨两种教学方法（如讲授法与自学辅导方法）对学生学习数学的学习成绩的影响，以及两种教材（统编教材与自学教材）各自之长短。

此外，在如下情况下，应该采用实验研究：

· 你非常强烈地感到两种状况或事件之间存在因果关系。

· 至少有一个随机分配的小组能够参与研究。

· 自变量（原因）能够作用于被试，能够被改进、控制或操纵。

· 所导致的因变量（结果）能够在被试身上得到测量。

【①弗林克尔·瓦伦.教育研究的设计与评估［M］.蔡永红，等，译.北京：华夏出版社，2004：265.②查尔斯.教育研究导论［M］.张莉莉，等，译.北京：中国轻工业出版社，2003：270–274.③林崇德.小学生运算思维品质培养的实验研究［J］.教育研究，1983（10）.④威廉·维尔斯曼.教育研究方法导论［M］.袁振国，等，译.北京：教育科学出版社，1997：142–143.⑤裴娣娜.教育研究方法导论［M］.合肥：安徽教育出版社，2000：298.】

范例11.2：

教育实验研究报告：一项学校内的研究

即使是最难以在学校里开展的研究类型（准实验研究）也可以在正在进行的学校活动或者任务环境下进行。

迪莫瑞尔的研究是在加利福尼亚旧金山附近的一所公立小学中的为有学习障碍者提供的特殊班级中完成的。迪莫瑞尔小姐做了这样的假设：对于那些具有学习障碍的男生，如果给予他们一些系统的放松训练的话，他们会比那些没有经过这种训练的学习障碍者表现出较少的注意力缺乏行为。

迪莫瑞尔小姐选择了一种现成的研究工具，并且对其进行了修改。她从一份用来评价注意力缺乏程度的含 60 道题的测评表中选出 25 道题（每道题代表一种行为）。她所选出来的这 25 道题都和注意力缺乏行为直接相关。基于该学生先前所做的观察，她给每道题的分值定在 0~4 分，如果得分为 0，就说明从来没有观察到该种行为，如果得分为 4 的话，就说明所观察到的该种行为发生的频率非常高，已经很严重地影响到了学生的学习。

开学三周后，迪莫瑞尔小姐和她的助手独立地为 18 名学生填写了评定量表。这些分数提供了评价学生注意力进步情况的基础，同时，也为引入处理之前对两个组进行匹配奠定了基础。

由于学生们大约每天有一小时被分配到资料室（也就是迪莫瑞尔小姐上课的地方），并且分成两组到四组，再加上他们的课程时间安排是早已经确定好了的，因此，无法对他们进行随机分配。但是，迪莫瑞尔小姐却可以将他们按照注意力缺乏的程度和年级水平在各个组之间进行匹配。该课堂上包括了来自一年级到六年级的学生。被选入实验组的学生在长达四周的时间里，会定期接受一种放松训练（第一阶段），在这个阶段以后，迪莫瑞尔小姐以及她的助手会再次独立地评定这 18 名学生。这时候，对两个组的比较可以初步检验她所做的假设。接下来，让实验组的同学继续在下一个四周的时间里接受放松训练，并且同时在这四周的时间里开始对比较组的同学也进行放松训练（第二阶段）。这样做可以允许进行其他的比较，并且可以避免使某个组被排除在某种有益的训练之外的伦理问题。在这个阶段结束的时候，迪莫瑞尔小姐和她的助手再次独立地对这些学生进行评定。该研究的实验设计可以参见表 11–4。

表 11–4　迪莫瑞尔所做研究的实验设计

组别	第一阶段	第二阶段
第一组	O M X_1 O	X_1 O
第二组	O M O	X_1 O

结果表明，在第一阶段以后，实验组的情况有所恶化（有更多的注意力缺乏行为——和假设的相反），而比较组却没有多少变化。在第二阶段结束时，两个组的分数都保持在第一阶段结束时的水平。对不同的亚组进行进一步的分析（每个亚组在不同的时间段内得到指导）表明：只接受四个星期的训练的那些亚组并没有什么变化。

在那些接受了八个星期的放松训练的三个亚组中，有两个亚组的注意力离开任务的行为有显著下降，而另外一个亚组的注意分散行为却有明显的上升。对后一种情况的解释很明确，在放松训练开始之前，一名被分配到资料室的学生对该亚组中的其他学生产生了一种破坏性行为的影响，而这名学生所造成的影响是该放松训练无法抗衡的。

这个研究说明了，我们是如何在真实的学校环境中研究一些重要问题的并得出一些尽管是尝试性的，但却是有用的，并对教育实践具有一定的启示意义的结果。

和其他的研究一样，这个研究也有自己的局限性。首先，迪莫瑞尔小姐和她的助手在前测中的一致性并不充分，因此需要进一步的讨论，并且对差异进行调和，这一点使得前测分数让人觉得有些可疑。但是，后测中的一致性却是很令人满意的（r>0.80）。

第二个局限表现在比较组无法在前测的基础上进行精确的匹配，因为控制组在两个极端都有更多的学生。虽然没有哪个组在初始状态中，在总体上表现出更多的注意力缺乏行为，但是，这种差异以及其他被试特征方面的未控制的差异也可以解释两组被试在研究结果上的差异。最后，实施者（迪莫瑞尔小姐）同时也是评价者的事实当然会影响到对学生的评定结果。之所以没有发生这样的现象主要是因为提供了这样一个事实，即：迪莫瑞尔小组给原始实验组的第二阶段的评分高于（与其假设相反）在第一阶段中的评分。在研究过程中，无法获得分数的再测信度证据。而效度的证据依赖于独立评定者之间的一致性。将研究结果推广到超出这个组的学生或者他们的老师（迪莫瑞尔小姐）的范围之外的做法是不合理的。对亚组的分析虽然能给我们很多启发，但是毕竟有些马后炮的嫌疑，因此，该研究结果在很大程度上是尝试性的。

尽管有上述这些局限，该研究还是表明：放松训练如果开展的时间足够长的话，至少对于一些学生来说是很有价值的。当然，我们也应该鼓励其他一些老师对这个研究进行重复检验。对于该教师来说，该研究还阐明了她的班级中每个亚小组的动力过程。

老师或者其他可以开展（我们建议应该开展）一些类似我们所总结的这些研究。正如前面所提到过的一样，在教育领域，还有很多我们知之不多的东西。还有很多问题没有找到答案，我们还需要更多的信息。老师、咨询师以及学校的管理者都能够帮我们提供这类信息。我们希望，你会是其中的一个。

【①弗林克尔·瓦伦.教育研究的设计与评估［M］.蔡永红等，译.北京：华夏出版社，2004：585-586.②查尔斯.教育研究导论［M］.张莉莉等，译.北京：中国轻工业出版社，2003：277.】

思考题

一、什么是教育实验法?

二、为什么要进行实验设计?

三、教育实验分几个阶段来实施?

四、举例说明教育实验的主要设计方法。

五、一个好的测量指标应具备哪些条件?

六、对自变量的控制应注意哪些问题?

七、实验中规定操作定义有什么好处?

八、简述教育实验控制的意义和主要措施。

拓展阅读

［1］Gubrium，Jaber F.，James A.Holstein.The New Language of Qualitive Method［M］.New York：Oxford University Press，1997.

［2］弗林克尔·瓦伦.教育研究的设计与评估［M］.蔡永红，等，译.北京：华夏出版社，2004.

［3］查尔斯.教育研究导论［M］.张莉莉，等，译.北京：中国轻工业出版社，2003.

［4］高尔，等.教育研究方法：实用指南［M］.屈书杰，等，译.5版.北京：北京大学出版社，2007.

［5］孟庆茂.教育科学研究方法［M］.北京：国家开放大学出版社，2001.

［6］郑金洲，等.学校教育研究方法［M］.北京：教育科学出版社，2003.

［7］李方.现代教育研究方法［M］.广州：广东高等教育出版社，2004.
［8］杨丽珠，等.心理与教育科学研究方法［M］.北京：中国人民大学出版社，2018.
［9］杨国枢，等.社会及行动科学研究法［M］.台北：东华书局，1978.
［10］袁振国.教育研究方法［M］.北京：高等教育出版社，2000.

自我反思建议

认真回想：这里的实验设计，你都理解了吗？研究报告和实验设计报告都看懂了吗？

教育研究中，实验是必要的。因为，因果关系是教育关系中必须判定的，也是生活中的最重要关系之一。而且，对于新思想、新理论的实践性相应通过一定的研究去检验，离不开相应的方法。那么，实验中都有哪些变量？如何操作？如何测量？如何控制？实验设计的模式有哪些？适用性分别如何？根植知识之树，方得喜上枝头。

第十二章　如何做教育个案研究：教育个案研究法

学习导航

教育个案研究法是根据一定的理论，使用教育个案探析教育现象的意义，提出解决教育问题的对策的一种教育研究方法，它一般用于探索难于从所处情境中分离出来的现象时应用。其中，个案也就是个体，能成为唯一研究对象。可见，教育个案研究对个案一定是极讲究的。教育个案通常是一个人（学生、教师、教育行政人员）、一个小组、一个班级、一个社团、一所学校、一个学区、一堂课、一次活动或者一次事件等。已经学习了教育观察法、教育调查法、教育实验法，还要学习此法，原因在于它“独特的魅力”：从复杂的现象中发现意义，厘清（因果）关系，揭示更科学、更合适的解决问题的策略和对策。本章将帮助你认识教育个案研究法的概念、类型，还有如何设计教育个案研究，以及教育个案研究的步骤和撰写研究报告等方面的内容。如何设计一次科学、有效的教育个案研究？教育个案研究中需要具体掌握些什么技术？这将是本章学习过程中需要牢牢把握的核心。

学习目标

1. 了解教育个案研究的特点和分类。
2. 理解教育个案研究的评价标准。
3. 掌握教育个案研究、教育个案研究法、描述性教育个案研究、解释性教育个案研究、探索性教育个案研究等含义。
4. 掌握教育个案资料收集和分析的基本技术。
5. 独立进行教育个案研究的设计。
6. 基本独立完成简单教育个案研究。
7. 熟读案例分析和思想资源，建构教育个案研究法的理论。
8. 独立完成案例和范例的分析。

第一节　认识教育个案研究法

观点与原理

1.个案，也被称为案例，是对真实情境的一种描述性记录。这里的情境是含有一定意义的一种社会现象。它是一个“有界限的系统”，可能是一个个体、场域、事件、行动、问题或文件资料储存库等。教育研究中的个案，通常是一个人（学生、教师、教育行政人员）、一个小组、一个班级、一个社团、一所学校、一个学区、一堂课、一次活动或者一件事、一次事件等。

2. 教育个案研究法是根据一定的理论，使用教育个案探析教育现象的意义，提出解决教育问题的对策的一种教育研究方法，它一般用于探索难以从所处情境中分离出来的现象时应用。

3. 教育个案研究法的适宜条件。它最适合于：研究的问题类型是“怎么样”和“为什么”，研究的对象是目前正在发生的事件，研究者对于当前正在发生的事件不能控制或极少能控制。

4. 教育个案研究类型：根据同一个研究中个案数量，可分为单教育个案研究与多教育个案研究；根据研究目的，可分为描述性教育个案研究、解释性教育个案研究和探索性教育个案研究。

5. 描述性个案研究，就是在许多个案研究中，研究者的主要目的是为了清楚地、完整地深描并概念化某个教育现象，使读者能够认识到该情景中固有的意义和意图。解释性个案研究，就是解释某些特定的现象，研究者试图从某个个案或某些个案中寻找模式。探索性个案研究目的在于定义将要研究（不一定是个案研究）的问题或假设，或判断预定研究方案的可行性。

6. 单个案研究只关注一个个案，而多个案研究是在同一研究中包括两个或多个个案。

7. 教育个案研究有五种功能，描述功能——一个变量或一组变量的现实状况，解释功能——变量之间的关系，列示功能——明确呈现个案的主题，探索功能——试图通过个案构建发现其中变量之间因果联系，元评估功能——对个案中对对象所做评价的评价。

8. 教育个案研究有四个主要特点：①通过专注于具体的事例或个案来研究某一现象。②对每个个案的深入研究。③在自然情境下研究某一现象。④包含研究者视角（他位视角）和参与者视角（本位视角）双重视角。当然，它也有自身的局限性，比如，样本很小，要运用多种研究方法和多种研究工具收集资料，阐述现象与意义关联的客观性。

典型案例解读

案例 12.1：

一个性格懦弱学生的研究（同案例 9.1）

这是一位教师参与观察的札记。

班上的陈 × 同学平时只要遇到不开心的事，无论事情大小，总会一个人藏在角落里号啕大哭。……感到同情之余我决定以陈 × 为个案研究这类学生的情绪问题，后来我又听到其他老师也注意到班里有几个类似陈 × 的同学，这更激发了我的研究热情。

接下来，通过调查得知……而且据我的查阅，陈 × 的学习成绩呈下降趋势，同学们都说陈性情很古怪。我意识到对这类儿童研究的重要性，决定参与陈 × 的课外生活，以便搜集资料，探讨这类学生的性格特点；另一方面，通过积极的引导，希望同学们对陈 × 改变态度，给予更多的关心。

我每次活动之后都要追忆活动的情景和陈 × 的表现，并作详细的记录。这种近距离的接触持续了半年之久，我始终没有向同学们表示自己在观察他们，更没有表现出丝毫有意干预学生活动的迹象，整个观察都是在不知不觉、其乐融融的气氛中进行的。通过整理 10 次的观察材料……

从此之后，同学们不再嘲笑陈 ×，而是接纳他，陈 × 的情绪有了改变，与同学和谐相处，学习成绩也有很大提高。看着陈 × 的茁壮成长，想着这一年来参与观察的经历，我热血沸腾，如果没有自己果敢的研究，陈 × 仍在痛苦泥潭中不能自拔。我要继续这样的观察。

案例分析

首先，我们来明确一点，我们教学使用和研究使用的案例，都是对真实情境的一种描述性记录。这里的情境是含有一定意义的一种社会现象。它是一个有界限的系统，可能是一个个体、场域、事件、行动、问题或文件资料储存库等。教育研究中的个案，通常是一个人（学生、教师、教育行政人员）、一个班级、一所学校、一个学区、一堂课、一次活动或者一次事件等。进而，教育个案研究方法是使用教育个案研究教育问题、教育现象的一种教育研究方法，它一般用于探索难以从所处情境中分离出来的现象时应用。

本案例中，教师对陈 × 的研究为什么描述了很多现象？“他的文具盒被同桌不小心摔在地上”“久而久之就养成”“他便退出比赛躲到操场旁边的角落失声痛哭”“追忆活动的情景和陈 × 的表现”。这样表达的用意何在。我们不妨试着问自己几个问题：不这样做，可以不可以？这取决于现象有无教育意义。这些教育意义与陈某的问题解决是否不可分离？难道就找不到其他更合适的解决问题的科学研究方法？这些问题的答案就是，真正揭示陈 × 的问题及其原因和主要矛盾、矛盾的主要方面，教育个案研究方法是最佳选择。这也是其独特的“魅力”所在。教育个案研究法的适宜条件。它最适合于：研究的问题类型是“怎么样”和“为什么”，研究的对象是目前正在发生的事件，研究者对于当前正在发生的事件不能控制或极少能控制。正如前面看到的“石狮子”“儿童智慧”“王小刚辍学”“科尔曼的青少年社会”等个案所展现的，研究对象和主体和情景融为了一体。事实上，无论我们研究什么主题，抽象出研究的问题或者现象都有其存在的前提，无论用什么教育研究方法，都要对研究对象存在的前提或背景或情境进行明辨和确认。这也是我们看到的所有教育研究报告都有前言的道理所在。

本案例所呈现的只有一个个案，那么是不是可以一次呈现多个个案？可以。前面第四章里，我们学习了，分类标准就是事物的构成因子、变量，教育个案研究可以根据一次呈现的个案的数量，将其划分为单个案研究和多个案研究。单个案研究只关注一个个案，而多个案研究在同一研究中包括两个或多个个案。不过，这不是多个完全不一样的个案。多个个案应当加以选择以便能相互复制——或是预测类似结果（逐项复制）或者对照结果分析原因（差别复制）。

此外，教育个案研究也可以根据研究目的这一变量，划分为描述性个案研究、解释性个案研究、探索性个案研究。描述性个案研究，就是在许多个案研究中，研究者的主要目的是清楚地、完整地描绘并概念化某个教育现象。这些个案研究通常对现象进行深描，即对情景和环境进行再现式的一系列陈述，通过这些陈述，读者能够认识到该情景中固有的意义和意图。解释性个案研究，就是某些个案研究的目的是解释某些特定的现象。研究者试图从某个个案或某些个案中寻找模式。如果一个事物变化会引起另一个事物变化，这就被称为因果模式。如果原因一方不能确定，那就被称为关系模式。探索性个案研究（无论以单个案研究或多个案研究为基础）目的在于定义将要研究（不一定是个案研究）的问题或假设，或判断预定研究方案的可行性。

案例向我们说明了陈 × 的现实状况——“在家庭离异和父母关系不和家庭的儿童对家庭是非常敏感的，同学之间一旦谈话中牵涉到家庭的话题，这类儿童就会联想到自己的遭遇，情绪就会大变，而这种情绪得不到同学的理解，长期压抑就会导致儿童孤僻脆弱的性格。”解释了其成因——“不再满足于探讨这类儿童情绪易变的原因”，并且也介绍了解决办法——“从此之后，同学们不再嘲笑陈×，而是接纳他，陈×的情绪有了改变，与同学和谐相处，学习成绩也有很大提高。”由此可见，教育个案研究具有多项功能。一般地，教育个案研究最重要的用途是解释现实生活中各种因素之间假定存在的联系，这种联系是如此复杂，以至于用实验或调查都无法解释。用评估学的术语来说，就是解释某一方案的实施过程与方案实施效果之间的联系。个案研究的第二种用途，是描述某一刺激及其所处的现实生活场景。个案研究的第三种用途，是以描述的形式列示某一评估活动中的一些主题。个案研究的第四种用途，是在因果关系不够明显、因果联系复杂多变时，对其进行探索。个案研究的第五种用途，是进行元评估，即对某一评估活动本身进行再评估。在这一系列叙述中，研究者也告诉读者他同时扮演着两个角色，这就让他能够有双重视角：本位视角和他位视角，更有利于准备、收集、分析、构建、研究个案：陈×。

最后，从这个个案研究中，你还获得了什么教育启示？

第二节　教育个案研究设计

观点与原理

1. 教育个案研究设计的类型主要有单教育个案研究设计与多教育个案研究设计。其中，单教育个案研究设计又根据个案的特征分为批驳、极端、典型、启示、纵向五种情况；多教育个案研究设计的多个教育个案需要遵从复制法则。比如，优秀教师研究、学生品德研究、一种社会行为的表现和其影响的研究，教育研究定义个案、教育研究方法定义个案、三个问卷指导语等。总体的设计建议是尽可能使用多教育个案研究设计、保持开放的研究心态。

2. 研究设计还要考虑整体性教育个案研究设计或嵌入性教育个案研究设计。整体性教育个案是只有一个分析单位的个案，比如对一个人或者一个班级的个案研究，分析这个人或者班级的发展现状。而嵌入性教育个案是有一个主分析单位之外，还有其他分析单位来加强说明个案的情况或背景，比如对一个班级的发展状况研究中，增加该班级与其他班级在学习、生活等方面的交往情况，就是以嵌入性分析单位——来说明学校文化或者学校管理的情况；嵌入式单个案例研究一个学校，除关注学校的整体性外，亦将研究焦点置于学校的各处室。结合上一节教育个案研究的分类，综合来看，教育个案研究可以分为 2×2×3 矩阵型的 12 种类型，如解释性嵌入式单个案研究。

3. 教育个案研究的步骤有三：设计（含以下 4，5，6，7 点）、准备（含以下 8，9 点）和实施（含以下 10~18 点）。

4. 教育个案研究设计内容包括要研究的问题、理论假设、分析单位、连接数据与假设的逻辑、解释研究结果的标准。其中，案例研究的对象是单个的个人，单个的个人就是分析的最基本单位。个人分析单位也可以是比个人、个体更难以界定的事件或实体。如研究一所大学在一个城市中的作用，分析单位可以是一个大学，可以是大学在当地的社会服务。一般的指导原则是，你对分析单位以及个案的尝试性界定，是与你对所要研究的问题类型的界定联系在一起的。

5. 教育个案研究设计阶段中理论的作用体现在两个方面：构建、归纳。全过程上，理论主要体现在：选择要研究的案例，无论接下来是对单案例还是对多案例进行设计；当进行探索性案例研究时，确定正在探究的对象；当进行描述性案例研究时，定义完整适当的描述方法；当进行解释性案例研究时，提出相互竞争的理论；归纳出可以推广到其他案例的结论。

6. 教育个案研究中使用的理论，主要是个人理论、群体理论、组织理论、社会理论等类型中的一个或者多个组合的理论。

7. 教育个案研究中理论的归纳为分析性归纳—— 实证结果与理论的对照。

8. 教育个案研究的准备包括教育个案研究者的技能、特定训练、拟订方案、筛选个案、试验性研究。其中，研究者技能主要有心理技能（心理调适、共情心理）和研究技能（思维技能、工具使用技能）。

9. 教育个案研究方案中，要容纳对项目进行审查和评估、实地调查程序、需要研究的问题、指导撰写报告等几项。

10. 教育个案研究的实施分三步：收集资料、证据分析、撰写报告。

11. 资料收集必须遵守三个原则，使用多种证据来源的原则，建立教育个案研究数据库的原则，组成一系列证据链的原则。也就是，全面收集教育个案资料，包括文献、档案记录、采访、直接观察、参与性观察、实物，并分项编码建设数据库，使各种资料之间相互参证，保证教育个案的完整性、系统性、深刻性等。

12. 资料分析可运用依据理论的命题和/或发展个案的描述结构的策略。

13. 资料的分析有七种模式，分别是类型对比、建立解释、时间序列分析、程序逻辑模式、分析嵌入式子单位、重复观察、实施个案调查（详见案例分析和第十五章）。

14. 一般地，教育个案研究报告由导言、正文和结论三部分构成，“正文”的具体构成是陈述研究设计、研究方法、研究过程、收集的数据，对数据的分析与讨论，指明并论证结论。在结构上，它与教育调查研究报告、教育观察研究报告、教育实验研究报告是相同的。

15. 撰写教育个案研究报告要审视三个取向：科学、理论、需求，重点围绕其中一个取向展开论述。并且，要反复思考何时开始、如何开始。

16. 撰写教育个案研究报告可以使用六种例证性结构（参见案例分析）。

17. 具体地，撰写教育个案研究报告，首先，确定报告的读者（学术界同事、政策制定者、特殊群体、研究资助者），选择实名或匿名的方式；其次要安排好写作结构，必须遵循一定程序；再次，要坚持反复检核初稿；最后，完结稿子。

18. 撰写教育个案研究报告，还需注意：尽早动笔写下教育个案研究的某些部分、不需要遵循固定的格式、需要注意锻炼写作能力。

典型案例解读

案例 12.2：

义务教育学校标准化建设的问题及其方法论思考
——基于X省三个县（市）的调研（节选）

摘要：对于义务教育学校标准化建设聚焦两个问题：一是从“标准建构”与“标准建

设”的二维框架看，义务教育学校标准化建设存在哪些问题；二是标准化建设需要坚持何种工作方法论。基于×省三个县（市）的调研发现，办学标准本身存在不相一致、不符实际和不够具体的问题，标准化建设也存在超标与低标不均衡、硬件与软件不协调、配备与维护不一贯、县管与镇管不统一、标准与特色不平衡、手段与目的易混淆等问题。这些发现表明了区分“标准”与“建设”的必要，以及追问“标准的标准”和“建设的方式”的价值。标准化建设工作的优化，须思考更高层次的工作方法论问题。结合科学主义和经验主义工作方法论的优势与不足来看，基于实践理性的实事求是方法论更值得坚持。它要求当前的标准化建设，应致力于工作性质的明确、标准尺度的完善、建设策略的转换与推进重点的把握。

一、问题提出

20 世纪 90 年代以来，标准化建设一直是推动义务教育学校发展的重要政策举措。国家先后印发《农村普通中小学建设标准》和《城市普通中小学校校舍建筑标准》，并将它们进一步统一为《普通中小学校建设标准》。《国家中长期教育改革和发展规划纲要（2010—2020年）》明确提出“推进义务教育学校标准化建设”。为落实该要求，2012 年，《国务院关于深入推进义务教育均衡发展的意见》着重对农村中小学校的标准化建设做出规定。2015 年，《国家标准化体系建设发展规划（2016—2020 年）》也提出加快城乡义务教育公办学校标准化建设。

对于义务教育学校标准化建设的必要性，研究领域也有着广泛共识。相应地，大多数研究都聚焦于“如何做”，关注怎样推进义务教育学校标准化建设。这些研究具有两个特征：一是分析框架上，以管理层级或建设领域为研究内容的切入点。就管理层级而言，相关研究从国家、省（市）和县（市、区）等不同层面，讨论了义务教育学校标准化建设的进程、现状、成效、不足、趋势与路径等问题。值得注意的是，尽管不同研究分别考察了不同管理层级的问题，但却缺乏有意识地将它们综合起来的系统研究。就建设领域而言，相关研究或关注偏硬件的办学条件，或侧重教师编制与教师队伍质量标准，或综合考虑了人、财、物，或讨论了班级规模和农村寄宿制学校、民办学校标准化建设问题。这些研究很大程度上考虑了不同管理层级的职能及其相互关系。不过，它们与管理层级框架的研究又都存在一个共同的不足——没有在“标准建构”与“标准建设”之间做出明确区分。事实上，标准化建设工作中的问题，有的源于标准本身的欠缺，有的则是因为落实工作不到位。

既有研究的另一个特征是，分析层次上更关注具体内容，较少思考义务教育学校标准化建设的方法论问题。与教育管理研究一样，教育管理工作也存在“方法论、方式与方法”层次体系。尽管既有研究有的强调科学理性，有的突出行政路径，有的重视经验总结与经验参照，但它们都没有明确从工作方法论层面，讨论义务教育学校标准化建设的相关问题。对于具体内容的关注，凸显了研究的针对性与实用性，却也容易陷入细微繁复中，不能从更高的思考层次把握义务教育学校标准化建设的方向与进路。

基于上述政策背景与研究状况，本研究形成了两个研究问题：其一，从“标准建构”与“标准建设”的二维框架看，当前的义务教育学校标准化建设工作存在哪些问题？其二，在更高层次上看，义务教育学校标准化建设过程中需要坚持什么样的工作方法论？

二、研究方法

本研究主要探究“怎么样”的问题，在方法上选择了相对更适合的案例研究法。

（一）案例对象

研究选择义务教育学校标准化建设的责任主体—县（市、区）—作为案例对象。同时，为了收集更多信息与资料，研究采用了多重案例法。由于目前尚没有综合性的义务教育学校办学国家标准，既有办学标准主要由各省（市）自主研制，不同省份的县（市、区）之间的标准化建设工作缺乏统一性与可比性，本研究选择了华东地区×省内部的A、B、C三个县（市）。

×省为教育发达省份，在省级层面推进标准化建设工作上起步较早，并于2015年从学校设置、校园建设、教育装备、教师队伍、教育教学、学校管理、质量保障、经费保障八个方面，在国内率先对义务教育学校办学标准做出全面的、体系化的规定。本研究所考察的即是这套标准及其落实过程中的相关问题。×省在地理位置上分为南部、中部和北部三个地区；经济社会发展水平上，南部最好，中部次之，北部相对最弱。A、B、C三个县（市）分别位于这三个地区，能够在一定程度上综合反映×省的情况。2018年度，×省83.17%的学校基本达到省定标准，A市、B市和C县基本达到省定标准学校的比例分别是73.04%、98.81%和96.67%。

A市和B市的调研于2017年11月进行，前者涉及1名教育局局长、1名教育督导室主任、5名教育局科室负责人、9名小学和初中校长的访谈，后者涉及1名教育局副局长、1名教育督导室主任、2名教育局科室负责人、10名小学和初中校长的访谈以及1所学校的实地考察。C县的调研于2018年3月进行，涉及1名主管教育的副县长、3名教育局正副局长、5名教育局科室负责人、11名小学和初中校长，以及4所学校的实地考察。

（二）资料收集与分析

研究资料有三个来源：焦点组访谈、阅读有关文件、实地考察。焦点组访谈是主要来源，研究在A、B、C三县（市）分别组织了一次焦点组访谈，受访人员有如上述，时间为3~3.5小时。每次访谈聚焦三个相同的开放性问题：本地或本校开展义务教育学校标准化建设的基本情况如何？本地或本校义务教育学校标准化建设取得了哪些成就？本地或本校义务教育学校标准化建设有哪些亟待解决的问题？文件来源主要包括《×省义务教育学校办学标准（试行）》（以下称《×省标准》）、2016—2018年度的《×省义务教育学校标准化建设监测报告》（以下称《×省监测报告》）等政策文件和评估报告。实地考察包括5所义务教育学校，主要是为了了解标准化建设的实际情况，对焦点组访谈和文件资料作补充和验证。

资料分析方面，本研究主要运用了持续比较法。这种方法遵循成组、分类和主题化的三步骤过程。首先基于焦点组访谈转录稿、文件资料和观察记录，将原始资料中相近或相似的内容组合为若干关键观点。然后反复对比这些关键观点，以发现新的分类，并为每个分类赋予清晰且相互区分的内涵。这些分类在一轮又一轮的比较中，抽象层次会越来越高。由此，从经验事实到表现形式，从表现形式到“标准”与“建设”两个主题，再到“义务教育学校标准化建设问题”的主题，最后上升到“标准化建设方法论”的讨论。

三、调研结果

几乎所有受访者都认为，义务教育学校标准化建设是必要的，他们提到更多的是建设实践中存在的问题。从“标准建构”与“标准建设”的二维框架看，这些问题有的与办学标准本身的合理性有关，有的与建设工作的力度和深度有关。

（一）不标准的“标准”

1. 标准不相一致

没有标准会失去依据，存在多个不相一致的标准又会导致混乱。调研显示，义务教育学校办学标准不一致问题，主要表现为标准高低、规定口径及表述方式上的不统一。

在标准高低不统一方面，有受访者提到……还有受访者提到……在标准口径不统一方面，有受访者指出……在表述方式不统一方面，有受访者反映……在这位受访者看来，表述差异背后是建设内容与建设要求的模糊或分歧。

《×省标准》由该省教育部门制订并经省政府同意发布，《中小学校设计规范》由住建部主编并发布，编制标准则由编制管理机构确定。可见，义务教育学校办学标准不一致既涉及纵向国标与省标不一致，也涉及横向教育、住建、编制等部门的不一致。在不同标准的效力层次和相互关系未加明确的情况下，会出现“避高就低”的选择问题或“各持一端”的适用难题。一位受访者便指出……

2. 标准不符合实际（略）

无论是评估达标情况，还是发挥引领作用，办学标准都需要符合实际。调研显示，一些办学标准存在与实际不相符合的问题，这主要表现为以下四种情形。

一是欠缺针对性。

二是不符合新情境。

三是实现有难度。

四是考虑欠周全。

3. 标准不够具体（略）

（二）待深化的“建设”

1. 超标与低标现象共存

标准化建设除了解决绝对的底线问题外，还要解决一个相对问题，即防止义务教育学校办学标准差距过大。

受访者多次提到，农村学校与流动人口子女学校是义务教育学校标准化建设的短板。2018 年度的《×省监测报告》指出，全省农村小规模学校标准化建设仍存在办学条件较为薄弱、师资队伍整体素质偏低、课程开设质量不高和教育信息化发展缓慢四个突出不足。关于流动人口子女学校，一位受访者提到……与此同时，受访者还提到……

2. 硬件与软件不相协调

数据所示达成度高或低的指标中，既有软件也有硬件，两者的建设步调大体相近。

不过，受访者的感受与数据显示的情况有所不同。一位校长说……另一位校长也补充说……

3. 配备与使用不能一贯

调研发现，硬件建设上还存在配备与使用不能一贯管理的问题。就政府层面看，三个县（市）的受访者都提到了“管配不管用”的情况。其中一位受访者说……

就学校层面看，又较为普遍地存在“重达标轻实效”的问题。图书配备的问题被多次提及。×省 2018 年农村和城市学校图书装备达标度分别为 89% 和 94%，整体水平较高。不过，一位受访者指出……但也有受访者提到……

4. 县管与镇管缺乏统一

……在此背景下，一些县（市、区）形成了“县镇共管共建”的义务教育学校标准化建设机制。

本次调研中，A、B两县的乡镇或街道财政能力较强，教育体量也大，采用的便是县镇共管共建的机制。调研显示，这种机制有着双重影响：一方面……A县教育局局长说：通过与乡镇和街道签订建设责任书，既减轻了投入压力，更形成了“你追我赶”的竞争氛围。另一方面……B县一位教育局副局长便认为：共管共建不能作为主要机制，还是要以县财政为主，否则会拉大乡镇之间的差距。从调研情况看，各地为快速推进义务教育学校标准化建设工作，更为关注投入压力的缓解，对共管共建下的统一性问题重视不够。

5. 标准与特色或成两歧

如何平衡标准化与特色化，是义务教育学校标准化建设的重点与难点之一……

然而，受访者也反映，标准化有可能造成学校发展的模式化、单一化。有受访者提到：我们曾经想通过独特的建筑和校园设计，体现学校办学理念与特色，但设计方案没能通过审批。现在的审批主要看预算和建筑标准，不太考虑建筑和设施的教育意义。还有一位受访者提到：学校准备开设一门校本课程，需要添置一些设备，但申请没有得到批复。反馈的理由是，不属于常规配置内容。客观地看，标准化是发展前提，学校可以在此基础上通过各有侧重的内涵建设形成自身特色，两者并不冲突。真正的问题是“目标转移”。正如一位受访者所言：当前的标准化建设专注于统一，忽略了统一是为了学校个性化多样发展。

6. 手段与目的易生混淆

调研中，受访者的讨论主要集中在“什么是标准化建设”与“怎样推进标准化”上，较少关注标准化建设与义务教育学校公平且有质量发展的关系。

受访者更多地以“工程观”“个体观”“条件观”看待义务教育学校标准化建设工作……有受访者提出“标准化建设是一种干扰，还是一种促进”的质疑……一位受访者便认为：标准化建设与教育教学质量不能说没有关系，但不能完全匹配，基本上关系不大。

这些观念都是在手段意义上理解标准化建设工作，对目的关注不够，这便容易造成工作的失重与离心。很大程度上，超标与低标现象共存、配备与使用不能一贯等问题的出现，正是因为混淆了手段与目的，将手段视为目的。

四、结论与建议

（一）义务教育学校标准化建设的问题与方法论

……本研究从义务教育学校标准化建设的概念内涵出发，透过“标准建构”与“标准建设”两个维度，也看到了两个不一样的问题。

……

（二）优化义务教育学校标准化建设工作的建议

基于实事求是的工作方法论，针对调研中发现的问题，本研究有如下四个优化当前标准化建设工作的建议。

第一，明确标准化建设工作的“性质”。（略）

第二，完善办学标准的“尺度”。（略）

第三，变“中间策略”为“两端策略”。（略）

最后，要牵住师资配置这个“牛鼻子”。（略）

参考文献：（略）。

【陈学军.义务教育学校标准化建设的问题及其方法论思考——基于×省三个县（市）的调研［J］.教育学报，2021（3）：95-106.】

案例分析

这是一篇学术论文，公开发表的一份教育个案研究报告。从总体上看，教育个案研究报告由导言、正文和结论三部分构成，“正文”的具体构成是陈述研究设计、研究方法、研究过程、收集的数据，对数据的分析与讨论，指明并论证结论。在结构上，它与教育调查研究报告、教育观察研究报告、教育实验研究报告是相同的，相同点就是：都要对教育研究的基本技术、研究设计进行陈述，介绍研究方法及其应用，阐述研究结论。不过，教育个案研究报告在结构上可以使用六种结构：①线性分析式结构。这是一种撰写研究报告的标准结构。子题目顺序遵照研究的问题或项目的顺序，且以对相关文献资料的综述开头；然后应概述所使用的研究方法，从收集和分析的资料中得出了什么成果，以及这些成果的结论和意义。大部分研究者都觉得这种结构很好，甚至认为是最好的——当案例研究的主要读者对象是研究同行们或者论文评审委员时。需要注意的是，这种线性分析式结构对阐释性、描述性和探索性案例研究适用。②比较式结构。比较式结构是把同一个案例重复两次以上，比较对相同案例的不同陈述或解释。重复叙述的目的是要证明这些事实在何种程度上适合某一个模型，而这些重复实际上体现了作者使用的哪一种模型比较恰当。③时间顺序结构。章节的顺序可以根据案例发展早期、中期和末期的时间顺序来安排。这种结构在解释性案例研究中具有重要意义，因为事件的因果顺序必须一件接一件以时间顺序展开。时间顺序都需要克服一个缺陷：即通常对早期事件关注过多，而对后来的事件关注则不足。为了避免这种情况，笔者建议采用时间顺序式结构时，采用倒叙手法起草案例报告。与案例现状有关的章节先写，写完之后再写背景介绍。一旦初稿完成后，再按时间的先后顺序编撰案例研究报告的终稿。④理论建构式结构。这种结构里，章节的顺序依照一些理论构建的逻辑来安排。所谓逻辑，取决于特定题目或理论，但每一章或每一节都应揭示出理论论证的新颖部分。这种结构适用于阐释性和探索性案例研究，这两种研究都涉及理论建构。阐释性案例需要研究因果论证的几个方面；探索性案例则需要论证进一步研究几种假设或命题的价值。⑤悬念式结构。这种结构与前面讲的线性分析式结构正好相反。案例研究的直接“答案”或结果在开头的章节里陈述。剩下的部分——引人入胜的主要部分，则用于解释这种结果的形成，以及后面章节中采用的各种阐释方法。这种结构主要适用于解释性案例研究，因为描述性案例研究并没有十分重要的结果。自如运用这种阐释性结构，通常会创造漂亮的行文结构。⑥无序（混合）结构。无序式结构中章节的顺序并不是特别重要，这种结构通常用于描述性案例研究。通常，读者会改变那本书的章节顺序，但不会改变它的叙述价值。如果运用无序结构，研究者则需要考虑一个问题：对完整性的检查。因此，尽管章节的顺序或许并不重要，但是总体的完整性却很重要。这份报告使用的是常规论证结构——线性分析式结构——一种撰写研究报告的标准结构。

公开发表的学术论文源自于学术生命的成长，其中必然蕴含着教育个案研究报告撰写的三种取向：科学取向、理论取向和需求取向，即期望引起学术界的关注和验证，或深入拓展研究此类问题。

案例还指出，研究者开展的是“多重个案法”。教育个案研究设计有单个案研究设计和多个案研究设计，每种设计又分为整体性设计和嵌入式设计。如图 12-1。

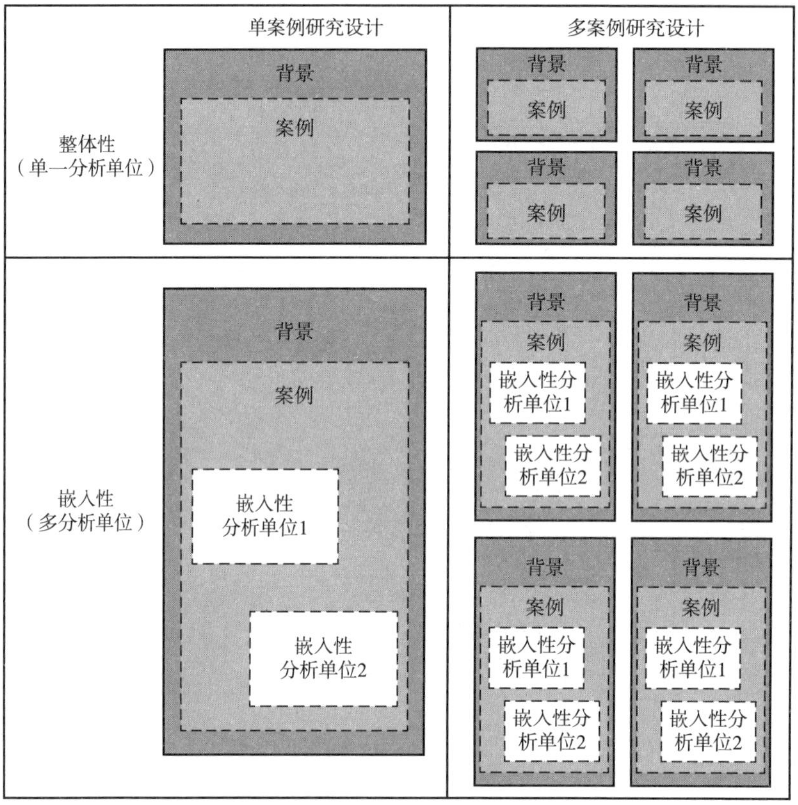

图 12-1　2×2 模型

研究资料有三个来源：焦点组访谈、阅读有关文件、实地考察。焦点组访谈是主要来源，说明及原理研究中需要收集多种资料。之所以如此，原因在于构建证据链。一般地，资料可分为六大类，分别是文献、档案记录、采访、直接观察、参与性观察、实物。收集多种资料在于满足收集资料必须遵循的基本原则，保证研究的内在和外在效度。三条原则对所有的证据来源都适用，如果认真遵循，将有助于解决确保个案研究资料的信度和效度难题。原则 1：使用多种证据来源。好的个案研究应尽量通过多种渠道采集资料。此外，相对于其他研究方法，如教育实验法、教育调查法和历史研究法，个案研究通过多种方式采集资料更为必要。当然，每种来源采集资料方法都应在使用中灵活调整、组合，运用多种策略，综合使用多种渠道来收集证据。在个案研究中，使用多种来源的资料有利于研究者全方位地考察问题——历史的、态度的、行为的，但其最大的优点在于相互印证，也就是证据三角形，包括四种类型的证据三角形：不同证据来源（资料三角形）、不同的评估员（研究者三角形）、同一资料集合的不同维度（理论三角形）、各种不同方法（方法论的三角形）。原则 2：建立个案研究数据库。其他方法收集的资料通常分为彼此独立的两类：资料和证据库、研究者的报告（以文章、报告或著作的形式呈现）。随着计算机技术的发展，这两类资料的区分更为明显。很多个案研究缺少正式的数据库，这是个案研究存在的最大不足。弥补的方法技术很多，首先，你必须意识到建立数据库的必要性，并且乐意为此花费额外的资源。同时，有了完备的数据库并不意味着个案研究报告不再需要呈现充分的资料，每份报告依然应包含足够的证据，读者从这样的个案研究报告中才能独立地推导出结论。我们建议从四个方面入手建立个案研究数据库：记录、文献、图表材料、描述。原则 3：组成一系列证据链。如图 12-2 所示。另一个需要遵循的原则是组成一系列证据链，以增强个案研究中证据的信度。首先，报告应该对个案研究中数据库的有关部分做充分的引用，包括引用具体的文献、访谈或观察记录。第二，数据库经过检验，应反映事实，指明这些资料是在什么样的情况下收集的，比如，访谈的时间和地点。第三，这些情况应与个案研究方案中具体的步骤和问题一致，从而体现资料的采集遵循了方案中规定的步骤。最后，审阅方案须确保充分体现了相关内容与最初问题之间的联系。由此，就能够从个案研究过程的一个部分转移到另一部分，方法论步骤与支持结论的证据之间具有明确的相互参照关系。这就是希望最终建立起来的完整“证据链”。

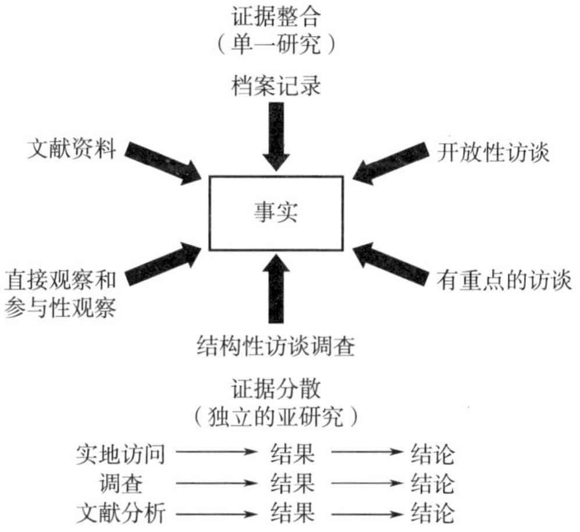

图 12-2　多种数据来源整合与分散

案例中，“问题提出”“本研究形成了两个研究问题”“研究方法”“案例对象”“资料收集与分析”“研究资料有三个来源”“本研究主要运用了持续比较法[①]”“‘标准’与‘建设’两个主题”和“调研结果”指明了，教育个案研究的基本步骤：设计、准备、实施和总结。同时，也具体阐明了教育个案研究报告要呈现给学术界的内容构成。

这个案例中，研究者使用了“持续比较法”分析资料，说明分析资料必有其法。当代教育个案研究更加重视资料分析，分析资料要讲究策略，综合使用多种分析方法。

1. 资料分析主要有三种策略

（1）依据理论观点　首要的也是最受欢迎的策略是遵循个案研究的理论假设。个案研究的初衷和方案设计都是以理论假设为基础，而该理论假设反过来会帮助你提出一系列问题，指导你检索已有的文献，以及产生新的假设与理论。一般来说，在提出理论假设后，你通常会根据理论假设来制订资料收集方案，并据此选择合适的证据分析策略。理论假设有助于你组织整个的个案研究进程，帮你提出其他可能的解释并对之进行检验。有关因果关系的

① 持续比较法：草根理论的一个构成部分，就是说观察之间相互比较，并将观察和建构中的归纳理论进行比较。

理论假设，即对“怎么样”和“为什么”一类问题的回答，对指导个案研究的分析过程尤其有用。

（2）确立和检验竞争性解释　这种策略可以与第一种联系起来，因为上述的理论假设可能包括了竞争性假设。然而即使没有这样的竞争性假设，也可以选用这种策略，而且对个案研究评估大有用处（表12–1）。

表12–1　对不同类型竞争性解释的简要描述

竞争性解释的类型	描述或实例
技术方面的竞争性解释	
1.零假设	仅在偶然的外界条件下观察到的特定的结果
2.效度干扰	如：历史记录、成熟程度、不稳定性、测试、工具（仪器）、衰退（回归）、选择、实验失败、择优互动
3.研究者的偏见	如：“实验者影响”；实地调查中的互动效应
实际生活中的竞争性解释	
1. 直接的竞争性解释（实践或政策）	用目标因素（怀疑对象 1）之外的其他因素（怀疑对象 2）来解释结果（“这是管家干的。”）
2. 混合的竞争性解释（实践与政策）	用目标干预和其他干预一同来解释结果（“它不仅仅是我。”）
3. 实施中的竞争性解释	用实施中的过程性因素而不是实质性因素来解释结果（“我们做对了吗？”）
4. 竞争性理论	不采用最初的理论假设，而用其他的理论来解释结果（“这才是最基本的，我亲爱的沃特。”）
5. 超级竞争性解释	用更大、上一层级的因素来解释结果（“它比我们俩都大。”）
6. 社会的竞争性解释	用社会趋势而不是其他因素去解释结果（“时代处于变化中。”）

如果分析资料时能考虑并且一一验证、排除竞争性解释，那么所得的结论就会更有说服力和解释力。

（3）为个案研究开发一个描述性框架　这一策略不像利用理论假设和竞争性解释两种策略那样常用，但如果运用前两种策略有困难时，不妨采用这一策略。有时候，个案研究的最初目的本来就是描述性的。在另外一些情况下，个案研究的最初目的也可能不是描述性的，但描述策略或许有助于确定需要分析的适切的因果联系，甚至有利于开展定量分析。材料所示个案，旨在研究加利福尼亚的奥克兰地区推行、实施公共服务政策的复杂性。研究者认为，这种复杂性可以描述成确保成功实施公共服务政策的多种决定。这类描述随后可以发展为列举、列表表述决定多元性的量化资料。

因此，要确立一个总的证据分析策略，以降低潜在的分析难度。策略建立的基础可以是理论观点，竞争性解释，或是描述性框架。如果没有这样的策略，就不得不玩“资料游戏”，先对资料做一些初步处理，搞清楚哪些资料值得分析，怎样进行分析，然后才能对证据分析有较为系统的认识。

2. 在一个选定的总体分析策略下还要使用以下五种具体的分析技术

五种技术为高质量的个案研究奠定了坚实的基础（模式匹配、建构性解释、时序分析、逻辑模型与跨个案聚类分析）。一项研究可能会用到所有这五种技术，如果某项研究包含多个个案，还可以运用类似的复制法则（从而获得更高的外在效度）。每一个个案都还要考虑到相反的观点和可能破坏内在效度的因素，并进行比较对照。

（1）模式匹配　遵循模式匹配逻辑是最值得提倡的技术。这种逻辑将建立在实证基础上的模式与建立在预测（或几种可能的预测）基础上的模式相匹配。如果这些模式相互之间达成一致，个案研究结论的内在效度会更理想。如果个案研究是解释性的，模式可能与研究中的因变量或自变量（或两者）相关。如果研究是描述性的，模式匹配依然能发挥作用，只需在资料收集之前确定具体变量的预计形式即可。一个重要的建议是，如果达不到一定的准确度，你就不要预设精妙的模式，这样得出的解释就不容易被推翻。

（2）建构性解释　“解释”一个现象，就是提出一套有关该现象的假定存在的因果关系。这些因果关系与前面提及的竞争性解释中使用的自变量类似。在大多数的研究中，复杂的因果关系难以用一些精确的方式评定。在很多现有个案研究中，建构性解释都是以描述性形式存在的。由于不可能准确，如果解释能反映出一些具有理论意义的观点，则更具意义。需要注意的是，不断地提及最初的目的和可能得出的其他解释，将有助于解决解释的潜在问题。有效使用“解释”技术，还要记住，确立个案研究方案（指明要采集哪些资料），为每个个案建立个案研究数据库（正式采集的整个资料系列，供第三方查阅），形成证据链。

（3）时序分析　与实验及准实验研究中进行的时序分析相类似，时序分析有多种复杂的形式。模式越复杂越精确，时序分析越能为个案研究的结论奠定更坚实的基础。如果在有关的个案研究中运用到时序分析技术，那么研究的基本特征就是找出特定的指标，划分合适的时间段，提出几个事件之间假定存在的因果关系。所有这些在收集资料之前就应明确下来。只有事先对此心中有数，才有可能在短时间内采集到更多相关的资料，不必要的分析则会变得更少。

（4）逻辑模型　逻辑模型是一定时期内各个事件之间复杂而精确的链条。这些事件能展现“原因—结果—原因—结果”的重复与循环，前一阶段的因变量（事件）成为下一个阶段的自变量。运用逻辑模型分析技术，需要将实际观察到的事件与理论预测到的事件相比对。因此从理论上讲，逻辑模型也可以看成模式匹配的一个变式。但鉴于连续性事件的发展阶段各不相同，因而人们亦将逻辑模型看作是模式匹配之外的一种独立分析技术。逻辑模型在实际运用时，要在收集资料之前选定逻辑模型，然后通过考察资料是否支持这个模型而对其进行检验。

（5）跨个案聚类分析　这种技术专门用于多案例研究的分析（前四种技术既可用于单案例研究，也可用于多案例研究）。如果个案研究包括两个以上的案例，此种技术就大有用武之地。无论是把单案例作为独立的课题分别研究，还是作为同一研究预先设计的一部分，都可以进行多案例聚类分析。此外，也有运用这项技术分别研究每个个案的情况。因此，这项技术与其他的综合性研究一样，都是对一系列单个研究的结果进行综合。如果要进行多个单案例研究，此技术就可以贯穿在其他研究综合过程中，或元分析的各种定量研究技术中。而如果案例数目不多，就需要用到其他方法。

多案例聚类分析的一个常用办法是编制文档表格，构建一个总体框架来呈现单案例的资料（包括特征）。补充表格能超越案例的某单一特征，可以在逐个分析每个案例的基础上列举出整体特征。从而，研究就可以探讨不同案例之间是否有某些共同点，有没有哪些案例可以看作同一种类型的案例。从这样的考察中还可以判定这些案例能否再细分小类，也就是去考虑个体案例的类型，这通常会启迪、引出深刻的观点。与仅仅分析单个的特征相比，跨案例聚类分析同时也涵盖了更广泛的对象和特征。运用这种案例聚类分析技术时必须注意，分析跨案例表格的关键是辨别和解释，而不是罗列数字。

无论采用哪种具体的分析策略或技术，必须千方百计地确保分析的质量。一项优秀的社会科学研究中需要注意和坚持四个原则：第一，分析应明示考虑了所有的资料。分析策略，包括建立的相反假设都应当非常详尽，应尽可能多地获得所有可能得到的资料，解释过程也应分析所有的资料，不能有任何纰漏。如果达不到这个标准就有可能忽略一些资料，而这些资料会推导出不同的解释。第二，如果有可能，分析中应当指出所有主要的竞争性解释。如果其他人对研究结果的一点或几点持有不同的解释，就应把这种解释作为竞争性解释进行说明，看是否能找出资料，能得到什么结论。如果找不到资料，那么要考虑是否应指出这个相反结论属当前研究的不足之处，需要在以后的研究中进一步调查。第三，个案分析要清晰地说明个案研究中最有意义的方面。无论是单个案还是多个案研究，如果你重点分析了最重要的问题（最好在个案分析的开始就明确下来），就表明运用了最好的分析技术。如果没有过多讨论次要的问题，分析自然会主次分明，且没有忽略最主要的问题。第四，个案研究中应合理运用自己原有的专业知识。理想的情况是，你对研究领域当前的观点和学术话语非常熟悉。如果你从以前的调查研究与论文中了解到所研究课题的各种情况，则是最好不过了。

结合原理与思想资源，我们可以发现个案研究在教育研究中的比较广泛的应用性。它有如下的优点：①可以对典型个案进行深入细致的个别研究，避免多样本研究的粗糙性。②可以进行纵向的系统跟踪研究，避免横向研究可能产生的偶然性。③可以采用多种研究方法进行研究，比较灵活机动，适合实践工作者运用。

最后一个问题，实际上也是第一个问题，这个个案是怎么做出来的？结合前面的分析和原理与思想资源，找出答案。

思想资源

一、教育个案研究步骤

（一）查尔斯认为，个案研究也可以按照如下步骤来组织和开展

1. 明确地提出研究的目的

例如，“本研究旨在从学生个人的角度，来明确卡特学校天才儿童计划的优点和不足。”目的明确以后，就需要针对目的提出相应的研究问题，因为研究数据的获得必须围绕研究问题展开。我们可以继续将上面的例子深入下去：

· 学生最喜欢计划的哪一部分？为什么？

· 学生最不喜欢计划的哪一部分？为什么？

· 学生的家长如何看待这一计划？

2. 选择个案

这里的个案可能是一个人、一群人、一个程序、一部文献等类似的事物，即那些在该计划或环境中起到重要作用的任何因素或现象。在上面这个研究范例中，个案就是学生詹姆斯。

3. 接近案例及其所在场所的途径

为了能够获得这样的途径，研究者必须做到：

· 确定必须与谁取得联系，以便能够接近案例所在场所（这里的场所指学校、班级、家庭、办公室等等）；

· 确定在接近个案和所在场所的人员时，应当使用什么样的语言（这里的语言指问题、要求、语气、措辞）；

· 明确地指出研究将会带来的益处；

· 确定以哪一种方式与个案和场所中的人士进行接触比较好，是私人拜访、打电话，还是以正式通信的方式；

· 确定需求后，首先考虑一下可能要提出的问题、关注点和研究的对象，并决定如何以最好的方式来解决这些问题。

4. 正式开始研究，获取有关数据

在个案研究中，大部分的数据都是由研究人员本人与个案的近距离接触而直接收集的。当然，测验、问卷和分析等方式也会用到，不过大多数数据都是通过研究人员的直接观察来获取。这些数据通常以符号和记录的方式来表示。与人种学研究相类似的，也体现了这两种研究极为有代表性的地方是，研究者都会让自己与所研究的个案保持密切的联系；同样，新问题也将会在研究过程中不断出现。

5. 分析数据

在个案研究中所获得的某些数据在本质上是定量的，可以进行统计上的分析，或者是不加分析直接陈述。然而，更多的数据在本质上是定性的，包括那些描述观察结果的陈述、判断、解释等等，因此对这些数据可以进行逻辑性分析。逻辑性分析是这样的一个过程，先要确定数据中体现出来的主题和模式，然后对这些模式进行解释。

6. 列出研究成果，并对其进行解释和说明

一旦对数据进行了分析，那么相应地就会得到一定的研究成果。研究人员在提出研究成果的过程中会用到直觉和判断，而这些研究成果在得到详细了解和审查的前提下对现象做出了精确的描绘，如“詹姆斯不喜欢卡特计划中所强调的在合作性小组中工作这一要求。”研究者在列出研究成果和提出其他结论的时候，都获得了证据的支持。

7. 得到研究结论

研究人员在这里所作的研究结论，似乎得到了研究成果的支持。所得到的研究结论应该是更为广泛的，例如可以是“如果卡特学校‘天才教育计划’的主管确定了哪些学生会喜欢并从合作式小组活动中获益，哪些不能，那么该计划将会更有益于学生的发展。”

（二）郑金洲等人认为，个案研究的过程从实际操作程序上可分为下列六个步骤

1. 确定问题性质

问题是什么？必须加以确认及界定。有时候问题性质并不如问题表面上所显示的那么明显易察，因此确认问题性质时，研究者不要“以偏概全”来界定问题性质。

2. 把握问题关键

问题的关键是什么？必须通过资料的收集，从问题的性质中找出相关资料，再加以核对、评估及分析，进而确定问题要解决的答案。

3. 了解问题背景

个案问题的发生有其独特的背景和缘由，实际问题的状况与理论上或理想上的普遍情况不尽相同，其间会有差距。因此研究者必须通过各种渠道了解问题发生的过程、条件，了解个案的内在动机和社会环境等外在因素。

4. 提出解决方案

为了达到解决问题的目的，研究者可以根据过去处理类似问题的经验及方法提出处理意见，也可以采用独特的创新方式，提出解决问题的方案。

5. 付诸行动检验结果

解决问题的方法会有许多，这些方法中哪些富有实效则要在行动过程中加以检验。当解决问题的方法无效或出现新问题时，可以回到前一步骤，重新探究解决问题的方法。就这样不断地循环重复，直至问题的最终解决。

6. 形成最佳决策

研究者在比较评价各种结果的基础上，选择解决问题效果最好的方法形成最佳的研究决策。

以上六个步骤是互相联系的整体，前一步骤是后一步骤的基础，一旦哪个步骤出现问题，可以返回到前一步骤，重新探究。个案问题解决程序见图12–3。

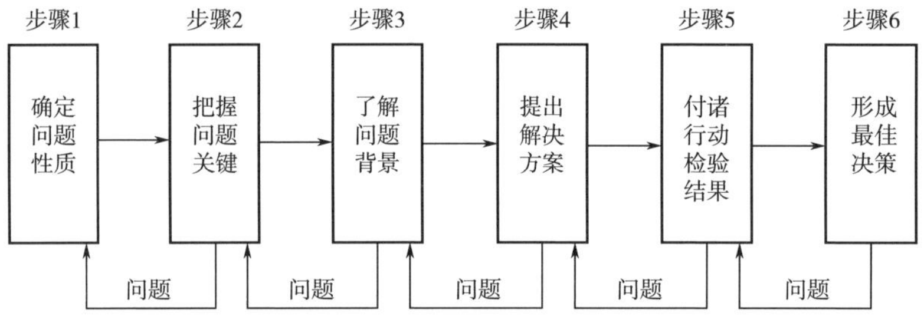

图 12–3　个案问题解决步骤流程

【①查尔斯.教育研究导论［M］.张莉莉，等，译，北京：中国轻工业出版社，2003：224–225. ②郑金洲，等.学校教育研究方法［M］.北京：教育科学出版社，2003：192–193.】

二、教育个案研究者必备的技能

· 优秀的案例研究者应能够提出好的问题，并对答案进行解释。

· 优秀的研究者应该是一个好的倾听者，不会被自己的思维方式和先入之见所束缚。

· 研究者应该具有灵活性、伸缩性，这样他在遇到新问题时，才能化问题为机遇，化挑战为动力。

· 无论进行理论研究还是对策研究，研究者都应该能够时刻牢牢抓住研究问题的本质。只有抓住了问题的本质，研究者才能剔除无关的信息，缩小研究的范围，把整个研究限定在可控制的范围之内。

· 研究者对于要研究的问题不应心存偏见，必须排除一切先入之见或既定看法，即使是有一定理论根据的先入之见，也要完全摒弃。

【罗伯特·K.殷.案例研究设计与方法［M］.周海涛，等，译.3 版.重庆：重庆大学出版社，2004：66–67.】

三、个案研究中的抽样策略（表12-2）

表12-2　定性研究中使用的目的抽样策略

抽样策略	选择的个案
重要特征抽样策略	
1.极端或偏差型个案抽样	（单）表现出高或低两个极端特点的个案
2.强度抽样	（单）表现的特征强度或高或低但不极端的个案
3.典型个案抽样	（单）具有一定代表性的个案
4.最大差异抽样	（多）最大限度覆盖研究现象中各种不同情况的个案
5.分层抽样	（多）表现出事先确定的不同层次特点的个案
6.同质个案抽样	（多）内部成分比较相同的个案
7.目的随机抽样	（多）在可获得总体中经过随机抽样选择的个案
单一特征抽样策略	
8.关键个案抽样	（单）对检验某个理论、项目或其他现象比较关键的个案
9.以理论为基础的抽样或操作性构念抽样	（单）表现出特定理论构念的个案
10.相符或不符个案抽样	（单）能够证实或否定以前的个案研究结果的个案
11.效标抽样	（单）符合某个重要标准的个案
12.重要政治个案抽样	（单）比较著名或具有重要政治意义的个案
突发性抽样策略	
13.机遇式抽样	（单）由于有些情况事先难于预料，研究者在数据收集过程中根据具体情况选择的个案
14.滚雪球或链锁式抽样	（单）由知道他人可能提供相关丰富信息的个体推荐的个案
无依据抽样策略	
15.方便抽样	（单）只因为方便找到而选择的个案

说明："单"指选择单个案研究，"多"指选择多个案研究。

【高尔，等.教育研究方法：实用指南［M］.屈书杰，等，译.5版.北京：北京大学出版社，2007：297.】

四、个案资料的记录方式

个案记录，类似病历记录，个案资料记录方式很多，需要记录的内容也会有很多（表12-3）。

（一）结构描述法

个案A资料记录：

1. 个案名称：个案A

2. 记录方法：结构描述法

3. 个案资料：

早期家庭关系：

1. 父母：父亲事业忙碌，母亲操劳家务无暇与个案A充分沟通及陪伴个案A。

2. 弟弟：个案A有一个相差十岁的弟弟，在心理、情感上无法产生互动。

教育：个案A高三即将毕业，已获得音乐学院入学通知。

年龄：17岁。

社交关系：

1. 同伴：同学眼中的优秀学生，又肯主动帮助同学，与同学相处关系融洽，并与好友组织乐队。

2. 老师：个案A是老师心目中的好学生，对他的期望非常高，但无法了解他的内心世界。

3. 父母：无法与双亲沟通，不能向双亲倾诉心中的烦闷，而父母又很信任他，很放心地认为他是好孩子，应该没有任何问题。

自我概念：

1. 对自己期望甚高，凡事力求完美，但对自己的能力却因无法达到自己的自我要求而失望。

2. 因为周围的人无人能理解他而异常苦闷。

3. 感受到老师、父母、同学对他的压力，而觉得无法承受。

行为偏差：[与上述情况联系，探究未来策略。]

由于压力过大，出现对抗教师和其他同学的一些行为。

（具体表现……）

未来策略：

1. 老师：①对学生的期望应适度，不可过高，不能要求其能力所不及。②学生的意见应让其有充分发言的机会与渠道，并要时时鼓励。

2. 父母：不要只忙于工作，应时常抽空多与孩子沟通，陪伴孩子，了解孩子的需求。

表12–3　个案资料表格

记录内容	问题叙述	诊断分析	矫治策略	效果建议
行为	旷课 破坏课堂纪律 有偷窃行为 出手大方乱花钱 结交异性 常去卡拉OK舞厅 抽烟喝酒 ……	离异重组家庭 行为无人管教 结识不良朋友	老师找他谈心 了解交友情况 安排同学接近他 强调校纪校规 反省自己不良行为 要求家长配合 断绝与不良朋友来往 ……	……
学业	学业成绩不良 经常不交作业 上课不专心 数学、物理不及格 考试作弊 ……	智商中等水平 没有足够学习时间 家中学习环境不好 学习挫折太多	任课教师补缺补差 创设学习环境 保证做作业的时间 多给予鼓励和赞扬 ……	
认知	认为老师有偏见 家长不理解他 自暴自弃 对一切都无所谓 ……	需要理解和帮助 需要成功和表扬	老师与个案交朋友 家长与孩子多沟通 发现个案的闪光点 鼓励积极向上 ……	
情感	总想表现自己 爱打扮，穿名牌 挑衅、惹是生非 讲义气打抱不平 ……	要树立正确人生观 更多地给予关注	多给予表现的机会 尽量从个案的角度考虑问题 ……	

续表

记录内容	问题叙述	诊断分析	矫治策略	效果建议
人格	倔强，易冲动 直爽，无心机 不愿受拘束 爱吹牛，狡辩 ……	教育要晓之以理，动之以情	承担一定的班级任务 培养责任心 遇事要冷静 ……	
其他				

（二）半结构描述法

半结构式的个人评定记录方法，即根据实际情况逐项填写个案清单中的项目内容，从而获得个案身份、人格等基本资料。下面是半结构式个人评定记录的项目内容。

（1）身份和外表：姓名、居住地、职业、个案来源、相貌特征等。

（2）生活史：个案史、过去经验、现在发展等。

（3）目前状况：目前个人的处境、如何形成目前的情境等。

（4）未来透视：未来需要掌握的是什么？环境的机会及限制？采取行动会导致什么结果？将来会有哪些变化？

（5）习惯与活动：生活习惯如何？如何支配时间和金钱？

（6）经济状况：经济来源和物质供应来源。

（7）实际事件：从实际发生事件中显示出的个人心理特征的是什么？

（8）身心健康：个人目前生理及心理健康状态，有哪些不正常的想法、感觉、行动或欲望。

（9）普通人格特质：平常个人表现如何？较持久性及一致性的行为举止是什么？

（10）特殊人格特质：在特殊情况下的行为表现如何？

（11）表达能力：个人如何表达其感觉及态度？

（12）动机状况：个人需求、企图、欲望、惧怕、喜欢或不喜欢的东西。

（13）能力：个人能做些什么？不能做些什么？适应环境的能力是什么？

（14）处事的倾向和感觉：个人对所遭遇的情景，感受如何？有何期待或想法？

（15）理想与价值观：个人的基本信念、价值观和道德原则。

（16）自我概念：个人对自己的态度如何？想法如何？如何描述自己？

（17）兴趣：个人认为重要的事情是什么？相关的事情？如何影响的？

（18）社会地位：个人的社会地位如何？别人对他的看法如何？

（19）家庭亲属：个案与谁关系最密切？行为上最像哪些人？

（20）友谊和忠诚：谁是他的最要好的朋友？对哪个人最忠实？

（21）对他人的反应：个案对他人的反应如何？想法如何？期待如何？

（22）他人对个案的反应：别人对个案的反应、想法、期待如何？

（23）与他人的交互关系：与他人分享的兴趣及活动是什么？

（24）与他人共同或相异的观点：个案与他人比较，与他人有何相同及相异的看法？

好的个案记录应该具有的特征是：准确、客观、完整，并且是简明和清晰的，易于理解和查阅。个案记录可以按时间顺序记录，如，按年月先后顺序记录，或按研究进程的阶段

（起始、调查、诊断、治疗、跟踪）记录；也可以按专题内容分项记录，如家庭状况、社区环境、文化背景、教育、娱乐活动、兴趣、健康状况、精神状态、职业、经济收入等。

在教育系统中，个案记录常采用累积记录的方式，即对个案学生在相当长的一段时间内进行跟踪记录。这种记录形式既可以满足教学需要，利于发现学习成败的原因，识别特殊的才能，又有助于个案诊断和提供矫治策略。在学校可用于累积记录的内容有：各门课程的成绩、能力倾向测验、性格气质的评定等级、出勤率、健康状况、体检资料、参加活动情况、学生的轶事材料、兴趣、态度、同伴关系等。

【陈李绸.个案研究［M］.台北：心理出版社，1996：23.】

能力训练

范例：

教育个案研究计划

这个例子涉及课程衔接研究，其中，研究问题是："管理人员、教师和专业人员在对课程、教学和考试内容进行衔接匹配时使用什么程序？"研究这一问题可以采用定量方法或质性方法，也可两者兼用。这里，我们选择定性研究中的个案研究方法来研究这一问题。选择这一方法的原因是我们想对课程衔接的过程进行"深描"。我们想深入了解几所学校的经历而不是在表面上掌握许多所学校的情况。【请结合范例8.1学习】

为了说明个案研究都包括哪些步骤，下面我们来填写计划大纲中的各个部分。

……

4. 研究设计

A. 研究设计。该研究为个案研究。其主要目的是描述课程衔接过程，而不是对之进行解释或评价。该研究部分地基于叙事分析研究传统，因为我们想知道这一课程衔接过程的"故事"是否可以理解为关键事件（如危机和冲突解决）以及变化阶段。同时我们还借鉴认知心理学家的方法来理解思维过程，因为我们不仅想知道教育者们在课程衔接过程中是怎么做的，我们还想知道他们在计划、实施这一变革以及对这一变革进行反思的过程中是怎么想的。

……

D. 判断结果可信性和可靠性的标准。我们将通过完整记录全部数据、个体及日期等而生成一个证据链。在数据分析阶段，我们将以各种具体事例为依据形成构念和主题。

我们将就课程衔接过程中出现的关键事例写出详细的小插曲，以使这一过程对研究报告的读者来说变得具体和真实。我们将请几个参与课程衔接过程的教育实践者阅读研究报告并就报告的可靠性以及对他们的有用性进行评价。他们的反馈将被用来修改研究报告。

收集数据的主要方法将是访谈、对关键事件进行直接观察以及查阅作为课程衔接过程的一部分而生成的文件。我们将对收集的数据进行分析以确定其是否能为我们在课程衔接过程中发现的构念和主题提供佐证。

通过让几个研究者对数据样本重新进行编码，确定是否能从数据中得出相似的构念和主题，这是对数据编码的可靠性进行检核的方法。

为了检验访谈，观察及文献数据的可靠性，将由几个研究参与者对数据的准确性、偏见和全面性进行检核。

为了确保数据收集的彻底性，我们将不断地与研究参与者核实我们是否发现了所有参与课程衔接过程的个体及其相关事件。核实的方法是我们把已经发现的参与这一过程的个体和相关事件列一个表，把它拿给一些研究参与者看，问他们表中是否漏掉了哪些人或事件。

5. 抽样

……

B. 现象。我们感兴趣的现象是特定学校进行的课程衔接，因此我们选择的个案将是一所参与这一过程的学校。

C. 抽样策略。因为该研究需要收集大量数据，所以我们只选择一所学校（个案）。抽样策略是选择典型个案：该校既不是所在学区教学改革的先锋，也不是被动参与者。我们认为这种抽样策略能使我们了解课程衔接过程中的典型（而不是非典型）问题、解决办法以及效果。从一定意义上说，这一抽样策略还包含方便抽样的成分：研究者就近择校。就近选择学校可以使研究者经常到学校收集数据，进行效度检验。

D. 抽样单位。选择的参与者应当代表所有与课程衔接过程有关的涉众。已经确定的涉众有学区级的专家、校长、参加课程衔接的教师、没有参加课程衔接但有可能受课程衔接结果影响的教师。如果随着研究的进展又发现了其他涉众，他们将被邀请参与研究。如果某个涉众群体人数较多，那么就选择具有代表性的样本，并采用深入细致的方法收集数据。

6. 变量

……

B. 个案研究重点。我们计划重点研究：（a）课程衔接过程中出现的问题，以及这些问题是如何得到解决的；（b）对哪些衔接方法和结果人们观点一致，对哪些衔接方法和结果人们观点不一致。

7. 数据收集方法

……

C. 收集数据的框架。数据收集要重点体现本位视角[①]，即参与这一课程衔接过程的涉众的视角。我们将对这一过程中的重要事件进行观察和记录。依据这些记录，我们对事件参与者进行访谈，了解他们对事件中发生的具体事例的看法。如果将要发生的事件极其重大，我们会设法进行录像。我们将与事件参与者一起观看录像，了解他们在事件发展过程中的想法。此外，我们还要访谈那些没有直接参与这一过程，但将受这一过程影响的涉众。此外，我们还要收集课程衔接过程中涉众撰写或准备的重要文件。

上述收集数据的框架将是设计访谈提纲、文献内容分析分类系统等工具和步骤的依据。

8. 数据分析程序

……

B. 数据分析方法。数据分析将采用解释性方法。数据将输入电脑并用Ethnograph软件程序进行分析。我们将重点解释课程衔接中出现的问题及问题解决过程有关的构念、主题和模式，同时也关注课程衔接的方法和结果。

【高尔，等.教育研究方法：实用指南［M］.屈书杰，等，译.5版.北京：北京大学出版社，

① 对应的是他位视角，即局外人的视角，也就是研究者要保持现象调查者的视角。

2007：310-311.】

思考题

一、什么是教育个案研究法？教育个案研究法的独特之处是什么？

二、教育个案研究的特征有哪些？

三、谈谈你对教育个案研究评价标准的看法。

四、结合思想资源，谈谈你对教育个案研究类型的看法。

五、结合实际，论述教育个案研究资料分析的策略和技术。

六、对于一位刚刚入行的新教师，你将如何组织一项个案研究来研究他/她在教学第一年终的教学经验？

七、为什么说教育个案研究方法更适合于教师做教育研究？

八、查阅几个中小学教师撰写的教育个案，尝试着对这些个案进行新的剖析和解读。

九、利用进入（在）学校的机会，收集资料，编写一个教学个案。

拓展阅读

[1] Kham, S. The case in case-based design of educational software：a methodological interrogation[J]. Educational Technology Research and Development，2008，56（4）：423-441.

[2] 罗伯特·K.殷. 案例研究设计与方法［M］.周海涛，等，译.3版.重庆：重庆大学出版社，2004.

[3] 凯瑟琳·莫塞斯.教育管理的案例研究［M］.杨轶，译. 北京：教育科学出版社，2010.

[4] 艾尔·巴比.社会研究方法［M］.邱泽奇，译.11版.北京：华夏出版社，2009.

[5] 高尔，等.教育研究方法：实用指南［M］.屈书杰，等，译.5版.北京：北京大学出版社，2007.

[6] 陈李绸.个案研究［M］. 台北：心理出版社，1996.

[7] 潘慧玲.教育研究的取径：概念与应用［M］.上海：华东师范大学出版社，2005.

[8] 周家骥.教育科研方法［M］.上海：上海教育出版社，1999.

[9] 许美德. 思想肖像：中国知名教育家的故事［M］.北京：教育科学出版社，2008.

[10] 杜卫东，姜善亭.养成教育案例研究［M］.北京：中国矿业大学出版社，2009.

[11] 陈向明.教育研究方法［M］.北京：教育科学出版社，2013.

自我反思建议

结合前面所使用的大量个案，你应该已经十分清楚个案的构成、特点以及在教育研究中的地位和作用。那么，如何运用教育个案研究法？她“令人着迷的魅力”是什么？如何为撰写个案做准备？如何分析个案？如何撰写个案报告？这些问题可以引导你反思观点与原理、思想资源，结合案例，有助于你形成教育个案研究的技术和独立操作教育个案研究法的基本能力。

第十三章　如何分析教育内容：教育内容分析法

学习导航

教育内容分析法是以数量化的方式对文献、资料进行分析的一种教育研究方法。它是非常特殊的一种研究方法——非介入性研究方法——研究之前的研究者可以和研究对象毫无关联，比如，一名A市的中学教师研究者去分析别国近5年普通高中教师的聘任制度文件。为什么可以这么做？如何分析才能得到科学的结论？有什么要特别注意的？这些问题会带领你揭开教育内容分析法之密，帮助你掌握更多获取知识的科学手段，对教育的认识也会愈发全面、深入。

学习目标

1. 熟记教育内容分析法的含义、特征。
2. 熟记频率计数分析、质量分析、关联性分析、分析单位、分析类目、量化处理的含义。
3. 理解教育内容分析的类型与特征。
4. 熟悉教育内容分析类目、分析单位的设计方法。
5. 基本独立进行教育内容分析研究设计。
6. 基本独立完成简单教育内容分析研究。
7. 熟读案例分析和思想资源，建构教育内容分析法理论。
8. 独立完成案例和范例分析。

第一节　认识教育内容分析法

观点与原理

1. 教育内容分析法是以数量化的方式对文献、资料进行分析的一种教育研究方法。教育研究适用的文献主要有学生的试卷、学生的作业、教材、教师的教案、课堂教学音频和视频、公开发表的论文、文件、日记、标语、板报等。

2. 教育内容分析有多种类型。教育内容分析可以根据研究目的，分为四种类型：趋势分析、现状分析、比较分析、意向分析；也可以根据数量化方式，分为三种类型：频率计数分析、质量分析、关联性分析；还可以根据文献种类，分为纸质文献分析、电子文献分析、实物文献分析；还可以根据文献存在形态，分为既有文献分析、新造文献分析；还可以根据分析工具，划分为手工内容分析、计算机内容分析，比如，使用NUD*IST、NVivo、Cite Space等软件分析文献。

3. 趋势分析是为了探讨研究对象的发展趋势，现状分析是为了理解和把握研究对象的现状，比较分析旨在揭示样本间的异同，意向分析则是欲澄清研究对象的意向、倾向和态度。

4. 频率计数分析：在这种方法中，作者要定义计数的单元和计数的类别。然后对各种信息中所发现的单元符合各种类型的次数进行仔细记录。质量分析：这种方法有点类似于上面的方法，但是，不再是对符合各种类型的单元进行频率计数，而是试图确定某种类型的单元是否出现在信息中。例如，一名研究者对很多基础科学课本进行考察，以期发现这些课本中是否提到了黑洞；关联性分析：这种方法的目的不是为了简单地找出符合各种类型的单元的数目，而是要找出同一信息媒介中出现了两种或者两种以上的类型组合的单元出现的次数。例如，一名研究者可能很想知道某种信息媒介中出现的女性（或者男性）使用侮辱性语言的次数。

5. 内容分析法的特征表现为分析对象是明显的传播内容，分析对象具有客观性，分析建立在系统性基础上，采用数量化的方式研究教育问题。因此，内容分析法是一种定量研究方法，不同于教育访谈法和教育个案研究法。

6. 内容分析法适宜于分析具有可重复操作、被人感官体验、意义明显、可以直接理解等特征的内容，以及难以采用其他方法研究的问题。

7. 内容分析法的优点是客观、非接触研究、定量与定性结合、对材料影响较小、揭示文献的隐性内容、节省经费。当然它也存在缺陷，比如，受限于文献的真实性，对为什么的问题难以回答。

典型案例解读

案例 13.1：

实习教师和课堂纪律

有效的课堂纪律一直是教师们所面临的最普遍且最混乱的一个问题（查尔斯，1989 年；爱德华，1993 年）。职前教师一致把纪律问题列为引起他们焦虑和不安的最大来源之一（林德戈伦，1972年；韦斯利和沃琦，1992年），而且纪律问题也是导致实习教师失败的一个主要因素（瑞吉曼和豪洛维尔，1981 年）。尽管如此，实习教师仍然认为，纪律问题是他们很少接受训练的一个领域（珀塞尔和色佛特，1982年）。

在有关实习教师和纪律问题的研究中，研究者一般只关注实习教师处理常见的课堂事件的方法。这些研究发现：（a）实习教师倾向用人性化的方法来管理课堂（豪尔和沃尔曼，1987年；奥斯伯恩和鲍爱斯沃特，1989年）；（b）实习教师所选择的课堂管理策略可能与其人格类型（豪品，1982 年）、大学的课程论文（廷斯特罗姆，1989 年）、被教者（布兰德，1982 年；科雷顿，1984年；莫尔文和马特，1990年）以及所教年级水平（琼斯，1982年；萨基，1990年）等有关；（c）在有实际经验后，实习教师更愿意使用更严厉的纪律（莫瑟，1982年）。

在类似的研究中，研究者们常常是以实习教师们预测的自己在假设的情景下的做法，而不是以对他们实际的课堂决策和行动的考查为根据进行的。并且许多研究者都采用了相对简单和标准化的问卷调查方法，来获得有关实习教师如何对“典型的”课堂事件做出反应的见解。因此，在某种程度上说，这类研究大多只对教师教育者具有有限的应用价值。

在纪律问题上，教师教育的目的就是要帮助个体发展有效管理学习环境的专长。然而，从根本上说，教师个人的价值观和技能的多样性会极大地影响课堂的文化和气氛。所以，更恰当的做法是：在实习教师认为构成“纪律问题”的现场背景下，理解他们关于课堂管理的决策。

本研究的目的在于：调查实习教师对教学实习期间所遇到的纪律问题的感受，并考查他们在处理这些问题时所使用的策略——既包括有效的也包括无效的。具体地说，本研究试图回答以下这些问题：

1. 实习教师们把什么样的课堂行为定义为纪律问题？

2. 在处理这些纪律问题时，实习教师们采用了什么样的策略？

3. 哪些策略对哪些纪律问题有效？哪些策略无效？

被试

本研究的被试是 135 名教小学和中学的大学生实习教师（119 个女生，16 个男生），他们正在印第安纳大学（IU）系统的 4 个校园中的一个里完成教师培训项目。（IU系统由 8 个校园组成。）被试参加了坐落在可可木、南奔德、印第安纳波利斯、盖瑞等地方校园的教育项目。在所有被试中，有 81 人是小学职前教师，54 人是中学职前教师。在小学职前教师中，有 58 人（占 72%）被分派到初级水平的课堂中，23 人（28%）被分派到中等水平的课堂中。在中学职前教师中，有 16 人（30%）被分派到初中课堂，38 人（70%）被分派到高中课堂。有 27 个（33%）小学职前教师和 19 个（35%）中学职前教师已经做了父母。被试的年龄从 21 岁到 48 岁，年龄的中位数为 27.8 岁。

数据的收集

在本研究中，我们采用了关键事件技术，该技术由弗兰那根首创，并由瑞恩斯改编成适合于做课堂研究。我们用这种技术让实习教师确定并描述他们认为是“纪律问题”的具体的课堂事件例子，同时也确定和描述自己在尝试管理该事件时所采取的具体的行动或策略。这种技术被认为优于传统的调查法和观察法，因为它能带来富有深度的、丰富的叙述，而这些叙述常常更富有深刻的见解，并且与课堂实践更有关联。我们要求所有被试均提交对以下两个问题的详细书面叙述：

1. 思考并回顾在过去的一两个月里，最近的一次在处理纪律问题上你做得特别有效的一些事情。学生们做了些什么？你做了些什么？

2. 思考并回顾在过去的一两个月里，最近的一次在处理纪律问题上你做得特别无效的一些事情。学生们做了些什么？你做了些什么？

“纪律问题”并不是由被试来定义的，因为被试们对有问题的学生行为的感受也是本研究所关心的一个问题。

数据是在从 1990 年秋到 1991 年秋的三个学期里收集的，采用了以下两种方法中的一种，具体采用哪种方法要取决于实习教师所注册的校园。大多数被试都被要求在教学实习的后半学期举行的一个校园讨论会上书写并提交他们的叙述，其他被试则是在完成教学实习后，收到邮寄的书面指导语，并独立地撰写自己的叙述，然后再寄给研究者。

数据分析

被试所叙述的关键事件可以采用那些用于定性数据的典型的内容分析方法来分析。具体地说，对实习教师在两个开放式问题（即纪律问题和教学策略）上的叙述性回答，我们首先检查那些自然出现或“有基础的”类型。然后，我们把每个回答都编码并放到某一种类型中，并接下来再检查一遍，以确保每个回答在外部是独特的，而在内部则是一致的。然后，再采用描述统计的方法来分析每种类型中的回答。

下面我们用三个例子来说明如何对轶事趣闻似的资料进行分析和编码。第一个例子节选自一年级的某个实习教师所提交的对一件有效处理的课堂事件的叙述：

几个学生在轻轻敲打他们的椅子并不断地倒在地上。我判断他们是想坐在地板上。现在，当学生们轻轻敲打椅子时，我让他们退回到以“印第安方式”坐在地板上做事。

这里所描述的纪律问题被编码为“破坏”，因为学生行为中的最显著的因素看来是中断教学过程。这里的策略被编码为“改变策略”，因为教师采用了一种新的方法、风格或原则来处理这种破坏行为。

第二个例子节选自二年级的某个实习教师所提交的也是描述一件有效处理的“破坏”事件的叙述，但在这个例子中，实习教师采用了一种被编码为“积极强化”的方法，因为这种方法强调表扬和认可：

贾斯廷的自控真有问题，尤其是在大厅走步时。我觉得我总是在不断地要求他闭嘴和别乱动……在所有学生面前，我告诉贾斯廷，我需要他向其他同学示范如何恰当地沿着大厅走步。我告诉他，我指望他做好这件事。这个方法奏效了。我很满意，贾斯廷也对自己很满意……

第三个例子节选自高中的某个实习教师所提交的描述一件处理得无效的事件的叙述：

在课上，一个学生正在教师的（原文如此）桌子上表演一些节目，我反复地要求他停止……他开始说些辱骂的话并把订书机扔到地板上，仍然不停止表演，我告诉他：如果他不能按照我的要求做就请到教室外面去。这时，他从座位上跳了起来并大声喊叫……我也以喊叫回应他……尽管他走出了教室，但我还是控制不住自己的情绪……其他的学生也在大声说话。我想我在试图以他作为一个典型。他知道了这一点，并造成相反结果。

这个事件描述了被明确地标识为“破坏”的学生行为，但相反，它却被编码为“挑衅”，因为该行为最显见的方面与不愿意听从教师的指示有关。尽管这里描述了不止一种策略成分，但最终所采取的策略还是被编码为“惩罚—类型 1”，因为教师行为中的关键成分是，她试图惩罚学生，并且因为她与学生的争论和叫喊导致了事件的升级。

我们独立地对实习教师的叙述中所描述的所有事件进行编码、分类和列表。为了估计我们中每个人的分析之间的内在一致性，我们用以下方法计算了一致性百分比：①在表中列出一致和不一致的事件的数目；②用一致事件的数目除以事件总数（也就是一致和不一致事件的总和）；③将上面计算得到的商乘以 100。在实习教师们定义的纪律问题的类别上，我们有 96%的一致性；在实习教师们管理纪律问题时所使用的策略的类别上，我们有 91%的一致性。通过讨论，我们使所有不一致最终达到了 100%的一致。

结果

实习教师总共交上来 254 个叙述，我们对这些叙述进行了分析。81 名小学实习教师提交了 151 个叙述，54 名中学实习教师提交了 103 个叙述。在这 254 个叙述中，有 133 个描述了有效管理的事件，122 个描述了无效管理的事件。但其中有 16 个实例的叙述因没有被接受或不能使用而没有被采用（两个与有效管理事件有关，14 个与无效管理事件有关）。

纪律问题

在有效和无效的管理事件中，与纪律问题有关的叙述最终都被分为 5 类：①破坏（例如，在课堂上说话或者其他一些故意打断教学的行为）；②挑衅（不尊重老师或者违抗老师指示的行为）；③注意力涣散（不注意或不做功课或离开座位）；④攻击（打架、推撞、喊名字）；⑤混合型（叫喊、撒谎、行动迟缓、欺骗、偷盗或嚼口香糖）。表 13-1 给出了只包含某种特定的纪律问题，并进一步采取了有效或无效的管理措施的事件的数目。例如，有 79 名实习教师描述了一个包含破坏问题并被有效处理了的事件；有 80 个实习教师描述了一个包含破坏问题并没有被有效处理的事件；有 159 个事件涉及破坏问题，占全部事件的 63%。

表 13-1　有效和无效事件中所涉及的纪律问题的类型及发生频率

纪律问题	有效的	无效的	总和	破坏 /%（占 254 人的）
破坏	79	80	159	63
挑衅	33	19	52	20
注意力涣散	10	12	22	9
攻击	5	4	9	4
混合型	6	6	12	5
无反应	2	14	16	—
总和	135	135	270	101

注：百分比已进行过四舍五入。

有效与无效策略

与有效和无效策略有关的叙述最终被分为 7 类：①惩罚—类型 2，留校，取消特权，隔离；②解释（例如：与该学生或全班同学讨论正确的或理想的行为）；③威胁和警告（包括不能坚持到底地遵从某种警告或原则）；④积极强化（表扬、认可、奖赏）；⑤改变策略（提高或降声调、停顿、走近学生、想出一种新的教学方法或原则）；⑥惩罚—类型 1，对学生大声喊叫，羞辱学生；⑦不采取行动（忽视学生的行为）。使用某种特定策略的事件的数量，无论是有效的还是无效的，我们都报告在表 13-2 中了。例如，有 43 名实习教师描述了使用惩罚—类型 2 进行有效管理的事件；有 38 名实习教师描述了使用惩罚—类型 2 进行无效管理的事件；有 81 个事件中使用了惩罚—类型 2 策略，占全部事件的 32%。

表 13-2　有效和无效事件中使用各种策略的频数

策略	有效的	无效的	总和	破坏 /%（占 254 人的）
惩罚—类型 2	43	38	81	32
解释	39	11	50	20
威胁 / 警告	9	24	33	13
积极强化	22	2	24	9
改变策略	15	8	23	9
惩罚—类型 1	1	22	23	9
不采取行动	4	16	20	8
无反应	2	14	16	—
总和	135	135	270	101

注：百分比已进行过四舍五入。

在表 13–3 和表 13–4 中，我们分别报告了在有效管理事件中使用的策略和在无效管理事件中使用的策略。例如，小学实习教师在涉及破坏问题的有效管理事件中，9次使用了惩罚—类型2策略；在涉及挑衅问题的有效管理事件中，7次使用了这种策略；等等。中学实习教师在涉及破坏问题的有效管理事件中，11 次使用了惩罚—类型 2 策略；在涉及挑衅问题的有效管理事件中，10次使用了这种策略；等等。小学实习教师在涉及破坏问题的无效管理事件中，13次使用了惩罚—类型2策略；在涉及挑衅问题的无效管理事件中，1次使用了这种策略；等等（表 13–3）。中学实习教师在涉及破坏问题的无效管理事件中，9 次使用了惩罚—类型 2 策略；在涉及挑衅问题的有效管理事件中，4次使用了这种策略；等等。

在表 13–3 和表 13–4 中，我们也报告了在管理某种特定的纪律问题上，某种特定策略所使用的次数。例如，在有效管理破坏问题的事件中，小学实习教师9次使用了惩罚—类型2策略，13次使用了解释策略；等等（表13–3）；中学实习教师11次使用了惩罚—类型2策略，7次使用了解释策略；等等。在涉及破坏问题的无效管理事件中，小学实习教师 13 次使用了惩罚—类型 2 策略，2 次使用了解释策略；等等（表 13–4）。中学实习教师 9 次使用了惩罚—类型2策略，3次使用了解释策略；等等。

表 13–3 有效事件中使用各种策略的频数

策略	破坏	挑衅	注意力涣散	攻击	混合型	总计
惩罚—类型2						
小学	9	7	1	2	1	20
中学	11	10	0	1	1	23
解释						
小学	13	5	1	1	2	22
中学	7	5	2	1	2	17
威胁/警告						
小学	2	1	2	0	0	5
中学	2	2	0	0	0	4
积极强化						
小学	15	1	2	0	0	18
中学	2	1	1	0	0	4
改变策略						
小学	9	1	0	0	0	10
中学	4	0	1	0	0	5
惩罚—类型1						
小学	1	0	0	0	0	1
中学	0	0	0	0	0	0
不采取行动						
小学	3	0	0	0	0	3
中学	1	0	0	0	0	1
无反应						
小学						2
中学						0
总和	79	33	10	5	6	135

表 13–4　无效事件中使用各种策略的频数

策略	破坏	挑衅	注意力涣散	攻击	混合型	总计
惩罚—类型2						
小学	13	1	3	2	2	21
中学	9	4	2	0	0	17
解释						
小学	2	2	3	0	1	8
中学	3	0	0	0	0	3
威胁/警告						
小学	17	1	1	0	0	19
中学	4	1	0	0	0	5
积极强化						
小学	0	1	1	0	0	2
中学	0	0	0	0	0	0
改变策略						
小学	5	1	0	0	0	6
中学	2	0	0	0	0	2
惩罚—类型1						
小学	6	1	0	2	0	9
中学	9	4	0	0	0	13
不采取行动						
小学	5	0	1	0	1	7
中学	5	3	1	0	0	9
无反应						
小学						9
中学						5
总和	80	19	12	4	6	135

表 13–5 是对表 13–3 和表 13–4 中所显示的数据的综合概括。其中报告了某种特定的策略在用于特定的纪律问题时有效与无效的比率。例如，在用于涉及破坏问题的事件时，惩罚—类型 2 策略 20 次有效，22 次无效；在用于涉及挑衅问题的事件时，惩罚—类型 2 策略 17 次有效，5 次无效等。

根据所列举的纪律问题的类型以及在叙述中所描述的策略，我们对小学和中学实习教师的情况进行了比较（表 13–6）。例如，在小学实习教师所描述的 151 个事件中，有 100 个（占 66%）涉及破坏问题，22 个（占 15%）涉及挑衅问题等等（表 13–6）。在中学实习教师所描述的 103 个事件中，有 59 个（占 57%）涉及破坏问题，30 个（占 29%）涉及挑衅问题，等等。关于策略问题，在小学实习教师所描述的事件中，有 41 个（占 27%）涉及惩罚—类型 2，30 个（占 20%）涉及解释，等等；在中学实习教师所描述的事件中，有 40 个（占 39%）涉及惩罚—类型 2，20 个（占 20%）涉及解释等。

表13-5　在各种纪律问题中使用各种策略的频数

策略	有效与无效的比例				
	破坏	挑衅	注意力涣散	攻击	混合型
惩罚—类型2	20/22	17/5	1/5	3/2	2/4
解释	20/5	10/2	3/3	2/0	4/1
威胁/警告	4/21	3/2	2/1	0/0	0/0
积极强化	17/0	2/1	3/1	0/0	0/0
策略改变	13/7	1/1	1/0	0/0	0/0
惩罚—类型1	1/15	0/5	0/0	0/2	0/0
无行动	4/10	0/3	0/2	0/0	0/1

表13-6　小学和中学的比较：纪律问题和所使用的策略的类型及比例

变量	小学		中学	
	n	占151个的%	*n*	占103个的%
纪律问题				
破坏	100	66	59	57
挑衅	22	15	30	29
注意力涣散	15	10	7	7
攻击	7	5	2	2
混合型	7	5	5	5
策略				
惩罚—类型2	41	27	40	39
解释	30	20	20	20
威胁/警告	24	16	9	9
积极强化	20	13	4	4
改变策略	16	17	7	7
惩罚—类型1	10	7	13	13
无行动	10	7	10	10

注：百分比已进行过四舍五入。

讨论

本研究有三个明显的发现。

第一个显著发现是：这些实习教师所描述的绝大多数纪律问题都只与三种类型的行为有关：破坏、挑衅和注意涣散。这一发现表明，如果实习教师发展了有效管理这些问题的策略，那么，他们所面临的许多甚至绝大多数纪律问题都会迎刃而解。

到目前为止，描述得最多的纪律问题是破坏行为（也就是在课堂上说话或者某些有意打断教学的行为）；在全部事件中有超过半数的事件涉及这类问题。然而，在破坏问题上，实习教师有效管理和无效管理的频数几乎相同，并且看起来最有效的（也就是超过半数时间所使用的）管理策略是：解释、积极强化和改变策略。描述占第二位的问题（占全部事件的20%）是挑衅（不尊重或不遵从的行为），正如可以证明的那样，即使对于有经验的教师来说，这也是一个更加困难和更需要慎重处理的问题。当然，这些实习教师在挑衅问题上的有效事件明显多于无效事件。这里，看起来非常有效的策略是：解释、积极强化和惩罚—类型2。描述占第三位的问题（占全部事件的9%）是注意涣散（注意力不集中、无所事事、离开座位），其有效管理的频数也几乎与无效管理的频数一样多。这里，看起来非常有效的策略是：积极强化、改变策略和威胁与警告。涉及攻击（打架、推撞、喊名字）以及混合型（叫喊、撒谎、行动迟缓、欺骗、偷盗或嚼口香糖等）在全部事件中只占了很小的一部分（分别是4%和5%）；这两种问题有效管理的频数与无效管理的频数也是一样多，而且看起来最有效的管理策略都是解释。

第二个显著的发现是：几乎所有的有效管理事件中都涉及使用四种策略中的一种，然而，有三种策略相对无效。对某种特定策略的有效性与无效性的最明显的解释，分别与它们是“人性化的”还是“独裁的”有关。

总之，对这些实习教师来说，积极强化（表扬、认可和奖赏）是最有效的策略；在使用这种策略的事件中，其成功率达到92%，在破坏问题中，使用这种策略的成功率是100%，当用于控制挑衅和注意力涣散问题时，其有效率高于无效率。

第二有效的策略是解释（与该学生或全班同学讨论正确的或理想的行为）。这种策略的成功率是78%，并且当用于管理攻击性行为时，在每个事件中都有效；在用于处理破坏、挑衅及混合型问题时，其有效率高于无效率；当用于处理注意涣散问题时，其有效率与无效率相等。

第三有效的策略是改变策略（提高或降低声调、停顿、走近学生或想出一种新的教学方法或原则）。这种策略有65%的成功率，在处理注意力涣散问题的每一个事件中它都有效；在处理破坏问题时，其有效率高于无效率；在处理挑衅问题时，其有效率与无效率相同。

第四有效的策略是惩罚—类型2（课后留校、取消特权、隔离）。其成功率为53%，在处理挑衅和攻击问题时，其有效率高于无效率；在处理破坏问题时，其有效率与无效率相同；在处理注意涣散和混合型问题时，其无效率高于有效率。

有效性较低的策略有：威胁与警告，在其所使用的事件中，其成功率为27%。在处理挑衅和注意力涣散问题时，其有效率高于无效率，但在处理破坏问题时，其有效率低于无效率。很大程度上无效的策略是：不采取行动，其成功率为20%。在处理破坏问题时，其有效率低于无效率。在处理挑衅、注意力涣散和混合型问题的每一个事件中，这种策略均无效。有效性最低的策略是：惩罚—类型1，其成功率只有4%，在所有使用这种策略的事件中（除一个破坏性事件以外），它几乎都是无效的。

第三个显著的发现是：尽管所面对的学生存在年龄差异，但实习教师们所描述的纪律问题的类型以及处理这些问题的策略却非常相似。在两组中，涉及破坏问题和挑衅问题的事件的描述率都分别是最高和第二高的。两个小组中涉及这两种问题之一的事件在全部事件中相对占了很大的部分（在小学事件中占81%，在中学事件中占86%）。尽管涉及其他类型纪律问题的事件描述得相对较少，但在小学组和中学组中，这些事件占总事件的比例却都是相似的。

无论在处理什么类型的纪律问题上，两组使用两种策略（惩罚—类型2和解释）的频率都高于使用其他策略的频率。涉及使用两种策略之一的事件在总事件中都占了很大的一部分

（在小学事件中占47%，在中学事件中占59%）。

这些相似性可能反映了以下这样一个事实：尽管（在年龄、婚姻和双亲状况、所参加的培训项目及所教年级上）存在差异，但毫无疑问，所有实习教师都集中在一个单一的地理区域内，并且如果以盛行中西部观点的程度来划分学校教育的话，那么，他们都是在相同的文化背景下接受教育的。或者说，这些相似性反映了这样一个事实：所有实习教师都是在相同的大学接受其培训的（所有印第安纳大学园区内的教育项目具有高度的一致性）。

结论

本研究的被试是经过挑选的，而研究中又要求这组被试选择性地提供有关他们个人经验方面的信息，因此，我们在从这些发现中做出推论时应该特别谨慎。毫无疑问，他们所提供的轶事趣闻式的数据，描述了发生在许多不同的课堂和印第安纳州的大部分学校里的事件，其中包括城市和农村地区，大地方和小地方以及富裕的和贫困的地区在内。因此，我们有理由假设，这些实习教师以及他们所经历的课堂，与总体的实习教师及课堂有一定程度的可比性，并且本研究的发现也因此与全国的教师教育项目有相应程度的相关性。

进一步的研究应该探讨其他大学及在更加不同的课堂里的实习教师们的情况，这将会有助于我们确定：是否所有的实习教师都面临了相似的纪律问题，并且他们是否能靠同样的这些策略来有效地管理那些问题。

【弗林克尔・瓦伦.教育研究的设计与评估［M］.蔡永红，等，译.北京：华夏出版社，2004：441–451.】

案例分析

总体上看，这是一份研究报告，其内容构成，我们将与案例 13.2 结合讨论。就各部分来看：

・研究目的／理由

在简介部分的最后，作者明确阐明了研究的目的——描述被实习教师们视为纪律问题的课堂行为，并描述解决这些问题的一些有效的和无效的策略。通过引用几个证明纪律问题的重要性的研究，以及回顾一些有关实习老师如何处理纪律问题的研究，作者阐明了研究的理由和必要性。但是，文献综述并不是很全面。更具体的理由应该是以前的绝大多数研究都没有用到真实课堂行动的例子；如果以前有一些这样的例子的话，作者应该在文献综述部分中加以回顾。案例明确指出，研究者使用“内容分析方法来分析”教师的特定事件叙述。

・定义

作者对关键术语“纪律问题”并没有进行定义，这并不是什么问题，因为定义这个术语其实也是本研究的一个组成部分。但是，我们认为，如果在该研究中出现了这个术语的定义，那么研究报告的质量可能会更好一些。虽然对这个术语并没有给出直接的定义，但是在“研究结果”部分中却给出了五种类型的“纪律问题”的定义。当然，其中有的类型我们一看就清楚是什么意思，但是有的却也显得很含糊，例如“无礼的”“故意打断别人”等。分类过程中也隐含了对这些术语的操作化定义。虽然这并不是什么大问题，但是我们还是不清楚，研究对象所确认的“有效”和“无效”是否就是将这些策略分为各种类型的唯一标准？文章中提供的例子增加了这个问题的清晰度。

・前行研究

所引用的参考文献看起来都是相关的。正如前面所述的一样，文献综述的全面性并不是很明确。看起来好像先前的研究都用的是相似的方法；如果真是如此的话，应该在文献综述中对这些研究进行回顾。

· 假设

文章中并没有陈述假设，这样做也是合适的，因为本研究旨在对现状进行描述。如果研究者预测某些策略对于解决一些纪律问题是很有效的话，可以将它们以假设的方式陈述出来。

· 样本

研究对象的样本是从印第安纳大学四个不同校区里注册参加教师培训计划的学生中选取的方便样本。但是，作者并没有明确说明这些样本在注册该培训计划的学生总数中所占的比例。由于用的是方便抽样的方法，因此研究的结论无法推广到这四所大学以外的学校。对样本的描述包括了性别、年级水平、年龄以及已经做了父母的人所占的比例。课堂的性质以及发生纪律问题行为的学生至少应该与教师特征同样重要。但文章中只给出了一些这方面的信息。在“讨论”和“结论”部分，作者也认识到了这种局限性。纪律问题事件样本最好被看成是，实习老师采用具体的标准进行回顾时得到的所有行为事件的一个目的性抽样样本。“实习教师总共交上来254个叙述，我们对这些叙述进行了分析。”

· 工具和数据分析

研究中所用的工具是一种著名的技术——作答者根据具体而明确的标准，并基于一段长达两个月时间的回忆来详细描述具体事件。用典型的内容分析方法概括出了5种类型，从而可以对各种描述性事件进行分类。编码者之间的一致性也非常好。

除了编码者之间的一致性以外，还应该将254篇叙述分为两个亚组，然后比较每个亚组中出现每种类别的频率，以此来获得工具的信度。这样做有些类似于我们在第八章中讨论的平行形式信度法。通过比较类别划分（隐性内容）与各叙述中关键词语和短语的出现，诸如，“现在，当他们……”（改变策略），“告诉他走出去”（惩罚），“需要他展示……”（积极强化）等的一致性，可以来检验效度。考虑具体内容的多样性，这样做是很复杂的。

计算每类事件的发生率，并且将其转化为百分比的形式，是一种很恰当的分析方法。表13–5所示的某一策略的有效对无效比率也是很恰当的，只要作者不要将其重要性与频率上的微小差异联系在一起。对于它们的可信度，作者并没有报告任何推断统计量。

也就是说，案例阐述了分析类目构建的技术。确定内容分析的维度，需要在理论与实践相沟通的过程中；要以内容的结构分析为基础，建构分析类目体系，常常需要建构多层次、多维度分析体系。例如，一方面建构课堂纪律情况的分析类目；一方面建构管理策略的分析类目。再比如，惩罚还可以分为两个类型的类目。案例说，“‘纪律问题’并不是由被试来定义的，因为被试们对有问题的学生行为的感受也是本研究所关心的一个问题”，“与纪律问题有关的叙述最终都被分为5类”“与有效和无效策略有关的叙述最终被分为7类”，指出了分析所需要的编码/分析类目是必要的、是关键的。同时，还需要确定内容形式上如何划分，即以多少内容为一个单位进行分析——分析单位，本案例的是“一件有效处理的课堂事件的叙述”。

· 结果和讨论

作者对研究结果的描述和所提供的数据是一致的。但是，有两点需要提出批评。第一，“有效管理”和“无效管理”这些短语的频繁出现可能会产生误导作用，因为这只是对所报告的事件和每一个事件（包括有效的和无效的）所问的指导语来说才是这样的。我们不能因此得出这样的结论：即这些教师有效管理破坏事件的次数与无效管理破坏事件的次数相等。第二，过于重视小概率事件，例如，“这种策略（解释）在用于管理攻击性行为时，在每个事件中都有效”，这的确是正确的，但是，总共却只有两个这样的事件。

作者也正确地谈论了研究结果在可推广性上的局限，虽然，我们发现“这些实习教师以及他们和他们所经历的课堂，与总体的实习教师及课堂有一定程度的可比性，并且本研究的发现也因此与全国的教师教育项目有相应程度的相关性”这个论断是很不明确的。我们也同意，对此进行重复研究是非常理想的。

从案例出发，进一步分析，教育内容分析的文献内容可以是已有的，也可以是自己制造的。“实习教师总共交上来 254 个叙述”，“我们对这些叙述进行了分析，我们独立地对实习教师的叙述中所描述的所有事件进行编码、分类和列表。为了估计我们中每个人的分析之间的内在一致性，我们用以下方法计算了一致性百分比”。

本案例所采用的教育内容分析类型是现状分析和关联性分析。就关联性内容分析来看，它报告了三种类型的关系：①纪律问题的类型与策略之间的关系；②问题的类型与有效和无效策略之间的关系；③年级水平与问题类型和策略之间的关系。“有效管理事件中使用的策略和在无效管理事件中使用的策略”。不过，我们也可以看出，关联性的分析需要以单个内容变量的分析为基础，因此，表格中呈现出频率计数的形式。

案例还指出，所谓定量研究与定性研究的区分主要是思维的需要，是为学术讨论之便，在真实的教育研究中，一般是要求量化与定性的统一。二者的统一是基于科学理论、逻辑和现实的分析基础之上所作出的合理、恰当的操作定义。

最后，深入分析能够帮助我们发现教育内容分析法的特征：具有对于明显的传播内容，进行客观而系统的分析，并加以数量化描述的基本特征。

1. 明显的传播内容指任何形态的、可以记录和保存的、能够作分析的、具有传播价值的信息内容。包括文字的（例如报纸杂志、书籍、文件等）和非文字的（广播、唱片、录音、实物模型、电影、电视、幻灯、图片、光盘等）。同时，明显的传播内容是指它所表现的直接意义（数量、动作、频率、观点等），而不是指其可能包含的潜在内容（例如动机、内部信息加工、智力因素等）。固然，通过对直接意义的内容的分析可以说明间接的、潜在的意义。

2. 客观指内容分析过程中，按预先制定的分析单位、分析维度（类目）抽样，判断并记录客观事实的内容，根据客观事实再作出统计分析描述，而不是凭主观印象对有关材料进行评判记录。对不同评判者，则要求有较高的信度判断，保证以客观事实和客观评价为基础。

3. 系统指内容分析法对所有被分析的材料按照一定的、标准的程序和方法逐一进行评判记录，它包括从研究目标、研究总体、选择分析单元、设计分析维度，到抽取资料样本、按分析维度评判记录、计算评判结果和统计推论等系统过程和步骤。分析过程是按一定的程序进行的系统过程。

4. 数量化指内容分析法的结果可以用简洁、明了的数字表达，并能用某种数学关系表示，如用次数分布，各种百分比或比例、相关系数等来描述，而不是笼统和不确定的描述、说明或主观印象。例如，研究者通过内容分析得出如下数字：在儿童早期读物中，以童话人物为主角的故事和以历史人物为主角的故事的比例为 5：2，以动物为主角的故事和以人物为主角的故事的比例为 6：5。据此，研究者可分析早期读物的不同角色及其对儿童自我角色的影响。同时，为了量化的准确性，可以通过让一名编码者专门编码问题的类别，而让另外一名编码者去编码策略类别来得到控制。同样，对于因事先知道某个事件来自哪个年级而引起的编码者偏见，也可以通过从叙述中去掉这些信息来控制。这样能够有效提高分析的科学基础。

此外，案例中的 254 个叙述也是个案，这个教育内容分析法中有教育个案研究法，你可以结合上一章知识对其展开分析。

第二节　教育内容分析设计

观点与原理

1. 教育内容分析法应用的步骤分为：深化目标、厘定术语、划定总体、确定分析单位、构建分析类目及体系、抽样、量化处理、统计处理、撰写研究报告。

2. 教育内容分析法通常使用目的抽样，获取物的样本，但其他抽样方法和类型也可采用。抽样单位通常要考察文献的类别、主题、时间或情境。

3. 分析单位，也被称为分析单元，是文献的载体（外在）的形式构成，比如，文章或书籍中的一个短语、一个句子、一个段落、一页、一节，报刊的一期、一个栏目，音频或视频中的一个片段，等等。

4. 分析类目，也被称为分析维度，是概念化的文献内容析出的因子，比如，中学生试卷中的主观题、客观题，高中生语文作业中的字、词、句、语法等，学术论文中的主题、关键词、逻辑结构、参考文献、载体等，一本书中某个特定的字或词等。

5. 量化处理是指在进行信度分析——分析类目的科学性、适切性评判——的基础上，依据分析类目对样本分别进行相关数据统计，通常使用表格记录数值。量化处理表现为“数量化的方式”。

6. 根据研究目的，教育内容分析法的设计可以采用五种模式。其中，A、B、C、D表示文献总体，T表示时间，S表示情境，X、Y表示分析类目（图13–1至图13–5）。

7. 教育内容分析的AXT模式：多用于趋势分析，比如，分析同一名学生在七年级和八年级的数学期中考试卷中基础知识掌握情况，分析近五年高考历史卷知识点构成情况。

8. 教育内容分析的AXS模式：多用于意向分析，比如，教师在场与不在场，学生面对同一任务的行为记录分析；在课上和课后，同一名教师对学生提问的处理行为记录分析。

9. 教育内容分析的AXY模式：多用于意向分析，比如，分析一位教师公开发表的两篇不同主题的学术论文，分析国家教育法律中的《中华人民共和国教育法》和《中华人民共和国义务教育法》。

10. 教育内容分析的ABX模式：多用于比较分析，比如，分析不同成绩学生的同一次考试卷，两本“教育研究方法”教材的分析。

11. 教育内容分析的ABCDX模式：多用于比较分析，比如，分析《教育科学》《教育学报》和《教育科学研究》《教育发展研究》2021 年教育基本理论类文章，并且分别与《教育研究》相比较；选择成绩处于不同分数段的试卷，与成绩最接近全班平均成绩的试卷相比较。

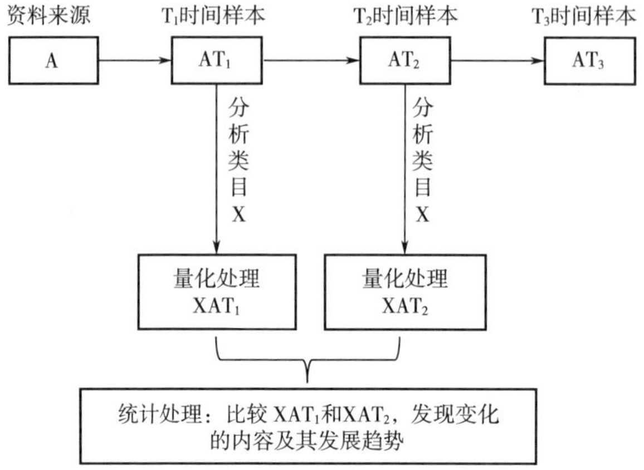

图 13–1 同一资料来源不同时间的 AXT 模式

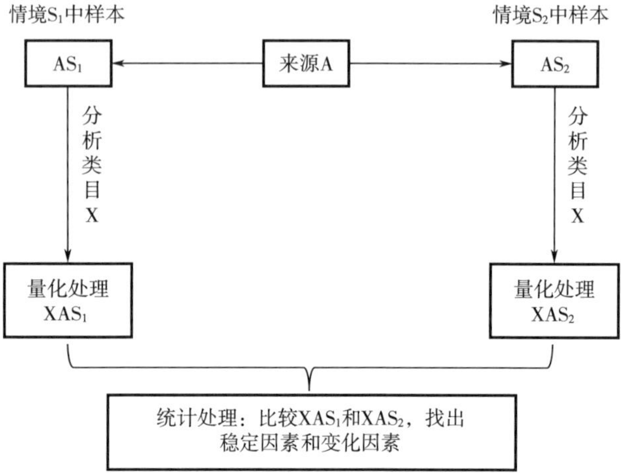

图 13–2 同一资料来源不同情境的 AXS 模式

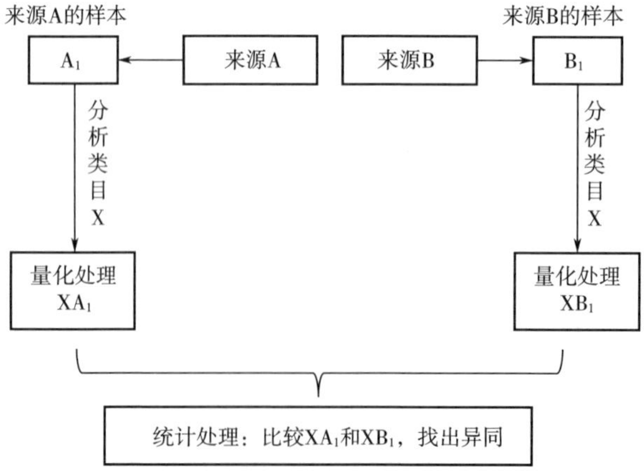

图 13–3 同一资料来源不同内容样本的 AXY 模式

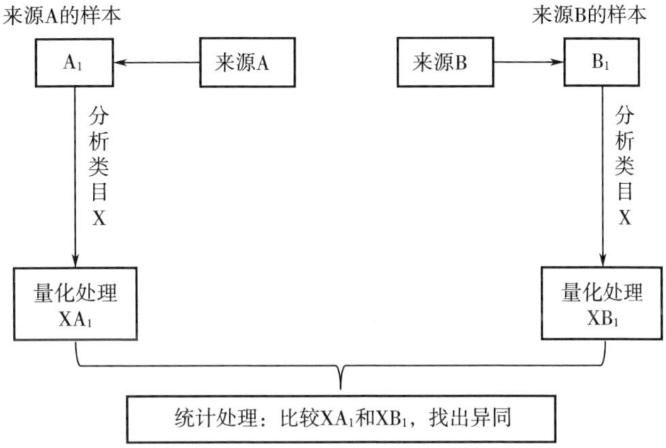

图 13-4　不同资料来源相同分析类目的 ABX 模式

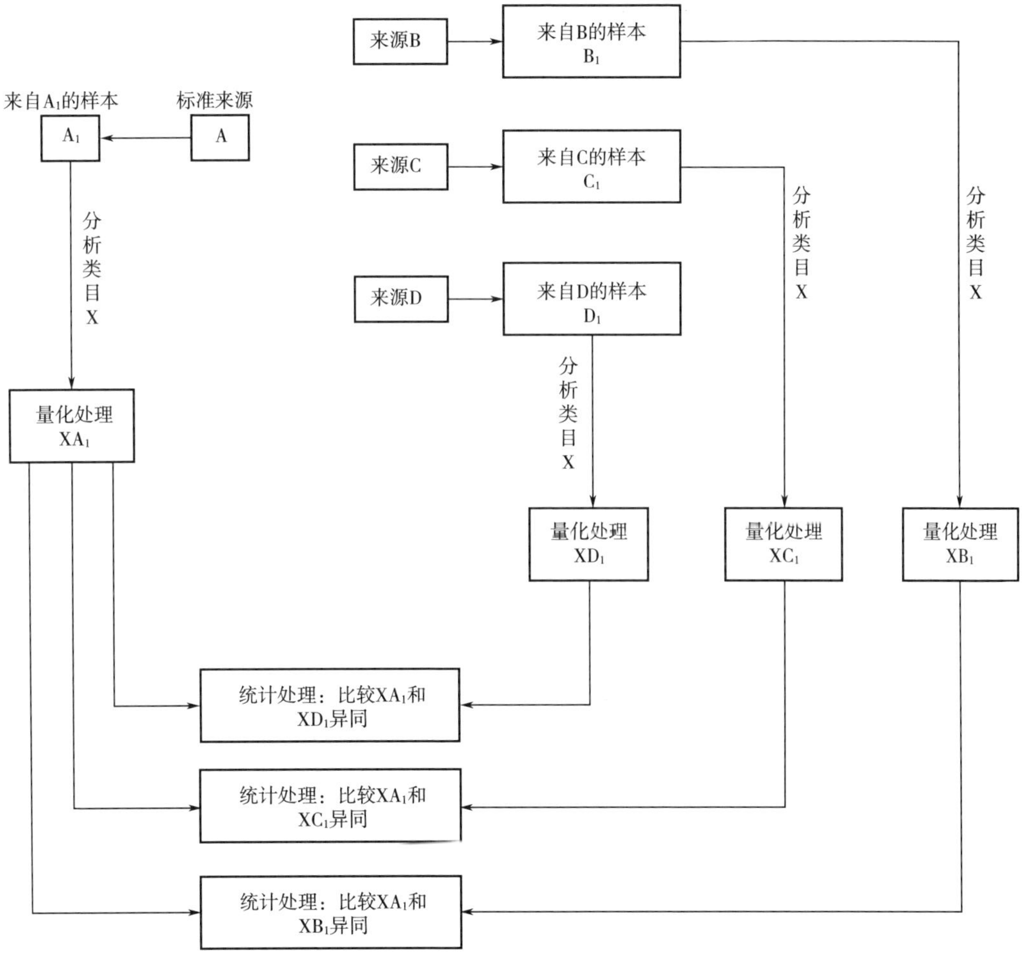

图 13-5　多个不同资料来源相同分析类目的 ABCDX 模式

12. 一般地，教育内容分析报告由问题的提出、文献综述、研究方法、结果和结论几个部分组成。

典型案例解读

案例 13.2：

硕士研究生招生英语试题分析

试题形式是体现考试要求的一个重要手段，它与考试目的密切相关。近几年来，硕士学位研究生入学考试的外语试题形式，逐年有所改进，既增加了新的形式，又保持了上下年度的连贯性。自 1983 年以来，英语试题采用了选择填空、综合填空、阅读理解选择、词汇理解选择、辨认错误、动词形式填空、汉译英、英译汉等基本形式。每一种试题形式都有自己考核的重点并在试题中占一定的比例。为了帮助高年级大学生，在经过头几年的系统课堂教学阶段的学习之后，继续进行系统复习和练习，我们借助内容分析法，对历年来硕士学位研究生入学英语试题进行分析，以便了解试题的形式、特点和发展情况，使学生能更好地进行复习，下功夫掌握语言基础知识，提高语言运用能力，扩大语言知识面，提高阅读水平和表达能力。

分析的步骤如下。

1. 模式选择

研究目的是分析试题的特点及发展情况，故采用AXT模式。

2. 确定资料来源A

资料来源A=从1980年至1985年各年度硕士研究生外语入学试题。

3. 确定内容变量X

也就是确定内容分析的类目。研究生入学考试是一种选拔性考试。它是全国统一命题。命题原则是考虑全国公共外语课教学的实际水平以及研究生入学外语程度的要求。因此在试题设计上，考题结构可分为两大类：一类是限定型考题，它是用于测验应试者的知识面和掌握知识的熟练程度；另一类是非限定型考题，它是测验考生综合运用外语知识的能力。在各种试题形式上都有自己的考核重点，即分别着重于语法知识、词汇、阅读能力、写作能力以及读写综合能力等各个方面。因此，我们把分析类目归纳为如下十类。

语法方面——选择填空，辨认错误，动词形式填空，介词填空。

词汇方面——词汇理解选择。

阅读方面——阅读理解选择，英译汉。

写作方面——汉译英，联词造句。

读写综合——综合填空。

4. 按时期抽样

本例按每一年度的试题作为样本，则当

t_1=1980年时，样本用A t_1表示；

t_2=1981年时，样本用A t_2表示；

……

t_6=1985年时，样本用A t_6表示。

5. 对样本作量化处理

量化处理必须先做两项工作。

（1）确定评判单元，在本例中，对于每一个样本，都是以试题中的每一道大题目作为一个评判单元。

（2）确定记录数据。

在本例中，要记录的数据包括两项，一项是每一类目中所含的小题数目，另一项是该类目的分值。

按此方法，我们选取其中一个样本（如At_4=1983 年度的试题）进行量化处理，即按照试题顺序，评判它归属于哪一类目，并记录在该类目中所得的数据。

表 13–7 表示对样本At_4的量化结果。

表 13–7　样本：1983 年硕士学位研究生英语试题

类目	评判单元	评判数据						
		Ⅰ	Ⅱ	Ⅲ	Ⅳ	Ⅴ	Ⅵ	Ⅶ
语法	选择填空	12 题 12 分						
	辨认错误			10 题 10 分				
	动词形式填空		8 题 12 格 12 分					
	介词填空							
词汇	词汇理解选择							
阅读	阅读理解选择					5 题 10 分		
	英 译 汉							30 分
写作	汉 译 英						5 题 15 分	
	联词造句							
读写	综合填空				11 格 11 分			

表 13–8 表示用同样方法，对各个样本进行量化后，归纳整理的结果。

表 13-8 历年数据统计表

类目		样本					
		1980年	1981年	1982年	1983年	1984年	1985年
语法	选择填空	15	14	12	10	15	15
	辨认错误	5	8	10	10	10	10
	动词形式填空	25	14	12	10	10	10
	介词填空	5	—	—	—	—	—
词汇	词汇理解选择	—	—	—	10	10	10
阅读	阅读理解选择	—	—	10	10	10	10
	英译汉	30	40	30	25	20	20
写作	汉译英	20	10	15	15	15	15
	联词造句	—	4	—	—	—	—
读写	综合填空	—	10	11	10	10	10

6．结果分析（统计比较）

根据所得的量化结果，我们可以看到1980—1985年我国硕士学位研究生英语入学势头的一些特点和发展情况。

（1）限定性试题所占的比例增加，而非限定性试题减少。

限定性试题包括选择填空、综合填空、阅读理解选择、词汇理解选择以及辨认错误等五个类目，这都属于客观性测试。

非限定性试题包括汉译英、英译汉及动词形式填空、介词填空、联词造句等类目，这都属于主观性测试。

把历年这两类试题的比例情况归纳如表 13-9，我们可以明显看到，客观性的测试比例，从 1980 年只占 20%到 1985 年增加到 55%，而主观性的测试比例则从 80%下降到 45%。

表 13-9 历年来客观测试与主观测试的比例变化

试题类型	1980年	1981年	1982年	1983年	1984年	1985年
客观性试题比例%	20	32	33	50	55	55
主观性试题比例%	80	68	67	50	45	45

（2）在语法部分中，动词方面的试题占的比例最大。

在考题中，选择填空、辨认错误、动词形式填空、介词填空等类目都属于语法测试的题目，历年来的考题数目如表13-10 所示，一共考了235道小题。

语法内容

统计项目

表13–10　语法测试信息

项目	1980年	1981年	1982年	1983年	1984年	1985年
选择填空	15	14	12	10	30	15
辨认错误	5	8	10	10	10	10
动词形式填空	20	14	12	10	10	10
介词填空	10	—	—	—	—	—
合计	50	36	34	30	50	35

在这些语法考题当中，我们仍用内容分析的步骤，分析考题中所包含的语法内容。把语法内容分为四个类目，即动词，介词，名词、代词、形容词、副词，句法等。分析结果如表13–11所示，我们可以明显看到，其中动词所占的比例最大。

表13–11　词性表

统计项目	语法内容				
	动词	介词	名词、代词、副词、形容词	句法	合计
小题总数	121	50	30	34	235
所占比例/%	51	21.7	12.8	14.5	100

（3）从1983年起增加了词汇选择，加强了对近义单词和词组用法的测试。

【李秉德.教育科学研究方法［M］.北京：人民教育出版社，2001：232–238.】

案例分析

这是一份教育内容分析报告，结合案例13.1，可以看出其构成有问题的提出、文献综述、研究方法、结果和结论几个部分。

我们在前面介绍了教育观察法、教育调查法、教育实验法、教育个案研究法等研究方法，这些研究方法在资料方面有一个共同之处，是运用研究工具收集当时还不存在的研究资料。相比较于教育观察法、教育个案研究法——属于定性研究方法，教育调查法与教育实验法二者存在着共同点，即同属于定量研究方法。对比于以上两点，恰恰是内容分析法的独特“魅力”：主要对既有文献资料进行量化处理的一种研究方法。

案例中的内容分析法是采用了AXT分析模式，说明教育内容分析法有科学的研究模式可循，即还有AXS模式、AXY模式、ABX模式、ABCDX模式。它们或者样本来源不同（T—时间，S—情境），或者分析类目体系的数量（X，X和Y）不同，或者文献数量不同（A，A、B，A、B、C、D）。案例分析了题型、分值等，指出“限定性试题所占的比例增加，而非限定性试题减少”，反映出命题的变化趋势。这些说明了AXT模式探究趋势，说明了教育内容分析法的作用：趋势预测、现状展示、异同揭示和意向揭示。进而，我们认识到，在教育科学研究中，内容分析法可以分为：①趋势分析。通过比较同一对象在不同时期内容的变化，探讨某种理论观点、某一研究领域的发展变化过程、规律及其趋势。例如，对十年间（1990—1999年）我国教育科学研究工作中，采用的工具、方法和研究重点问题的扩展和变化情况的量化分析、统计推论等属此类。②现状分析。通过对有关研究材料的分析，了解和把握存在的问题与不足。例如，某一地区小学数学教育现状的分析，可以采用学校、班级或单个学生为分析单元，对各年级层次的数学教学和考试成绩设计分析维度，并抽样、量化，进行分析推论和发现问题等的研究工作。③比较分析。通过横向比较不同对象、不同来源样本的分析结果，揭示它们之间的相似性和差异性。例如，比较不同国家教育在采用学制、课程设置与教育学位授予方式等情况上的异同；比较不同教师的教学风格，比较不同大纲与教材的差别，比较不同民族儿童的态度与价值观，比较不同学术流派、学术刊物的观点异同等。④意向分析。即通过比较某一对象在不同问题上的分析结果，了解其对事物的不同意向、倾向和态度。

除上述几种目标类型外，内容分析法还可以用于其他目标的研究。在实际研究过程中，研究目标的侧重不同，或者同时兼有上述几种目标类型，使用的分析模型不同，需要研究者根据自己的具体情况或课题建立适当的研究目标。

这些都引发我们的思考：内容分析的关键是分析类目和量化处理。分析类目，有时候也称为分析维度，其确立取决于内容的概念化，也即有些学者说的编码技术。本案例中，依据试题内容，将“考题结构可分为两大类”“分别着重于语法知识、词汇、阅读能力、写作能力以及读写综合能力等各个方面”既指出了分析类目确定的理路，又说明分析类目的多样性和多维性。量化处理，比如，“我们把分析类目归纳为如下十类”，然后“以试题中的每一道大题目作为一个评判单元”，使用评判记录表等工具，对六年来的试卷进行了数量化统计分析。数字让结论更有说服力，更加直观。

教育内容分析法中通常采用的量化方式有三种：频率计数的分析，计数为频次、百分数、比例等；质量分析，计数为有、无，或者出现、缺席，可以记为 0 或 1；关联性分析要找出同一信息媒介中出现了两种或者两种以上的类型组合的单元出现的次数。例如，一名研究者可能很想知道某种信息媒介中出现的女性（或者男性）用侮辱性语言的次数，计数方式和频率计数相同。也有学者认为，还可以使用，①主词法：首先确定与研究问题有关的关键词（记录单位），然后统计这些关键词在各个样本（分析单位）中出现的频数和百分比，最后进行比较分析。②概念组分析法：将与研究内容有关的关键词分成小组，每组代表一个概念，同时也是理论假设中的一个变量。这种方法记录单位仍是单词，但分析时的变量却是概念组。③科学引证分析法：一种期刊的价值，是由其影响决定的，而测量“影响大小”的方法就是进行科学引证分析。这是评定教育学家绩效和期刊影响的公认的有效手段。一篇文献或一种期刊被他人正面引证的次数越多，说明其水平越高；被引证的范围越广，表明其价值越大。包括诺贝尔奖在内的国内外重大科学奖项无不把文献被引用率作为重要的评价指标。我国许多研究机构和大学开始使用国外的 SCI（science citation index，科学引文索引）、SSCI（social science citation index，社会科学引文索引）和国内的CSCI（中国科学索引）、CSSCI（中国社会科学引文索引）作为评审学术成就的标准。

综观案例，我们也能更好地理解教育内容分析法的应用步骤，首先要明确研究目的，选择契合的分析模式，关键是分析类目和量化处理。

思想资源

一、适于教育内容分析法的议题

（一）巴比认为，内容分析法特别适用于传播媒介方面的研究，并回答传播媒介研究的一个经典问题："谁说了什么、对谁说、为什么说、如何说以及产生什么影响？"法国流行小说比美国流行小说更关注于爱情吗？20世纪60年代的英国流行音乐比同一时期的德国流行音乐在政治上表现得更愤世嫉俗吗？优先强调利益议题的政治候选人比强调崇高理想的竞争者更常当选吗？上面的每一个问题都是一个社会科学研究议题。第一个问题强调的是国家特征，第二个问题强调政治取向，第三个问题强调政治过程。虽然这些议题可以通过观察个别人来做研究，但是内容分析法提供了另一种视角。

对于某些议题，内容分析法比任何其他调查方法更为适用。假如你们对于电视暴力有兴趣。也许你们会察觉到男性产品的制造厂商比别的厂商更容易赞助暴力性的电视节目。假如这是真的，内容分析法将会是找出这种现象的最佳方法。

简而言之，下面是你们将采取的步骤。第一，你们必须为你们调查中的两个主要变量给出操作定义：男性产品及暴力。其次，你们需要一份观看电视、分类赞助厂商以及评估节目暴力程度的计划。最后，你们必须决定要观看什么。或许你们会决定要观看什么频道，观看哪些天以及哪些时段。然后，你们可以采购一些啤酒和土豆片，开始观看、分类和记录。一旦观看的部分结束了，你们就可以分析所收集的资料，并确定男性产品制造商是否比别的厂商更积极地赞助暴力节目。

（二）弗林克尔认为，适宜于教育内容分析研究的议题有：

（1）通过考察专业出版物或者普通出版物，可以对学校教育的趋势进行描述。

（2）理解组织模式（通过考察学校管理者的图表、大纲等）。

（3）说明不同的学校是如何以不同的方式来处理相同的现象的（例如课程设置模式、学校行政等等）。

（4）推断不同国家的态度、价值观和文化模式（例如，可以考察哪些课程或者活动是否受到资助）。

（5）比较人们对学校的想象以及实际上的真实情况（例如，通过比较民意调查的结果和老师或者其他作者所写的关于学校的文章）。

（6）理解老师对他们的工作的看法（例如，可以通过考察老师所写的有关其工作的文章）。

（7）了解人们对各个学校的感觉（可以通过看描述相同学校的电影或电视节目）。

【①艾尔·巴比.社会研究方法［M］.邱泽奇，译.11版.北京：华夏出版社，2009：318-319.②弗林克尔·瓦伦.教育研究的设计与评估［M］.蔡永红，等，译.北京：华夏出版社，2004：430-431.】

二、分析类目确定的方法

（一）巴比认为，分析类目（维度）在编码中。在内容分析中，传播——口语的、书写的或其他——都是按照某种概念框架进行编码或分类。因此，报纸社论也就被编码为自由的或是保守的。收音机广播按照是否具有宣传性来编码。小说则按照是否浪漫来编码，绘画按照是否为写实派来编码，政治演讲按照是否具有人身攻击来编码。这些术语都包含许多种解释，所以研究者必须清晰地定义它们。内容分析中的编码包含着概念化和操作化逻辑。在内容分析中（就像在其他的研究法中一样），你们必须推敲概念框架，并且发展出与框架相关的具体方法。

就所有研究方法而言，概念化与操作化一般都包含着理论关怀与经验观察的互动。例如，假如你们认为某些报纸社论是自由派的，其他是保守派的，不妨反问自己为何会如此认为。读一些社论，并且问一问自己：哪些是自由派的？哪些是保守派的？一份报纸社论的政治取向是通过它的显性内容或是通过它的语气最明显地表现出来的吗？观点的形成是建立在特定术语运用（譬如左翼、法西斯等）的基础上，还是建立在社论对特定议题或政治人格的支持或反对上？归纳及演绎两种方法都适用于这个活动。假如你们正在检验理论命题，你们的理论应该具有经验指标。假如你们一开始就运用了具体的经验观察，你们应该从这些观察中引申出一般的相关规则，并将它们用于其他经验观察上。

（二）弗林克尔认为，当研究者尽可能精确地定义了要调查什么方面的内容以后，接下来就需要确定与调查有关的编码类别了。编码的类别要十分明确，这样，其他的研究者也可以用它们来调查相同的资料，并且能够得到基本相同的结论——也就是说，能够得到每个类别的相同频率。

例子：假设一名研究者对高中英文课本中的图像和概念是否准确感兴趣。而且，她想知道这些课本中的书面或者视觉内容是否存在什么偏见，如果有的话，又是什么样的偏见？于是，她决定做内容分析来获得这些问题的答案。

首先，她必须计划如何选择可供分析的资料——在这个例子中，指的是课本。而且，她还应该确定好相关的类别，这样可以使她分辨出她认为重要的东西。

假设研究者决定找出在这些课本中，对女性的描述是什么样的。首先，她要选择一些课本作为样本进行分析——也就是说，决定她要读什么课本（在这个例子中，可能是某个校区某个年级的所有英文课本）。然后，研究者应该确定各个类别：对女性的描述怎么样？她们具有什么样的特征？她们的身体特征是什么？感情特征是什么？社会特征又是什么？等等。这些问题表示了要分析的类别，它们还可以划分为更小的编码单元，如表13-12所示。

表13-12　社会学课本中对女性的描述的编码类别

身体特征	感情特征	社会特征
头发的颜色	温和	种族
眼睛的颜色	冷淡的	宗教
身高	安全稳定	职业
体重	焦虑，不安全	收入
年龄	仇恨	住房
发型	热情	年龄
其他	其他	其他

（三）孟庆茂认为……设计出来的分析维度，特别是子维度（例如，题目的简洁性、准确性），都必须有明确的操作定义，以保证随后的评判记录工作有具体、统一的依据。

……

分析类别（维度）必须在进行具体评判记录前事先确定不能边分析边适应性地修改补充。

在设计分析维度时应考虑如何对内容分析结果进行定量分析，即考虑到使结果适合数据处理的问题。一般来说，对每一维度或子维度进行度量时，可使用多种维度层次，例如，评定儿童行为时，可使用命名量表，也可使用定序量表。

内容分析中的分析维度（类目）可根据研究目标要求达到的细致程度，分层确定，由粗到细，直至满足研究课题的需要。

一般来讲，在没有太大把握的情况下，分析类目可以设计得细一些，而不宜“粗放”……

【①艾尔·巴比.社会研究方法［M］.邱泽奇，译.11版.北京：华夏出版社，2009：323-324.②弗林克尔·瓦伦.教育研究的设计与评估［M］.蔡永红，等，译.北京：华夏出版社，2004：434.③孟庆茂.教育科学研究方法［M］.北京：国家开放大学出版社，2001：103-104.】

三、计算和保持记录

（一）要做好评判记录工作，需要注意以下几个方面

第一，评判记录应该严格按照分析维度（类目）进行，用量化的方式（例如，有与无、数字形式、百分比）准确记录研究对象在各分析维度（类目）的客观事实，避免主观的判断。

第二，采用事先设计好的易于统计分析的评判记录表记录。先把每一分析维度的情况逐一登记下来，然后再做出总计。

第三，相同分析维度的评判必须有两个以上的评判员分别做记录，以便进行信度检验。正式的评判记录应当在进行信度检验后，并证明评判记录取得可接受的信度之后才成立。评判记录的结果必须是数字形式。

第四，在根据类目出现频数进行判断记录时，不要忽略基数。例如，判断一个教育家倾向于形式派还是实质派，光知道他写了20篇阐述实质派观点的教育论文还不足以作出判断，还必须知道他一共写了几篇学术论文才能够判断出这20篇的分量。

（二）假如你们要定量评估内容分析资料，那么在编码的时候就在资料处理上留有余地

首先，编码的最终结果必须是数字化的。假如正在计算某些字、短语或是其他显性内容的次数，这种做法就尤其必要。即使是为显性内容［即与内容分析法相关的、传播媒介中所包含的有形的词语，区别于隐性内容］编码，用数字来代表编码也是必要的，如非常自由派，适度自由派，适度保守派等。

第二，在记录上清楚地说明分析单位与观察单位之间的区别是十分必要的，尤其是在二者并不相同的情况下。当然，最先的编码必须和观察单位有所关联。例如，假如小说家是你们的分析单位，你们希望通过对他们作品内容的分析来区分他们，那么主要的记录就必须是小说。然后，你们可以将个别的小说分数合计来区分每一个小说家。

第三，在计算过程中，记录计算的基础也非常重要。知道某个画家写实派作品的数目，却不知道他或她实际作品的总数是没有用的；因为假如作品中写实类型作品的比例很高，这个画家很可能会被视为写实派。同样地，如果我们只知道在一本小说中，“爱”这个字出现了87次而不知道小说总共用了多少字，那对我们也没有多大意义。假如每一个观察对象都被编码为某个变量的属性，那么观察基础就很容易解决。例如，以每篇社论的政治取向来编码它们，而不是简单地计算某个既定资料中自由派社论的次数，即使它必须被编码为“没有明显的取向”。

需注意的是，报纸是分析单位。每份报纸都被指定一个明确的数字以利于计算。第二栏

是用来为每份报纸的社论数目编码。那是信息中的重要部分，因为我们要据此说明“所有社论中有22%是赞成联合国的”，而不只是“有8篇赞成联合国的社论”。

在表13–13中有一栏是用于主观判断报纸社论的内容，其他栏目则记录具有特定社论立场的社论篇数。在真实的内容分析中，还会有记录社论立场以及报纸上非社论信息的栏目，例如出版的地区、发行量等。

表13–13　记录清单样本

报纸编号	被评估的社论数量	主观评价 1. 非常自由 2. 比较自由 3. 中间派 4. 比较保守 5. 非常保持	“孤立主义”社论的篇数	“赞成联合国”社论的篇数	“反对联合国”社论的篇数
001	37	2	0	8	0
002	26	5	10	0	6
003	44	4	2	1	2
004	22	3	1	2	3
005	30	1	0	6	0

（三）分析单元是指在判定分析时的判定最小单位。它可以是时间间隔、文章段落、句子或字数，也可以是电视节目的镜头、场景等。

确定了类目和分析单元之后，即可制定类目表格，以便按分析单元进行系统判断，记录类目的表现的客观事实（表13–14）。

表13–14　《小学德育》杂志类目表格

类目	分析单元				
	第1期	第2期	第3期	第4期	……
德育管理					
理想教育					
德育试验					
品德课教学					
班主任工作					
少先队活动					
国内德育动态					
……					

评判记录是指按照预先制定的类目表格，按分析单元顺序，系统地判断并记录各类目出

现的客观事实和数量。

【①孟庆茂.教育科学研究方法［M］.北京：国家开放大学出版社，2001：106-107. ②艾尔·巴比.社会研究方法［M］.邱泽奇，译.11版.北京：华夏出版社，2009：325-326.③李方.现代教育研究方法［M］.广州：广东高等教育出版社，2004：188-189.】

能力训练

范例：

电视广告中的性别刻板印象

有些研究指出，在电视中的女性过分拘泥于传统的角色。克雷格从这个议题出发，进一步地考察不同时期的电视节目中对于男性与女性的描绘。

为了要研究电视广告中性别的刻板印象，克雷格从1990年1月6日到14日的几个时段中选择了2209个广告来分析。

在平时（在这个例子中，指的是星期一到星期五，下午2~4点），这个时段主要是播放连续剧，而挑选这个时段的主要原因是，它的收视群中有高比例的女性。在周末部分（星期六及星期天下午连续两天都是体育节目）挑选这个时段，是着眼于它有高比例的男性观众。晚上的“黄金时段”（星期一到星期五，晚上9~11点）则被选来作为一个基础，用来和过去的研究以及其他的部分进行比较。

每一个节目都以几种方式编码。“角色”被编码为：

都是成年男性；

都是成年女性；

都是成人，性别混合；

男性成人以及小孩或是年轻人（没有女性）；

女性成人以及小孩或者年轻人（没有男性）；

混合年龄及性别。

此外，克雷格的编码员也记录下哪一个人物在商业广告期间出现在荧光屏上的时间最长——主要出现的人物——以及这个人物扮演什么角色（例如，夫妇、名人、家长）、商品广告的种类（例如，身体用品、酒）、布景（例如，厨房、学校、公司）以及画外音。

表13-15指出了节目中男性和女性出现次数的不同。女性较常出现在白天的节目（指的是连续剧）中，男性则在周末节目占有优势（指的是体育节目），在晚上的黄金时段，则是男性与女性出现次数相当。

表13-15　三个时段节目中成人主要角色性别出现的比例（%）

性别	白天	晚上	周末
成年男性	40	52	80
成年女性	60	48	20

克雷格也发现了描述男性与女性方式的其他差异：

更进一步的分析指出，在每天的任何一个时段，相对于女性，男性的主要角色多半是名人、专家等，而女性则有很高的比例被描述为访问者/教师、家长/夫妇或是性对象/模特儿……女性在周末则比在平日有更高的比例被描述为性对象/模特。

研究结果也显示，不同时段会有不同的广告出现，正如你们认为的，几乎所有白天的广告都是关于身体、食物或是家庭用品的。然而这些广告只是周末广告的三分之一而已。相对而言，周末的广告则强调汽车（29%）、商业产品或服务（27%）或是酒（10%），实际上，在平时的白天和晚上几乎没有酒的广告。

……

虽然克雷格的部分发现不一定使你们惊讶，但它却告诉我们“常识并不总是符合事实”。同时，知道某个情境特征的细节（像这样的内容分析所提供的细节）也是有用的。

【艾尔·巴比.社会研究方法［M］.邱泽奇，译.11 版.北京：华夏出版社，2009：327-328.】

思考题

一、在什么情况下用内容分析比用其他方法要合适？

二、在什么情况下不适合用内容分析？

三、论述教育内容分析法的应用步骤。

四、阐述你对教育内容分析模式的认识。

五、试用教育内容分析法梳理期刊《教育科学》在最近一年内所刊载文章的研究主题，借此发现研究热点和趋势。

拓展阅读

［1］Glaser B G，Strauss A L.The Discovery of Grounded Theory：Strategies for Qualitative Research［M］. London：Aldine Transaction，1968.

［2］Guba E G.Naturalistic inquiry［J］.Improving Human Performance Quarterly，1979，8（4）：268-276.

［3］艾尔·巴比.社会研究方法［M］.邱泽奇，译.11版.北京：华夏出版社，2009.

［4］高尔，等.教育研究方法：实用指南［M］.屈书杰，等，译.5版.北京：北京大学出版社，2007.

［5］弗林克尔·瓦伦.教育研究的设计与评估［M］.蔡永红，等，译.北京：华夏出版社，2004.

［6］查尔斯.教育研究导论［M］.张莉莉，等，译.北京：中国轻工业出版社，2003.

［7］孟庆茂.教育科学研究方法［M］.北京：国家开放大学出版社，2001.

［8］马云鹏.教育科学研究方法［M］.长春：东北师范大学出版社，2001.

［9］和学新，徐文彬.教育研究方法［M］.北京：北京师范大学出版社，2015.

［10］杨丽珠，等.心理与教育科学研究方法［M］.北京：中国人民大学出版社，2018.

自我反思建议

思考：教育内容分析法有何独特之处？

你又学习了一种具体的教育研究方法，理解得如何？掌握得如何？独立使用上如何？这就要认真梳理："内容"指什么？"分析"指什么？研究遵循的基本要求是什么？如何进行"分析类目"的设计和使用？如何利用这5种模式？

如果你的答案是明确的"知道"，那么可以愉快地开始下一段"方法之旅"了。

第十四章　如何开展教育行动：教育行动研究法

学习导航

“实践是检验真理的唯一标准”，指引我们到实践中，去行动，去获得真理性、实用性教育原则、教育方法、教育办法。教育行动研究是指在专家的指导下，由一线教师为主体开展的，以教育实践为研究对象，将教育实践与教育研究融会贯通，发扬理性批判、自省、质疑的研究精神，目的在于加深对实践活动及其依赖的背景的理解并改善教育专业的实践，同时教师获得专业成长的一种教育研究。教育行动研究法就是教育行动研究所采用的一种研究方法。它所探索的问题一定是特定情境中的问题，并且只能由情境中的“原住民”自己解决。比较而言，教育行动研究法更“接地气”：从复杂的现象中，“行动”出更科学、更适切的解决问题的策略和措施、手段等。本章将帮助你认识：教育行动研究法的内涵、特征和分类，如何设计教育行动研究，以及教育行动研究的步骤等方面的内容。如何设计一次科学、有效的教育行动研究？教育行动研究中需要具体掌握什么技术？这将是本章学习过程中需要牢牢把握的核心。

学习目标

1. 理解教育行动研究的内涵、特点和分类。
2. 掌握教育行动研究法、解放性行动研究、探究性行动研究、个人行动研究、团队行动研究、学校行动研究等概念的内涵。
3. 掌握教育行动研究数据收集和分析的基本技术。
4. 基本独立完成一次教育行动研究的设计。
5. 基本独立完成一次简单教育行动研究。
6. 熟读案例分析和思想资源，建构教育行动研究法理论。
7. 独立完成案例和范例分析。

第一节　认识教育行动研究

观点与原理

1. 教育行动研究是指在专家的指导下，由一线教师为主体开展的，以教育实践为研究对象，将教育实践与教育研究融会贯通，发扬理性批判、自省、质疑的研究精神，目的在于加深对实践活动及其依赖的背景的理解并改善教育专业的实践，同时教师获得专业成长的一种教育研究。

2. 教育行动研究法就是教育行动研究所采用的一种研究方法。

3. 教育行动研究的特色在于研究者角色的多元性、研究对象的特定性、研究取向的批判性和专业成长性、研究过程的实践性和螺旋式循环性、研究手段的复合性。

4. 教育行动研究有多种分类标准，其外延包括，根据研究目的的不同，分为解放性行动研究、探究性行动研究；根据研究者与成员的构成不同，分为个人行动研究、团队行动研究、学校行动研究，或者班级行动研究、年级行动研究、学科行动研究、学校行动研究；根据与学校的关系及实施的成果不同，分为学生发展研究、教师发展研究、学校发展研究；根据研究问题领域不同，分为课程行动研究、教学行动研究、管理行动研究，或者智育行动研究、德育行动研究、美育行动研究、体育行动研究、劳动教育行动研究。

5. 教育行动研究对教育实践和教师专业成长具有解释、描述、探索、解决四种功能。

6. 教育行动研究的适宜条件是只要选题合适，教育行动研究几乎无所不能。但是，教育行动研究的局限性在于推广度差，需要专家学者的指导。

典型案例解读

案例 14.1：

两位香港中学教师的行动研究

1. 如何开展行动研究

本项行动研究旨在探究：中学一年级学生是如何学习有关地图的概念和使用地图知识技能的。本文主要记述我和陈老师是如何建立这项合作研究的。

2. 问题：地图知识技能的教与学

地图知识和技能是学生必须掌握的重要生活技能之一。1988 年我的一项研究就表明，教师、学生都发现很难传授和学习这方面技能。陈老师在攻读“硕士文凭”课程时，与我产生了同样的想法。于是我们有了最初的课题：学生在地理课中是如何学习地图知识和技能的？我们能做些什么？

3. 明确研究目标

课题已经明确，但怎么进行，值得研究学习的东西太多。例如，我们是否应该研究所有的使用地图技能？我们是否应研究所有学生？我们应运用哪些技术方法？我们必须选出优先考虑的问题，决定我们应该做什么，能够做些什么。我们认为应该牢记行动研究是用来解决日常具体问题的。

4. 协商工作范围

怎样才能获得学生如何学习的信息，我们对各种可能性进行讨论。协商对我们很有帮助。我相信教师中的这类交流是不多的，但它们能使我们产生共识，集中目标。这本身就有助于改进我们的教学工作。

我们最后决定集中精力研究中学一年级一个班级的学生。我们的理由是：①中学一年级学生第一次在正规课程中遇到地图认知使用的问题，给他们以正确的学习认识方法非常重要。如果能改进一年级的教学，对以后的学习也有益。②只研究一个班主要出于人力上的考虑。我们虽然知道多研究几个班更好，但我们不愿在一开始就请求许多同事的合作。

5. 应该研究哪些知识技能

中学一年级地理课大纲中有许多有关的知识和技能，是否都要覆盖？我们选择了力所能及的做法。选了每一个学生都关注的问题：地图的测量（map scale），我们选择这个目标是因为，这是学生处理地理问题时最常用的概念、技能之一。例如，他们要把实际的关于空间的信息用合理的比例，用地图表现出来。他们又要把地图上的距离通过测定得出实际距离或空间的实际面积和形状。陈老师的经验是，学生能在课堂上跟老师学（听得懂），但是，一旦要他们自己做，就会犯各种各样的错误。

6. 怎样教

适合所有情境的教学风格是没有的。教学方法的选择必须根据学生的学习能力而定。我们二人对此进行了愉快的协商。经过反思性的协商，我们决定选择方法的标准：

（1）由近及远，由熟悉至陌生。

（2）从真实情况到想象。

（3）在课堂上多活动，多练习，多操作。

（4）回家应有后续性，增强理解练习。

陈老师依照以上标准设计具体方法，我提供反馈。我们的讨论全部都录音，也见诸文字，以便进一步反思。有关方法选择的讨论，使我们对学生学习困难的思考扩展了，对教师如何教也有了更深的理解。我们相信即使就此停止，我们也已很有收获了。

7. 合作者有哪些作用

合作继续进行，我们必须考虑合作双方的作用。陈老师是本校教师，他愿承当一个教师的正常角色。我为什么不能代替他呢？尽管我非常愿意，但是作为一个“外来者”，我不能打破课堂教学的自然情境。所以我充当了一个参与性合作者。任务是观察地图测量知识技能是怎样教、怎样学的。开始，学生们见我在教室中记录、观察，有些紧张，所以在第一课结束时，我们用了一些时间，告诉学生，我们的工作还需要同学们的配合，一起来寻找能使他们更感兴趣、也更有效的教学方法。此后学生便配合得很好了，甚至要我更经常地和他们一起上课。

8. 怎样才能记录教学的情况

我们没有在教室里验证假设，而是希望报告和解释在自然环境中发生的行为和事件，并以此获得最实在的资料。我们采取了“参与性观察”方法，上课都录了音，我还做了轶事记录，课后又对轶事记录追记了几条简明的想法。另外，每节课后，我们都发给学生一张日记单，要求他们写下对这堂课的想法。这是我们使用的获取学生反馈的办法之一。为了帮助学生思考，我们还常提出一些问题，让学生回答。如：

（1）这堂课上得如何？

（2）你认为今天教的内容容易学吗？如果容易，是哪些部分？

（3）你认为今天教的内容难学吗？如果难，是哪些部分？

（4）你能使用今天所学的知识、技术吗？能运用到真实的日常生活中去吗？

（5）请你给陈老师提些建议，使课上得更有趣、更有用、更易学。

（6）请你指出本课中令你最难忘的东西。

通过这些日记，教师可以发现学生的想法和错误。在课后或午饭时，我们常请三位学生作“15 分钟谈话”，谈话也作录音。我向他们保证，谈话绝不影响他们的成绩，诚心诚意地请他们帮助我认识教学。这类小范围谈话真实、简短，也不至于使学生生厌。

我们二位研究合作者在放学后还要进行深入探讨，虽然费些时间，但能使我们反思教学与计划的一致性，也使我们能考虑是否需要修改下一堂课的计划。我们感到，这些讨论对我们双方，对改进教与学都是很有益的。

9. 结论

我们最深刻的体会是：行动研究的确是自我反省性、旨在解决问题的、能够使教师成为研究者的研究。通过行动研究，教师能增进对课程、教学的认识，从而改善我们的教学。

【杨小微.教育研究的原理与方法［M］.上海：华东师范大学出版社，2010：251-254.】

案例分析

首先我们要明确指出，教育行动研究是指在一定的指导下，由一线教师为主体开展的，以教育实践为研究对象，将教育实践与教育研究融会贯通，发扬理性批判、自省、质疑的研究精神，目的在于加深对实践活动及其依赖的背景的理解并改善教育专业的实践，同时也是教师获得专业成长和提升的一种教育研究。教育行动研究法就是教育行动研究所采用的一种教育研究方法。

总体上看，比较前面所学的各种教育研究方法，教育行动研究特色鲜明：

（1）研究者角色的多元性，由案例可见，这是一项由两人（一位“局外人”，一位“当事人”）合作进行的行动研究。教育行动研究是适合一线教师开展的一种研究，不过，一般来说，需要有指导的专家学者和教师组成团队实施。“陈老师是本校教师”“我充当了一个参与性合作者”，也就是，行动研究的主体是教师，专家学者参与研究扮演的角色是提供意见与咨询，是协作者和指导者，而不是研究的主体。专家、学者和教师之间是民主、平等的合作关系。

（2）研究对象的特定性，“我们认为应该牢记行动研究是用来解决日常具体问题的”“地图的测量，我们选择这个目标是因为，这是学生处理地理问题时最常用的概念、技能之一”，因此说，当行动研究者要探讨工作上所遇到的问题时，研究的场所为自然的情境，如学校、教室或户外等，以解决工作上的问题为目的。行动研究系针对教育情境中所发生的问题，采取行动来探究，研究结果旨在解决工作上的疑难问题。教育行动研究的目的具有实用性，问题的解决具有即时性。

（3）研究取向的批判性，“能使我们反思教学与计划的一致性，也使我们能考虑是否需要修改下一堂课的计划”。有关行动研究的取向，Grundy（1987）根据Habermas三种建构知识的取向——技术取向、实践取向、解放取向，将行动研究区分为以下三种取向：教育行动研究是批判的，就是强调反省思考与行动之间的转换，鼓励教师成为具有批判性的行动研究者。教师在其行动研究中反省的焦点不只局限于“方法—目的”的问题，而在于教育价值的批判与厘清，希望教师能对自己与其他教育人员对教学意义的掌握及其对历史与社会的影响进行思考。案例中多次强调“反思”在于说明，当下的教育行动研究以解放为研究取向。

（4）研究取向的专业成长性，“行动研究的确是自我反省性、旨在解决问题的、能够使教师成为研究者的研究。通过行动研究，教师能增进对课程、教学的认识，从而改善我们的教学”。学者们也指出，促进实务工作者的专业成长，帮助实务工作者成为一位能够独立从事研究的行动研究者。行动研究者由所搜集到的资料，经由归纳、分析、批判与辩证，可以增进对问题分析与研究学术的能力。这也是教育行动研究的功能之一。由案例可见，实现教师专业成长的路径有专家学者的帮助，与专家学者和同事的协商，“教育行动”及其中的反思以寻求“解放”。

（5）研究过程的实践性，“在第一课结束时每节课后”说明了教育研究过程就是教学过程。在教育教学中研究。在教育教学中研究指出了研究的情境和研究的方式。教育行动研究的环境就是教师自然的工作情境——学校、教室，并非经过特别安排或控制的场景。教育行动研究的实施过程，就是教师的教学过程，是教师解决教学中的问题的过程，也是教师学会反省、问题探究与问题解决的过程。

（6）研究过程的螺旋式循环性，“在第一课结束时”“每节课后”说明教育行动研究不是一蹴而就的。勒温的“步子”经凯米斯调整后，“计划—行动—观察—反思……”几乎成为行动研究过程的经典性表述。研究的选题一旦确定，就可以用比较稳定的步骤和程序推进研究。行动研究常常显示为两轮以上的循环研究。比如，第一轮研究的选题可能显示为“自学辅导教学的行动研究”，而在研究的过程中发现仅仅自学尚不足以引发学生的学习兴趣，研究者在自学辅导教学的基础上增加了“主题探究”。于是，第二轮行动研究的主题可能显示为“有主题的自学辅导教学的行动研究”。在后续的研究过程中，研究者又发现现有的教材不适合学生的探究和自学，于是开始考虑对教材的改进和调整。因此，第三轮行动研究的主题可能显示为“有主题的自学辅导教学的教材改革的行动研究”。英国学者麦克尼芙以自己的行动研究经历呼吁人们关注行动研究中的“分支问题”。也就是说，在行动研究的过程中，最初研究的“问题”可能会分化出与之相关的另外问题。而“分支问题”一旦出现，就应该得到关注。所以，麦克尼芙说，“我越是努力寻找解决办法，就越感到被牵引着离开我所探究的主问题，而去处理另外的、同样重要的问题。”

（7）研究手段的复合性，案例中使用了观察、记录、分析的具体方法技术，用于记录、观察自然环境中发生的事件的技术：参与性观察、轶事记录、学生日记、开放式态度问卷、音像记录、访谈、讨论等。而且，访谈要注意不同对象的特点。道义承诺，相互信任。“‘参与性观察’方法”“‘15 分钟谈话’，谈话也作录音”“我们都发给学生一张日记单”。为了建立证据链，“通常都要以访谈和观察来搜集资料。行动研究者常利用访谈、观察，来搜集受试者的反应资料，同时分析有关文件记录资料”“以合作方式进行研究。教育人员在学校共同面对问题，一起研究教育上的问题，经由彼此互动、讨论，可以收到集思广益的效果，并且可以和校外的学者专家合作，所以研究人员可以从研究过程中，得到学习与成长”。多样的收集资料方法也说明，无论是教育个案研究还是教育行动研究都要建设“证据链”，第一章所提到的“教育研究可以说就是收集和处理资料”，第二章所提到的“教育研究方法体系包含着有关资料的方法”。

基于学过的分类方法，我们可以看出，本案例中的教育行动研究是“我们”一起实施的一项研究，因此根据研究者与成员的构成，可分为个人行动研究、团队行动研究、学校行动研究，或者班级行动研究、年级行动研究、学科行动研究、学校行动研究；依照研究目的的不同，可分为解放性行动研究、探究性行动研究；根据与学校的关系及实施的成果，可分为学生发展研究、教师发展研究、学校发展研究；根据研究问题领域，可分为课程行动研究、教学行动研究、管理行动研究，或者智育行动研究、德育行动研究、美育行动研究、体育行动研究、劳动教育行动研究。确实如此，潘慧玲指出，行动研究依照目的不同、研究者与成员的参与程度、与学校的关系及实施的成果等而有不同的类型。由于行动研究应用领域的不同，学者尝试以不同的哲学观点发展出不同的研究重点，也对自己所用的方法冠以不同的名称，包括协同行动研究、个人行动研究、合作探究、参与式行动研究、解放行动研究、行动探究等。观诸上述不同名称，有些是针对执行者/方式所做的分类，如协同行动研究、个人行动研究、合作探究、参与式行动研究等；有些则是依研究目的所做的区分，如解放行动研究、行动探究等。卡尔霍思（1993）也认为，教育行动研究可以由个别的教师、多人协同，或是由整个学校集合所有资源来进行，而形成教育行动研究的三种类型——个人行动研究、协同行动研究、全校性行动研究。此三种类型的研究目的与过程（purpose and process）、外部支援（outside support）及读者（audience）都不同，因此必须根据研究的目的来选择采用哪一种类型来进行研究。

最后，由案例中的研究课题“中学一年级学生是如何学习有关地图的概念和学用地图知识技能的”来看，教育行动研究的选题一定是教育实践问题，不是教育理论问题。

第二节　教育行动研究设计

观点与原理

1. 教育行动研究法通常采用解放取向——教师使用研究者的立场进行自我批评、自我独立，将反思、修正作为方法论应用于研究与实践的全过程。

2. 教育行动研究法的实施可以分为七个步骤，分别是：①确定问题；②进行研究设计；③选择研究参与者；④收集资料；⑤分析资料；⑥解释和应用研究结果；⑦报告研究结果。多数教育研究中，步骤①到步骤⑥要进行两次或多次循环实施。其中，开展教育行动研究关键是计划环节和资料环节。

3. 教育行动研究计划至少包括：关于人的设计安排、关于研究问题和目的的设计安排、关于研究步骤的设计安排、关于研究重点、难点和关键的设计安排、开放性设计安排几个方面。

4. 在资料上收集，必须遵守多视角、“证据链”等原则（可参考“教育个案研究法”），收集资料主要使用观察工具、调查工具，有时也使用内容分析工具加以辅助。资料的分析，需要灵活、综合运用定量资料分析方法、定性资料分析方法。（可参考“资料分析”）

典型案例解读

案例 14.2：

跨界课例研究中的教师学习（节选）

一、研究的背景

目前我国中小学教师的学习大都停留在被专家灌输知识或同行低水平交流的状态。

“课例研究”被认为是改进教师课堂教学、促进学生学业进步的一个有效途径，但仍旧存在一些问题。……这些问题都是一些“顽症”，非一朝一夕能解决，需要系统化思维和各方联动。

有外来学者参与的“跨界课例研究”被认为是这个系统工程中的一个举措，可以增加新的外部视角，冲击教师的思维和行动惯性，部分抵消行政干预的负面效应，并改变同行低水平交流的局面……如何跨越边界，突破壁垒，实现专业成长——这是教师跨界学习面临的难题，也是一个值得深入研究的问题。

正是在这样的社会—文化背景下，本文中的案例学校邀请我们外来学者与该校教师一起合作开展跨界课例研究，希望能够在力所能及的范围内提高教师的课堂教学能力，改进学生学习的质量。案例学校是北京市郊区一所普通公立中学，是一所百年老校，历经多次改制，教学质量位于该地区中等水平。三年前因市行政中心迁移至该区，急需优质教育资源，该校被一所市内优质中学纳入集团办学，成为分校区之一。目前学校有260多位教师、1500多名学生、60个行政班。由于政府的优惠政策，学校近两年招收了30多位具有研究生以上学历的新教师。然而，他们大都不是师范大学毕业，虽然学科功底较强，但教育学知识和教学能力比较欠缺，尤其是面临“应试教育”和素质教育这一两难困境时不知如何应对。地方政府对该校师资水平提升有很高的期待，学校领导也努力寻找智力支持，近年争取到了十余项科研和教研项目。2019年1月，该校一位副校长通过中间人邀请我加入该校的课例研究，此后，我又邀请了两位同行加入专业支持小组。这项研究持续了8个月，共有36位教师自愿报名参加。

二、研究的问题和过程

本次跨界课例研究中，所有参与者（教师、学校领导、学生、外来学者）都获得了不同程度的成长。但是，由于本文的主题是教师在跨界课例研究中的学习，因此本文主要聚焦于教师这个人群，其他人群的学习只在需要时作为背景和条件简单提及。

（一）研究问题和概念定义

本文的研究问题是：“在跨界课例研究中，教师的学习是如何发生的？”在这个主问题下面有4个子问题：

1. 教师参加跨界课例研究的动力来自哪里？
2. 跨界课例研究过程中，教师是如何改进教与学的？
3. 教师在教学改进过程中发生了什么跨界学习？
4. 教师的跨界学习源于什么机制？

“课例研究”是目前国际上比较流行的旨在提高教师课程开发和课堂教学水平、促进教师专业发展、改进学生学习质量，乃至重构学校文化的一种途径。教师通常会组成3~5人小组，相互合作（有时有外来学者和教研员支持），通过多次做课或同课异构，对“课”（一个有目的的教学概念单位）进行有结构的、长时段的（通常为半年或一年）持续探究和改进。与其他国家相比，将“课”作为分析单位，聚焦一个教学重点或学生学习难点，重在提高教师教学水平，是我国课例研究的特色。

如果学校邀请外来学者参与（通常是提供专业指导），此时的课例研究便成了“跨界课例研究”。根据文化历史活动理论，外来学者与一线教师处于不同的活动系统。作为不同的主体，即使共同做一件事情，他们所认为的矛盾、客体、中介、共同体的规则和分工等往往都不一样。如果共同开展课例研究，双方需要了解彼此的期待和诉求，调整各自看问题的视角，共同做出一个符合特定情境的、双方都满意的结果。

“跨界学习”指的是：位于不同活动系统的参与者，跨越自己日常工作的边界，与其他活动系统的参与者互动而发生的正面变化。跨越边界通常会促使参与者重新检视自己之前的惯常假设及长期的专业实践，进而引发深度学习以及思想观念和行为系统的变化。具有伙伴关系的跨界学习，与教师内部的校本研修相比，更能够拓展教师的学习情境，具有更大的开放性、包容性和对话空间。

“跨界学习机制”指的是：引发并维持跨界人员正面变化的要素（行动、过程和结果）之间的关系和运行方式。如前所述，与“获得模式”“参与模式”不同，跨界学习遵循的是“拓展模式”，强调横向的、来自不同活动系统参与者之间的相互学习。因此，本文中的“跨界学习机制”指的是：在拓展模式下，推动教师在跨界课例研究中学习的要素及其关系和运行方式。

（二）研究的方法与过程

与教师之前参加的常规教研活动（听专家报告、教研员组织赛课、教研组集体备课等）相比，本次跨界课例研究有如下一些特点。

第一，教师自愿参加。……这是因为教师不仅自己有研究的需求和兴趣，而且对自己的选择具有责任感和拥有感。

第二，本次课例研究的程序比以往更为细致、完备、系统。在我国，教师开展的课例研究程序通常为如下四步：①教师小组共同设计教案；②一位教师授课，其他教师观课；③教师小组课后集体反思；④改进教案，再次上课。如此循环往复，直至满意为止（图 14–1）。

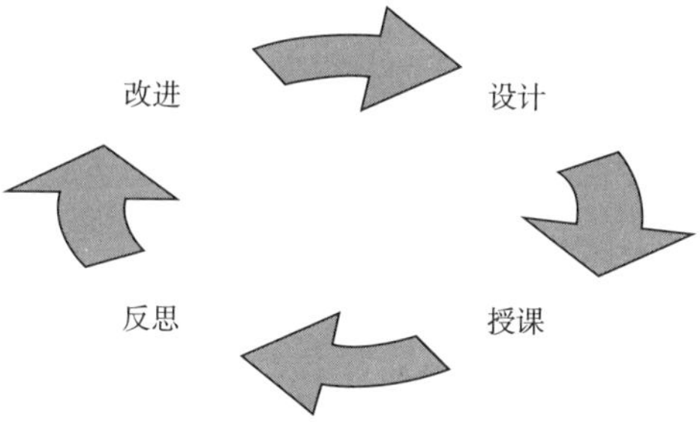

图 14–1　一般课例研究循环

本次课例研究采用八步课例研究循环（图 14–2）：①教师小组对学生实施前测，确定学习目标；②设计课，形成教案；③设计对课进行研究的方案和工具；④一位教师授课，其他教师观课，收集资料；⑤教师集体分析资料；⑥对上次课进行修改，形成新的教案；⑦再次上课；⑧实施后测，分析结果，写报告，开全校分享大会。之所以采用这八个步骤，是因为本次课例研究的内容和过程都很复杂，需要细化。而且，每个步骤都是群体在场，有利于形成具有共同体感觉的心理场，更能激发和促进教师的学习动机和热情。

具体而言，为了了解教师和学生对本次课例研究探究焦点（小组合作学习）的前理解，项目组做了前期现状调查，根据调查结果设计研究目标。（首先，教师根据学生不同学业表现选取部分学生进行访谈，组织学生焦点团体访谈，并采用问卷对学生的小组合作学习现状以及他们的看法做了前测。其次，为了了解教师自身对小组合作学习理解的异同，教师小组相互做了焦点团体访谈。再次，大家将教师和学生理解的变异作为课程教学设计的依据，共同备课，设计教案，观课，修改课，再上课，再分析，不断改进。）在研究过程中，教师阅读了很多文献，并逐一填写《文献阅读表》。（教师的阅读涉及三个方面：①小组合作学习的文献：如何合理分组、组内分工、任务设置、个体责任、合作技巧、公平参与、学业评价、

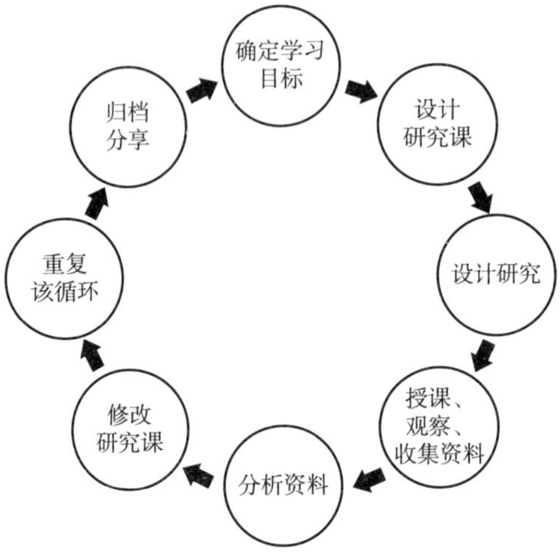

图 14-2 八步课例研究循环

发挥教师的作用；②有关课例研究的文献，包括八步循环中每个步骤的要求和做法；③有关行动研究的文献：如何做观察、访谈、问卷调查、实物分析、行动干预、效果检测、反思性写作等。）此外，教师还设计并使用了各种教案设计表、观察表和反思工具，探究步骤环环相扣，保证了研究的深入、完备和系统性。（教案设计表包括教师的教学活动、预期学生反应、教师应对措施、设计意图说明等内容；课堂教学观察表用于观察学生是否发生预期或非预期行为，以及两类行为发生时教师是如何应对的；小组活动观察表用来观察组内每位学生发言、倾听、回应、记录等方面的表现，以便在后续反馈时能够提供翔实的证据。此外，教师还需要每周在网上分享和反馈反思帖。）

再次，形成了多层次的跨界合作网络，各方互动密切，积累了丰富的研究资料。专业支持小组由来自不同单位和背景的三位学者组成［专业支持小组除了我以外，还有一位来自北京某教育科研机构的副研究员（男、42 岁），具有人类学和社会学博士学位和博士后工作经验，并曾经在一所小学作为校长助理挂职 3 年；另一位是北京某综合性研究型大学的研究助理（女、39 岁），在英国获得教育管理学博士学位，之前曾在中学从事教育管理工作十余年］。成员的专长、经验、年龄和性别形成了很好的互补，也基本满足了教师对指导多样性的需求。（专业支持小组每周去学校一次，为教师提供面对面的指导。其他时间，我们对所有教师的反思贴和作业提供反馈，并协助教师设计研究工具，收集和分析资料。36 位教师分成 9 个小组之后，我们每人负责 3 个组，每周批阅小组活动记录表、观察记录和访谈记录，观看上课录像，并做出详细的点评和改进建议。由于我们三个人住得比较远，每周都在网上备课，每次时间 2~5 小时不等。通过这些活动，我们跨越边界进入了教师的领地，了解了他们的需要和困难，对他们的学习提供了实质性的帮助。）作为本次跨界课例研究的一员，我既是参与者也是研究者，既是局内人也是局外人。在项目过程中，我一直注意观察各类活动的开展过程和效果，了解相关人员的看法，收集并分析资料，撰写反思笔记。

案例学校成立了 5 人执行小组，由副校长、教师协调员和专业支持小组成员构成，密切沟通，相互协助。除了自愿参加的 36 位教师，还有每位教师班级的学生共约 800 人参与，形成了一个多层次、立体交叉式的跨界合作网络。课例研究持续了 8 个月之久（2019 年 1 月双方交流合作意向；2 月制订和修改方案；3 月开学后进行前期现状调查；4 月进入第一次课的设计和实施；5 月分析资料，再次收集资料；6 月修改教案，进入第二次上课；7 月再次分析资料，实施后测，写总结报告；8 月底召开全校交流大会）。探究具有一定深度，形成了丰富的研究成果。[研究过程中，9 个教师小组两轮共做研究课 18 节；每次课前和课后都召开讨论会，形成了 18 份教案。每个教师小组对抽样学生进行了 3 次访谈，形成了 27 份访谈提纲，共约 90 人（次）。课题组针对 800 多名学生设计并实施了两次问卷调查，了解学生小组合作学习在课例研究前后发生的变化。9 个教师小组分别对彼此进行了焦点团体访谈，了解教师对小组合作学习的理解异同。此外，形成了观课工具 9 套，观课记录若干。所有访谈和观察记录都形成了逐字稿，并进行了归类分析和情境分析。研究过程中，教师撰写了 300 多条反思帖，总共大约 6 万字。项目结束时，形成了一份研究总报告，9 份报告。]

基于上述研究基础，本文下面四个部分分别回答上述四个子问题。

三、教师参与跨界课例研究的动力

在本次跨界课例研究中，教师面临的矛盾是什么呢？

（一）“应试教育”与素质教育不兼容

过去二十多年，我国的中小学教师一直受到“应试教育”和素质教育这一两难困境的双面夹击。

来自绩效主义管理的外部问责让教师处于“双重束缚”之中。正如一位教师所言：

你做不行，不做也不行——你做小组合作学习，学生的考试成绩可能下降；你不做小组合作学习，学者和行政官员会指责你没有开展教学改革，教学方法陈旧。学校名义上是为了孩子的成长，但实际上是为了让家长、教师、校长、社区领导都有成就感。

正是由于对学生考试成绩的关注，教师在本次跨界课例研究中对学生的学业评价格外重视。在9个教师小组内，有3个小组的探究都聚焦于小组合作学习中的评价，其他小组也每次课中都有评价环节。除了教师评价，还有学生的自评和互评，教师事先都设计了精致的评价表和评分标准。大部分教师整个学期从不改变学生小组成员的构成，因为便于给固定的小组打分，以便期末总结评比。

另外一些教师参与课例研究（并选择小组合作学习作为探究焦点），是因为“应试教育”与素质教育的不兼容让他们遭受着伦理拷问和良心煎熬。下面这位入职刚一年的女教师发自内心的表达，便揭示了严苛的考试制度与教师对学生发展关怀之间的巨大落差，以及教师对本次课例研究的热切期待：

在我决定当老师之前，我一直是有点抗拒的，因为我的中学时代过得不是特别快乐，我在课堂上收获到的乐趣很少，“应试教育”让我觉得自己会成为一个缺乏教育想象力的人。我害怕，或者担忧自己也会成为这样的人影响到学生……我最近一直在想，合作学习是一种非常社会化的能力，能不能借小组合作，打造更为自由的课堂，让老师和学生都能自由地流动？也许会有这么一天？

（二）具体实施困难

除了担心学生考试成绩下降以及自己的教学缺乏想象力，对很多教师而言，小组合作学习就好像是一个“鸡肋”，观念上有利于学生主动合作探究，但具体操作却不知如何做。下面这位教师的反思笔记便反映了这类技术上的困惑：

我的合作学习探究走过了很多弯路，经历过按成绩均衡分组后，有的组的主要活动变成了学优生之间的讨论与对话，而学困生只能作为旁观者，没有任何机会参与学习，在同龄人面前更加的不自信和怯懦；这种合作只是学优生的部分合作，两极分化越来越严重；有的组优差配成一帮一互助，表面上团结互助，但实质阻碍了学优生的发展，课堂上变成了学优生分担了教师的任务，却降低了对学优生的思维要求，浪费了学优生的时间，变成了补齐差异，学优生"吃不饱"，学困生也是被动接受，丧失了独立思考的意识和精神……

因此，项目组经过反复掂量和全体头脑风暴，最后决定选择小组合作学习作为贯穿所有小组两次做课的探究焦点。不过，不同小组关注的侧重点不同：化学组探究的是学生分组的标准，数理组聚焦于学生组内分工，语文组和生物组关注的是教师的任务设置，政治组考察的是组间交流对学生参与度的影响，英语组关注的是小组成员倾听的能力，通过评价提高小组合作的质量等。

由于本次课例研究主要聚焦学生的小组合作学习，而且教师小组由来自不同年级乃至不同学科的教师组成，因此对那些毕业于非师范类大学新手教师的教学内容知识的提升比较有限（这是学校领导邀请我们参与课例研究的初衷之一）。不过，由于他们在规划和实施学生小组合作学习时，使用的载体是所教学科的内容，因此他们必须思考如何将这些内容让学生更容易学会。此外，对小组合作学习这一教学组织形式的探索和创新，也在一定程度上提高了他们的教学能力。

四、教师改进小组合作学习教与学的过程

在9个教师小组中，只有语文组的两次做课均被所有成员观察和评议，其他组的教学都在本组成员中交流。此外，作为专门负责支持语文组的外来学者，我对该组的工作最熟悉。因此，下面选择该组的教学实践作为例子，说明教师在跨界课例研究中是如何学习的。

两次公开课都由任教不到一年的刘老师（拥有国内一流综合性大学硕士学位）执教，课题组其他成员做观察，授课对象是刘老师当班主任的初三学生。由于全体成员事先讨论过教案设计，对教师的教学活动非常熟悉，因此观察的重点在学生的学，学生小组活动时教师进组仔细观察小组成员的互动状况。

（一）问题重重的小组合作学习

语文组的探究焦点是：任务设置的互赖性对学生小组合作学习有什么影响？第一次公开课的内容为新闻写作。

下课后，观课的教师相互对照观察笔记，发现学生的小组合作存在很多问题，如下述教师的课堂观察记录所示：

部分小组分工混乱，不按照教师预想的标题、导语、主题各司其职，筛选文本、开始撰写……

课后，语文组的教师对抽样生进行了第二次访谈。这些学生也提到存在"缺乏思路、分工不太好，抠得太细、参与度不均"等问题：

我们组一个是没什么思路，一个就是分工也不太好。我们一直在一块儿想那个主题部分，然后那个标题部分，但是主题也没有完成……我们当时抠得太细，就是要把每一个场景都描写得很好，导致耽误主题的发展。

执教的刘老师在自我反思时也认识到：

任务设置互相依赖程度不够，因为成员单独也能完成。这堂课的研究目标达成了吗？显

然任务设置得还是不够合理，学生并没有形成很好的合作。评价环节虽然热闹，但学生的思维并没有得到实质性提高。

（二）思维进阶理论的启发

鉴于语文组的教学基本停留在事实性知识层面，专业支持小组决定向全体教师介绍安德森关于知识分为四大类的观点："事实性知识""概念性知识""程序性知识""元认知知识"。与此相关，我们还介绍了高阶认知与低阶认知的区别。这些理论给教师带来了进一步修改教学课程的思路。在课后的反思笔记中，有教师写道：

到底什么样的任务才能做到小组内部成员之间的互赖呢？什么样的活动环节才能让学生的思维得以进阶？

有教师提出：

教学不应停留在事实性、程序性知识的传授上，而应该适当地引导学生发展概念性、元认知思维，因为概念性、元认知的思维作为一种高阶思维，必然会包括事实性、程序性知识。

还有教师提议：

可以采用翻转课堂的方式……

这就上升到了元认知的层面，也只有这样才能真正培养和发展学生的理性思维，而这其实也恰恰是教育改革的方向和目的。

（三）设置拼图式任务

2019 年 6 月份，最热的新闻是中美贸易摩擦，谷歌宣布对华为实施断供后，引发了世界媒体的广泛关注，各类报纸报道的重点和内容均有差异。因此语文组的第二次教学设计，就采用了"新闻报道的立场"作为主题。经过与专业支持小组商量，教师这次选择了……

在这次观课过程中，教师发现：这是一个"拼图式"的任务，让学生有不同的方式来组成小组，大大提高了他们的学习参与度。每个人都要思考不同报纸背后的角度、立场是什么，每个人都要听、都要表达，每个人都是"专家"，都要回来汇报，完全没有办法偷懒。

拼图式任务设置大大提高了每个人的课堂参与度。学生在"专家组"中要听，要表达，要整理。

回到原来小组后，每个小组成员都变成了自己关注的那份新闻的"小专家"，在集体完成小组报告时，每个人都得说，自己负责的报纸到底从哪几个角度进行了报道，这背后隐含的立场是什么？

事后，语文组的教师对抽样生进行了第三次访谈。学生也反映：

……

其他组观课的教师也开始对自己的课进行反思：

我反思自己的那节课，关注点更多放在了小组合作的形式上，忽略了内容上的深层次思考。探究性问题比较适合小组合作学习方式，但是学生除了完成探究得出结论，学习能力是否得到锻炼提高？学优生和学困生的提升如何能够表现出差异？学生的学科素养又如何得到培养？众多的问题，绝对不是一个学习方式就能够解决的。

上述案例表明，语文组通过两次课例的递进，将学生从事实性、程序性知识的低阶思维学习，转向概念性和元认知知识的高阶思维学习。

五、教师实践性知识的生成

在上述不断修改课的过程中，语文组的教师生成了自己新的实践性知识……

（一）实践性知识的内涵和结构

在语文组的案例中，教师的实践性知识可以被概念化为“元认知视角下小组合作任务的互赖性设置”。语文组在课例研究开始之前对小组合作学习有很多困惑，不知如何根据教学目标设计合适的小组活动。第一次做课时，教师的任务设置停留在学生个体分别收集事实材料的层面，小组成员之间并没有形成实质性合作，学生的思维品质也没有太大提高。

在接触了外来学者带来的有关知识类型的理论之后，教师结合自己以往的经验，重新设计教案，不仅设置了具有高度互赖的“拼图式”小组合作任务，让每个学生都“没法偷懒”；而且通过对比分析不同报纸对相同新闻的不同报道，提高了学生的元认知水平。由于组内成员的任务都不一样，学生必须在完成自己任务的基础上，相互支持才能完成小组共同的任务。而由于小组任务的共同完成需要高阶思维，进入元认知层面，学生在完成任务的同时，其审辩式思维能力也得到了提高。

语文组生成的实践性知识“元认知视角下的小组任务互赖性设置”，具有一定的结构……

（二）实践性知识生成的条件

那么，语文组教师的这一实践性知识是如何生成的（即需要什么条件）呢……

在最后一次总结会上，很多教师都提到了从文献中学到的新概念，如转化式学习、双环学习、第二序学习，等等。可以看出，通过跨界学习，他们已经突破知识灌输和通过考试验证学习效果的怪圈，进入更加系统的理论思维，考虑自己可以如何积极应对应试教育与素质教育双面夹击的两难困境。更为重要的是，教师需要对理论这个中介工具进行“再工具化”（retool），成为自己明白的、能够被运用的新工具。正如语文组一位教师在观察完刘老师上的第二次课后所言：

这节课下来，收获很大。其实并不是这节课本身的内容含量有多大，而是对我而言，这节课使得之前的课的价值都凸显了出来。在实操课面前，所有的理论知识一下子都活了起来。

后期开展的一项专家示范活动，也说明了这个道理。……此活动类似一次将所读理论付诸实践的生动展示，传递的不仅仅是原理、原则性的知识，而且是大量无法言表的、身体化的、被做出来的实践性知识。

六、教师跨界学习的机制

在本次跨界课例研究中，我们发现教师的学习源于三个重要机制：①通过实践推理达成意义协商；②借由知行合一形成视角再造；③付诸中庸之道产生杂糅（hybridization）的实践重构。

（一）意义协商

在跨界课例研究中，合作各方有不同的意义赋予和利益诉求，因此必须进行协商……从学术逻辑看，教师的专业发展最终依赖教师自生的动力和创造力。然而，从实践逻辑来看，教师学做一件新的事情，需要一定的参照、模拟和比较。特别有关小组合作学习、课例研究和行动研究这类程序性知识，教师（特别是中国教师）难以从零创造，需要看到做出来的、好的范例，才能根据自己的情境进行合理的迁移和创新。

（二）视角再造

……教师在中国这样一个推崇知行合一的文化中浸润成长，一旦意识到自己的视角过于狭窄，自己的理解只是部分正确，便会立刻采取行动，将观念的改变落实在自己的行动中。

（三）实践重构

……类似事例说明，一项教育改革是一定会“变形”的，而且必须“变形”，才能符合特定学生群体、学校文化、教师风格，甚至社区和家长的需要。教师只有采取中庸的态度和策略，才能应对不同利益群体相互矛盾的需要和诉求。教育行政部门和改革派学者通常认为，如果教师在实施一项变革实践时“走样”了，这说明他们对该变革的精神理解不到位，需要对他们进行再培训。然而，本研究表明，杂糅式的“走样”是必然的，也是必需的，否则任何自上而下的变革都无法在学校和课堂真正落地。

七、结论与讨论

本文从跨界学习的视角，结合中国文化传统资源，探索了教师在跨界课例研究中其学习是如何发生的。基于一个小组合作学习案例，本文分析了教师如何通过与外来学者合作，借鉴相关理论，改进教案设计和教学实施，在促进学生学习素养提高的同时生成了自己新的实践性知识。在此基础之上，本文提出了引发教师跨界学习的三个机制：意义协商、视角再造、实践重构。

……

回顾本次跨界合作课例研究，它就像一场历险。开始之前，没有人知道它会走向哪里，最终会产生什么结果。正是因其模糊的边界、参与者的多重声音以及进程的开放性，才导致大家有兴趣澄清并协商自己的意义、视角和行动，也才引发了各方对话和跨界学习的需要。意义、视角和行动都是参与者之间不断交流、协商和妥协的结果：在过程中协商矛盾和意义，转换视角和身份，重构行动和结果。这也就回归了教育的本意：教育之所以是教育，而不是训练，就在于它有“美丽的风险”。只有在开放的不确定性中创造有教育意义的事件，期待着“不可能的可能性”的意外实现，教育生活才会丰富多彩、震撼心灵，参与者才能真正领略创造知识的愉悦和教育事业的崇高。

【陈向明.跨界课例研究中的教师学习［J］.教育学报，2020（2）：47-60.】

案例分析

这是一份教育行动研究报告。关于教育行动研究报告的组成，学者们都提出了一些看法。奥特雷彻，珀斯和索墨克赫认为，书面报告至少包含下列部分：①相关文献资料（学术文献、教育行动研究文献及其他文件）。②所有使用的方法、技术、行动策略的设计与执行。③研究的发现，包括观察（评鉴）结果、反省辩证过程，以及在教育行动研究中可能发现的“意外收获”。④结论与意义，特别是对其他教师教学实践及后续教育行动研究的启示。麦克尼佛，罗麦克斯和怀特海德（1996）提出教育行动研究报告中须包括的项目：①你所关注的是什么？②为什么你关心？你如何呈现你认为需要去进行研究的证据？③你可以做些什么？④你做了些什么？⑤你提出什么证据来证明你的行动和其影响？⑥你从证据中得到什么结论？你如何判断其有效性？⑦如何显示你关心你的判断是合理且正确？⑧你如何修正你的实务工作？反省思考是行动研究的核心精神，因此在上述的五个实施步骤中，研究者都该随时对问题的策略及施行的成效进行循环检视，通过不断的自我反省，方能促进自我的专业成长，这样的精神不只应该持续到公开发表行动研究成果，更应不间断地延续下去。陈向明等认为，就中小学教师而言，教师最好先严格练习行动研究报告的经典格式，等到熟练掌握了行动研究报告的经典格式之后，再逐步自由写作、自由发挥。否则，教师很可能因为不知道如何撰写行动研究报告而丧失行动研究的信心，也可能因不知道如何撰写行动研究报告而败坏行动研究的名声。行动研究报告虽然有多种风格，但经典的行动研究报告主要包含三个部分：一是“问题与假设”；二是“过程与方法”；三是“结果与讨论”。这三个要素实际上是教育实验研究报告的基本形式。经典的行动研究报告之所以接近实验研究报告，是在做行动研究报告时，要先阅读和参考教育实验研究报告的规范格式，然后通过对教育实验研究的规范格式的模仿，逐步掌握撰写教育行动研究的基本要求。

结合案例，总体上看，教育行动研究报告由问题的提出（研究的背景）、研究设计与方法（研究的问题和过程）、研究资料分析（教师参与跨界课例研究的动力、教师改进小组合作学习教与学的过程、教师实践性知识的生成、教师跨界学习的机制）、研究结论（结论与讨论）几部分组成。进一步，“所有参与者（教师、学校领导、学生、外来学者）都获得了不同程度的成长”“在语文组的案例中，教师的实践性知识可以被概念化”，案例指出了，教育行动研究的核心功能是促进教师的专业成长。教师成长是学生发展的基础。报告的组成部分也反映出教育行动研究法的应用步骤。

运用教育行动研究法的概念体系解读案例，能够发现开展研究的一般步骤。半个多世纪以来，教育行动研究发展出多种模式，代表性的研究模式主要有：莱文的螺旋循环模式，克米斯和麦克塔格特的循环模式，埃利奥特的循环模式，爱布特的可回复性历程模式，麦克尼佛的衍生性螺旋循环模式，奥特雷彻、珀斯和索墨克赫的自然螺旋模式，庞国彬等人的实践环节，王坚红的行动步骤，其中以克米斯和麦克塔格特的循环模式最为经典。详见思想资源。

结合案例，制订教育行动研究的计划是教育行动研究的关键环节。从事教育行动研究法理论研究的学者们对此提出了很丰富、富有价值的成果。

张民选认为，“计划”是以大量事实和调查研究为前提的，它既是行动研究，也是理智的工作过程的第一环节。“计划”环节包括 3 个方面的内容和要求：①计划始于解决问题的需要和设想，设想又是行动研究者（行动者和研究者）对问题的认识，以及他们掌握的有助于解决问题的知识、理论、方法、技术和各种条件的综合。计划还应以所发现的大量事实和调查研究为前提。②计划包括“总体计划”和每一个具体行动步骤的计划方案，尤其是第一、二步行动计划。③计划必须要有充分的灵活性和开放性，要允许不断地修正计划，把始料不及的在行动中又显现出来的各种情况和因素容纳进计划。钟海青认为，“计划”就是绘制出行动研究的蓝图，用以指导行动研究的全过程。在“计划”阶段，主要完成两个方面的任务，即明确问题与分析问题，制订计划。明确问题与分析问题就是：①明确问题的主要矛盾；②明确问题的范围；③明确问题的形成原因；④明确问题可能产生的影响。制订计划。总体计划一般应该包含以下一些内容：①计划实施后预期达到的目标；②对课堂教学拟改变的因素；③行动的步骤与时间安排；④本研究涉及的人。

庞国彬等认为，形成行动策略是一项具有建设性和极富创意的活动。在形成计划时应注意：不要满足于某一个构想，必须能有机会在多项可能的策略中作选择；不要过多地受实施困难的干扰；借助群体讨论形成行动策略。教育行动研究计划包括试验对象、试验周期、实施环境、教学资源的选取和确定研究的人员组成及其所扮演的角色。其中包括：研究者，又是行动者，一般是该任课教师，制订研究计划和实施方案，执行行动，同时进行观察，收集资料；学生，行动的实践者，又是研究对象，参与观察和研究；教育行政人员和其他任课教师：研究合作者，参与观察和研究；专家、学者，研究的协作者、引领者、参与性合作者，提供意见和资料，参与研究和观察。叶重新认为，研究计划包括：研究的对象、研究工具、采用观察、访谈或问卷调查，工作人员的任务与分配，收集资料的过程与方法，邀请学者专家参与指导等。

结合案例，发现学者们的共识在于计划中必须包含：关于人的设计安排、关于研究问题和目的的设计安排、关于研究步骤的设计安排、关于研究重点、难点和关键的设计安排、开放性设计安排。

从案例多次提到“反思”“修正”，我们想到反思要依赖于资料，因此，我们认为，使用教育行动研究法的重点是资料的收集和分析，既是教育对策的研究基础，也是问题现状确认的基础。一般地，教育行动研究要应用多种工具、手段收集资料。“下课后，观课的教师相互对照观察笔记”“课后，语文组的教师对抽样生进行了第二次访谈”“语文组的教师对抽样生进行了第三次访谈”。潘慧玲认为，行动研究中经常使用到的资料搜集方式有：①文件分析，文件可如学生的书写作业、教师的文字资料及其他文件（如班级名册、家长来函、出缺度记录、校规、通知单、新闻简讯、通告、参考书）等。②直接观察与间接观察，行动研究不需要任何科技工具，只要有纸笔即可，其重点在于“做记录”以备事后使用，记录可在观察过程中或观察之后进行。除了教师观点的观察外，也包含学生观点的观察（学生以各种角色看他们自己）及其他人的观察（一个外人体验该情境后的观感），或利用录音机及适时地使用相机与摄影机。③访谈与问卷，较好的访谈结果是研究访谈逐字稿的记录，可分析访谈者与受访者是如何相互影响。至于开放性问卷或封闭性问卷的使用，对教师而言都是一种简便的资料搜集方式。④实习导师、视导人员或其他同仁的交互观察教学或视导记录。叶重新认为，收集资料的方法是：①对研究对象进行深入访谈。②研究对象的言行举止，进行如影随形的追踪搜集资料。③用各种视听器材以及科技，进行录音、录像、照相。④对现场进行摘记、札记（log）。⑤搜集相关文件、公文、会议资料、学生学习作业、评鉴资料等。⑥以问卷、量表调查受试者的意见。⑦参加座谈、教学观摩来搜集资料。⑧请实习辅导老师提供学生学习行为资料。⑨请导师提供学生品德行为资料。⑩参加课程或行政会议，搜集其他同人的意见。

案例中，作者作为合作者，以教师、学生的访谈记录为事实依据，使用了定性资料分析方法和定量资料的分析方法。例如，①阅读资料：阅读资料，以回忆所呈现的事件与经验。②选择资料：区分重要与不重要的资料；聚集相似的资料；将复杂的资料排序、简化。③呈现资料：将选择的资料以一种极易了解的方式呈现，可以用图表或线条的方式强调。④解释资料及作结论：解释相关问题及建构一些实际理论，以期能了解与符合研究情境。

行动研究在于行动，发展行动策略是一项具有建设性及创意性的活动，会因研究者的人格特质及所处的特殊情境而有不同的呈现方式，因此，研究者须注意不要只发展一个构想，也不要过度担心开始执行的问题，唯有不断地对行动策略进行修正，不畏惧可能面临的难题，才能对问题达到实际的改善。

从案例中我们还看到了“协商”的重要意义。“项目组经过反复掂量和全体头脑风暴”“我们的坚持很有道理，教师的参与度整体而言非常高，基本能够按时按量完成研究任务”都说明协商是行动研究的重要内容。在行动研究中，协商具有两大意义：一是通过协商使方案更清晰，行动计划更周全；二是获得相互信任和约束，这里主要是第一类作用。与学生协商，获得这一部分参与者的信任与合作。这体现了协商的第二种功能。

从案例中，我们没有看到研究假设，说明教育行动研究中不需要也不能有假设。不过，我们发现研究的脉络是“搭在”一个总问题和四个小问题之上的。

最后提一个建议，本案例也可以作为教育个案研究的一个个案进行分析，可以加深对教育个案研究法的理解。

思想资源

一、教育行动研究主题的特点

（一）事实判断题

行动研究的核心精神是只作“事实判断”，不作“价值判断”……那么行动研究的典型话语方式是“X对Y的影响”。行动研究的重点是探察事物之间的因果关系或相关关系。X的关键要求是“可操作性”，它代表某种具体的“可操作”的某个教育变革行为与措施。这个变革行为相当于“动名词”。Y的关键要求是“可测量性”，它代表某种教育变革所引起的教育效果，而且这种效果最好是可测量或者可言说、可观察的。比如，自主学习对学生成绩和学习兴趣的影响的行动研究。但是，如下课题：素质教育对学生价值观的影响的行动研究、班主任的性格对学生的影响的行动研究、学生班级排名对自主学习的影响的行动研究，则不适合教育行动研究。

【陈向明.教育研究方法［M］.北京：教育科学出版社，2013：365.】

（二）行动研究探索的教育主题十分广泛

就台湾地区来说，以“行动研究”搜寻1996年至2001年台湾图书馆的博硕士论文资料库中“关键字”与“摘要”部分，共得教育类别论文136篇，与教育相关的行动研究主题约可分为七类：

（1）课程发展/课程研究　如乡土教学课程发展与实施，与“认识特殊需求儿童”的社会科课程设计等。

（2）教学法/学习策略　各种教学策略，如《以合作学习教学法改善学生对高中物理的解题能力及学习态度之合作》。

（3）教师进修成长　教师各种专业成长途径的成效或是对教学环境的适应，如《学校本位教师专业成长之研究：以一所小学周三进修为例》。

（4）教师自省 / 态度　教师对教学的自省或认知，如《解开“生气”的锁链：一个小学女老师的探索、实践之路》。

（5）学生态度 / 认知　学生对教学或各种议题的态度认知及改善方法，如《数学教师降低国中学生数学焦虑之行动研究》。

（6）班级经营　如《学习型班级经营之协同行动研究》。

（7）评量　各种评定学生学习情形的方式，如《小学一年级数学领域实作评量之行动研究》。

其他未列入前七项分类，而使用了行动研究进行学校建筑探讨的，例如“九二一震灾学校建筑之重建规划与实施研究”，以及研究家长参与学校教育模式建构等，但篇数都只有个位数，故暂不列入分类项目。在以上研究中，研究主题以“课程发展／课程研究”及“教学法／学习策略”为最大宗，半数以上的论文系就此二主题进行研究以改善教学。

【潘慧玲.教育研究的取径：概念与应用［M］.上海：华东师范大学出版社，2005：329-330.】

二、教育行动研究的原则与要求

1. 实践性原则

实践性原则指的是必须坚持实践观点，把实践放在首位，要在实践中发现问题、研究问题、解决问题。要以改进实践，改进对实践的认识和改进发生的情境为研究的出发点和归宿。应用要求：①从教育实践的需求与可能出发选择研究课题；②必须深入教育实际情境；③必须付诸实际行动；④行动研究成果的价值大小应由教育实践来检验。

2. 合作性原则

合作性原则指的是在实施行动研究时，必须鼓励人们积极参与，密切合作，共同解决问题。应用要求：①参与者必须切实完成各自的角色转换；②必须提高参与者的科学精神与研究道德。

3. 动态性原则

动态性原则指的是在实施行动研究中，应该注重全过程的动态监控，体现运动变化和开放、发展、形成及时反馈，自我反思和持续调整的机制。应用要求：①要及时反馈信息；②教育工作者要不断自我反思；③要坚持持续不断的调整计划和行动。

【钟海青.教育科学研究方法［M］.桂林：广西师范大学出版社，2002：217-222.】

三、教育行动研究的步骤

20世纪80年代，勒温的“步子”经凯米斯调整后，“计划—行动—观察—反思—新计划—新行动—新观察—新反思……”几乎成为行动研究过程的经典性表述。

一般认为，凯米斯行动研究模型的基本环节有四个。

第一个环节：计划。“计划”是以大量事实和调查研究为前提的，它既是行动研究，也是理智的工作过程的第一环节。计划始于解决问题的需要，包括总体设想和每一个具体行动步骤，它必须有充分的灵活性、开放性。

“计划”环节包括3个方面的内容和要求：①计划始于解决问题的需要和设想，设想又是行动研究者（行动者和研究者）对问题的认识，以及他们掌握的有助于解决问题的知识、埋论、方法、技术和各种条件的综合。计划还应以所发现的大量事实和调查研究为前提。②计划包括“总体计划”和每一个具体行动步骤的计划方案，尤其是第一、二步行动计划。③计划必须要有充分的灵活性和开放性，要允许不断地修正计划，把始料未及的在行动中又显现出来的各种情况和因素容纳进计划。

第二个环节：行动。“行动”是指计划的实施，是行动者有目的、负责任、按计划的行动过程。在行动中，要按计划、有控制地进行变革。在变革中促进工作的改进，包括认识的改进和行动所在环境的改进。随着对行动及背景认识的逐步加深，及各方面参与者的监督观察和评价建议，不断调整行动。

第三个环节：观察。“观察”可以是行动者本人借助各种有效手段对本人行动的记录观察，也可以是其他人的观察，包括对行动的过程、结果、背景以及行动者特点的考察。“观察”是反思、修订计划和进行下一步的前提条件。

第四个环节：反思。反思是对观察到、感受到的与制订计划、实施计划有关的各种现象加以归纳整理，描述出本研究过程和结果，对行动的过程和结果做出判断评价，对有关现象和原因做出分析解释，写出研究报告。反思既是一个螺旋圈的终结，又是过渡到另一个螺旋圈的中介。

查尔斯认为，行动研究是按照以下顺序展开的：

（1）明确问题或需要；

（2）收集信息与资源；

（3）准备项目；

a. 形成项目目标

b. 选择项目所采取的行动

c. 整理与准备资料

d. 计划实施程序

（4）引入并实施项目；

（5）监控过程与反应；

（6）了解项目的优势与不足；

（7）纠正失误、困难与疏忽；

（8）评估项目的进展及长期成效。

以下是对上述过程的详细说明。

· 问题。在行动研究中对问题的陈述采取了如下方式。

研究的目的旨在为奥罗拉学区的科学课程设计一个真实性评定程序。问题陈述本身可以让人充分了解研究的未来方向。有时候也会用到假设，但是一系列的问题通常更有用，比如：

真实性评定指什么？它包含哪些内容？

教育家，尤其是教师是如何看待真实性评定的价值和实践性的？

真实性评定在何种情况下最为有效？

真实性评定可以被用来评价学生在科学课上的表现吗？

在科学课上实施真实性评定需要哪些材料，并采取怎样的程序？

奥罗拉学区的科学课教师会接受并使用这种真实性评定吗？

· 预期成果。人们希望通过行动研究所获得的成果应当早已在问题陈述和提问中表现出来。有时候，预期成果也采取研究目标的形式。

· 信息与资源。考虑到其他类型的研究通常是力图获得原始数据，然后对这些数据加以分析以有助于回答问题或检验假设，行动研究中的数据是现成的，而且将这些数据集中起来的目的是解决身边的问题。行动研究具有创新性的一面体现在它对新成果或新程序的组织、实施、改良和评价。

· 研究活动序列。列出在项目进展中将要实施的行动序列，是相当有益的。应该明确每一项活动开展的具体时间，如果可能的话，应该把相应的预算做出来。对成果或程序的改良随着研究的发展，应该在小范围内作一个预测。也就是说，在获得初步的研究成果时，首先应该在真实的环境中，在小范围内做预测，以便发现哪些成果是有效的，哪些不是，并且度量参与者的反馈。这样，在将研究成果在更大范围内实施之前可以有时间做适当的调整。

· 对成果或程序的评价。改良完成之后，项目就开始正式实施，接着按照效果、实践性、参与者的接受度等标准加以评价。对项目的评价性判断应该从定性和定量两方面展开。

庞国彬等认为，教育行动研究的实践环节有六个。

1. 发现问题

教师寻找研究的起点时，要有“非常态度”“问题意识”，这样可以激发额外的知识和隐含的知识，拒斥自己所熟悉的模式，视熟悉为陌生，然后在当前的情境中发生思想及行为上的改变。另外，要注意紧紧围绕教学这一中心工作，避免完全从个人的兴趣出发，脱离教育教学实际需要；避免置教育教学于不顾的好高骛远、好大喜功的研究。

2. 分析问题

通过对话、访谈、观察、记录、收集实物、录音录像、书面调查以及其他方法收集有关资料。在收集资料时，研究者应给各方观点以同样多的关注，减轻弱势群体所受到的压力。

研究者分析资料时，要理清情境，可以就资料写内容摘要，对资料进行归类和编码，撰写理论笔记等。还要引发参与各方对研究的初步发现进行讨论，对研究的交流效度进行检验，即通过对话建立双方都同意的观点。例如，综合案例中，两位研究者就各种可能性进行了“发现事实”的勘查和分析比较，参照了以往的教学经验，从而达成共识、集中目标。

3. 拟订计划

形成行动策略是一项具有建设性和极富创意的活动。在形成计划时应注意：不要满足于某一个构想，必须能有机会在多项可能的策略中作选择；不要过多地受实施困难的干扰；借助群体讨论形成行动策略。

教育行动研究计划包括试验对象、试验周期、实施环境、教学资源的选取和确定研究的人员组成及其所扮演的角色。其中包括：研究者，又是行动者，一般是该任课教师，制订研究计划和实施方案，执行行动，同时进行观察，收集资料；学生，行动的实践者，又是研究对象，参与观察和研究；教育行政人员和其他任课教师，研究合作者，参与观察和研究；专家、学者，研究的协作者、引领者、参与性合作者，提供意见和资料，参与研究和观察。

4. 实施行动，观察、收集有关资料

教师将行动策略应用于实践，并且注意实施中全过程的观察和监督。也可以组织其他任课教师和研究工作者一起，对行动过程和行动后教师、学生的反应进行考察，可以采用以下方式：课堂行动观察（教师教学活动、学生学习活动）；进行录像记录；学生作业分析；问卷调查（分别对学生和任课教师）；访谈；各任课教师以教学日记和“我的教育故事”等方式写下感受。

5. 多方磋商，检验研究的有效性

行动结束，要针对行动中所收集的资料，对此次行动的结果进行分析，是否符合实际，是否具有预期的效果，分别可以从不同教师的教学过程的录像资料、教学日记、学生作业等方面分析；还可以同任课教师与其他参与观察者（专家、教师和学生）座谈，交流感受，多方磋商。

教师根据什么来宣称某个行动策略是成功的呢？一般说来，成功的教育行动研究应该是：①按照执行的方案，改进了教育教学，达到预期目标；②研究的结果并未产生损害正向效果的副作用；③改进的效果可以在较长时期内维持下去。如果研究并未出现预期的效果，可能是执行方法、行动策略的构想、问题情境的分析、资料收集以及资料的界定上出了问题。教师在仔细分析的基础上，重新考虑自己的研究起点与途径，回到前面的研究过程。

应该注意的是，行动策略不一定能够满意地解决所有问题，有可能产生预想不到的副作用，这不一定就是不好的。而且问题的解决具有长期性和复杂性，不能够“毕其功于一役”，并不是效果不理想，要在不断尝试、不断探索中成长，为点滴的改善而高兴。即使研究的效果不尽如人意，也是一笔财富，从而可以激励教师不断反思、更全面地认识问题。

6. 修正计划，进入新一轮研究

教师可以借助检验的结果对自己的实践研究进行评估，并从中总结得失，找出方法，发展修正甚至彻底修改原来的观点。针对研究计划实施后所出现的新问题，收集资料，提出改进和修正意见，制订新的研究计划，投入新一轮的研究。而且，教师在实施与检验行动策略后，可以公开自己的研究成果。具体公开的方式有：口头报告或书面报告、图表、影视媒体手段、电脑网络、展览等。

王坚红提出，教育行动研究的模式：目标—计划—行动—评价。可按如下步骤实施：

1. 发现问题

在本校或本地的教育教学实践中发现问题。要以敏锐的观察力和根据实践活动中的深刻感受去发现待解决的问题。所发现的问题一般是小而独特的。

2. 界定问题

对研究问题进行明确的界定，确定问题的范围。

3. 文献探讨

对前人有关问题的研究文献进行总结、分析和研究，以弄清研究背景，确定研究起点，拓宽研究视野。

4. 拟订研究计划

一份完整的研究计划，一般应包括：标题、问题的陈述、研究目的与假设、研究对象或范围、研究方法及步骤、研究时间安排、研究资料、经费来源、人员及工作分配等。

5. 执行研究计划

根据所拟订的研究计划去搜集资料，并分析问题和解答问题。

6. 拟订行动方案

根据研究结果、过去文献和教育实际情形，制订解决问题的行动方案。

7. 实施行动方案

据行动方案，分配教育实际工作者一定的任务，去执行行动方案。

8. 评价行动方案的设计和实施情况

方案实施过程中，应不断搜集资料或证据，检讨方案的设计是否完美，评价执行是否正确、结果是否有效，并加以改进。

上述八个步骤中，目标、计划、行动、评价总结是四个最主要的步骤。这是在一个具体的目标之下实施的行动研究过程。若以目标、计划、行动、评价总结为基本步骤，经若干回合的反馈，则形成行动研究的反馈循环体系。

图 14–3 至图 14–9 是代表性教育行动研究模式。

【①张民选.对“行动研究”的研究［J］.华东师范大学学报（教育科学版），1992（1）：7–11.②潘慧玲.教育研究的取径：概念与应用［M］.上海：华东师范大学出版社，2005：320–329.③陈向明.教育研究方法［M］.北京：教育科学出版社，2013：369.④庞国彬.实用教育科研方法［M］.北京：北京师范大学出版社，2013：196–199.⑤王坚红．学前儿童发展与教育科学研究方法［M］. 北京：人民教育出版社，1997：173.⑥查尔斯.教育研究导论［M］.张莉莉，等，译.中国轻工业出版社，2003：254–255.】

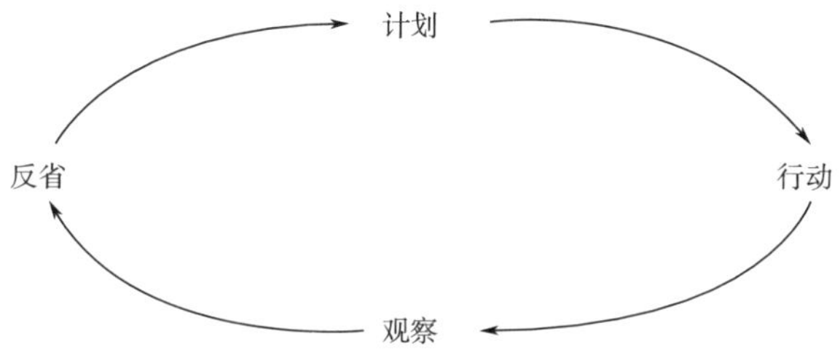

图 14–3　莱文的螺旋循环模式

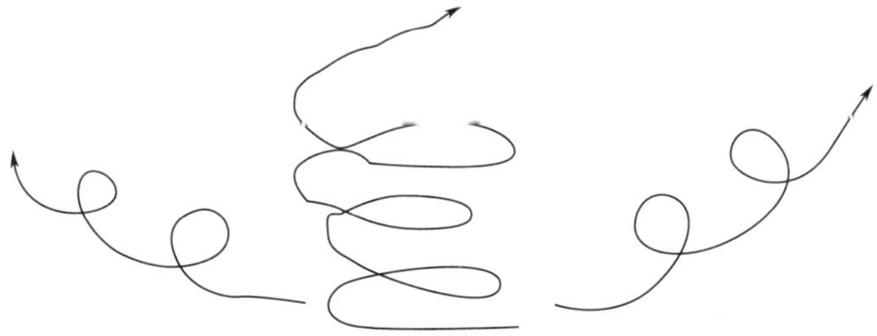

图 14–4　麦克尼佛的衍生性螺旋循环模式

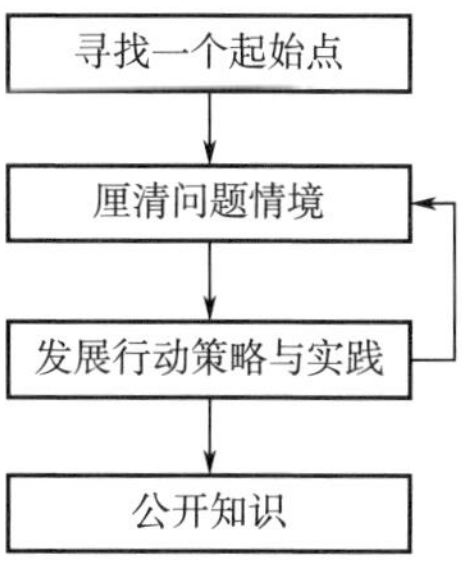

图 14–5　奥特雷彻，珀斯与索墨克赫的自然螺旋模式

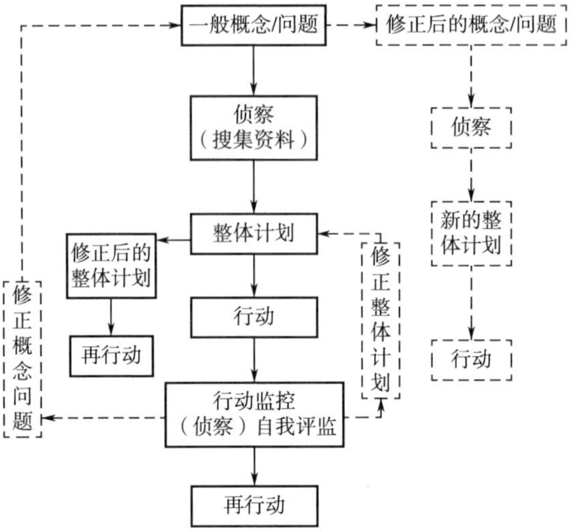

图 14-6　爱布特的可回复性历程模式

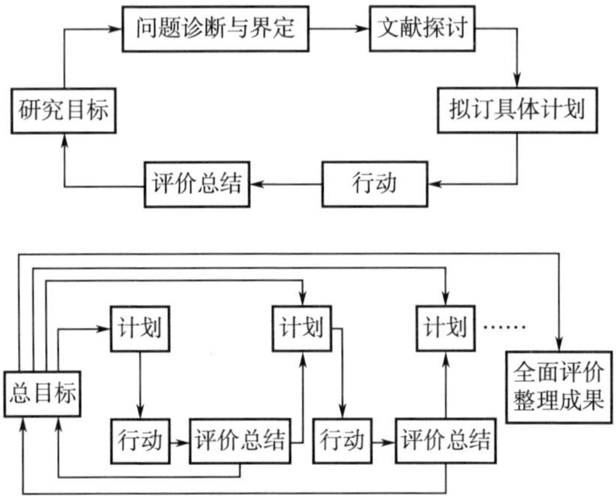

图 14-7　王坚红等的行动研究的反馈循环体系

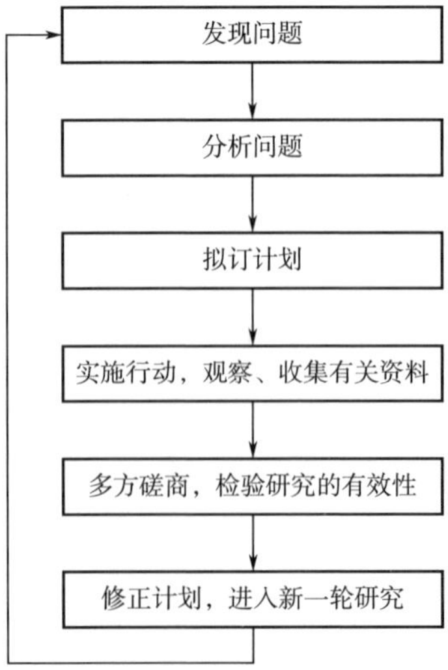

图 14-8　庞国彬等的教育行动研究实践环节

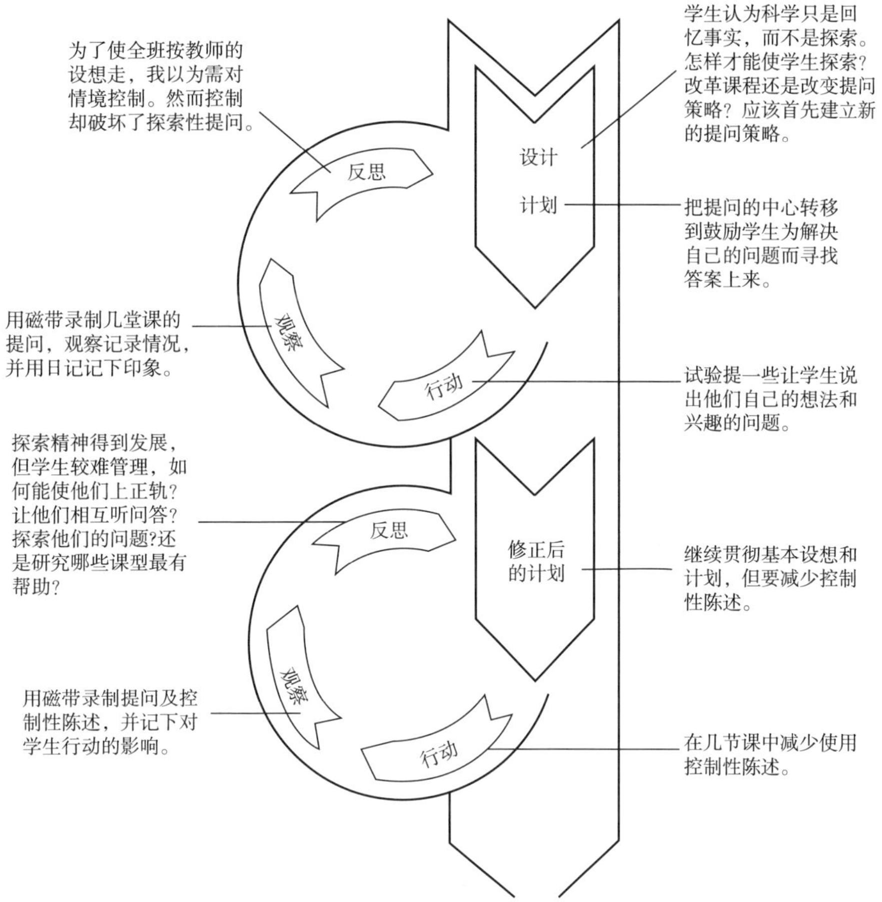

图 14–9 克米斯和麦克塔格特的循环模式

能力训练

范例：

学生常见的学习烦恼调查

摘要：本书作者中的两位让那些参加我们开设的学习技能教学研修班长达一年时间的教师们回到课堂以后用检核表调查学生学习烦恼，并将结果寄给我们。我们对每个班的结果进行了统计，并得出了小学生、初中学生以及高中学牛选择频率最高的学习烦恼。

1. 确定问题

我们为教师开设学习技能教学研修班已经有好多年了。在研修班上，我们把一个包含 14 个项目的检核表发给这些教师们，让他们用该检核表调查他们的学生最常见的学习烦恼。我们希望发现参加检核表调查的小学生、初中生和高中生最常见的学习烦恼。我们认为以后给参加研修班的教师发放检核表时，有必要将这些信息包括进去，而且这也有助于确定研修班上应该侧重学习技能教学的哪些方面。

2. 进行研究设计

在每一个研修班上，我们都对参加者（主要是教师）进行这种检核表调查，同时也建议他们在自己的学生中进行同样的调查。我们决定搞一项调查，让这些教师们把检核表寄给我们。我们承诺把小学、中学、高中各个层次学生的结果分别统计出来，并将结果寄给所有参与该项调查的教师。

3. 选择研究参与者

我们的样本包括那些参加研修班长达一年时间并同意把在学生中进行的检核表调查的结果寄给本书作者的所有教师。大约八个月之后，我们收到了四所小学的五个班、四所初中的九个班和三所高中的七个班的调查结果。大多数学校都在我们居住的俄勒冈州，也有自加拿大和巴拿马的学校。

4. 收集数据

这项研究中最主要的测量工具就是《学习策略教师手册》。这本书中的“学生学习烦恼检核表”要求每个参加调查的学生（从列出的 14 个项目中）选出 5 个自己认为最大的学习烦恼。在研修班上我们给了每位教师一份检核表，并鼓励他们复印检核表，在学生中进行调查。我们还把写有我们通信地址的回邮信封一同给了这些教师，让他们把学生完成的检核表连同学生人数、年级以及在什么课上进行的检核表调查等信息一同寄给我们。

从下面选出你最大的 5 个学习烦恼（如果你最大的学习烦恼下面没有列出，请把他们写在第 14项下面的横线处）。

（　）1. 感觉太累无法学习。

（　）2. 感觉自己在学校是浪费时间。

（　）3. 不愿学习老是拖延。

（　）4. 不能按时交作业。

（　）5. 记不起自己把做作业所需材料放哪儿了。

（　）6. 听不懂老师课上讲的内容。

（　）7. 记不住老师课上讲的内容。

（　）8. 知道老师所问问题的答案但不愿意说出来。

（　）9. 读过的东西很快就忘了。

（　）10. 阅读过程中遇到不懂的单词。

（　）11. 老师布置的写作任务，我不知道该写什么。

（　）12. 写东西的时候知道自己写得不好但又不知道怎样才能写得更好。

（　）13. 考试前紧张。

（　）14. 考试时没做完题的时间就到了。

15. ________________

16. ________________

17. ________________

5. 分析数据

为了分析数据，我们算出了每个班上选择检核表的14项中各项的学生人数百分比，这是用选择该项的学生人数除以该班学生总人数得出的。在每一个班，我们把这些项目按选择人数的多少进行排序，选择人数最多的放第一位，次之的放第二位，依此类推。然后又根据每个班级应答学生的数量，把每个层次所有班级的排序进行了平均，得到了小学、初中和高中学生按项目选择次数多少排序的一个总的排序表。

在小学生组，排在前三位的是……；在初中生组，排在前三位的是……；在高中生组，排在前三位的是……。

6. 解释和应用研究结果

我们的解释是，不同层次的学生的学习烦恼存在差异，这是因为每个层次的学生在学习上都会遇到新的挑战。我们的结论是，如果教师明确教授相关的学习技能，将有助于学生更有效地处理这些烦恼。

在一个我们教授过学习技能的初中组天才班，排在前三位的学习烦恼和前面说的平均排序中的前三位的学习烦恼不一致。这一结果使我们开始思索这一问题：接受特殊教育或天才教育和接受普通教育的学生所报告的学习烦恼会不会不同？

完成这项调查以后，我们把这些结果介绍给了每一届参加研修班的教师。但是我们指出，我们的样本中每个班的结果都不太相同。因此，我们鼓励这些教师继续开展自己的行动研究，对学生进行检核表调查，设计并尝试新的教学活动，帮助学生解决这些困难，与此同时收集相关数据。

7. 报告研究结果

我们设计了相应的表格来显示样本中每个班检核表项目的排序情况。同时还写了一封三页长的信，将这封信连同表格一起寄给为我们这项调查提供数据的所有教师。此外，前面也谈到过，在这之后的每一届研修班上我们都介绍这一研究结果。

【高尔，等.教育研究方法：实用指南［M］.屈书杰，等，译.5版.北京：北京大学出版社，2007：471-472.】

思考题

一、哪些类型的题目最适合开展教育行动研究？

二、教育行动研究与其他类型的教育研究的区别是什么？

三、开展教育行动研究的具体程序是什么？

四、教育行动研究可研究哪些具体的问题？

五、假设你现在是一项行动研究的负责人，这项研究旨在提高你所在学校学生的斗志。按照行动研究的基本步骤，请列出你所要采取的步骤。用一个实际例子，如你所要做的或应该引起注意的事情来说明这些步骤。

拓展阅读

[1] 艾尔·巴比.社会研究方法[M].邱泽奇，译.11版.北京：华夏出版社，2009.

[2] 高尔，等.教育研究方法：实用指南[M].屈书杰，等，译.5版.北京：北京大学出版社，2007.

[3] 查尔斯.教育研究导论[M].张莉莉，等，译.北京：中国轻工业出版社，2003.

[4] 弗林克尔·瓦伦.教育研究的设计与评估[M].蔡永红，等，译.北京：华夏出版社，2004.

[5] 霍林斯沃思.国际视野中的行动研究——不同的教育变革实例[M]. 黄宇，等，译.北京：中国轻工业出版社，2001.

[6] 叶重新.教育研究法[M].台北：心理出版社，2001.

[7] 潘慧玲.教育研究的取径：概念与应用[M].上海：华东师范大学出版社，2005.

[8] 张民选.对“行动研究”的研究[J].华东师范大学学报（教育科学版），1992（1）：7–11.

[9] 王坚红.学前儿童发展与教育科学研究方法[M]. 北京：人民教育出版社，1997.

[10] 陈桂生.到中小学去研究教育“教育行动研究”的尝试[M].上海：华东师范大学出版社，2000.

[11] 阿哈，等.教育行动研究——教师发现之旅[M].黄宇，等，译.北京：中国轻工业出版社，2002.

[12] 宋虎平.行动研究[M].北京：教育科学出版社，2006.

[13] 陈向明.教育研究方法[M].北京：教育科学出版社，2013.

[14] 庞国彬.实用教育科研方法[M].北京：北京师范大学出版社，2013.

[15] 钟海青.教育科学研究方法[M].桂林：广西师范大学出版社，2002.

自我反思建议

心动不如行动。如何行动着完成研究呢？对。你提出的这个问题就恰恰表达了教育行动研究法的核心特征，教育行动研究法就是以教育实践为研究对象，以教育真实情景为研究情境，以教育实践为研究手段的一种教育研究方法。回顾学习内容，首先，你会制订教育行动研究计划吗？其次，反思资料、数据分析的原理和技术，你独立完成了一份简单但完整、科学的教育行动研究计划吗？以“观点与原理”“案例”“范例”和“思想资源”，努力检视教育行动研究法的知识树，践行“温故而知新”。

第四部分

如何撰写教育研究成果表述：教育研究成果表述的理论

内容提要

教育研究是个体的，具有个体性；也是人类的，具有整体性。教育研究的终点表现为教育研究成果表述。教育研究成果表述有多种形式，针对不同的研究目的，源于不同的研究需求，面向不同的读者，主要形式是学术论文、学位论文、著作、研究报告、资政建议。其中，学术论文的撰写最为基础、最能训练人，学位论文的撰写最为严肃，最为严格、也最为特殊。

关键词

教育研究成果表述；定性资料；定量资料；资料分析；资料呈现；文献呈现；研究报告；论文；撰写技术

第十五章　如何使用教育研究资料：资料分析

学习导航

教育研究始于问题，问题“潜伏”于变量，教育研究在本质上是变量间关系的探究，用什么来说明、证明变量之间的关系是否存在？如果存在，用什么来说明、证明变量之间的关系是什么状况？用资料：定性资料和定量资料。运用前面所学习的方法、技术能获得丰富、充足的研究资料，在这里，你将学习如何将这些资料“精工细作”，转化成教育研究成果的直接“养分”。你将熟悉并掌握定性（资料）分析和定量（资料）分析的要求、方法和技巧，更加接近完整的教育研究“美好景象”。

学习目标

1. 了解资料分析的一般要求。
2. 掌握定性资料的分析方法。
3. 掌握定量资料的分析方法。
4. 掌握资料分析融合定性分析与定量分析的原则。
5. 熟悉两类资料及其在研究结论论证中的关系。
6. 对已收集的资料分别独立做出一份定性或定量分析报告。
7. 熟读案例分析和思想资源，建构教育研究资料分析的理论。
8. 独立完成案例和范例的分析。

第一节　定性资料分析

观点与原理

1. 研究资料的分析在科学研究中具有重要意义，具体表现在研究方向、论证的可靠、研究的典型性和创新性等方面。特别地，在资料分析中，要重点关注甄选“异类”资料。因为“异类”是对资料分析结论的科学性、适用性的最有力证据。详见第一章思想资源的教育研究特征。

2. 教育研究资料分析首先要区分定性资料与定量资料，然后要分别确定分析单位、编码、分析要求和分析方法。

3. 教育研究资料分析必须遵循科学的分类原则，遵循同层次性原则、有效性原则、互斥性原则、完备性原则；资料分析还要遵循融合定性分析与定量分析的原则。无论什么资料，都要完成两种分析任务：定性分析和定量分析。定性分析不同于定性资料分析，定性分析是使用类别变量对资料进行性质推断。比如，常见的中小学生成长档案中的各评价主体的评语，案例15.1中的“结论”。定量分析不同于定量资料分析，定量分析是使用数字变量对资料进行数量统计，比如，中考成绩、高考成绩，以及案例15.2中的“表15–1”。

4. 定性资料是对变量或者变量间关系性质的描述或解释，比如，“一个性格懦弱学生”案例所呈现，“教室里的气氛很融洽”等。它一般是直接收集的，也可以是资料分析过程中衍生出来的。

5. 定性资料的编码，要以一定的理论为指导，依据逻辑规则，遵循资料内容的概念化框架，可以使用既有编码或者生成编码，通常采用开放编码、轴心式编码和选择式编码。

6. 生成编码即根据资料的内容形成的概念化框架自主开发的编码。开放编码，即在定性资料分析中，对概念的初始分类和标注；轴心式编码的目的是找到研究中的核心概念；选择式编码的目的是找出研究中的核心编码：与其他编码相关的编码。

7. 定性资料分析需要正确的哲学和方法论的指导，善于运用辩证逻辑思维方式、形式逻辑思维方式和理论思维方式，灵活运用多种分析的技术手段。

8. 定性资料的分析方法主要有逻辑分析方法、社会科学分析方法、系统科学分析方法和教育理论分析方法。

9. 逻辑分析法是运用形式逻辑理论，主要是逻辑规则和分析、综合、归纳、演绎、推理、论断等技术，与唯物辩证法（概念与范畴、辩证规律、唯物论等）对资料进行分析的方法。

10. 社会科学分析方法是借鉴社会科学研究中的分析技术，运用如变量导向分析、个案导向分析、草根理论方法、持续比较法、谈话分析等技术分析教育研究资料的方法。

11. 系统科学分析方法是利用系统科学的原理、方法和技术，特别是复杂科学的方法和技术，比如要素与结构、混沌与有序、自组织与进化、闪电树等，重点分析教育研究资料的结构及演变的一种方法。

12. 教育理论分析法就是运用既有的教育理论对资料的验证性、拓展性、开创性、创新性、适用性及话语体系、学科体系、学术体系等进行分析的方法。

13. 定性资料的分析除了手工分析之外，还可以使用信息技术设备和NVivo、Cite Space、NUD*IST等软件。

典型案例解读

案例15.1：

实习教师和课堂纪律（同案例13.1）

被试所叙述的关键事件可以采用那些用于定性数据的典型的内容分析方法来分析（古巴和林肯，1981年；米尔斯和霍格曼，1984年）。具体地说，对实习教师在两个开放式问题（即纪律问题和教学策略）上的叙述性回答，我们首先检查那些自然出现或“有基础的”类型（格拉索和施特劳斯，1967年；古巴，1978年）。然后，我们把每个回答都编码并放到某一种类型中，并接下来再检查一遍，以确保每个回答在外部是独特的，而在内部则是一致的。然后，再采用描述统计的方法来分析每种类型中的回答。

下面我们用三个例子来说明如何对轶事趣闻似的资料进行分析和编码。第一个例子节选自一年级的某个实习教师所提交的对一件有效处理的课堂事件的叙述：

几个学生在轻轻敲打他们的椅子并不断地倒在地上。我判断他们是想坐在地板上。现在，当学生们轻轻敲打椅子时，我让他们退回到以“印第安方式”坐在地板上做事。

这里所描述的纪律问题被编码为“破坏”，因为学生行为中的最显著的因素看来是中断教学过程。这里的策略被编码为“改变策略”，因为教师采用了一种新的方法、风格或原则来处理这种破坏行为。

……

我们独立地对实习教师的叙述中所描述的所有事件进行编码、分类和列表。为了估计我们中每个人的分析之间的内在一致性，我们用以下方法计算了一致性百分比：①在表中列出一致和不一致的事件的数目；②用一致事件的数目除以事件总数（也就是一致和不一致事件的总和）；③将上面计算得到的商乘以100。在实习教师们定义的纪律问题的类别上，我们有96%的一致性；在实习教师们管理纪律问题时所使用的策略的类别上，我们有91%的一致性。通过讨论，我们使所有不一致最终达到了100%的一致。

……

结论

……我们有理由假设，这些实习教师以及他们所经历的课堂，与总体的实习教师及课堂有一定程度的可比性，并且本研究的发现也因此与全国的教师教育项目有相应程度的相关性。

【弗林克尔·瓦伦.教育研究的设计与评估［M］.蔡永红，等，译.北京：华夏出版社，2004：441–451.】

案例分析

我们在“教育内容分析法”见过这个案例，对它已经有了一定的理解，下面从定性资料分析的角度再来深入认识本案例。

这个案例首先分析的是定性资料。“数据[①]是在从1990年秋到1991年秋的三个学期里收集的，采用了以下两种方法中的一种，具体采用哪种方法要取决于实习教师所注册的校园……一个校园讨论会上书写并提交他们的叙述……并独立地撰写自己的叙述，然后再寄给研究者”。“第三个例子节选自高中的某个实习教师所提交的描述一件处理得无效的事件的叙述：在课上，一个学生正在教师的（原文如此）桌子上表演一些节目，我反复地要求他停止……其他的学生也在大声说话。我想我在试图以他作为一个典型。他知道了这一点，并造成了相反结果。”由这些叙述可以发现，收集资料过程中和完成之后，必须整理资料。因为，资料整理就是要根据研究目的，对获取的研究资料进行鉴别、分类、汇总、补充和评价，从而使资料能系统地、准确地、完整地反映教育现象或问题的过程。资料的整理是研究中的重要一环。研究者通过多种途径获取资料，必定会有各种各样的资料，不加以整理，所获取的资料只是一大堆杂乱无章的材料，因此对所获得的资料进行整理就显得更有意义。另外，资料整理也是研究获得科学结论的重要前提。研究结论最终是从观察、调查和测量中获得的事实资料中分析推论出来的，被整理材料的真实性将直接影响到结论的正确性。

---

① 有些研究者把资料称为数据。

为了发现深层次的意义，还必须对资料进行分类。“与纪律问题有关的叙述最终都被分为 5 类”，“与有效和无效策略有关的叙述最终被分为 7 类”。这里有一个主要问题就是分类原则。资料的分类要遵循四个基本分类原则。①同层次性原则，就构成因子而言，资料是有层次的。待分类的资料必须是同一层次的，比如，教师甲访谈记录和学生乙访谈记录不能放在一起分类。正确的分类是，教师访谈记录放在一起分类，学生访谈记录放在一起分类。再如，把义务教育、基础教育和中学混放到一起分类，是不科学的；②有效性原则，是指分类标准能够将资料分开，组成不同的种类。比如，用教育内容的复杂程度为学校划分级别是合理的，而划分类别就无效。再如，用教育目的的理论依据标准区分我国各级各类学校是无效的，因为所有学校的教育目的都是同一个——国家（党）的教育目的；③互斥性原则，即依此分类标准分出的各种资料是互相排斥的，不是兼容，即一份资料非此种即彼种，不可以既似此种又似彼种，比如，“这个事件描述了被明确地标识为‘破坏’的学生行为，但相反，它却被编码为‘挑衅’，因为该行为最显见的方面与不愿意听从教师的指示有关。”也就是说，该行为不能同时放在“破坏”和“挑衅”中。再如，依据教育功能划分学校，一所学校既可以是有正功能的学校，也可以是有负功能的学校，所以这是无效的分类；④完备性原则，这一原则有两层意思，一是指以此分类标准分出的各种资料的数量和与分类前的资料总量相等，不能丢失资料；二是指分类标准本身的所有因子都要明确，即标准本身要完备。概言之，科学分类就是使每份资料都有且只有一个种类的位置“安居”。

案例对纪律问题和策略问题的分析还使用了编码技术，即在确定分析维度（变量）的基础上进行编号。案例中的编码技术可以借鉴巴比的概念化框架来分析：开放编码、轴心式编码和选择式编码。

首先，案例使用了开放编码。“为了揭示、发展和命名概念，必须开放文档，将其中包含的思想、见解展示出来。没有这个基础性的第一步，后面的分析和交流就不可能实现。在开放编码中，资料被分解成不连续的各个部分，并进行严密的分析、比较异同。在本质上或在意义上有关联的事件，事物和行为都会归在相同的但更抽象的类目下。开放编码，即在定性资料分析中，对概念的初始分类和标注。在开放编码中，编码是由研究者对资料的检验和质问决定的。它只是资料分析的逻辑出发点，资料分析很快就会受到三种编码的反复互相作用。首先研究文档的某一主体部分（比如采访的一部分），通过反复阅读，找到其中的主要概念。任何一篇特定资料分配几个编码，反映同等数量的概念。”“我们独立地对实习教师的叙述中所描述的所有事件进行编码、分类和列表”，“与纪律问题有关的叙述最终都被分为 5 类”，策略分为有效策略、无效策略。

其次，是构建轴心式编码。轴心式编码的目的是找到研究中的核心概念。尽管轴心式编码使用的是开放编码的结果，在其开始后仍然可以继续使用开放编码寻找概念。轴心式编码包括对资料进行重新归类，其中，可以使用开放编码的类目寻找更具分析性的概念。“我们把每个回答都编码并放到某一种类型中，并接下来再检查一遍，以确保每个回答在外部是独特的，而在内部则是一致的。然后，再采用描述统计的方法来分析每种类型中的回答。”进而，“与纪律问题有关的叙述最终都被分为 5 类；与有效和无效策略有关的叙述最终被分为 7类”。

最后，是“选择式编码的目的是找出研究中的核心编码：与其他编码相关的编码”。案例提到的两个轴心式编码可以构建成更为宽泛的概念：“纪律问题—管理策略关系”“纪律问题—有效策略”“纪律问题—无效策略”，形成选择性编码。当然，在实际的资料分析中，我们讨论的决定是基于众多的文本资料的，而不是基于单独的引述。草根理论方法的基本理念是，关系的模式能够通过广泛深入地检查、观察结果总结出来。

在编码过程中，还是有章可循的，可以使用一些常用的定性资料的分析方法：逻辑分析法（求同法、求异法、求同求异并用法、共变法、剩余法、归纳分析法）、系统分析法（运用社会系统观、系统论的基本原理和系统论的基本规律分析的方法）、比较分析法（对比法、类比法、历史比较法）、结构功能分析法、矛盾分析法、模型分析法等。

此外，当下需要加强信息技术应用，课后自行阅读相关软件的操作指南；案例分析可以采用三种顺序：与案例一致的顺序，由原理建构的顺序，综合二者设计的顺序。

第二节　定量资料分析

观点与原理

1. 定量资料是用数量表示的资料，比如，“这个班级有36名学生，其中17名男生，19名女生。”它一般是直接收集的，也可以是资料分析过程中衍生出来的。

2. 定量资料的编码同样可以使用既有编码或者生成编码，通常制作一个编码簿。一本编码簿其实就是相关变量的记录本，从中你们可以查到自己所需要的变量，包括每个变量中的属性号码。它用以识别资料的位置和用以代表不同变量属性的编码的意义。

3. 定量资料分析主要采用统计分析的方法，还可以使用信息技术设备和SPSS、SAS、MicroCase等软件。

4. 统计分析首先要探讨应用的统计分析的前提条件，然后要制定分析方案。前提条件和分析方案一般取决于研究目的，存在于各种分析技术的意义中，可以依不同分析技术的要求而形成。

5. 统计分析分为单变量统计分析和变量间关系统计分析，或描述统计和推断统计。

6. 单变量统计分析有频次分布分析、频率分布分析、集中分析和离散分析。

7. 集中分析常用平均数，它是代表集中趋势——典型性和常规性——的一个含糊术语。算术平均值、中位数和众数都是数学平均数的具体例子。平均值加总多个观察值，除以观察单位总数所得到一个平均数；众数代表着最常出现的观察词或者属性；中位数在观察属性排列中位于“中间”的那个个案的值。

8. 离散趋势是围绕中心值——比如平均数——的值的分布。常用极差和标准差。极差就是个简单例子，比如我们可以报告说平均年龄是37.9，范围从12岁到89岁。标准差是对围绕平均值的离散趋势的测量。比如，如果某群体的平均年龄是30岁，而标准差为10，那么68%的人的年龄在20和40岁之间。标准差越小，值就越围绕平均值而聚集；标准差越大，值就越分散。

9. 描述统计就是用统计量（如中位数、众数、百分比）将数字进行总结表达；推断统计就是推断结果的可推广程度，常用显著性检验的方法。

10. 变量间关系分析在于证实相关关系、因果关系和假关系。它是必要的，也是重要的。只有搞清楚变量之间的关系，才能提出针对性强、操作性强的结论，才能因材施教、因地制宜。

11. 多变量分析还可以用于社会诊断——扮演一个强有力的角色——用事实代替观点，可以帮助我们判断当前的事务进展，并能够为我们提供如何达到目的地的方法。详见思想资源。

典型案例解读

案例 15.2：

实习教师和课堂纪律

同案例13.2。以下主要呈现定量数据，便于对照（表15–1）。

表 15–1　在各种纪律问题中使用各种策略的频数

策略	有效与无效的比例				
	破坏	挑衅	注意力涣散	攻击	混合型
惩罚—类型 2	20/22	17/5	1/5	3/2	2/4
解释	20/5	10/2	3/3	2/0	4/1
威胁/警告	4/21	3/2	2/1	0/0	0/0
积极强化	17/0	2/1	3/1	0/0	0/0
策略改变	13/7	1/1	1/0	0/0	0/0
惩罚—类型 1	1/15	0/5	0/0	0/2	0/0
无行动	4/10	0/3	0/2	0/0	0/1

表15–1是对……数据的综合概括；其中报告了某种特定的策略在用于特定的纪律问题时有效与无效的比例。例如，在用于涉及破坏问题的事件时，惩罚—类型 2 策略 20 次有效，22 次无效；在用于涉及挑衅问题的事件时，惩罚—类型2策略17次有效，5次无效；如此等等。

……

结论

本研究的被试是经过挑选的，而研究中又要求这组被试选择性地提供有关他们个人经验方面的信息，因此，我们在从这些发现中做出推论时应该特别谨慎……

【弗林克尔·瓦伦.教育研究的设计与评估［M］.蔡永红，等，译.北京：华夏出版社，2004：441–451.】

案例分析

案例呈现了大量的数据，展示出定量资料分析的要求、方法和技术。

首先，定量分析需要编码，可以是既有编码，也可以是生成编码。本案例使用的是生成编码，并且编制了两个编码簿，“与纪律问题有关的叙述最终都被分为 5 类：①破坏（例如，在课堂上说话或者其他一些故意打断教学的行为）；②挑衅（不尊重老师或者违抗老师指示的行为）；③注意力涣散（不注意或不做功课或离开座位）；④攻击（打架、推撞、喊名字）；⑤混合型（叫喊、撒谎、行动迟缓、欺骗、偷盗或嚼口香糖）。”和“与有效和无效策略有关的叙述最终被分为 7 类：①惩罚—类型 2，留校，取消特权，隔离；②解释（例如：与该学生或全班同学讨论正确的或理想的行为）；③威胁和警告（包括不能坚持到底地遵从某种警告或原则）；④积极强化（表扬、认可、奖赏）；⑤改变策略（提高或降声调、停顿、走近学生、想出一种新的教学方法或原则）；⑥惩罚——类型 1，对学生大声喊叫，羞辱学生；⑦不采取行动（忽视学生的行为）。”“一本编码簿其实就是相关变量的记录本，从中你们可以查到自己所需要的变量，包括每个变量中的属性号码。编码簿具有两个基本功能：第一，它是编码过程中的基本指南。第二，在分析的时候，它告诉你们每个变量在资料文档中的位置以及每个号码所代表的意思。在分析资料时，如果你们想看看某两个变量之间的关系，只要在编码簿中检索你们想要知道的变量，就能得到每个变量所代表的信息。”

“虽然编码簿有各种各样的形式，其基本的要素有：首先，每一个变量，都是以原有变量的缩写形式来界定也可以使用数字编码来代替缩写形式。其次，每本编码簿必须对变量进行完整的定义。以问卷为例，正如我们大家所知道的，对于问卷中要问的问题，用词必须准确，这是因为问卷的用字遣词，深深地影响到受访者的回答。此外，编码簿还必须指出每种变量的属性。最后，再给每种属性都贴上一个数字标签。这时候使用数字标签可就方便多了。”

本案例中的分析维度不是数字变量，是类别变量，所以没有贴数字标签。不过在整理阶段是可以用数字标签，使得数据更容易在文档中存储和找到，也便于数据登录。“想进行定量分析的研究还需要将资料转化成机读格式，这样，电脑才能够读取并处理资料。有很多方法都可以完成这个步骤，而究竟采用什么方法则取决于资料的原始形式和你所采用的电脑程序。在此，我将简单地向你介绍这个过程。如果你正在做这种工作，那你就要能够保证你的工作和你特定的资料来源以及你所使用的程序相适应了。如果你的资料是通过问卷收集得来的，那么你可以在问卷上进行编码。然后，资料登录专家（包括你自己）就可以将资料登录进SPSS资料矩阵，或者先登录进Excel电子表格，然后再转到SPSS上。有时候，研究者也使用光学扫描单来收集资料。将这些单据放进机器，其中的黑色标记就会转化成电脑能够分析的资料。这种程序只适用于那些能够使用这种单据的研究对象，而且通常都被限制在封闭式问题中。还有一些时候，资料登录跟资料收集同步进行。比如，电脑辅助的电脑访谈就是如此。访谈者直接将受访者的回答输入电脑以供分析。更为省事的是，在线调查可以要求受访者直接将他们的回答敲进数据库。这样也就不再需要劳累访谈者或者资料登录人员了。”

【艾尔·巴比.社会研究方法［M］.邱泽奇，译.11 版. 北京：华夏出版社，2009：404-406.】

一旦资料完全量化并且登录进电脑，研究者就可以开始定量分析了，分别统计分析纪律问题类型和策略问题及其相互关联。可见。统计分析可分为单变量统计分析和变量间关系统计分析，变量间关系统计分析又分为双变量统计分析、多变量统计分析。由案例中数据表现的两种形式：频次和百分比，可以把统计分析分为集中分析和离散分析。集中分析常用平均数，代表集中趋势。算术平均值、中位数和众数都是数学平均数的具体例子。平均值加总多个观察值，除以观察单位总数所得到一个平均数；众数代表着最常出现的观察词或者属性；中位数在观察属性排列中位于“中间”的那个个案的值。比如，“有 81 人是小学职前教师，54 人是中学职前教师。在小学职前教师中，有 58 人（占 72%）被分派到初级水平的课堂中，23 人（28%）被分派到中等水平的课堂中。在中学职前教师中，有 16 人（30%）被分派到初中课堂，38 人（70%）被分派到高中课堂。有 27 个（33%）小学职前教师和 19 个（35%）中学职前教师已经做了父母。被试的年龄从 21 岁到 48 岁，年龄的中位数为 27.8 岁。”然而，离散趋势是围绕中心值——比如平均数——的值的分布。常用极差和标准差。极差就是个简单例子，比如我们可以报告说平均年龄是37.9，范围从12岁到89岁。标准差是对围绕平均值的离散趋势的测量。比如，如果某群体的平均年龄是 30 岁，而标准差为 10，那么 68%的人的年龄在20和40岁之间。标准差越小，值就越围绕平均值而聚集；如果标准差很大，值就越分散。

更一般地，教育研究中需要计算的分数有三种类型：连续分数、增值分数、类别分数。不同的统计分析适用于不同类型的分数。

（1）连续分数　当一个测量的分数数目不定且有序时，这些分数就是连续分数，大多数成绩和能力测验、态度量表和性格测量产生这种类型的分数。连续分数的一种类型是原始分数，它是完全按照测验编制者的评分程序获得的总分。原始分数本身是难于解释的。因此，研究者除了原始分数之外还常常报告衍生分数。衍生分数提供了每个个体的成绩相对于一个比较组而言的定量的比较。通常报告的衍生分数有五种：年龄当量、年级当量、百分位数、标准分数和等级分数。比如，一个学生的年龄当量分数、百分位分数、标准分数、等级分数。

（2）增值分数（gain score）　就是个体从一个时点到下一个时点在测量上的分数差。增值分数一般是正的，但也有负的。它们具有上限效应。并且，大多数测验具有不相等的区间、包含不同类型的项目。因此，增值分数虽然相同，但对两个学生来说并不具有同样的意义。

（3）类别分数　类别（category）是测量时会产生离散的、无顺序的值的变量。二分是类别变量的一种特殊形式，它只有两个值。性别是一个自然的二分变量，但其他的二分是人为的，意即这些值是研究者或其他人确定的。例如，学生可能把他们自己划分成准备上大学和不准备上大学两种类型。

定量分析的目的在于描述统计和推断统计，比如，“其中报告了某种特定的策略在用于特定的纪律问题时有效与无效的比例。例如，在用于涉及破坏问题的事件时，惩罚—类型 2 策略 20 次有效，22 次无效；在用于涉及挑衅问题的事件时，惩罚—类型 2 策略 17 次有效，5 次无效；如此等等。”便是为了呈现事实状况；“总之，对这些实习教师来说，积极强化（表扬、认可和奖赏）是最有效的策略；在使用这种策略的事件中，其成功率达到 92%，在破坏问题中，使用这种策略的成功率是 100%，当用于控制挑衅和注意力涣散问题时，其有效率高于无效率”则蕴含着案例中研究成果的推广价值。由此可见，描述统计和推断统计依赖于大量的数字数据。

为了不同的目的，通常也有不同的统计量。①描述统计的统计量是用来描述测量中样本的分数特征的数字。有平均数、中位数、众数、频数、百分比、全距和标准差、方差。描述统计中通常还要做二元相关统计（相关统计涉及计算相关系数比如用符号r来表示的r值。较大的r值表明被测量的变量间的关系更紧密。根据所涉及的是连续分数、等级分数、二分分数还是类别分数，可以计算不同类型的相关系数）和多元相关统计［假设我们用多个测量来进行这种预测，如关于学生的语言能力和学习习惯的测量，那么三个测量的总和（对历史的兴趣、语言能力、学习习惯）要比任何一个单独的测量都可能产生更好地对成绩等级的预测结果，称之为多元回归的相关分析程序可以用于完成这个任务］。②推断统计。要得出推断出的结果具有可推广性的结论，我们首先必须排除一种可能的解释：结果是一种偶然的情况。排除这种解释的一个办法是进行重复研究。再有就是利用零假设，用来说明一个样本被观察到的结果只是一个偶然的结果。任何推断统计的基本目的都是检验零假设。这种检验的结果用来接受零假设（即把得到的结果归于偶然）或者排除零假设（即推断中得到的结果可以推广到总体中）。通常还有进行显著性检验。其一，你在研究报告中可能见到的其他术语是p值和统计显著性、t检验、方差分析、协方差分析和、卡方检验。其二，假定作为参数检验基础的假设，特别是间隔相等的假设不成立，在这种情况下，要是违背假设的程度不严重，研究者可以使用显著性的参数检验。他们也可以用显著性的非参数检验来作代替。卡方检验是最常用的非参数检验。关于实际显著性，判定实际显著性的统计方法是对被称为效应量的统计量的计算。

总之，数据统计分析要以充足的、全面的数据为基础，运用多种量化方法、技术获取有助于实现相应研究目的统计量和数值。并且，在教育研究中越来越强调实证的当下，特别受到重视。但是，资料分析必须牢牢把握基本的一点，定量分析和定性分析是相辅相成的，互相印证的，需要全面理解掌握和应用的，切勿偏执一端。

综合案例 15.1，我们要理解和把握资料分析融合定性分析与定量分析的原则，即同一份资料，无论是定性资料还是定量资料，都要进行性质评判和数量统计，深刻、高效地挖掘其价值，全面、深层地揭示资料的意义，实现研究资料的自我互鉴。

思想资源

一、资料分析的国家规范：关于资料的基本要求（节选）

3.2.1　充分占有资料

搜集资料要充分。为了充分占有资料，研究者应当根据选题需要注意搜集以下几类与选题相关的资料；第一手文献、研究性著作、重要研究论文、统计资料和数据库等。资料目录的制订要尽可能全面，避免遗漏重要的文献或实物资料。获得资料之后，还要根据需要对资料进行阅读，充分了解重要信息。说是占有了该资料，只有把握了资料中的重要信息，才能获得研究的基础。

3.2.2　审慎选取资料

选取材料是搜集资料的重要环节。对研究资料进行区分和甄别是研究者的重要责任，研究者不应对所有资料都不加区分地予以运用，或者只选取那些能够佐证自己的先验假设的资料，而有意忽视那些不利于证明自己的先验假设的资料。

在资料选取过程中，研究者应当注意分清原创的与模仿的，分清充足的与残缺的，分清深刻的与浅薄的，分清历史资料与现实数据的真伪。对文献资料，要尽量通过不同资料的相互印证来进行甄别；对前人通过调查获得的实证数据，要注意其获取数据的手段是否科学，其获取数据的社会背景与本选题社会背景之间是否存在较大差异。在对资料进行甄别的同时，研究者还应注意判断哪些资料可以作为研究的主要依据，哪些资料需要进一步更细致地阅读，哪些资料需要进行重新验证等。

人文社会科学研究者应当了解自己对因资料选取不当造成研究结论不科学负有责任，不能把所有责任都归咎于资料失实本身。为了提高自身甄别和选取资料的水平，研究者平时就应当注意在学习和研究过程中培养自己的学术眼光。

3.2.3　综合和诠释资料

对相关资料进行综合和诠释，是在选取和积累了大量资料之后的一项重要工作，对保障研究结论的科学性有着十分重要的意义，研究者应当避免在综合和诠释过程中随意采用资料或对资料做出主观臆断。

在综合和诠释资料的过程中，研究者要注意运用科学的理论和科学的分析方法，准确地归纳相关资料的理论论点与论据，分辨不同观点的差异，从资料总体和全部事实及其相互联系出发掌握资料，在不同文献资料和事实资料的相互印证中掌握资料，防止在综合和诠释过程中因为自己的疏忽、误读、主观想象等造成资料的遗漏和误解，从而尽量保障资料综合和诠释的科学性。

3.2.4　不断补充和及时甄选资料

在选题过程中，研究者一般都会对所要研究的问题形成一定的假设。研究者应当注意，这种假设有可能对确定立意和主题、研究方法设计、资料搜集和数据采集等，造成一定的预设性影响。

假设不仅需要在研究和实验过程中进行检验，而且也应在研究过程中根据实际情况不断加以修正。研究者应及时地发现和补充资料，尽量防止对先行假设的偏好，避免先入为主的假设对研究工作的消极影响，保证研究过程及其结论的客观性和科学性。在研究过程中，研究者还有可能遇到新问题，有些问题也会需要搜集补充新的资料。随着研究工作的深入，研究者还应根据新掌握的情况对资料的真伪和优劣进行重新甄别和筛选。

研究者在确定选题和整个研究过程中都应当重视资料的发现、补充和甄选工作，以确保选题的学术价值和社会价值，并保障研究过程与结论的科学可靠。

【教育部社会科学委员会学风建设委员会.高校人文社会科学学术规范指南［M］.北京：高等教育出版社，2009：17-20.】

二、数据分析类型与研究类型

各类研究最常用到的数据分析类型见表15-2。

表15-2　各类研究最常用到的数据分析类型

典型的数据分析程序		
研究类型	定性分析	定量分析
人种学研究	·	
历史研究	·	·
描述性研究	·	·
相关性研究		·
评价研究	·	·
行动研究	·	·
因果比较性研究		·
实验研究		·

【查尔斯.教育研究导论［M］.张莉莉，等，译.北京：中国轻工业出版社，2003：145.】

三、数据分析的功能

收集到数据之后，通常要进行定性资料和量化数据的分析，从而为准确地解释数据打下基础。分析有四方面的作用：①清楚地描述数据；②确定哪些数据具有典型性，哪些没有；③揭示数据内的差异、相关，以及其他可能存在的模式；④回答待答问题和（或）检验假设。

【查尔斯.教育研究导论［M］.张莉莉，等，译.北京：中国轻工业出版社，2003：145.】

四、定性资料的编码类型

脉络编码，意指研究场所、主题或研究对象的一般资料，这些资料显示出研究的较大脉络。

情境定义编码，意指研究对象如何定义场所或特定主题，研究对象对于场所或研究产生的一般整体观点和看法，他们希望完成什么，他们如何定义他们所做的，什么是对他们重要的。

研究对象所持的观点，意指所有或有些研究对象对于现场特定方面的思考方式，其中包括共享的规则、标准和一般的观点。

研究对象对于人们和物体的思考方式的编码，意指研究对象对于彼此、局外人和形成他们的世界之物体的了解。

过程编码，意指事件随时间改变的顺序，或是从一种状态到另一种状态的变化。有关个人、团体、组织或活动随时间的改变，这种改变至少形成两部分的顺序，其编码名称常是时期、阶段、步骤、生涯、年代或顺序的关键点（如转换点、过渡期）。学生生活史研究即经常使用过程编码显示研究对象的重要生活阶段。

活动编码，意指经常发生的行为种类。这些活动的行为可能是不正式的。如编码名称可以是："学校作业""开玩笑""在学校的早操""午餐"或"班级旅行"等。

事件编码，意指发生在研究场所或研究对象生活中的特定活动，这些活动并不常发生或只发生过一次。如研究对象经常注意和谈论的事件。

策略编码，意指人们完成各种事情的方法、方式和技巧。这种编码须注意区分其策略的认定，是出于研究对象自己的判断或是研究者的判断。

关系和社会结构编码，意指人们之间通常呈现的行为类型，这些类型并不是组织表上所正式定义的；或是指较正式定义的社会角色和关系。如"友谊""师生关系"和"学生间的友谊"。

方法编码，意指研究的程序、问题、喜悦和困境等。本书的研究程度方法的各章节标题即是方法的编码，在记录中的观察者评注或备忘录也可被编码为"方法"。

【袁振国.教育研究方法［M］.北京：高等教育出版社，2000：184-185.】

五、定性资料分析方法

巴比认为，定性资料分析可以使用，①变量导向分析：描述和解释特定变量的分析方法。②个案导向分析：试图通过探讨每个细节来理解某个或几个个案的分析方法。③跨个案分析：见教育个案研究法。④草根理论方法：格拉索和施特劳斯创立的一种归纳方法。在这种方法中，理论只来自资料，而不是演绎。⑤持续比较法：草根理论的一个构成部分，就是说观察之间相互比较，并将观察和建构中的归纳理论进行比较。⑥谈话分析：对谈话细节的仔细分析，这种方法建立在详尽记录——包括休止符、感叹词、支吾声等——的基础上。

【艾尔·巴比.社会研究方法［M］.邱泽奇，译.11版.北京：华夏出版社，2009：376，377，380.】

喻立森认为，定性资料分析可以使用：求真取精分析。

这项分析是对所有查询到的资料，都必须进行的一件工作。求真分析也就是去伪存真分析的意思。去粗取精的分析，有时比去伪存真的分析还要困难得多。首先要端正对去粗取精的认识态度。其次要确立“粗”与“精”的划分标准。此外，就是要掌握去粗取精的取舍艺术。去粗取精的分析，关键要能落脚在“精”字上。去粗取精分析如果能分析达到“好”“真”“善”“美”的高度境界，可以说分析研究资料的功夫也就差不多到家了。

【喻立森.教育科学研究通论［M］.福州：福建教育出版社，2001：198-204.】

六、分析量化数据

在定量研究中使用的则是另一种方法，即研究者力图远离参与者，因为怕自己的介入或者只是仅仅在场都会使参与者的行为异于往常，从而影响研究。然而这并不表示定量研究是价值中立的，相反，所有的研究都存在价值取向问题，研究者研究的是他们所认为重要的东西，寻找的（当然也是期望的）是能现实地促进教育变革的研究结果。

描述性研究、相关性研究、评价研究、行动研究、因果比较性研究和实验研究都有可能需要量化数据及统计分析。尽管现在学生仍然需要了解统计计算的过程，但计算本身已不值得害怕，因为计算机一眨眼就能完成这类计算，并快速、准确地得出结果。另外，只要有适当的软件，学生在自己的计算机上也可以完成这些计算工作。

【查尔斯.教育研究导论［M］.张莉莉，等，译.北京：中国轻工业出版社，2003：150.】

单变量分析是针对单一变量作分析。由于单变量分析并不包含两个或更多变量之间的关系，因此其目的是描述而不是解释。有几种技术可以保证研究者总结他们的原始资料以让它们更方便处理的同时，尽可能地保持它们的原有细节。频次分布、平均数、群体资料和离散趋势测量都是跟单变量相关的资料总结方式。

子群比较可以用来描述子群之间在某些变量上的相似性和差异。

双变量分析关注的是变量之间的关系而非群体之间的比较。双变量分析探讨的是自变量和因变量之间的统计相关。其目的通常是解释，而不是描述。双变量分析的结果常常用列联表的格式来表达。列联表是用来揭示自变量对因变量的影响的。

多变量分析是同时分析几个变量间关系的方法，可对两个变量间关系有更完整的了解。

虽然本章讨论的主题主要与定量研究有关，但是其中的逻辑与技巧，仍然适用于定性研究者。而且，使用统计是为了对逻辑思考有所帮助，但并不是取代他。统计能帮助研究者解释资料，回答待答问题和检验假设，但并不是直接用于解释，也不在研究中作为最后的词语来呈现。因此，无论统计给人的印象如何深刻，再好的研究中最重要的还是研究者的思考过程。

【艾尔·巴比.社会研究方法［M］.邱泽奇，译.11版.北京：华夏出版社，2009：424.】

描述性统计有助于澄清样本中数据的量化指数与收集程序（当统计术语全部拼出来时不用斜体——如平均数、中位数，但在使用符号或缩写时，往往要用斜体，如*M*、*Mdn.*）。以下是最常用的描述性统计。

（1）集中量数　包括平均数（用符号X或M表示）——算术平均数。

例：以下得分的平均数是多少？8，7，6，5，5，5，5，4，4，1（答案：5）

中位数（缩写为*Mdn*或*Md*）——一系列得分的中点，即从最高分到最低分排列后，所有得分的一半在该数之上，一半在该数之下。

例：以下得分的中位数是多少？8，7，6，5，5，4，4，4，4，3，（答案：4.5）

众数（缩写为*M.*）在测验或测量中出现最频繁的分数。

例：以下得分的众数是多少？8，7，6，5，5，4，4，4，4，3，（答案：4）

（2）差异量数（分布值或差异量） 包括全距——最高分（最高测量值）和最低分（最低测量值）之间的差距。

例：以下得分的全距是多少？8，7，6，5，5，4，4，4，4，3（答案：5）

方差（用符号*S2*表示）——一种对离散性的测量：一组数据与某一特定值，如平均数的离差平方和的算术平均。

标准差（*SD*或*S*）——一种稳定而有用的差异量：方差的算术平方根。

（3）相对位置 包括百分等级（%或PR）——某一特定得分的等级，用于表示在该得分之下的得分占全部得分的百分比。

例：胡安得分的百分等级为56%，表示所有受测的学生中，56%的学生成绩在他之下。

九级记分——1~9的数值，5分为平均分，用来表示与他人的相对位置。

例：玛丽的九级记分为6，表明她在所有受测的学生中处于中等略偏上的位置。

转换分数——赋予原始分数以另一个值，如年级当量是与学生测验得分相对应的转换分数。

例：肖恩（Shawn）测验得了46分，则他处于第七年级、第6个月水平。

（4）相关量 包括相关系数（最常用的符号为*r*）——表示同一组被试的两个或多个测验得分间的相互关系。

例：阅读能力与成就测验得分的相关系数为0.32，表示二者之间有中度正相关。

推断统计用于推断总体，研究者采用这种方法将样本中获得的结果在总体中做推断，具体包括：

（1）误差估计表明某一测量值会落在哪一区间内。

例：重复研究许多次，相关值可能一直落在0.28~0.36。

（2）置信度表明总体的特征值落在某一特定区域的可能性。

例：总体的特征值有95%的可能落在0.22~0.42。

（3）显著性检验，表示结果的得出是由于抽样误差（抽样中偶然的误差）造成的可能性。

具体包括：

相关的显著性检验。

例：如果研究重复了上千次，某一相关系数出现的次数至少占95%，用符号$P<0.05$表示，这表明结果的得出是由于抽样误差造成的可能性小于5%。

小样本均差的显著性检验（t检验）。

例：如果研究重复了上千次，某一差异值出现的次数至少占95%（$P<0.05$）。

多个平均数之间差异的显著性检验（方差分析F检验）。

【查尔斯.教育研究导论［M］.张莉莉，等，译.北京：中国轻工业出版社，2003：152-154.】

多变量分析用于社会诊断，因为传统的家庭模式，女性工作的资格比男性低，薪水是随工作年限而增加的。根据人口普查局 1984 年的研究数据统计显示，这个理由有一半是事实。

数据还显示，首先，工作年限确实会影响收入。不论男性或女性，工作年限越长赚得越多。数据同样也显示，不论工作年限长短，女性就是赚钱比男性少。这点可通过比较同行的平均工资得知，女性与男性工资比例可从第三列中得见。这项分析显示工作年限对工资是一个相当重要的决定因素；但它并不能对女性工资少于男性这个模式提出任何合适的解释。事实上，我们可以看到具有 10 年或以上工作年限的女性所得工资（$7.91/每小时）明显比工作年限少于2年的男性要少（$8.46/每小时）。

这些资料显示出男女工资的差异，并非仅在于男性的工作时间较长。一定还有另外的解释说明这个差异：教育和照料小孩的责任等等。除了性别歧视的原因外，计算数据的研究人员还考虑了其他可能合理解释男女工资差异的变量。除了现职工作年限，他们所考虑到的变量包括：

· 担任现职的年数
· 就业总年数
· 是否经常是全职工作
· 婚姻状况
· 所居住城市规模
· 是否有工会的保护
· 行业类别
· 公司的员工人数
· 是私人还是公有的雇主
· 是否非自愿地离开前一工作
· 现在职业和前一工作间隔时间的长短
· 种族
· 是否有残疾
· 健康状况
· 小孩的年龄
· 在高中时是否修过学术课程
· 高中时修过多少数学、科学和外语课程
· 上私立或公立高中
· 教育程度高低
· 该行业中女性所占百分比
· 大学的专业

上述每一个变量都有可能影响收入，而且男性和女性在这些方面有差别，也能解释男女收入的差异。当所有这些变量都被纳入考虑范围时，研究人员就可以解释男女工资差异60%的原因。而剩余40%的差异，则不是因为有其他合理的变量解释，就是纯粹由于偏见所致。只有同时分析几个变量——也就是多变量分析，我们才可能得出像上面那样的结论。

我希望这个例子展示了如何用定量资料分析来表示和检验日常谈话所隐含的逻辑。在读以上文字的时候，你可能会问，这些数据都是 1984 年的，现在的情形是不是好些了呢？事实上最近的数据表明，情况并没有多大改观。

在 2000 年，男性全职，平均一年的总收入是 50557 美元。而女性平均一年的总收入是 32641 美元，相当于男性的 69%（美国人口普查局 2000：440）。但是这一差异是否代表了性别歧视或者反映了合理的因素呢？

例如，一些人认为教育水平影响了收入，在过去，女性受教育程度比男性低。因此，我们可以检查教育程度是否可以解释女性从总体上比男性收入要低。研究人员提供了美国人口普查局2000的一组资料来检验这一假设。

数据显示，在每一相对的教育水平下，女性比男性的收入都少。很明显，教育不能解释这个差异。

事实上，教育能够掩盖性别差异的程度。如果不把教育水平考虑在内，女性与男性的工资比是0.69或69%。但是数据显示，6个教育类别中有4个收入差异更大。这个数据显示了一种奇怪的现象：女性全职员工的教育水平比男性要高，而不是低。因为教育水平影响收入，当把教育水平考虑在内时，女性较高的受教育水平缩小了明显的收入差距。

这是你现在应该学会的分析方法。

还有一个日常能够观察到的例子是，少数民族比白人申请人更不可能得到银行贷款。一个相反的解释是少数民族申请人破产的可能性较高或者他们可以用来承保贷款——同意或者拒绝的合理基础——的抵押物较少。不过，我们刚才所讨论的多变量分析可以解决拒绝问题。

所有这些都明示：社会研究者可以在为人类服务方面扮演一个强有力的角色。他可以帮助我们判断当前的事务进展，并能够为我们提供如何达到目的的方法。

【艾尔·巴比.社会研究方法［M］.邱泽奇，译.11 版. 北京：华夏出版社，2009：421-423.】

七、统计分析的程序

有些描述分析和推断分析可以手工进行，特别是当数据小的时候。有些掌上计算器也可以进行这些分析，你所做的只是输入数据，然后按适当的功能键。

比较复杂的统计分析需要有在个人计算机或主计算机上运行的软件。教育研究中常用的软件是“社会科学统计软件包”，缩写为SPSS，使你能够进行本书所介绍的任何一种统计分析。

由于它用途广泛，你应该能从研究团队中找到需要时能帮助你学习SPSS使用方法的人。另外一种选择便是“统计分析系统”，缩写为 SAS，SAS比SPSS难于使用，但它有更多的功能。

在进行统计分析时很容易出现错误，所以你应该检查数据的录入和软件的操作。一个有效的检查方法是手工进行一些统计分析，并把结果与统计软件产生的结果进行比较。

【高尔，等.教育研究方法：实用指南［M］.屈书杰，等，译.5版. 北京：北京大学出版社，2007：164.】

八、报告分析结果的准则

尽管资料分析部分必须尽可能地提供细节，不过，也要避免混乱。你可以根据以下提出的目标来不断地考察你的报告，以达到上述的目标。

如果你使用的是定量资料，必须用一种能让读者复算的方式来表达。例如，根据图表中的百分比，读者应该可以将它们打散并重新进行计算。也就是说，读者应该有足够的信息，可以将图表中的比例用另一种方式重新计算。

你必须就定量分析的所有方面提供足够的细节资料，以让二手分析者用同样的资料可以得到相同的分析，即其他研究者可以根据你的报告建立相同的指标与量表、同样的图表、一样的回归分析、因素分析等。当然很少有人真的这么做，但是如果你的报告能提供这样的信息并使得上述重复工作成为可能的话，那么，读者就有了充分的资料来评估你的研究。

提供细节！如果你正在做的是定性分析，你必须提供足够的细节，以让读者觉得好像跟你一起做过实地观察一样。只报告那些支持你的解释的那部分资料是远远不够的；你必须同时将跟你的解释相冲突的资料也拿出来。最后，你所提供的信息还要足以让读者得出完全不同的结论——尽管你希望你的解释是最合理的。事实上，读者必须能够独立地完全复制你的整个研究——不管其是否涉及对严重精神病患者的参与观察、关于司法商议的实验还是其他类型的研究。复制乃是科学的必要规范。单一的研究不能证明任何论点，只有一系列的研究才能够做到。然而，除非这一系列的研究都能被复制，不然它们就没意义。

整合支持性资料。前面我曾提到整合与阐释资料的重要性。以下提出一些相关的准则。如果有图表和数字的话，必须将它们放在相关的内文附近。曾有学生在报告中描述分析结果，而把所有的图表放在报告的附录中。这样会妨碍读者阅读报告的。一般的规则是①描述图表的目的；②展示图表本身；③回顾并阐释图表本身。

结论明确。虽然研究的目的是要获得结论，但是，你要指明得到这些结论的特定基础。否则你就可能诱使你的读者接受没有根据的结论。

指出结论所依赖的所有条件或限制。通常你本人最清楚自己研究的缺失，而你必须给读者提供这些资料。反之，则可能会误导未来的研究，并造成研究经费的浪费。

我一开始就提过，研究报告应该用尽可能清楚的语句来书写。一些人总比另一些人写的报告更让人觉得清晰易懂。但是，要写得清晰易懂并不是一件容易的事情。我还是建议你阅读斯特伦克和怀特的书。如果能够按照下面的步骤来做，就一定能把报告写好。写完报告之后就阅读他们的书、再修正报告、再阅读一次，然后再一次修正报告。这将很花时间，但科学就是如此。

【艾尔·巴比.社会研究方法［M］.邱泽奇，译.11版.北京：华夏出版社，2009：502–503.】

能力训练

范例：

编码簿

一本编码簿其实就是相关变量的记录本，从中你们可以查到自己所需要的变量，包括每个变量中的属性号码（表15–3）。

表15-3 编码簿范例

政治观点	参与
最近我们听到了许多关于自由党与保守党的谈论。我给你们一张分成七个等级的量表，分别用来表示人们可能持有的不同的政治态度，从“极度自由派的”—1分，到“极度保守派的”—7分。请问，你们的观点是属于其中的哪一种呢？ 1.极度自由派的 2.自由派的 3.偏向自由派的 4.中立的 5.偏向保守派的 6.保守派的 7.极度保守派的 8.不知道 9.无所谓	你们多久做一次礼拜？ 0.从不 1.一年不到一次 2.一年大概一两次 3.一年几次 4.大概一个月一次 5.一个月2~3次 6.几乎每周 7.每周 8.一周几次 9.不知道，没有回答

【艾尔·巴比.社会研究方法［M］.邱泽奇，译.11版.北京：华夏出版社，2009：405.】

思考题

一、教育研究中，分析资料的目的是什么？

二、怎样分析定性资料？

三、怎样分析定量资料？

四、为什么定性资料的分析与定量资料有所不同？

五、研究资料对形成科学认识有何作用？试归纳教育研究资料的种类和质量标准。

六、教育研究资料的分析一般包括哪些步骤和具体的工作？

七、简述资料分析中的逻辑思维方法和非逻辑思维方法。

八、你所在大学的专业可以分为几类？建立一个编码体系以根据一些有意义的变量将它们分类。然后用一个不同的变量来建立一个不同的编码体系。

九、能够用多少种数值方式来描述你自己？你天生的数值属性是什么？你能否用定量术语来表达你的一些定性属性？

十、变量间关系分析重要吗？为什么？

十一、怎样对资料进行分类？

拓展阅读

［1］教育部社会科学委员会学风建设委员会.高校人文社会科学学术规范指南［M］.北京：高等教育出版社，2009.

［2］Patton，M Q. Qualitative evaluation and research methods（3rd ed.）［M］. Thousand Oaks：Sage Publication，2001.

［3］Wolcott，H F. Transforming qualitative data：Description，analysis，and interpretation［M］. Thousand Oaks：Sage Publication，1994.

［4］艾尔·巴比.社会研究方法［M］.邱泽奇，译.11版.北京：华夏出版社，2009.

[5] 高尔，等.教育研究方法：实用指南[M].屈书杰，等，译.5版.北京：北京大学出版社，2007.

[6] 查尔斯.教育研究导论[M].张莉莉，等，译.北京：中国轻工业出版社，2003.

[7] 孟庆茂.教育科学研究方法[M].北京：国家开放大学出版社，2001.

[8] 袁振国.教育研究方法[M].北京：高等教育出版社，2000.

[9] 杨小微.教育研究的原理与方法[M].上海：华东师范大学出版社，2010.

[10] 陈向明.教育研究方法[M].北京：教育科学出版社，2013.

[11] 和学新，徐文彬.教育研究方法[M].北京：北京师范大学出版社，2015.

[12] 张建顺，李祥云，解洪涛.义务教育学校内部治理与学生成绩——基于PISA2015数据的实证研究[J].教育学报，2020(6)：96-107.

自我反思建议

现在你看见一个完整、系统的教育研究的“美好景象”了吗？对，按照预定的研究目的和研究内容，对资料进行科学分析，就能无比接近这“美好景象”。循着定性资料的分析技术和定量资料的分析技术的路线，并综合运用两种资料分析基础，就能为教育研究成果表述奠定坚实的基础，就能为绘就“美好景象”“画龙点睛”。

第十六章　如何表述教育研究成果：教育研究成果表述

学习导航

为什么学习教育研究方法？为了教育研究。为什么要研究教育？为了教育事业的发展，为了自己的美好未来。这一切目标的实现都寄托于研究成果的合理、恰当表述。本章将帮助你认识教育研究成果表述的类型、规范、具体的方法、技术和技巧。如果你是一名在攻读学位的学生，这里还会告诉你撰写学位论文的技术和答辩技术。

你在前面见过的案例和自己在文献综述部分收集的文献都是很好理解本章内容的案例资源。

学习目标

1. 熟记教育研究成果表述、学位论文、学位论文、表列法、统计图示法、顺序法、挑选法、关联法、权威法、经典法、“稀有”法、溯远法、倒推法、知名法、全引法、节引法、意引法的含义。

2. 理解教育研究成果表述的意义。

3. 熟悉教育研究成果表述的基本规范和步骤。

4. 掌握资料呈现的方式、技术和规范。

5. 将前面完成的资料分析加工成一份研究报告。

6. 熟读案例分析和思想资源，建构教育研究成果表述的理论。

7. 重温前述案例和范例产生新的分析。

第一节　教育研究成果概述

观点与原理

1. 任何情况下，你都可以去确定一套术语来呈现你的研究成果。当然，它要在科学研究范式基础上，在中国特色的学科体系、学术体系和话语体系框架中。

2. 教育研究成果表述即以适当的形式将研究成果明确地、有说服力地撰写出来，即撰写研究报告、论文或著作——教育研究成果的类型。其中，教育研究报告分为实证性报告、文献性报告。教育研究论文有多种分类，如分为学术论文和学位论文，分为经验型论文、研讨型论文、评述型论文和学术型论文，以及根据研究方法区分的类型。教育著作分为专著、编著、译著。

3. 在内容上，教育研究成果表述分为三种类型：事实型——重点是描述事实；论证型——重点是理论论证某种（类）关系；综合型——融合了事实与论证。

4. 教育研究成果表述的基本要素是“三论”：在整体上是引论、本论和结论，在段落上是论题、论据和论证。

5. 教育研究成果表述的目的是取得社会效益（有时还有经济效益）、学术交流与合作、提高教育研究的科学化水平、提高研究者的分析综合与逻辑思维和文字表达等方面的能力。

6. 教育研究成果表述的意义表现在两个方面，理论意义和/或实践意义，即学术与学科上的意义和研究者的意义。研究者的意义不呈现于表述。

7. 教育研究成果表述的基本要求是“三严”和“七性”。其中，“三严”指严肃的态度、严谨的学风、严密的方法，“七性”指科学性、客观性、公正性、确证性、可读性、创造性、规范性。具体地，科学性是指教育研究是科学研究，它必然具有科学性；客观性是指表述必须建立在客观事实和揭示客观规律的理论基础之上；公正性是指研究者要保持中立，站在公正的立场，保持公正的态度；确证性是指论据和论点要相统一，论据确实支持论点和论证，小论点支持大论点；可读性是指表述以预期读者的水平为依据，能被读者理解；创造性是指作为创造性认识活动的教育研究的内在要求且表述能满足读者的需要；规范性是指表述要遵守语言规范和学术规范。

8. 表述的一般步骤：明确读者、确定题目及类型、拟定写作提纲、写作、对初稿的内容或结构或文字进行反复推敲修改、完成表述。

9. 教育研究成果表述的直接基础是资料分析。

第二节　资料的呈现

观点与原理

1. 定性资料的呈现，可以使用统一、专用的字体做标识。

2. 定量资料的主要表现形式是表列和图示。

3. 表列法是表达数字资料的一种重要形式。教育统计资料的表列，简称为统计表，就是把所研究的教育现象和过程的数字资料，以简明的表格形式表现出来。

4. 统计表从形式上看，一般有表的序号（有多个表）、标题、纵横标目、空白等因子组成。如果有需要说明的，用附注。如果不是自制，还要注明材料来源。

5. 根据说明事项的数量，统计表可分为单项表、双项表和复合表三种。单项表如表 10–2，只有一项数据；双项表如表 12–1，有两项数据；复合表有多项数据且数据形式多样。详见范例16.7。

6. 编制统计表的基本原则是，①简明扼要。②标目结构合情合理。

7. 编制统计表要遵守五点要求：①标题必须简明扼要，能确切地表明统计表的内容，置于表的上方。②表中纵横标目是用以说明表内数字的含义，标目的安排要遵循分类理论和排序的逻辑。呈现的表格是三线表。③数字是统计表的语言。表中的数字必须排列整齐，上下对正。四位以上的数目须用分位号“,”，每三位分为一段。数字的小数点要上下对齐。如有相同数字仍须全部写出，不得写“同上”字样。④表内不应有空格，没有数字的空格一般用短横“—”填充，数字不详的则用删节号“…”表示。如数字由推算而得，在附注中说明。⑤附注是对表格附加的补充说明，如非作者本人制作的表的来源，数值的特殊含义等，附在表的下方。

8. 统计图示法，就是利用几何图形或其他图形等的描绘，把所研究对象的特征、内部结构、相互关系和对比情况等方面的数据资料，绘制成整齐简明的图形。它是用以说明研究对象和过程的量与量之间的对比关系的一种方法。其中，常用图形有条形图、曲线图、直方图、圆形图，构成上有序号（有多个图，与表分开排序）、标题、尺度线（如纵轴）、基线（如横轴）、零点、方向、空白。当图中有多个图形时，还要有各图形所代表统计量的说明。

9. 条形图是用条形的高低或长短来比较统计指标大小的统计图。条形图有纵排和横排两种形式。纵排的称柱形图，横排的称带形图。

10. 曲线图是以曲线的高低和斜度来表示教育现象的动态及现象之间的依存关系的图形，也可以表明总体单位分布（或次数分布）的图形。

11. 直方图适用于连续性的次数分布资料，用方形的面积来表示数量的大小和分布。

12. 圆形图是用以说明总体结构的图形。通常适用于绘制条形图的资料，并且各项数据之和恰为100%者，都可用圆形图表示。它是以圆的总面积表示事物或现象的总体，用其中各扇形表示总体各个组成部分的百分比。

13. 绘制统计图要遵守六点要求：①标题、附注同表的要求。不同的是，图的标题在图的下方。②图的尺度线与图的基线要垂直，尺度分点（比度点）要清楚，比度点上要注明数字。不能用同一尺度表示性质不同的计数单位。图内必须标出零点，零点是纵横坐标的出发点，一般图形的零点均在纵横坐标相交的原点。图的横坐标的数字须自左向右排列，小数在左，大数在右；纵坐标上的数字则由下而上。小数在下，大数在上。③图中所画各种不同线条，根据绘制的目标，应有颜色、形状或粗细之分。④规划图形时，数量的大小最好用线条长短表示。用同一图形比较数量要使用同一数量单位。⑤若图内有多个图形代表不同的事实，应在图的右上角，以最简短的文字说明各个图形所代表的内容。⑥在绘图布局上，要求结构匀称，聚散适当，图形应画在恰当的位置上。线条要求准确整齐，鲜明美观；文字数字要求工整大方。

14. 对他人成果的引用首先需要遵循教育科学研究的国家规范，详见思想资源。在具体引用上要做到：①资料与观点“珠联璧合”。②引用的策略与方法得当。

15. 资料引用的策略有内容的策略、作者的策略、时空的策略。

16. 内容的策略即考虑好引用哪个方面资料。解决的方法有：①“顺序法，即按照资料分类的顺序排列，先考虑引用前面的，依次类推作出比较选择。”②“挑选法，即从上述资料中挑选至关重要的，最能说明问题的。”③“关联法，即从分析资料之间的相互关系入手，考虑引用其中相关系数最为显著的”。作者的策略即解决好引用“谁”的资料。解决的方法有：①“权威法，即‘谁’最为权威就选‘谁’的。”②“经典法，即引用最为经典的，也就是世人公认，首屈一指的。”③“‘稀有’法，即以前不为人们所知，格外珍贵，特别罕见的”。时空的策略即处理好引用资料的“时空”性问题。解决的方法有：①“溯远法，即按历史与时间的顺序，追溯为最遥远的时空。”②“倒推法，即从当前时空出发，由近及远，由新到旧的策略。特别是在追踪学科前沿，论述现实问题，进行综述研究时，一定要引证和引用最新的研究资料。”③“知名法，即挑选最为知名的时间地域的资料，让别人一看就知道。”

17. 引用资料呈现的方法有直接引用法（全引法和节引法）和间接引用法。其中，全引法是抄录原文的完整部分；节引法是节选原文的部分，部分间通常使用省略号间隔；间接引用法，也被称为意引法，即只引用文献的意思，不使用原文的句子，可以使用词和短语。凡是出自引用的文献的，无论词还是短语或是句子、段落，都必须使用双引号。

第三节　研究报告和论文的撰写

观点与原理

1. 教育研究报告的一般结构：题目、摘要、关键词、引言、研究方法和计划、研究结果、讨论、结论、参考文献和/或注释、附录。

2. 撰写教育研究报告的重点是研究的主要建树。

3. 一般地，学术论文包括题目（中英文）、摘要（中英文）、关键词（中英文）、引言、正文、结论与讨论、参考文献和/或注释、作者简介、受资助情况说明。具体的要求要参考编者的说明。

4. 学位论文可分为本科毕业论文、硕士学位论文、博士学位论文三个层次，内容结构基本相同，区别在于论文研究内容的意义深度和/或广度不同，比如，本科生研究“点——小学高年级学生听课行为研究”即可，硕士研究生研究“面——小学生语文学习行为研究”，博士研究生研究“立体结构——义务教育学校学生发展质量监测指标的研究”。

5. 学位论文的基本结构：封面（题目：中英文、单位、学位类别、指导教师、学科类别、研究方向、完成时间）、学术诚信承诺书、目录、中文摘要与关键词、英文摘要与关键词、正文、注释、参考文献、附录、后记或致谢。

6. 学位论文的正文即论文的主体，需要呈现引言（研究问题、研究意义、研究目的、创新之处）、学术史梳理或国内外研究现状、基础理论体系构建、研究设计与实施程序（研究思路、研究方法、研究工具的设计与使用、研究过程）、研究结果分析与讨论、结论与建议。

7. 参考文献的排序方法：①无论引用与否，凡是研究者从中获得研究所得的都列出；②重点文献排在前面，其他文献按照下列要求排序：先中文后外文、先著作后论文、先学术论文后学位论文、会议论文；同类文献时间上由远及近、按姓氏笔画由少到多。注释分脚注（在每页下方）和尾注（在正文之后），跟随引用文献的位置排列。

8. 撰写教育研究成果的基本原则有客观性、连贯性、一致性、逻辑性、规范性、文学性等。客观性是研究者要站在中立的立场，连贯性是在同一主题串联下循序渐进地撰写，一致性要求表述中的术语、观点等的意义前后统一，逻辑性要求表述的各级结构符合逻辑规则，规范性要求格式统一满足汉语等语言规范和教育研究的学术规范，文学性是指适度进行艺术化处理以增加可读性。

9. 学位论文撰写的重点是介绍研究方法和资料分析过程。

10. 终稿的学位论文一般经历了多次修改。每一稿之后，作者都要首先进行自我评价，通常从以下几方面：评价错别字、整体结构、各级标题、遣词造句、研究目的、研究问题或研究假设、文献探讨、研究设计与实施步骤、研究结果与讨论、创新与贡献、写作格式。

11. 无论学术论文还是学位论文，关键词都很关键。关键词至少由总体、主要变量、主要研究方法等方面的术语组成，目的在于使读者快速看清楚研究的主要内容和边界，通常使用3~8个。

12. 无论是课题论证的开题还是研究成果的汇报，通常都要举行答辩会。以攻读学位为例，答辩都要准备一份十分钟左右的陈述报告，主要陈述研究的必要性、研究思路、研究方法、理论体系、资料及其分析过程（开题时是计划）、创新之处（开题时为假设）、研究结论（包括存在的不足）和进一步研究的建议。陈述的重点是解决课题中主要问题的过程。整个答辩过程，要保持谦虚、自信和坦诚的态度，致力于高效沟通。

13. 研究报告和论文的撰写是著作问世的萌芽。

思想资源

一、研究成果有关的国家规范（节选）

（一）引用与注释规范

……

4.1　学术引用的作用

4.1.1　学术引用有利于将成果放在相关学术史的适当位置

学术的发展是一个漫长的过程，学术问题的展开是一个前后相继的过程。每一个时代都在倡导创造性，但每个人在实际的写作中都难免直接或间接、有意或无意地采用前人的成果。对于科学来说，“新”总是在“旧”的事物中生发出来的，所以，在学术研究中，引用是不可缺少的。对于每一代的学术工作者而言。判断每一项研究成果的创新价值是正确地分配荣誉乃至利益的重要前提。学术引用有助于人们判断这项成果的创新程度和学术价值，确立这项成果在学术史上的位置和意义。

4.1.2　学术引用是学术评价的重要指标

从学术史上观察，一项成果是否具有原创价值，它在学术史上的价值如何，跟它后来被引用的频率有着密切关系。因此，在世界范围内，人们普遍把一个学者作品被正面引用的频率作为衡量该学者地位与价值的一个重要尺度。尽管在某些特定时代，影响引用率的还有学术之外的一些因素，但从长时段的历史观察，一般能够通过引用率的统计得到对于学者及思想家价值的较为公允的评价。

4.1.3　学术引用的伦理状况是学术职业化程度的衡量尺度

学术职业化的重要标志之一是，在学术界能否形成多数人认可和自觉执行的学者职业伦理，引用伦理正是这种职业伦理的有机组成部分。合理的学术引用体现了学术界对于前人和同时代人研究成果的尊重，将有效地减少自我作古、无视前贤的无知霸气，形成严谨与谦逊的学术风气。

4.2　学术引用的规则

4.2.1　引用应尊重原意，不可断章取义

无论是作为正面立论的依据还是作为反面批评的对象，引用都应当将能够说明作者原意的全部语句与段落引全，不可为了以逞己意而曲解引文，断章取义。为了节省篇幅或使意思明确，引用者可以对引文作一定限度的增删。增加的内容可以夹注的方式注明，或加括号表示；删节处通常使用省略号。被省略号连接的部分一般应在同一段落中，超过同一段落应分两段引用。增加和删节均不能影响对作者思想的正确了解。

4.2.2 引用应以论证自己观点的必要性为限

引用是为了论证自己的观点，因此，他人文字与作者本人文字之间应当保持合理的平衡，要避免过度引用，尤其是避免过度引用某一个特定作者的论著。过度引用指的是引用他人文字超过自己的论证，或主要观点和论据以引用为主。

4.2.3 引注观点应尽可能追溯到相关论说的原创者

建立在前人研究基础上的新作，需要对于此前研究尤其是一些主要观点的发轫、重述或修正过程有清晰的把握。除非万不得已，一般不要采用转引，尽量不要引用非原创的第二手材料，引用译文与古籍应当核对原文。这样做，一方面避免歪曲学术史的本来面目，另一方面也避免相关思想学说在辗转引用中受到歪曲。对于思想或学术体系的认真梳理，清楚地区别原创与转述，是一个研究者应具备的基本功。

4.2.4 引用未发表作品应征得作者同意并保障作者权益

学术研究中经常需要引用尚未公开发表的手稿、学位论文、书信等。除非只是提供相关文献的标题、作者等技术信息，否则，对于正文文字的引用，需征得作者或著作权人的同意，尊重作者对于某些不希望披露信息的保留权利，引用书信、日记应保证不侵犯他人的隐私权。引用未发表作品更要防止过度引用或大量引用，防止损害被引用作品发表的价值。

4.2.5 引用未成文的口语实录应将整理稿交作者审核并征得同意

引用未成文的口语实录，包括口头演讲、课堂教学实录、采访记录等，应将整理稿交作者审核、修订。整理稿不能将不同时间多次的口语实录自行综合，避免因理解有误在综合时出错，同一作者不同时间、场合的口头发言应分别注明出处。

4.2.6 学生采用导师未写成著作的思想应集中阐释并明确说明

导师在课堂教学、个别辅导以及作业批改时，会阐发自己尚未写成著作的有系统的学术理念和独特方法，学生在论文中采用这些内容时，应选择适合的章节，例如“绪论”或相关章节，对导师的思想客观地集中复述。复述应不加入学生本人的任何个人意见，并通过注释说明来源。学生不能把导师的口语实录和思想未加集中说明而淹没在自己的论文各处随意使用，引起知识产权归属的混乱，也不宜将导师在课堂上的只言片语断章取义割裂引述。

4.2.7 引用应伴以明显的标识，以避免读者误会

通常的引用有直接引用与间接引用，直接引用需使用引号，间接引用应当在正文或注释行文时明确向读者显示其为引用。引用多人观点时，应避免笼统，使读者清楚区分不同作者之间的异同。直接引文如果超过一定数量，应当在排版时通过技术方式（例如另起一段、改换字体等）更为清晰地加以显示。

4.2.8 凡引用均须标明真实出处，提供与引文相关的准确信息

不少文献存在着不同版本，不同版本之间在页码标注甚至卷册划分上并不一致。因此，引用者必须将所引文字或观点的出处给出清晰的标示，便于读者核对原文。在标注引文出处时，不得作伪。掩盖转引，将转引标注为直接引用，引用译著中文版却标注原文版，均属伪注。伪注属于学术不端行为，不仅是对被转引作品作者以及译者劳动的不尊重，而且也是学术态度不诚实的表现。

4.3 引用与注释的内容与格式

4.3.1 中文引文注释的必要内容

著作需注明：作者/著作名/出版者/出版时间/章节及页码；

文集析出文献需注明：作者/析出篇名/文集题名/文集编者/出版者/出版年月/页码；

古籍需注明：原作者/书名/部类名/卷次或篇名/版本；

期刊需注明：作者/篇名/期刊名/年期；

报纸需按顺序标注：作者/篇名/报纸名称/出版年月日；

未刊文献需注明：文献标题（用双引号，引用者自拟标题不用引号）/时间/藏所/编号；

网络文献需按顺序标注：作者/文献名/网址/网上发布时间/访问时间。

4.3.2　外文引文注释的必要内容

引用外文文献专著、编著需注明：作者/书名/出版地点及出版机构/出版时间/页码；

外文引文译著需注明：作者/译者/原著书名/译著书名/出版地点及出版机构/出版时间/页码；

引用外文文献期刊中的析出文献需注明：作者/文章名/刊物名/卷期号/出版时间/页码；引用外文文集中的析出文献需按顺序标明：作者/文章名/编者/文集名（要求特殊字体）/出版地点、机构及时间/页码。

4.4　参考文献

4.4.1　著录项目俱全

附在论文和专著后面的参考文献是论著写作时确实参考过的文献目录，这些文献应包括在文内注释中引用过的和未引用过的。其规范的要点是：论文应含作者名、题名、期刊名、出版年、期次、起止页码；专著应含作者名、书名、出版地、出版者、出版年、版次；网络文献应含作者名、文献名、网址、网上发布时间、访问时间。

4.4.2　编排符合规范

编排格式原则上按照国家标准局制定的《文后参考文献著录规则》实行，人文学科可从汉语的特点出发、根据论文的性质选择两种编排方法：①将同一作者集中在一起，再按作品发表年代编排；不同作者按姓氏汉语拼音顺序或以汉字笔画多少为序排列。②分类并按年代编排。需要注意的是，按年代编排有利于看出文献产生的时间先后，以便整理作品的渊源递承关系，突出最早的原创者。这对于现代发表的论文和出版的书籍比较合适，对于古籍，必须考虑作品产生的朝代而不是今天整理出版的年代。社会科学需要与国际对话的，可采用国际惯例编排。期刊投稿可按编者要求实行。

4.4.3　避免多杂和遗漏

参考文献应搜集广泛，但没有必要凡是论著都列入，而是要列入确实有参考价值又已经在不同程度上参考过的文献，对不符合学术规范或公认品质低下的论著，除非出于批评的目的，一般不应引用，但不能遗漏重要流派的代表作和影响深远的力作。

4.4.4　不可故意回避

也有些学风不正的人明明采用了他人的观点或资料，为了掩盖事实，冒充首创，故意把最应当列入参考资料的文献删除，对应当作直接引文或间接引文的文献有意回避，不作标志，也不出现注释，只列在附后的文献目录中，这属于有意遗漏。如果故意回避的资料数量较大，或是涉及论文的主要观点、方法、证据，则实际上已经形成抄袭，构成侵权。

5　成果呈现规范

5.1　成果的构成项目

5.1.1　标题

成果的呈现形态多种多样，例如论文、著作、研究报告等。所有学术成果都应有恰当的标题。标题是以简明的词语反映学术成果特定内容的逻辑组合，是成果内容集中、高度的概括。标题的基本要求是：①文题相符，从标题中不但应当看到选题的范围，还应看到论证的主题也就是问题的焦点；②显示类型，例如；理论论文（立论或驳论）、学术综述、调查报告……最好在标题中有一定的显示；③语句平易，结构清晰；④双重重点或附带内容可加副标题。

5.1.2　内容摘要

内容摘要也称提要，是学术成果的内容不加注释和评论的简短陈述。其写作目的，是使读者不看全文即可尽快地了解论文的大致内容，也便于二次文献的编制，促进信息的交流与传播。硕士、博士学位论文的内容提要有两种：一种是单独印发给学位委员会成员与有关人士的详细提要；另一种是置于正文之前题名页之后的提要。内容摘要应客观地用第三人称的方式撰写。在撰写内容上，一般不应少于以下几点：研究对象、研究方法、主要结构、结论要点。

5.1.3　关键词

关键词是指成果中起关键作用、最能代表成果中心内容特征的词或词组。关键词一般选取 3~8 个，置于内容摘要的下方和正文的上方。排列时可不考虑语法上的联系，仅仅是将几个关键词组合在一起。应在研究对象、学科归属、特殊方法、学术流派等方面选取关键词，选取关键词要注意其代表性、专指性、可检索性和规范性。

5.1.4　导语

导语也称前言、导言等，在学位论文或篇幅较长的论文中一般称为绪论、引论。导语写作应明确交代该领域的学术史，不能“自说自话”，不顾前人的研究。这一规范不仅体现出尊重前人劳动的学术道德，也是学术研究的积累性、连续性特征的体现。因此，其写作内容至少应包括：前人有关本论题研究的进展情况及其评价，其中有待解决的问题；本论题的缘起、目的、意义；本论题所要解决的问题；与前人研究的区别、研究任务的范围、材料来源、研究方法和理论依据；简要说明本论题研究所获得的结论及其价值，等等。写好导语，是论文写作能力的重要检验。导语不仅需要概括全文的宗旨和结论，而且是提炼主题、提升理论的结果。缺乏理论自觉性，难以写好导语。

5.1.5　序

序不是成果的必要部分，只是作者自己或他人向读者推介成果。

序可以是“自序”，也可以请其他人书写，但不可编造伪序或未经作序者许可自行将其他文件按序放入。未经授权，非序作者和出版机构不得随意改动序的内容。

序应对成果作实事求是的推荐介绍，避免不切实际的庸俗吹捧；序作者未读原文而仅对成果涉及的问题发表意见，应如实向读者说明。

5.2　成果的发表

5.2.1　遵守法律

人文社会科学工作者应严格依照《中华人民共和国著作权法》及相关法律法规学术成果的发表、引用、改编等事宜。

5.2.2　避免一稿多发

稿件原则上只能在一个刊物上发表，避免一稿多发。鉴于当前不同刊物处理稿件的不同规定，投稿应注意以下情况：

（1）由于无法掌握发表情况同时向多处投递稿件，在第一次发表后，应立即通知其他投递处停止处理稿件，如其他刊物已经处理无法撤稿又同意重复用稿，一般应公开说明首次发表情况。超过刊物退稿时间而突然发稿形成一稿两投，责任在刊物不在作者。

（2）同意刊物转载已经发表的稿件，应明确要求刊物注明“转载”字样，并公开说明原刊载处。

（3）未经正式出版的学术会议论文集刊登的稿件，可以再次在其他正式刊物上发表。正式出版的学术会议论文集刊登的稿件再在其他刊物上发表，应征求主编与出版部门的意见。

（4）论文公开发表后收入论文集，应注明原来发表的出处。

5.3　成果署名

5.3.1　个人论著

个人发表学术论著，有权按照自己意愿署名。没有参与论著写作的人，不应署名。不应为了发表论文随意拉名人署名；主编、导师没有参与论文写作，又没有直接提供资料和观点，不应要求或同意署名。

5.3.2　合作论著

合作论著应联合署名，署名次序应按对论著的贡献排列，执笔者或总体策划者应居署名第一列，不可按资历、地位排列次序。贡献大致相同者也可按音序或笔画排列，由于承担义务和权利与署名排序有关，不按贡献排序时，需要明确说明，在这种情况下，署名人均可按第一顺序呈报成果。学位论文作为专著出版时，应由完成者署名，导师的观点和指导作用可在书中相关部分用注释或在前言、后记中说明。师生合作的论文视所起主要作用决定署名先后。学生听课后协助导师整理的讲稿，不应要求署名，更不可未经导师许可，用自己的名义发表，其整理的功劳可在相关处由作者说明。署名者必须对成果承担相应的学术责任、道义责任和法律责任。

5.3.3　向资助者致谢

成果经政府部门、学校、企业或私人资助完成，公开发表时应在相关部分加以说明。

【教育部社会科学委员会学风建设委员会.高校人文社会科学学术规范指南［M］.北京：高等教育出版社，2009：21-36.】

二、撰写教育研究报告的基本注意事项

（一）撰写社会研究报告的一些基本因素

1. 报告对象

在写报告草稿之前，你必须先自问：读者是谁？通常，你要把同行和一般读者区分开来。如果是写给前者看的，你可以对他们现有的知识做一定程度的假设。或许你可以简单地叙述几个论点，而不必详细解释。依此类推，你也可以适当地使用对一般读者而言较为深奥的术语。

在此同时，你仍然要时时谨记，任何科学都有派系之分。你的同行能接受的术语和假设，其他科学家却可能感到困惑。无论是针对内容还是研究方法而言，这种情况都有可能发生。举例来说，一位宗教学家在为一般社会学家写报告时就应该把前人的研究结果，解释得比写给其他宗教学家的更详尽。

2. 报告的形式和长度

我要先声明：以下论述适用于书面和口头报告。不过，这两种形式，仍然会对报告的特

征造成影响。

一项研究计划能够产生哪些有用的报告？一开始，你可能想准备一篇短短的研究记录，以便在学术或专业期刊上发表。这类报告大致上应该要有 1~5 页（打印，双倍行距），而且要言简意赅。在有限的空间里，你无法长篇大论，就连对研究方法也要简单明了。基本上，你应该告诉读者为什么这样简短的说明能够表达你的研究结果，并说明研究结果是什么。

通常，研究者必须为研究资助者准备报告。当然，这类报告的长度可能有很大的差异。尽管如此，在准备这类报告时，还是应该考虑读者的属性——是科学家或普通人；此外，还要考虑当初资助这些项目计划的原因。如果给资助者提供一篇毫无价值的报告，就会让他们觉得无趣。这样，不但策略失败，而且相当失礼。除此之外，概述研究结果如何提升了基本科学知识，也是一个不错的做法。工作论文是另一种形式的报告。特别是在进行一项庞大而复杂的研究时，针对当时的资料进行分析和解释并获得他人的评论，将对研究很有帮助。工作论文的内容应该包括初步的结果以及请求批评指教的用语，有的则只发表其中的一部分。由于工作论文并不会影响你的专业声誉，因此你尽可以畅谈未经证实的探索性解释，然后在报告中注明，并且请求评论。

很多研究计划的结果都会用书面报告的形式提交给专业会议。通常，这些书面报告和工作论文的功能相同。因此，你也可以向有兴趣的同仁报告你的研究结果和想法，并请他们提供意见。虽然专业报告的长度因会议性质而有所不同，不过，我宁愿鼓励你写得简短，而不鼓励冗长。尽管工作论文允许你漫谈各种探索性结论，但是与会者却没有义务在你进行口头报告时被迫忍耐长篇大论。有兴趣的人总可以在会后询问进一步的细节；至于没有兴趣的人，也可以愉快地脱身。

也许最普遍的研究报告就是发表在学术期刊上的论文。同样，期刊论文的长度也不一致。你应该先查阅想要投稿的期刊，看看上面文章的长度。不过，25 页的报告可以作一个粗略的参考。报告的篇章结构主要根据期刊文章的结构。所以这点我不再多说。我只想指出，学生的课程论文，应该以此为模式。作为一般的规则，课程论文如果符合期刊的要求，也将是很好的课程论文。

至于一本著作，当然代表了研究报告的最高形式。书具有工作论文的所有优点——篇幅足够而且详尽。然而书也应该是精炼的作品。因为研究结果出版成书，就给予这些结果更大的权威和价值感，但你也要对你的读者负责。虽然有些同事可能会给出一些建议，可能还会促使你修正你的观点；但是你必须了解，有些读者则会毫不怀疑地全盘接受。

3. 报告目标

有些报告着重于专题探索，其特性就是结论的探索性和不完整性。你应该向读者清楚地说明研究探索的目标，然后指出这项研究的缺失。探索性的报告有一个重要功能，那就是指出一个方向，以便针对同一个议题进行更深入的研究。

大部分的研究都有描述目的。这类研究报告的内容都含有描述的成分，你要小心地为读者分辨，哪些是对少量样本的描述，哪些则是推论到总体的描述。每当出现推论性描述时，你应当向读者说明这些描述的误差范围。

此外，许多研究还具有解释目的，研究者希望指出各个变量之间的因果关系。根据报告读者的类型，你应该把研究数据和结论背后的解释逻辑详细地进行说明。同时就像描述性报告一样，对于研究结论的相对准确性也要进行注解。

最后，某些研究报告可能着重于行动建议。譬如，研究偏见的学者，也许有意根据研究结果提出减少偏见的建议。然而，这种研究目的经常引起复杂的问题。因为研究者本身的价值观和倾向，可能影响其提出的建议。虽然根据个人判断提供建议是完全正常的作法，但是你必须确定，在建议的背后具有充分的研究基础。因此，你更要仔细地说明从经验数据到行动建议之间的逻辑关系。

【艾尔·巴比.社会研究方法［M］.邱泽奇，译.11版.北京：华夏出版社，2009：498-499.】

（二）研究报告的要求

1. 研究报告的题目应该明确指出报告要讲什么内容。辞藻华丽的题目除非碰巧可以准确地描述研究主题，否则应当避免使用。读者是根据题目来判断这些报告是否与他们想研究的主题有关的，为此，研究报告的题目有时候会很长，尽管作者通常会将题目的字数限制在15个字以内。

2. 语态一般用被动语态而非主动语态。研究者会写“被发现……”或“以下的结论是被……”（都是被动语态），而不是“笔者发现……”或“研究者得出结论……”（都是主动语态），但这种惯例也正在有所改变。

研究报告大多使用过去时，关于研究目的、研究程序、研究结果与研究结论的报告几乎都是如此（注意，研究目的不同于研究报告的目的，前者倾向于用现在时或将来时）。报告中典型的陈述有：

本研究的目的是……

采用以下步骤是为了获取……

发现……

所得数据几乎可以确保以下结论……

有时候在报告的导言部分现在时与过去时并用。例如：研究者过去搜寻了许多年……如今他们仍在继续搜寻……

现在时也用于描述正在进行的研究，从而引出后面的补充性报告。例如：当前能够得到资料印证的主要启示如下……

3. 研究者用试探性地陈述形式来报告他们的研究结论，因为，并不是任何结论一旦呈现就是正确的，而是要表明研究结论还有一定的怀疑空间，这就是为什么研究报告总用这样的陈述：

数据似乎表明……

为保证以下结论，似乎要通过……

真实的平均数可能位于……之间

在报告数据和统计分析时则可以说得确定一些，因为事先已经假定有某一可接受的误差存在，从而可以做类似这样的陈述：

平均数和标准差是……

72%的参与者显示……

相关系数是……

当然，在描述研究的陈述中，语气应当确定些。

4. 语言简练。研究报告应使用平实而非华丽的语言，因此要不带感情地、直达主题地陈述研究内容，“文学风格”应予以避免。以下例子就使用了不恰当的、过分花哨的语言：

贯穿本研究始终的目的是：从所有可想到的角度来探索教师被赋予的不可能达到的要求，这些教师来自5所招生率高的中学，并且兢兢业业地献身于本职工作。

这个导言可使用更恰当的词汇来代替上面那些华丽的形容词和副词，即：

本研究的目的是研究5所不同中学里教师的工作条件。

要记住，阅读研究报告的人不是为了娱乐而去读它，相反，他们的目的是获取更多的信息，因此不需要费尽心思用华丽的辞藻来吸引读者，读者的要求就是你的报告应该直达主题，因为他们的时间宝贵。当然，报告的解释必须清楚，以便于读者能理解研究的程序与结果，与此同时还要讲究简短精炼。

5. 在撰写研究报告时，应当努力保持写作格式、用词、含义和特定符号的一致性。如果从正反两方面做直接引用，那么以后每次都应该这样做。在使用统计分析的或其他的特定符号时，即使有些符号（如那些用于表示标准差的）常常被用来互相替代，也应确保在同一种方式下使用同样的符号。此外，章节、各组成部分、题目、图、表、图示都应保持上下的一致性。

【查尔斯.教育研究导论［M］.张莉莉，等，译.北京：中国轻工业出版社，2003：161-163.】

三、表达要求

（一）表格的使用

表格对总结结果非常有效，特别是报告中包含大量的统计资料时更是如此。表格内容要清楚易读。使用表格看起来是一种简明的表述方式，但不清晰的表格也会使读者迷惑。

建构一个相对清晰的表格可以遵照以下规则：

1. 表格的名称要专门针对表格内容，要包括表格中结果的参照或来源（比如测试项目或被试——译注）。

2. 行和列要包括适当的小标题。

3. 一个表格内所包括的不同类型的资料要有限制。例如，平均数和标准差可以包括在一个表内，但在同一表内，可能就不再包括相关系数了。

4. 表格空间要能清楚地分隔数字，不要拥挤。

5. 如有可能，一个表格不可超过一页纸。能用一页纸的不要分两页。

6. 表格应尽可能紧接在第一条参考的后面。

7. 一篇报告中的表格格式要一致。

8. 数字不要超出表格线。有必要的话，用水平线把标题隔开；表格中很少使用竖线，不要使表中数据看起来像装在笼子里。

注意，表格名称不仅说明了表格内容包括平均数和标准差，还指出了它们的来源。

【威廉·维尔斯曼.教育研究方法导论［M］.袁振国，译.北京：教育科学出版社，1997：500.】

（二）文献引用技巧

目前更常见的是行文中用引号的直接引文（适量的，而非大段的），将这些引文与作者的叙述、分析文字相结合，来实现观点的表达和论证，这已经成为学术研究中最基本的表述方式。

……

除了合理处理引文，还有就是要灵活运用注释来删削正文的“枝蔓”，用一些技巧和方法达到让正文“神清气爽”的效果。一些朋友认为注释的功能只是交代资料的来源、出处，这样看未免简单了。注释还有削减正文的“枝蔓”、使正文行文通顺、语义简洁的功能。所谓“删削枝蔓”，就是为了保证正文主题论证集中、主次分清、叙述顺畅，将一些内容放在注释中去，使文章更精干，行文更简洁。凡是容易冲淡主题，但又不得不交代的事情，都可以放在注释中说明。比如，对引文中人名、地名的说明，对引文中事件的简要解释，不一定放在正文中，可以放到注释中处理。针对一些学术观点的争论或讨论，在正文中无法回避，但又不便拿出篇幅去展开铺叙的，也可以加注释予以解决。总之，文章的文字叙述问题，根植于研究本身，有些经验需要在实践中不断积累和总结。

【马忠文.引文与论文的文字表述［J］.抗日战争研究，2021（4）：8-9.】

四、教育研究成果表述的一些技巧

1. 确定主题……这里介绍一种由事实资料确定主题的方法——KJ法。KJ法的具体程序如下：①收集资料，把资料写成卡片，每张卡片写一项，并且加上简明扼要、一目了然的标题，这些卡片上的资料就是教研报告的论据。②把所有的卡片像打扑克牌那样摞到桌上。③边读边思考，把内容相关的卡片调到一起。这样就得到了若干个卡片群。④对每个卡片群依次细读与琢磨：为什么会把这些卡片放到一起？它们说明了一个什么问题？把思考的结果简要概括地写在一张卡片上，放在每群卡片的最上边。这一步实际上是从客观资料中提炼出下位论点。⑤阅读并琢磨各卡片群上面的那张新写的卡片，思考它们之间有什么联系？能不能把它们合并成为一个大卡片群。把它们之间的联系写成简要的卡片，在大卡片群的上面写一张简要概括的卡片。这一步实质上是从下位论点中提炼出基本论点。⑥阅读各大卡片群，思考它们之间是什么联系，它们共同说明了一个什么中心，最终的思考结果就是中心论点。这一步实质上是从基本论点中提炼出中心论点。KJ法虽然比较机械一点，但它对于初学者由资料出发逐级归纳出基本论点，直至主题是有很重要的作用的。

2. 制定提纲。常用的提纲形式有三种：句子提纲、标题提纲和段落提纲。句子提纲以句子的形式出现，用句号结尾，表示一个完整的意思。……标题式提纲列出每一节或每一段中所讨论的主要内容……在段落提纲中，每一部分都是一个段落的内容提要。

3. 精选题目。一般要求用最少的文字告诉读者自己所要阐述的问题，一般而言，20字左右的题目较为常见。例外情况是，申报受资助的课题，课题题目的字数不能超过40字。有的成果如删掉一些字后又表达不清，可加注副标题。要慎用大题目，宜用小题目。

4. 摘要，即内容提要……通常以二三百字为宜。

5. 关键词包罗了教育研究成果所有的主题概念，代表所讨论的主要内容，是目的、方法、结果、结论的精炼。关键词可以根据成果内容自由给定，毫无约束……尽量避免使用生僻、复杂的词汇。

6. 材料要典型，具有广泛的代表性和说服力……尽可能选取新颖生动、反映时代现实的材料。

7. 措辞应当科学、准确、简洁，不能以日常用语代替科学术语。第一次出现的词语要用全称，避免用缩写，除非像科研这样最普通的缩写词。提到权威的人士一般只用名字，不加头衔。

8. 研究成果是对研究过程的艺术再现……艺术再现研究过程，最主要的是要能艺术般地再现论证假说的思维推理过程。因为这既是研究过程的中心，也是研究成果的核心。论证假说的思维推理过程，有起因、有高潮、有结局。当然重点应该放在思维推理过程的“高潮”阶段。

9. 修改初稿。修改过程中应注意以下问题。第一，修改时间的延后性。初稿写好后，不要急于马上修改，要搁置一段时间后再修改……第二，修改思路的全局性……修改时，应从全局着眼，先从文章的观点内容和结构修改着手，然后再进行语句、文采、标点等局部问题的加工和修改……第三，修改过程的反复性……要坚持多次修改，此外，要善于请教他人，“旁观者清，当局者迷”。

【①庞国彬.实用教育科研方法［M］.北京：北京师范大学出版社，2013：207-213.②陈向明.教育研究方法［M］.北京：教育科学出版社，2013：50-51.③喻立森.教育科学研究通论［M］.福州：福建教育出版社，2001：244-249.】

五、研究报告的自我评估

研究报告自我评估时需要留意的问题

· 理论取向

该研究是否有理论关照，还是根本就不涉及理论？

研究者所采用的主要范式或者理论取向是什么？你可以从作者在对文献的回顾或者其他地方找到提示。

另一方面，作者试图否认某些范式或者理论吗？

是否检验了某些理论或者假设？

理论取向以何种方式建构研究所用的方法论？比如资料收集技术和对收集这些资料而忽视那些资料的判断。

所用的方法论是否适合于所涉及的理论主题？

· 研究设计

研究的目的何在？是探索、描述或解释，还是有综合的目的？

谁执行这项研究？谁提供经费？研究动机如何？如果研究结论正好涉及赞助者或研究者的利益，那么，你就要特别留意，尽管不会因此抹杀这些结论。

分析单位是什么？是不是合乎研究目的？研究结论是否适用于分析单位？举例来说，研究者是不是研究整个城市，而最后却针对个人发表评论？

是截面研究还是历时研究？特别注意不要以截面性质观察为基础，却提出历时性质的主张。

如果收集的资料是历时性的，就要确定每个时间点的测量方法是可比的，例如，如果涉及调查资料，是不是每次都是问同样的问题？如果是比较犯罪率或贫穷现象，就要确定每次都用相同的方式进行定义（例如，“贫穷”的定义就经常有所改变）。

如果是固定的连续样本，就要检查在研究期间退出的人数（样本流失）。

· 测量

研究中所用到的概念是什么？

研究者是否描绘了变量的不同维度？其间的区别是否在分析和报告中都保持一致？

采用何种指标来测量这些维度和变量？每一种指标是否达到了测量的目的？每种指标能不能测量出其他内容？是不是信度高的测量？有没有测试过信度？

每一种变量的测量层次是什么：定性、定序、定距还是定比？层次适当不适当？

有没有使用复合测量方法：指标、量表，还是分类法？如果有，是否适合研究目的？有没有正确地使用？

· 抽样

研究样本还是研究总体比较适当？记住：选择随机样本并不总是合适的。

如果采用样本，则概率抽样是否可行？目标抽样、滚雪球法或配额抽样，哪种适用？是否已使用了合适的抽样方法？

研究结论所适用的总体是什么？

研究者的目的是什么？如果是统计描述，则应该用严谨的随机抽样。

如果采用随机抽样，采用的抽样框是什么？是否足以代表研究总体？在抽样框中，研究总体的哪些特质要被剔除？哪些要被列入？

使用哪些特定的抽样方法：简单随机抽样、系统随机抽样或整群抽样？研究者是否在抽样前先对抽样框进行了分层？分层变量是否选择良好，即是不是和研究的变量相关？

样本量有多大？完成率如何，即样本回收率如何？回收的样本与不回收的样本之间是否有差异？

即使假设受访者具有代表性，用这个样本量将产生多大的样本误差？

研究者是否测试过样本的代表性，例如比较研究总体和受访者中的性别分布，或年龄、种族、教育程度、收入？

最后，被研究的个体（或其他分析单位），能否代表被抽样的总体？即由样本获得的结论能否对总体或一般生活提供有意义的概括？

如果概率抽样和统计代表性对于某研究不适合，那么，研究对象和观察是否经过适当的选取，以便为所研究的现象提供更广泛的视角？研究者是否特别关注到异常和不确定的样本？

· 实验

实验的主要因变量是什么？例如，实验者想要达到什么效果？

实验刺激是什么？

与实验相关的其他变量是什么？是否已经过测量？

针对每个变量，仔细检查如何定义和测量。必须考虑到效度及信度的潜在问题。

是否使用适当的对照组？受试者是否随机分配到实验组和对照组，或采用配对方法？分配是否适当？研究者是否能说明实验组与对照组的原始差异？

是否进行过自变量的前测与后测？实验中出现“霍桑效应”的概率为多少？是否曾注意这个问题？例如，是否采用双盲设计？

内在效度是否因下列原因而发生问题：历史事件、受试者成熟度、测验、测量工具、统计回归、选择偏好、实验死亡率、因果时序不明、传播或模仿、补偿效应、补偿性竞争或自暴自弃？

在外在效度方面，实验者如何确保实验结果能够推论到现实生活？

· 调查研究

研究是否能够经受住所有与抽样有关的相关问题的考验？

询问受访者哪些问题？问题的措辞是否准确？要注意研究者可能只是将问题意思概述

出来。

如果采用封闭式问题，所提供的答案类别是否适当、完备并互斥？

如果采用开放式问题，答案如何分类？研究者在为答案编码时，是否采取措施以避免自身成见的影响？

所有问题是否清晰、不模棱两可？会不会被受访者误解？如果会，所获得的答案会不会超出研究者原有的预期？

受访者是否有能力回答问题？即使不能，他们可能仍会回答，而答案可能仍有意义。

是否有任何提问包含两个以上的问题？检查是否有“和”与“或”之类的连词？受访者是否被要求对两个意见表示同意或不同意，但事实上他们也许只同意问题的一部分，而不同意另一部分？

问题中是否包含否定用语？如果是，受访者可能会误解，而回答不当。

问题中是否有潜在的社会期望？有没有任何过于明显的答案偏向或对错判断，使得受访者会基于别人的看法作答？

你自己会如何回答问题？一般做法是，你应该自问自己会如何作答，以测试所有的问题。你在作答时碰上的任何困难，都可能发生在别人身上。接下来，试着采取不同的假设立场（例如：自由派和保守派，有或没有宗教信仰），然后自问，持某种观念的人会如何看待这些问题。

如果研究者对既有资料进行二次分析，就必须确定最先收集这些资料的研究人员的素质。另外，这些可拿来分析的资料是否适合目前的研究目的？当时的问题能够同样反映目前正在分析的变量吗？

· 实地调查

什么理论范式影响了研究者的研究方法？

研究是否要检验假设或者从观察中抽象出理论？还是没有任何的理论关照？

研究的主要变量是什么？如何定义和测量？效度是否有任何问题？

信度如何？换成另一个研究者观察同样的事件，是否会有同样的分类？

影响研究发现或研究假设的分类是否会影响对观察的分类？

如果研究得出描述性的结论，如“这个团体的标准相当保守”，其中标准的隐含意义是什么？

把研究发现推及至更大社会层面的可能性如何？研究者在这方面提出什么主张？这些主张的根据是什么？

如果有访谈调查，如何挑选受访者？他们是否有足够的代表性？

研究者参与研究事件的程度如何？参与可能影响事件本身的程度有多大？

研究者是否表明他的研究身份？如果是，可能对被观察者的行为造成什么影响？

研究是否对观察对象表现出个人感情（不论正面或负面）？如果是，对观察结果及所获得的结论可能会造成什么影响？

研究者本身的文化认同或背景是否影响对观察的解释？

· 内容分析

分析的关键变量是什么？它们适合研究问题吗？

资料的来源和形式怎样？它们适合研究问题吗？

资料的时间范围适合研究问题吗？

分析单位是什么？

如果做定量分析①样本选取合适吗？②统计技术合适吗？

如果做定量分析①知道范围合适吗？②研究结论与资料吻合吗？

【艾尔·巴比.社会研究方法［M］.邱泽奇，译.11版.北京：华夏出版社，2009：486–489.】

六、关于抄袭

下面是有关避免抄袭——将他人的话或者思想当作是自己的，就是一种智力剽窃——的基本法则。

· 不能在不使用引号及给出完整出处的情况下，一字不漏地使用别人的文字。完整地给出出处可以指示引号中文字的来源，读者可以由此找得到引号中文字的原始出处。

· 至于重新编辑或重新叙述别人著作中的文字，并将修改过的文字以自己的作品方式呈现，也是抄袭。

· 最后，即使是把别人的观点当成是自己的观点来呈现，也是令人无法接受的。即使你使用了跟原作者完全不一样的文字来描述这个观点。

【艾尔·巴比.社会研究方法［M］.邱泽奇，译.11版.北京：华夏出版社，2009：500.】

七、在论文答辩委员会上的论文答辩

对毕业教师成员委员会进行答辩时，有两种情况：论文计划答辩和论文答辩，尽管这两者也是口头陈述，但与专业会议上宣读论文是大不相同的。第一，在论文委员会面前的陈述时间要长得多；典型的论文答辩约需两个小时；第二，听众少得多，一般是三四人或两三人；第三，委员会成员与研究生会有相当多的交谈。

论文计划答辩和论文答辩有很多相似之处。在论文计划答辩时，答辩人应该能证明这项计划中的研究是经过较好设计的、有价值的，作为答辩者本人对该领域的研究有较多的了解。在论文答辩时，答辩人应就已完成的研究是否充分、是否有意义提出理由。无论是哪一种答辩，成功的秘诀都在于答辩之前的准备工作。

答辩人应非常通晓研究领域及其研究方法。答辩会之前准备一份有关该研究及其主要论点的陈述，这个陈述要精心组织、力求精炼。投影仪会有助于呈现图表及条目。这个介绍性的陈述应在20～30分钟内完成。不要牵涉过多的细节或跑题，以防时间被浪费。

通晓该领域的研究包括能够预料到一些相关的问题，但答辩人对与问题相关的各种知识、内容应该有较好的了解。关于如何回答问题，提供以下建议：

1. 认真倾听问题，以防止答非所问。许多答辩者常常是提供已准备好的回答，而不管是否与问题相符合。

2. 回答问题要简洁但要完整。论文答辩时，可以运用合适的研究结果。

3. 如果不理解所提出的问题，可请求发问者重复问题或对问题加以阐释。

4. 如不知如何回答问题，就实话实说，不要不懂装懂。

5. 在头脑中精心构思答案、选择用词。不要急于作答。尽量运用精当的专业术语。

关于最后一条，精当地使用术语，常有学生在这方面较为欠缺，尤其是方法论方面的术语。例如，有些答辩人常把“样本”与“总体”交换使用，或者说出“在0.05的置信水平上检验假设”一类的话。运用术语不精确，反映出答辩人在这方面的知识不够完备。

在对论文计划进行答辩时，评委成员可能会提出改善研究的建议。而在实际上，提出建议也正是评委会的功能之一。但这些建议应被看作是“微调器”，而不宜据此对研究计划做大的调整。答辩人应清楚研究设计的局限性，并提出理由说明：这些局限将不会损害研究的有效性及整个研究的圆满完成。

在论文答辩时，答辩人应清楚地区分结果与结论。论文初稿的最大缺陷之一就是缺乏结论。答辩人应涉及研究的外在效度，并据此论及研究的结论。推出结论是需要付出努力的，它需要通晓该领域的研究，并要置研究的结果于一个适当的背景之中——通常是一种教育背景。

论文答辩时，要认识到既成研究的局限所在。但是研究方法上不应存有严重的局限。对于贫乏的研究，仅说“我已尽我所能”是不够的。这种局限最有可能是外在效度上的局限。任何研究都必须有某种程度的外在效度，否则你就要提供雄辩的理由说明（你这项研究中）外在效度是不重要的。

总之，对答辩人来说，论文计划答辩和论文答辩都是一种学习的过程，它们提供了较高水平的、专业讨论的学习机会。尽管知道这个道理，大多数答辩人还是存有焦虑。导师或主考教授不会在你准备好之前就催促你答辩。应该自信，在所有参加答辩的人中，差不多总是答辩者本人对所做研究最了解。

【威廉·维尔斯曼.教育研究方法导论［M］.袁振国，译.北京：教育科学出版社，1997：511–513.】

能力训练

范例 16.1：

教育研究报告的组织结构

一、简介部分
A. 标题页
B. 内容列表
C. 插图列表
D. 表格列表
二、主体部分
A. 要研究的问题
1. 研究目的（包括研究假设）
2. 研究的理由
3. 研究问题和假设
4. 术语定义
B. 研究背景和文献综述
1. 合适的理论基础
2. 直接相关的研究
3. 间接相关的研究
C. 研究程序

1. 研究设计的描述
2. 样本的描述
3. 所使用的研究工具（包括计分方法）的描述
4. 对要遵循的研究程序的解释（做什么？什么时候做？在哪里做？怎么做？）
5. 内部效度的讨论
6. 描述所使用的统计技术和其他分析方法的理性
D. 研究发现
描述与研究问题和研究假设有关的研究成果
E. 总结和结论
1. 简要总结研究的问题，研究所采用的程序和所获得的研究结果
2. 讨论研究发现的意义和重要性
3. 提出进一步研究的建议
三、参考文献（参考书目）
四、附录

【弗林克尔·瓦伦.教育研究的设计与评估［M］.蔡永红，等，译.北京：华夏出版社，2004：564.】

范例16.2：

课题成果鉴定申请书

一、《全国教育科学规划课题成果鉴定申请·审批书》（节选）

（一）基本情况

<table>
<tr><td rowspan="2">提交鉴定的成果</td><td colspan="3">成果主件
（研究总报告、成果公报）</td><td colspan="2"></td></tr>
<tr><td colspan="3">成果附件
（专著、已发表的系列研究论文）</td><td colspan="2"></td></tr>
<tr><td>通讯地址</td><td colspan="3"></td><td>邮编</td><td></td></tr>
<tr><td>联系电话</td><td></td><td>电子信箱</td><td colspan="3"></td></tr>
<tr><td colspan="6">课题组主要成员名单（不包含课题负责人，最多不超过9人）</td></tr>
<tr><td>姓 名</td><td>工作单位</td><td>职务和职称</td><td colspan="3">承担任务</td></tr>
<tr><td></td><td></td><td></td><td colspan="3"></td></tr>
<tr><td></td><td></td><td></td><td colspan="3"></td></tr>
</table>

（二）工作报告（不超过2000字）

内容提示：研究的主要过程和活动；研究计划执行情况；研究变更情况（课题负责人、课题名称、研究内容、成果形式、管理单位、完成时间等）；成果的出版、发表情况，采纳、转载、引用、实践情况等。

全国教育科学规划课题成果鉴定评估参照指标（试行）

评估内容	评估标准与等级			
	优秀 90分以上	良好 75~90分	合格 60~75分	不合格 60分以下
科学性	1. 课题意义和价值重要，研究问题真实，研究前提可靠 2. 研究方法适当 3. 论证分析严密充分 4. 结论合理可信	1. 课题意义和价值比较重要，研究问题比较真实，研究前提比较可靠 2. 研究方法比较适当 3. 论证分析比较严密充分 4. 结论比较合理可信	1. 课题意义和价值一般，研究问题真实性一般，研究前提基本可靠 2. 研究方法基本适当 3. 论证分析基本严密 4. 结论基本合理可信	1. 课题意义和价值很小，研究问题虚假，研究前提不可靠 2. 研究方法不当 3. 论证分析不严密 4. 结论不合理、不可信
创新性	1. 研究取得突破性进展，提出了新的教育理论，丰富和发展了某种重要的教育理论或学说，引领学术发展 2. 成功运用新的研究方法或技术 3. 获取了大量第一手资料和事实 4. 形成了创新的教育成果	1. 研究有一定的开创性，提出了新的教育理论观点，丰富和发展了某种重要的教育理论观点或学说 2. 比较成功运用新的研究方法或技术 3. 获取了较多的第一手资料和事实 4. 形成了比较新颖的教育成果	1. 研究有所进展，提出的教育理论观点，具有启发性，提出了进一步认识某种教育理论或学说的启发性见解 2. 一般性运用新的研究方法或技术 3. 获取了一般的第一手资料和事实 4. 形成了一般性的教育成果	1. 研究结论缺乏新意，研究目标不明确，研究不深入，低水平重复研究，研究有明显的错误 2. 没有运用新的研究方法或技术 3. 缺乏第一手资料和事实 4. 没有形成新的教育成果
规范性	1. 研究体系完整、系统 2. 研究设计与实施规范、严格 3. 论述全面，概念明确，逻辑严密 4. 资料可靠、系统，引证规范	1. 研究体系比较完整，有一定的系统性 2. 研究设计与实施比较规范、严格 3. 论述比较全面，概念比较明确、逻辑比较严密 4. 资料比较全面、可靠，引证比较规范	1. 研究体系基本框架完整 2. 研究设计与实施基本规范 3. 主要概念明确，条理基本清晰 4. 资料基本可靠，引证基本规范	1. 研究体系混乱 2. 研究设计与实施的有明显欠缺 3. 概念不明确，条理不清晰，逻辑混乱 4. 资料有明显遗漏或错误，引证不规范

续表

评估内容	评估标准与等级			
	优秀 90分以上	良好 75~90分	合格 60~75分	不合格 60分以下
难易程度	1. 研究的问题复杂，工作难度很大 2. 调查或实验工作量很大 3. 资料的搜集与处理工作量很大	1. 研究的问题复杂，工作有难度 2. 调查或实验工作量比较大 3. 资料的搜集与处理工作量比较大	1. 研究问题较复杂，有一定难度 2. 调查或实验工作量一般 3. 资料的搜集与处理工作量一般	1. 研究问题不复杂，工作难度小 2. 调查或实验工作量很小 3. 资料的搜集与处理工作量很小
应用价值	1. 成果有明显的前沿性和开创性，对学科发展有重要的奠基和引领作用 2. 成果对解决重大的教育决策问题有重要作用 3. 对解决教育实践问题有创新性的指导意义，有广泛的应用与开发前景	1. 成果有一定的前沿性和开创性，对学科发展有推进作用 2. 成果对解决重要的教育决策问题有重要作用 3. 成果对解决重要的教育实践问题有一定的应用与开发前景	1. 成果的创新性一般，对学科发展有一定的促进作用 2. 成果对解决一般性的教育决策问题有推进作用 3. 成果对解决一般性的教育实践问题有推进作用，应用与开发前景一般	1. 成果无创新，对学科发展无促进作用 2. 成果对解决教育决策问题无促进作用 3. 成果对解决教育现实问题无促进作用，应用与开发前景较差

附件一：

研究总报告

（不少于3万字，可另附页）

提示：研究总报告是课题立项单位向外界公开课题研究成果的文件，是课题鉴定的成果主件。

研究总报告格式：

一、简介部分

1．标题

2．摘要（不超过500字）

二、主体部分

三、主要成果

四、参考文献

五、附录（插图、表格、问卷等）

附件二：

成果公报

（6000~8000字，可另附页）

提示：成果公报是向外界公开课题研究成果的文件，要求简明扼要。

公报格式：

一、内容与方法

二、结论与对策

三、成果与影响

四、改进与完善

五、成果统计一览表（请按下页的“课题组成果统计一览表”栏目填写完整）

二、《国家社会科学基金项目鉴定结项审批书》（节选）

（一）数据表

<table>
<tr><td colspan="2" rowspan="2">鉴定结项成果名称</td><td colspan="8">1.</td></tr>
<tr><td colspan="8">2.</td></tr>
<tr><td colspan="2">主题词</td><td colspan="2"></td><td colspan="2"></td><td colspan="2"></td><td colspan="2"></td></tr>
<tr><td colspan="2">预期成果形式</td><td colspan="4"></td><td colspan="2">最终成果形式</td><td colspan="2"></td></tr>
<tr><td colspan="2">计划完成时间</td><td>年 月 日</td><td>实际完成时间</td><td colspan="2">年 月 日</td><td colspan="2">申请鉴定时间</td><td colspan="2">年月 日</td></tr>
<tr><td colspan="2">成 果 字 数</td><td>万字</td><td colspan="2">是否计划出版</td><td></td><td colspan="2">计划出版时间、
出版社</td><td colspan="2"></td></tr>
<tr><td colspan="2">获省部级奖项情况</td><td colspan="8"></td></tr>
<tr><td colspan="2">转摘、引用情况</td><td colspan="8"></td></tr>
<tr><td rowspan="8">项
目
负
责
人</td><td>姓名</td><td></td><td>性别</td><td></td><td>民族</td><td></td><td>出生日期</td><td colspan="2">年月日</td></tr>
<tr><td>所在单位</td><td colspan="3"></td><td>行政职务</td><td></td><td>专业职务</td><td colspan="2"></td></tr>
<tr><td>研究专长</td><td colspan="3"></td><td>学历</td><td></td><td>学位</td><td colspan="2"></td></tr>
<tr><td>通讯地址</td><td colspan="5"></td><td>邮政编码</td><td colspan="2"></td></tr>
<tr><td>联系电话</td><td colspan="3">（手机）　　　　（宅）</td><td>E-mail</td><td colspan="4"></td></tr>
<tr><td>博士论文名称</td><td colspan="5"></td><td>论文通过时间</td><td colspan="2"></td></tr>
<tr><td>博士后
报告名称</td><td colspan="5"></td><td>出站时间</td><td colspan="2"></td></tr>
<tr><td colspan="3">项目以何为基础申报</td><td colspan="6">A.博士论文　B.博士后报告　C.以上都不是</td></tr>
<tr><td rowspan="3">课题
组主
要
成员</td><td>姓名</td><td colspan="5">单位</td><td>职称</td><td colspan="2">承担任务</td></tr>
<tr><td></td><td colspan="5"></td><td></td><td colspan="2"></td></tr>
<tr><td></td><td colspan="5"></td><td></td><td colspan="2"></td></tr>
</table>

注：课题组主要成员按成果（计划）出版或发表时的实际署名顺序填写。

（二）总结报告

主要内容提示：1.项目预期研究计划的执行情况；2.成果研究内容及方法的创新程度、突出特色和主要建树；3.资料收集和数据采集情况；4.成果的学术价值和应用价值，以及社会影响和效益；5.成果存在的不足或欠缺，尚需深入研究的问题等。3000字左右。 项目负责人（签章）： 年　　月　　日

注：本栏可加页。

（三）项目最终成果简介

主要内容与要求提示： 1.“最终成果简介”是结项的必需材料，供介绍、宣传、推广成果使用。 2. 简介内容包括：该项目研究的目的和意义（略写）；研究成果的主要内容和重要观点或对策建议（详写）；成果的学术价值、应用价值，以及社会影响和效益（略写）。 3. 简介内容应由项目负责人撰写；文章标题自拟，内容要层次清楚、观点明晰、用语准确、文风朴实，要有实质性内容，并具有整体性和系统性，不得简单排列篇章目录；成果形式为专著的4000字左右，调研报告、论文（集）等3000字左右。具体格式参照全国哲学社会科学规划办公室网站“年度项目成果简介”。 4. 文章开头应注明项目负责人姓名和工作单位、项目批准号、项目名称、最终成果形式和名称、课题组主要成员。 5.“最终成果简介”用A4纸打印，作为活页附在本《鉴定结项审批书》中。

【全国教育科学规划领导小组办公室网站；全国哲学社会科学工作办公室网站。】

范例16.3：

关键词

观察关键词，分析关键词，习得使用关键词技术（表16–1）。

表16-1 部分期刊和博士学位论文中的关键词

学术论文	关键词
《论人类文明新形态与全人类共同价值——基于特殊性与普遍性关系的视角》	人类文明新形态；全人类共同价值；特殊性；普遍性
《21世纪马克思主义的基础性问题》	习近平新时代中国特色社会主义思想；21世纪马克思主义；世界社会主义运动
《当代社会学定量研究的宏观转向》	宏观定量社会学；微观旨趣；宏观观照；定量研究；大数据
《知识形态演进的历史逻辑》	知识形态；知识生产；科技创新；创新型国家；历史逻辑
《六艺之变与中国古典学术的生成》	六艺；古典学术；古典时代；礼乐制度
《转化融通在合作研究中生成》	教育理论与实践；教育是什么；"新基础教育"研究；转化融通
《中国共产党与中国教育百年》	中国共产党；中国教育；百年历史；成就与经验
《职业教育服务乡村振兴的贡献测度》	职业教育；乡村振兴；柯布—道格拉斯生产函数；高效率
《受教育权新论》	公民受教育权；国家教育权；教育强制；教育自由；教育选择
《"技术"何以重塑教育》	教育技术；信息技术；教育变革；重塑教育
《教育在扩大内需拉动经济增长中的作用》	教育；扩大内需；居民消费；经济增长
《学校究竟是什么——重申学校的社会属性》	学校；社会属性；社会产物；社会分支；社会工具
《"五唯"问题：实质与出路》	"五唯"问题；教育评价；管理主义；审计社会；实证范式
《教育学知识及其辨洽》	教育学；元研究；知识论；科学哲学
《高质量：中国基础教育发展路向的时代转换》	高质量发展；基础教育；发展路向
《诚信观的构成及其对诚信教育的启示》	诚信；诚信观；诚信行为；诚信教育
《指向教育实践改进的系统范式——主流教育研究范式的危机与重构》	范式；实证主义范式；解释主义范式；批判理论范式；系统范式
《高中生诚信观状况调查分析与改善对策》	高中生；诚信观；诚信教育
《教师课堂角色类型研究》	课堂角色；言语行为；名教师；学生个体；角色类型；课堂教学；课堂行为；课堂观察；评价；结合型
《调节活动以产生功能性结果：对残障儿童问题行为的影响》	挑战性行为；课程；发展障碍；功能评价；正面行为支持；研究；学龄被试；特殊教育
《对理科教育中计算机辅助教学效果的元分析》	计算机辅助教学；学业成绩；教学效果；元分析；理科教育
博士学位论文	关键词
《谁是好学生 ——关于学校评优标准的社会学研究》	学校评优标准；好学生；教育评价
《教育沟通论》	沟通；教育沟通；有效教育；沟通理性
《教育资源配置问题的理论研究——教育学的立场和观点》	教育资源配置；教育学；教育经济学；教育法律体系；教育需求
《小学生诚信知行冲突的识别及其转换节点研究 ——基于对小学中年级学生的观测》	小学生；诚信知行冲突；转换节点；识别；最近发展区
《中小学校内涵发展督导评估体系的研究》	内涵发展；学校督导评估；指标体系；操作体系；内涵增值度
我国农村转移劳动力教育与培训目标的定位及达成研究	农村转移劳动力；教育与培训；目标；目标定位；目标达成
《学习时间：大学一年级学生的时间观念和计算机》	计算机使用；教育改革；大学学生文化

【①《中国社会科学》，2022（3、4）、2021（6）.②《哲学研究》，2022（4）.③《教育研究》，2010（1）、2021（1、2、4、5、6、7、8、10、12）.④《中国教育学刊》，2011（2）.⑤《清华大学教育研究》2021（4）.⑥《教育研究与实验》，1994（4）.⑦高尔，等.教育研究方法：实用指南［M］.屈书杰，等，译.5版.北京：北京大学出版社，2007：274，349.】

范例16.4：

部分高校硕士学位论文评议指标

表16–2　A大学

评议项目	评价要素
选题	选题的前沿性和开放性 研究的理论意义、现实意义 对国内外该选题以及相关领域发展现状的归纳、总结情况
创新性及论文价值	对有价值现象的探索、新规律的发现、新命题新方法的提出等新的科学发现 对解决自然科学或工程技术中重要问题的作用 论文级成果对科技发展和社会进步的影响和贡献
基础知识和科研能力	论文体现的科学理论基础坚实宽广程度和专门知识系统深入程度 论文研究方法的科学性，引进资料的翔实性 论文所体现的作业独立从事科学研究的能力
论文规范性	引文的规范性，学风的严谨性，论文结构的逻辑性 文字表述的准确性和流畅性

表16–3　B大学

评议项目	评价要素
论文选题	先进性、前沿性、理论和实际意义
文献综述	阅读量、综合分析能力，了解本学科领域最新学术动态程度
创新与成果	创新性，研究成果是否突出
基础理论与专门知识	基础理论的坚实宽广度，专门知识的系统性
研究手段与设计能力	独立科研能力，研究和设计方法是否先进，结论是否正确
写作能力与工作量	条理性、逻辑性、文笔和书写格式、图表等方面是否规范

表16–4　C大学

评议项目	评价要素
选题	选题的前沿性和开放性 研究的理论意义、现实意义 对国内外该选题以及相关领域发展现状的归纳、总结情况
创新性及论文价值	对有价值现象的探索、新规律的发现、新命题新方法的提出等新的科学发现 对解决自然科学或工程技术中重要问题的作用 论文级成果对科技发展和社会进步的影响和贡献
基础知识和科研能力	论文体现的科学理论基础坚实宽广程度和专门知识系统深入程度 论文研究方法的科学性，引进资料的翔实性 论文所体现的作业独立从事科学研究的能力
论文规范性	引文的规范性，学风的严谨性，论文结构的逻辑性 文字表述的准确性和流畅性

表16-5 D大学

评议项目	评价要素	权重占比（%）
选题与综述	研究的理论意义、现实意义；对本学科及相关学科领域国内外发展状况和学术动态的了解程度	25%
创新性及论文价值	论文提出的新见解、新方法所具有的价值；论文成果对科技发展和社会进步产生的影响或作用	25%
基础知识和科研能力	论文体现的理论基础的扎实程度；本学科及相关学科领域专门知识的系统性；分析问题、解决问题的能力；研究方法的科学性，引证资料的翔实性，论文研究的深入程度	25%
论文规范性	引文的规范性，学风的严谨性；论文语言表达的准确性，逻辑的严密性；论文结构的合理性，书写格式及图表的规范性	25%

【表16-2至表16-5是笔者作为国务院学位办学位论文评审专家期间收集的。】

范例16.5：

抄袭

原作品

增长的定律

系统就如婴儿：一旦你有了它，就永远拥有它。它们不会消失。相反，它们最显著的特征就是持续性。而且，它们不只是持续存在，它们还会增长。在它们增长的同时，还会侵蚀。帕金森（Parkinson）用粗略的方法描述了系统的生长潜力。例如，一般行政系统的年平均增长率为5%~6%，且与完成工作的多寡无关。时至今日，帕金森的观点仍是对的。我们必须尊重的是他严肃地开辟了这个重要的研究领域。但是帕金森并没有认知到一般性系统定律，即“帕金森定律”。

系统本身倾向以5%~6%的比例增长。

同样的，上述定律不过是一般性的宇宙起源式的系统理论基础而已。

系统倾向于扩张，以至于充满已知的宇宙空间。

现在让我们看看哪些利用盖尔（Gall）的作品的方式是可以接受的。

· 可接受——盖尔在他作品中有趣地将系统比喻为婴儿：“系统就如婴儿：一旦你有了它，就永远拥有它。它们不会消失。相反，它们最显著的特征就是持续性。而且，它们不只是持续地存在，它们还会增长。”

· 可接受——盖尔警告我们，系统就像婴儿，一经创造，就始终存在。更糟的是，他提醒我们，系统会持续地扩张、越来越大。

· 可接受——学者同时建议：系统会自然地倾向于持续存在、增长与侵蚀。（高尔，1975）

注意：上述的例子都必须注明完整的出处——脚注和尾注都可以。参见诸如APA或名ASA的出版指南和《芝加哥文体指南》中适当地引用格式。

现在再看看资料被不当引用时的常见错误。

· 不能被接受——在本文中，我要探讨在组织中创造的社会系统的一些特征。第一，系统就如婴儿：一旦你有了它，就永远拥有它。它们不会消失。相反，它们最显著的特征就是持续性。而且，它们不只是持续地存在，它们还会增长。（直接引用别人作品，而不使用引号或提供出处，是不能被接受。）

· 不能被接受——在本文中，我要探讨在组织中创造的社会系统的一些特征。第一，系统就如婴儿：一旦你有了它，就永远拥有它。它们不会消失。相反，它们会持续存在。它们不仅持续存在，实际上，它们还会增长。（重新编辑别人著作中的文字，并将编辑过的文字以自己的作品方式呈现，是不能被接受。）

· 不能被接受——在本文中，我要探讨在组织中创造的社会系统的一些特征。我注意到一旦你创造了一个系统，它似乎就不会消失。恰恰相反，事实上，它们倾向于增长。从这个观点出发，我们可以说系统非常像儿童。（重新叙述别人的观点，并以自己的观点呈现，是不能被接受的。）

【艾尔 · 巴比.社会研究方法.邱泽奇，译.11版. 北京：华夏出版社，2009：500-501.】

范例 16.6：

参考文献著录格式：国家标准（GB/T 7714—2015）（节选）

1. 普通图书

［1］库恩.科学革命的结构.［M］.金吾伦，胡新和，译.2 版.北京：北京大学出版社，2012：38-39.

［2］侯文顺. 高分子物理：高分子材料分析、选择与改性［M/OL］. 北京：化学工业出版社，2010：119［2012-11-27］.

［3］CRAWFPRD W，GORMAN M.Future libraries：dreams，madness，&reality［M］.Chicago：American Library Association，1995.

2. 论文集、会议录

［1］雷光春. 综合湿地管理：综合湿地管理国际研讨会论文集［C］. 北京：海洋出版社，2012.

［2］陈志勇. 中国财税文化价值研究："中国财税文化国际学术研讨会"论文集［C/OL］. 北京：经济科学出版社，2011［2013-10-14］.http：//apabi.lib.pku.edu.cn/usp/pku/ pub.mvc?pid=book.detail & metaid=m.20110628-BPO-889-0135&cult=CN.

3. 报告

［1］汤万金，杨跃翔，刘文，等. 人体安全重要技术标准研制最终报告：7178999X-2006-BAK04A10 / 10.2013［R/OL］.（2013-09-30）［2014-06-24］.http：//www.nstrs.org.cn/ xiangxiBG.aspx?id=41707.

［2］CALKIN D.AGER A，THOMPSON M. A compara-tive risk assessment framework for wildland fire manage-ment：the 2010 cohesive strategy science report，RMRS-GTR-262［R］.［S.L1s. n.］，2011：8-9.

4. 学位论文

［1］马欢．人类活动影响下海河流域典型区水循环变化分析［D/OL］．北京：清华大学，2011：27［2013-10-14］．

［2］吴云芳．面向中文信息处理的现代汉语并列结构研究［D/OL］．北京：北京大学，2003［2013-10-14］．

5．专利文献

［1］张凯军．轨道火车及高速轨道火车紧急安全制动辅助装置：201220158825.2［P］．2012-04-05．

［2］河北绿洲生态环境科技有限公司．一种荒漠化地区生态植被综合培育种植方法：01129210.5［P/OL］．2001-10-24［2002-05-28］．

6．标准文献

［1］全国信息与文献标准化技术委员会．文献著录：第4部分　非书资料：GB/T 3792.4-2009［S］．北京：中国标准出版社，2010：3．

［2］国家环境保护局科技标准司．土壤环境质量标准：GB15616-1995［S/OL］．北京：中国标准出版社，1996：2-3［2013-10-14］．

7．专著中析出的文献

［1］白书农．植物开花研究［M］//李承森．植物科学进展．北京：高等教育出版社，1998：146-163．

［2］楼梦麟，杨燕．济川地震基岩地震动特征分析［M/OL］//同济大学土木工程防灾国家重点实验室.济川地震震害研究．上海：同济大学出版社，2011：011-012［2013-05-09］．

8．期刊中析出的文献

［1］于潇，刘义，柴跃廷，等．互联网药品可信交易环境中主体资质审核备案模式［J］．清华大学学报（自然科学版），2012，52（11）：1518-1523．

［2］陈建军．从数字地球到智慧地球［J/OL］．国土资源导刊，2010，7（10）：93［2013-03-20］．

9．报纸中析出的文献

［1］张田勤．罪犯DNA库与生命伦理学计划［N］．大众科技报，2000-11-12（7）．

［2］刘裕国，杨柳，张洋，等．雾霾来袭，如何突围［N/OL］．人民日报，2013-01-12［2013-11-06］．

10．电子资源（不包括电子专著、电子连续出版物、电子学位论文、电子专刊）

［1］李强．化解医患矛盾需釜底抽薪［EB/OL］．（2012-05-03）［2013-03-25］．

［2］Commonwealth Libraries Bureau of Library Develop-ment. Pennsylvania Department of Ed-ucation Office. Pennsylvania library laws［EB/OL］．［2013-03-24］．

【中华人民共和国国家质量监督检验检疫总局，中国国家标准化管理委员会. 中华人民共和国国家标准　信息与文献　参考文献著录规则：GB/T 7714—2015［S］.北京：中国标准出版社，2015：17-20.】

范例16.7：

复合表

复合表示例见表16–6。

表16–6　义务教育各科目安排及占九年总课时比例（2022版）

年级	一	二	三	四	五	六	七	八	九	九年课时总计（比例）
国家课程	道德与法治									6%~8%
	语文									20%~22%
	数学									13%~15%
			外语							6%~8%
							历史、地理			3%~4%
	科学						物理、化学、生物学（或科学）			7%~9%
			信息科技							1%~3%
	体育与健康									10%~11%
	艺术									9%~11%
	劳动									14%~18%
	综合实践活动									
地方课程	由省级教育行政部门规划设计									
校本课程	由学校按规定设置									
周总课时数（节）	26	26	30	30	30	30	34	34	34	
学年总课时数（节）	910	910	1050	1050	1050	1050	1190	1190	1122	9522

【中华人民共和国教育部.义务教育课程方案（2022年版）[M].北京：北京师范大学出版社，2022：6–9.】

思考题

一、教育研究成果表述有哪些类型？

二、教育研究成果表述的基本要求是什么？

三、学术论文的撰写要求是什么？

四、教育观察报告的撰写要求是什么？

五、教育调查报告的撰写要求是什么？

六、教育内容分析报告的撰写要求是什么？

七、教育个案研究报告的撰写要求是什么？

八、教育实验研究报告的撰写要求是什么？

九、教育行动研究报告的撰写要求是什么？

十、学位论文的撰写要求是什么？

十一、学位论文开题和答辩需要注意什么？

十二、从范例3.1中选择5个教育研究课题，写下关键词，分析可行的研究方法。

十三、你认为下面问题应该采用的最恰当的研究方法是什么？

1. 在高中课程中，什么课程是最不受学生欢迎的？为什么？
2. 家长们对小学的家长会的感受如何？
3. 怎样才能帮助四年级学生踊跃学习阅读？
4. 在阅读测验上得分高的学生在写作测验上是否得分高？
5. 团体教学是有助于还是有碍于学生的学习？
6. 学习慢的学生最喜欢什么类型的活动？

拓展阅读

[1] 教育部社会科学委员会学风建设委员会.高校人文社会科学学术规范指南[S].北京：高等教育出版社，2009.

[2] 中华人民共和国国家质量监督检验检疫总局，中国国家标准化管理委员会. 中华人民共和国国家标准　信息与文献　参考文献著录规则：GB/T 7714—2015[S].北京：中国标准出版社，2015.

[3] 沙沃森，等.教育的科学研究[M].曹晓南，等，译.北京：教育科学出版社，2006.

[4] 托马斯·S.库恩.必要的张力：科学的传统和变革论文选[M].纪树立，等，译.福州：福建人民出版社，1981.

[5] 威廉·维尔斯曼.教育研究方法导论[M].袁振国，译.北京：教育科学出版社，1997.

[6] Sandra Hollingsworth.国际视野中的行动研究：不同的教育变革实例[M]. 黄宇，等，译. 北京：中国轻工业出版社，2001.

[7] 查尔斯.教育研究导论[M].张莉莉，等，译.北京：中国轻工业出版社，2003.

[8] 弗林克尔·瓦伦.教育研究的设计与评估[M].蔡永红，等，译.北京：华夏出版社，2004.

[9] 约翰·W.克雷斯威尔.研究设计与写作指导：定性、定量与混合研究的路径[M].崔延强，译. 重庆：重庆大学出版社，2007.

[10] 高尔，等.教育研究方法：实用指南[M].屈书杰，等，译.5版.北京：北京大学出版社，2007.

[11] 艾尔·巴比.社会研究方法[M].邱泽奇，译.11版.北京：华夏出版社，2009.

[12] 喻立森.教育科学研究通论[M].福州：福建教育出版社，2001.

[13] 郭春彦.教育科学研究方法[M].北京：人民教育出版社，2002

[14] 庞国彬.实用教育科研方法[M].北京：北京师范大学出版社，2013.

[15] 刘良华.教育研究方法[M].上海：华东师范大学出版社，2014.

[16] 和学新，徐文彬.教育研究方法[M].北京：北京师范大学出版社，2015.

［17］杨丽珠，等.心理与教育科学研究方法［M］.北京：中国人民大学出版社，2018.
［18］马忠文.引文与论文的文字表述［J］.抗日战争研究，2021（4）：8-9.

自我反思建议

意义需要协商，意义在于建构。学思结合，精益求精，温故而知新，是求知、成长的常用方法，也是基本法。心动不如行动，请拟定一份教育研究学术论文的提纲，比照本章内容，审视其相对完美度。思考：为什么要研究教育？教育研究是什么？教育研究与研究教育有什么关系？如何开展教育研究？你完美建构了教育研究方法的理论体系吗？什么样子？请比照本书内容，认真、反复自我检视。坚持滋养学思互鉴，你的“教育研究之旅”必定“心花怒放”。